天下文化
BELIEVE IN READING

The Third Pillar

How Markets and the State Leave the Community Behind

第三支柱

在國家與市場外，維持社會穩定的第三股力量

芝加哥大學布斯商學院教授、印度央行前總裁
拉古拉姆・拉詹 Raghuram Rajan 著
廖月娟 譯

目錄

PART Ⅲ 讓三大支柱恢復平衡

獻給 Radhike

自序

我們活在豐盛的年代。由於過去兩百五十年來生產技術不斷進步，人類得以享受史無前例的富足。不只是已開發國家變得更加富裕，開發中國家數十億人也在短短二、三十年脫離貧窮，晉身為不愁吃穿的中產階級。現今整個世界的收入差距要比任何時代來得小。有史以來人類第一次有能力終結全球糧食不足和饑荒的慘劇。

即使現今世界經濟已蓬勃到數十年前無法想像的地步，在已開發國家，似乎連享有福利的勞工也憂慮不已。一九九九年至二〇一三年，美國非西語裔中年白人男性死亡人數超過五十萬人，死亡率與其他族裔的趨勢相反。[1] 新的死者多半只有高中以下的文憑，主要死因是吸毒、酗酒和自殺。從另一個角度來看，這就像十場越戰同時開打，但戰爭的地點並非遙遠的國度，而是在美國的小鎮和郊區。在一個看似富足的時代，曾是美國夢縮影的一群人似乎已經絕望。

在美國，教育程度不高的中年白人男性深陷的焦慮，也可以在西方其他富裕的已開發國家看到，只是沒有那麼嚴重。焦慮的主因似乎是很多這樣的中年男性都已經失業，或有失業危機，很可能失去「中產階級」的安穩生活。這對他們自身、家庭和居住的社區都會帶來嚴重衝擊。世人大抵認為失業是源於全球貿易與舊工作的技術自動化。其實，科技進步是更重要的原因，但了解這點的人並不多。不管如何，隨著大眾的焦慮演變成憤怒，激進的政治人物把矛頭對準進口商品和移民。為了保護製造業，他們提議推翻基於自由規則的戰後經濟秩序，截斷商品、資金與人群的跨境流動。

我們的未來既充滿希望，也有危險。我們寄望能幫忙解決貧窮和氣候變遷等心頭大患的新科技，但要實現這個目標，邊界必須開放，讓創新得以進入開發程度最低的地區，而人口老化的富裕國家也得吸引移民。我們面臨的危險不只是有影響力的社群無法調適，因為阻礙進步，更令人憂心的是，在未來的社會，科技可能使某些人握有極大的權力和財富，我們的價值觀和制度卻一成不變。

顛覆性科技的影響

在過去，每項科技革命都有顛覆性，會引發社會反應，最終帶來社會轉變，因此使科技發揮最大的功效。一九七〇年代初期以來，我們經歷資通訊科技革命（Information and Communication Technology Revolution）。拜微處理器及個人電腦之賜，巨量運算（mass computing）得以普及，才能促成這場革命。如今，這方面的科技囊括人工智慧、量子計算，觸角更伸到國際貿易、基因療法等，使這些領域更加擴大。由於商品、服務、資本及人力市場日益融合，資通訊科技革命跟著傳播到世界各地。每個國家都經歷過這樣的顛覆，而且不時遭遇毀滅性的風暴，像是二〇〇七至二〇〇八年的全球金融危機與隨之而來的經濟大蕭條。現在我們看到的則是極左派和極右派的民粹反應，然而必要的社會變革尚未發生，這也是為何很多人對未來感到絕望。我們正處於人類歷史上的關鍵時刻，一旦選擇錯誤，人類經濟發展的列車就可能脫軌。

本書就是要探討支撐社會的三大支柱，以及如何讓這三根支柱保持平衡，社會才得以繁榮興旺。其中兩根支柱想必大家都知道，那就是國家和市場。探討這兩根支柱的書籍已經汗牛充棟，有些書認為國家最重要，有些則傾向市場很重要。但全都忽略第三根支柱：社區，也就是社會層面。我希望重新引起討論。如果科技的快速轉變或經濟災難（如蕭條）使其中一根支柱變得太弱或太強，那就會失衡，而社會必須找到新的平衡。過渡時期也許會很痛苦，但過去社會一次又一次的通過考驗。本書要探討的核心問題是，我們如何面臨持續顛覆的科技和社會變革，讓三大支柱恢復平衡。

我認為，今日世界各地很多經濟和政治問題，包括民粹式民族主義和左派激進運動的興起，都可追溯到社區的式微。國家和市場雙雙擴大影響力與勢力範圍，相形之下，社區面對科技變革猛烈不均的衝擊力道根本招架不住。重要的是，許多問題的解決方法就是讓功能失調的社區恢復健康，而非箝制市場。如果使支撐社會的三根支柱恢復平衡，不但對社會有利，我們賴以生存的自由市場民主體制才能長治久安。

三大支柱的定義

為了避免以後混淆，我們必須先很快釐清幾個繁瑣但必要的定義問題。廣義來說，**國家**（state）是指一個國家的政治治理結構，在這本書中，大多是指聯邦政府。一個國家除了行政部門，還包括立法及司法機關。

市場（market）則包含經濟裡促成生產與商品交易的所有民間經濟結構。這個詞涵蓋各種市場，包括商品和服務市場、人力市場（勞動市場），以及貸款、股票和債券市場（資本或金融市場）。這個詞還包含私部門的主要角色，如商業人士與企業。

根據字典的解釋，**社區**（community）是指「一群居住在相同區域、同屬一個政治共同體的人（人數可多可少），通常有著共同的文化和歷史遺產」。[2]這是我們使用的定義，我們居住的鄰里（村莊、城市或小鎮）就是典型的現代社區，中古時代的社區是莊園，而遠古時期的社區則是部落。重要的是，我們會把焦點放在實體社區，亦即生活在同個區域的一群人，而非虛擬的社群或教派團體。我們把地方管理者視為社區的一部分，如地方政府、學校董事會、鄰里委員會、鎮長等。一個大國在聯邦政府（國家的一部分）與地方政府（社區的一部分）之間還有很多層級的政府。通常，我們將這些層級視為國家的一部分。最後，我們會把「社會」和「國家」（country/nation）這兩個名詞交替使用，而市場、社區、人民、領土等則是國家（state）*的組成要素，如中國或美國這樣的政治實體。

* 雖然country、nation和state中譯皆為「國家」，這幾個名詞不盡相同，country著重在國土上，nation著重在國民上，而state則著重在政權上。

為何社區依然重要？

定義完術語之後，接著探討它們的本質。對遠古人類而言，部落就是他們的社會，他們的國家、市場和社區融合為一體。所有的活動都在部落裡進行，包括養育兒女、生產、食物與物品的交易、老弱病殘的救助等。能做與不能做的事都是由長老規定與執行，長老還會命令戰士保護土地。然而如本書第一部的描述，隨著時間流轉，市場和國家後來都脫離社區了。透過市場與遠方的社區交易，使人人得以專事自己所長、富足安康。國家握有來自國內眾多社區的權力與資源，不只可以管制市場，也能在管轄區內執行法律，同時保護領土，抵禦敵人入侵。

到了近代，市場與國家不只是與社區分離，甚至一再削弱傳統社區內部的連結。社區有些功能不再提供，舉例來說，過去在未開發的偏遠地區，產婦分娩都靠鄰居幫忙；今天，大多數的婦女在產兆出現時會住院待產，儘管鄰居樂於相助，她們寧可選擇專業的產科醫師。以日常生活為例，如果鄰居是沒車的老人家，必須出門採買東西，我們都很樂意載她一程；現在，她可以上網訂購日常用品。又或是從前有人家裡失火，街坊鄰居都會幫忙重建房子；今天，屋主會請領火災保險理賠金，請專業建商來重建住宅。事實上，根據已開發國家的建築法規，請鄰居幫忙重建房屋可能會違法。

在現代社會，社區依然扮演許多重要角色。這是緊繫每個人的真實人際網絡，讓人們有認同感，而我們在這個世界上的存在感也取決於我們對周遭人的影響。我們透過參與地方治理機構，如家長會、學校董事會、圖書館委員會、社區守望相助委員會，以及市長、議員、里長的選舉，而有自主的感覺，能直接掌控自己的生活，讓地方公共服務能做得更好。重要的是，儘管我們有公立學校、政府安全網、商業保險等正式組織結構，仍有許多漏洞需要由好心的鄰居來填補。例如住在我家附近的工程師利用餘暇當我兒子的數學家教、左鄰右舍為了貧困的家庭募集食物和衣物，這些都是社區彌補正式組織結構不足的實例。有鑑於社區日益重要，健全的現代社區努力強化社區連結（如透過社交聚會與社區協會），才能與市場與國家互相抗衡。

經濟學家申堤（Raj Chetty）與韓德倫（Nathaniel Hendren）試著計算小孩在良好社區成長對經濟的影響。[3]他們檢測年幼時曾搬遷到另一個社區的人賺到的所得。具體來說，把**較好的**社區與**較差的**社區拿來比較。修正父母的所得條件後發現，在良好社區成長為永久居民的人，平均收入要比在較差地區成長的人高出一個百分點。中堤和韓德倫發現，如果父母在孩子幼小時從較差的社區搬遷到較好的社區，成長每多一年，收入就會比在較差社區長大的孩子多〇・〇四個百分點。換言之，如果父母在孩子出生時就搬到良好的社區，直到孩子二十歲，與在較差社區長大的孩子相比，收入差異將高達八〇%。

他們的研究顯示，搬遷到較好的社區（以未來收入來衡量）對子女會有很大的幫助。因此，社區的確重要！除了生養我們的父母之外，影響我們經濟前景最大的外在因素或許就是社區。重要的是，申堤和韓德倫的發現可以運用在單一孩童的移居，畢竟讓整個貧窮社區的孩子遷移到另一個地區幾乎是不可能的事。貧窮社區應該在原地努力尋求發展之道，盡可能留住最好、最聰明的人才。這就是本書要探討的一大挑戰。

健全的社區還有其他優點。社區自治機構可以作為盾牌，抵抗聯邦政府的政策，因此可以保護少數人士免受多數暴力的侵害，制衡聯邦政府的權力。美國與歐洲的庇護社區（sanctuary communities）為了保護無證件的移民，拒絕與國家移民當局合作查緝與遣返移民。而在前美國總統的執政下，亞利桑納州堅持反其道而行，對無證件的移民執行最嚴苛的移民法令。*

如果每個社區只挑選偏好的法律來遵守，國家就不能運作。然而，聯邦政府若能下放一些立法權給社區則是件好事，特別是社區間意見嚴重分歧的法令。

社區在現代市場民主政體中的一個關鍵作用，就是讓有抱負的政治人物在此歷練。回想一

* 這裡指的是歐巴馬執政時推出的夢想家計畫（Deferred Action for Childhood Arrivals），容許一些入境美國還未滿十六歲的無證件移民申請兩年內暫緩遣返，並允許他們申請工作許可證。

下，歐巴馬就是社區組織者（community organizer），社區本身就是現成的政治動員結構。*再者，國家巨獸和大企業可能狼狽為奸，衍生出貪汙和親信干政等弊病，以社區為基礎的社會運動才能與之抗衡。其實，正如我們會在書中看到，健全的社區對採用市場經濟的民主政體至關重要。也許這就是為何像法西斯主義和共產主義等極權主義運動，企圖以民族主義或無產階級主義來取代社區意識。

總之，即使我們今日身在人際關係疏離的大都會，即使身在重視個人主義的美國和西歐社會，仍不可小覷社區的影響力。即使經濟學家偏好用經濟成長作為衡量經濟績效的指標，一旦了解社區的重要性，就會明白強勁的經濟成長對一個國家而言依然不夠，國家裡各社區的經濟成長是否均衡也很重要。安土重遷者重視社區，會設法讓自己的社區經濟繁榮，不會輕易遷移。如果我們在乎社區，就無法忽視經濟成長在各地區的分布。

那麼，今天問題的根源是什麼呢？一言以蔽之，就是**失衡**！社會的三大支柱如果能鼎立平衡，社會就能為人民帶來福祉。現代國家一如既往在保障人民安全的同時，確保經濟結果的公平

* 歐巴馬在大學畢業後曾在芝加哥掌管一個非營利組織計畫，協助當地教會提供貧民職業訓練。取得哈佛法學院博士學位後，他回到芝加哥掌管選民登記運動，後來當選伊利諾州參議員。

性，畢竟這是對民主政體的要求。為了達成這點，國家必須限制市場，同時提供公平競爭的環境給人民。國家必須讓大多數的人有能力在平等的條件下參與市場，同時避免市場波動帶來的衝擊。競爭市場確保成功者有效率的利用現有資源來創造最大的產量。他們成功擁有財富，而且在一定程度上脫離國家獨立，因此有能力抑制國家的恣意行動。最後，工業化民主國家的人民必須積極參與社區行動，才能獲得社會和政治力量，與市場和國家保持必要的距離。如此一來，人民才能保有政治和經濟競爭力，使經濟不致於被當政者的親信或集權主義所把持。

任何一根支柱太弱或太強，社會都會動搖不安。市場太弱，社會就沒有生產力；社區太弱，社會就會傾向裙帶資本主義；國家太弱，社會就會轉為恐懼與冷漠。反之，市場太強，社會就會失去公平性；社區太強，社會就會停滯；國家太強，社會則會變得專制。達成平衡非常重要！

貿易及資通訊科技革命對社區的影響

今天，這三大支柱嚴重失衡。資通訊科技革命透過自動化的直接影響，加上貿易競爭對地區的間接影響，使得已開發國家某些社區有大量人口失業。通常受到失業衝擊的大多是教育程度不高的人。由於男性勞工較無法調適，家庭因而陷入窘境，導致離婚率、青少年懷孕與單親家庭增加。由於兒童成長環境不良，導致學習成就低落，輟學率高，容易受到毒品、幫派和犯罪的引誘，而且年輕人的失業率持續攀高。重要的是，社區日益衰退，功能尚稱健全的家庭只得遷離，以免兒女受到不良環境的影響。

在美國，第一個受到失業問題衝擊的就是少數族裔和移民社區，這也是一九七〇、一九八〇年代社會動盪的主因。近二十年來，在小城鎮及半鄉村地區的社區由於大工廠紛紛關閉，也出現類似的衰退。曾經健全的社區變得破敗，毒品氾濫只是社區陷入絕望和失落的一個徵象。

即使在經濟困窘的社區之外，科技革命一樣具有顛覆力。很多產業逐漸由幾家超級明星公司主導，它們高薪延攬能力突出的人。中上階級的父母在這樣的壓力下，不得不脫離家庭經濟條件參差不齊的混合社區，遷移到較富裕、健全的社區，讓子女和其他來自良好家庭的孩子一起求學，增加未來出人頭地的機會。對比較貧窮的工人階級而言，房價高昂的高級社區根本遙不可及，只能留在原地。由於成功者紛紛遷出，他們的社區變得更加破敗。科技變革讓中上階級過著天堂般的生活，這是以教育和技能分類的精英體制。雖然這是經濟階級分類與混合社區衰敗造成的，但社經地位變成一種遺傳現象，唯有成功者的子女得以成功。

其他人只能留在衰敗的社區，在那裡，年輕人很難學到好工作必要的技能。社區因此困在惡性循環中，經濟衰退使得社會敗壞，而社會敗壞又使經濟更加衰退……後果具有毀滅性。疏離的人際關係、不健全的社區給人的絕望，全都被迎合人民最壞偏見的極右派和極左派政客拿來利用。民粹政治人物每每指責中上階級的精英和主流政黨，就能引發廣大民眾的共鳴。

如果社區功能失調，疏離的人就需要透過其他方式來得到歸屬感。[4] 民粹式民族主義往往會提出一個有目的、比較廣大的「想像共同體」，利用這樣的願景來蠱惑民眾，就像歐洲和美國的白人多數主義、土耳其正義發展黨（Justice and Development Party）的伊斯蘭土耳其民族主義，或是右派印度教團體國民志願服務團（Rashtriya Swayamsevak Sangh）的印度教民族主義。[5] 民粹主義者把人民窮苦歸咎於腐敗的精英階級；民族主義者（更精確的說是族群民族主義者，後文會再細分）則認為該國出生的多數群體是國家遺產和財富真正的繼承者；民粹式民族主義將（精英階級最愛的）少數族裔和移民者視為篡奪者，並指責外國將自己的國家拖下水。民粹式民族主義者為了達成目的，不得不捏造出這些敵人，否則很難讓多數群體團結一致，這不是基於真正的社區意識，畢竟多數群體中的次群體間往往有很大的差異。

已開發國家享有的繁榮是拜自由市場民主制度之賜，但民粹式民族主義會破壞這樣的制度。一個國家的民粹式民族主義者會認定某些人是真正的公民和國家遺產的繼承人，其他人則是次等公民。但是當這樣的國家人口老化，需要年輕、有技能的移民來填補勞力缺口，同時需要把產品賣到國外時，可能會有關閉全球市場的風險。這很危險，因為他們只會抱怨，沒有真正的解決方案，為了壯大勢力，不惜同流合汙，把世界推向衝突，而非合作，這只會讓全球問題雪上加霜。儘管民粹式民族主義者提出一些重要的問題，但世界可能無法接受他們短視近利的解決方案。

恢復社區的功能

在現代，學校是機會之門，也是典型的社區機構。學校的良窳取決於所在的社區，有些學風優良，有些則是爛學校。如果進入職場之路有些是康莊大道、有些則陡峭難行，難怪有人會認為制度不公平。於是，人們就會受到意識型態的影響，主張拋棄自第二次世界大戰以來促使社會繁榮的自由市場制度。要解決這個問題及其他社會問題，不是透過國家或市場之力，而是復興社區，讓社區得以發揮重要功能，像是把學校辦好。只有如此，才不會被極端意識型態洗腦。

我們會探討這種做法，然而或許最重要的是，國家必須把權力還給社區。隨著市場的全球化，國際組織在官僚或強國利益的驅動下，以全球市場的運作為藉口，從國家手中奪取更多權力。民粹式民族主義者因此誇張的說，權力已經轉移到國際組織之手。但這並非事實。比較有問題的是，在一個國家之內，國家用各種冠冕堂皇的理由篡奪很多社區的權力，例如為了履行國際義務，統一國內各社區的法規，以及確保社區妥善運用聯邦經費。於是社區的力量更加削弱了。

我們必須扭轉這種局面。權力應該從國際組織轉移到國家，國家再把權力和資金從聯邦層級轉移到社區。所幸，資通訊科技革命有助於實現這個目標。這種權力分散如能謹慎執行，不但能保留全球市場的優點，同時讓人擁有自主權。面對讓人眼花撩亂的全球市場與新科技，**地方主義**（localism）* 得以讓我們站穩腳步，使社區得以擁有更多的權力、經費，辦理更多活動。

公民民族主義

與其讓人們的部落本能從民粹式民族主義得到滿足，不如讓這樣的本能在社區裡得到滿足，畢竟民粹式民族主義如果結合國家軍事力量可能會變成危險的火藥庫。如果一個多元化的大國要容納各種社區，有一個可行之道，就是採納具有包容性的**公民**定義：只要一個人接受一個國家認可的價值觀、原則和法律，就能成為該國公民。這就是澳洲、加拿大、法國、印度、美國等國採行的做法。正如巴基斯坦裔美國人吉澤爾・汗（Khizr Khan）這樣的公民，他的兒子為美國打仗

* 地方主義源於十九世紀初的英、美等國，以地方為範圍的小企業，為了避免受到跨區域或全國性的企業併購，或是大企業欲爭取地方民眾認同，於是提出以地方利益為本位，重視地方特性與需求的概念。

身亡。他在二〇一六年的美國民主黨全國大會揮動一本袖珍版的《美國憲法》。這本憲法定義他的公民身分，也激發他的愛國之心。*

在這種具有包容性的架構下，人民應有同類者聚集在同個社區的自由。社區讓他們珍惜族裔的連結，希望讓他們的文化流傳下去。當然，社區應該是開放的，讓人可以自由遷入或移出。毫無疑問，有些人喜歡住在種族混合的社區，有些人則選擇與自己相同族裔的人一起生活。他們都應有這樣的自由。多元大國的未來少不了結社自由，以及立法禁止種族歧視。我們最終將學會珍惜對方，在那之前，如果不能一起生活，我們也得和平共處。

市場也必須變得更有包容性。大公司因握有數據資料、網絡和智慧財產權而日益強大，主導太多市場。很多服務都限定領有證照的專業人士才能做，沒有需要的證照就無法與之競爭（這也就是為何今天重建房子不能找好心的鄰居幫忙）。在任何情況下，我們都必須找到競爭和進入市場的障礙，移除這些障礙之後，才能使人人有機會。因此，我們不但要努力建立包容性的國家與市場，也得賦予社區權力使之活絡、充滿動能，才能實踐**有包容性的地方主義**，這就是社區復興和三大支柱維持平衡的關鍵。

* 吉澤爾．汗的兒子死於伊拉克戰場，在二〇一六年大選期間質疑川普的反移民政策。

即使今日環境複雜嚴峻，社區也得向上提升。芝加哥西南的皮爾森（Pilsen）社區就是一個很好的例子。這個社區離我家只有幾哩，曾經破敗不堪，現在已改頭換面。

社區重生的真實案例

皮爾森的居民過去多是來自東歐的移民，在芝加哥周邊的工廠工作。自二十世紀中葉開始，西語裔移民及非裔美國人持續遷入，東歐人則漸漸移出。[6]至二〇一〇年，西語裔或拉美裔已占人口的八二%，非裔美國人只占三．一%。非西語裔的白人在二〇〇〇年占七．九%，至二〇一〇年則成長至一二．四%。

皮爾森是個窮困的地區，自二〇一〇年至二〇一四年，家庭年收入中位數為三萬五千一百美元，大約只有芝加哥都會區家庭的一半。在這段期間，皮爾森的失業率平均接近三〇%。二十五歲以上的人有超過三五%沒有高中畢業文憑，而擁有學士學位的只有二一．四%，至於全美國受過高等教育的人口則已超過三〇%。不管是租屋者或擁有住屋者將近三〇%的所得都得繳納租金或房貸。社區要穩定，必須讓住者有其屋，但對皮爾森而言，這點相當困難。

居民教育程度低、收入低，失業率卻居高不下，也難怪社區會成為毒品氾濫、酗酒和犯罪的溫床。在一九七九年敗壞的高峰期，皮爾森每十萬個居民就發生六十七．四起謀殺案，這個數據是大城市的兩倍以上。相形之下，在西歐，每十萬人每年發生的謀殺案平均只有一起。第二次大戰期間，德國與蘇聯軍隊每十萬人每年約有一百四十人在戰場上戰死。[7]由此可見，皮爾森居民的死亡率和戰區差不多。一九八八年，根據《芝加哥論壇報》（*Chicago Tribune*）記者的計算，在皮爾森主要街道第十八街上，短短兩英哩就有二十一個幫派。一九八〇和一九九〇年代，幫派份子一天到晚在皮爾森街上械鬥，爆發流血衝突。

然而，皮爾森社區力圖振作。步入二十一世紀後，皮爾森的謀殺率已經大幅下降到低於整個芝加哥，偶爾有幾年略高而已。這就是皮爾森社區復興的一大徵兆。我們將看到，社區本身通常不會自己變好，社區要復興，必須要有人站出來領導。

推動皮爾森社區復興的靈魂人物是雷慕多（Raul Raymundo），他是非政府組織重生計畫（Resurrection Project）的執行長。該計畫的宗旨就是「建立關係，創造健全社區」。雷慕多七歲時跟著家人自墨西哥移民美國，在皮爾森的班尼多華瑞茲高中（Benito Juarez High School）就讀，後來上大學（他曾在芝加哥大學研究所待一段時間），並致力於社區服務。有一天，雷慕多去教會做禮拜，有一個年輕人就在教會外面慘遭殺害。牧師問信眾，這個社區能做些什麼。雷慕多受到感召，立志扭轉社區命運。他和幾個人創辦社區重生計畫。皮爾森當地的六個教會各拿出五千美元資助這個計畫。因為他們為這個計畫物色的領導人不願承接這個工作，所以雷慕多義不容辭的出任，至今他已在這個崗位上努力二十七年。今天，重生計畫已經投入社區五億美元。

重生計畫先盤點皮爾森的社區資產，看社區需要哪些建設。社區已有多間教會，不但可以為社區復興喉舌，並提供精神與財務方面的支持。這個社區也有不錯的學校，以及家庭關係緊密的墨西哥裔社區。再者，皮爾森位於芝加哥，儘管這個城市歷經盛衰興廢，仍是美國最重要的城市之一。

重生計畫的第一個行動是讓社區更適合居住，也就是維持清潔、掃蕩犯罪、強化學校功能。居民組織起來，要求城市衛生部門做好清掃街道、清運垃圾的工作。為了打擊犯罪，民眾也加入守望相助小組，看到可疑人士就會走出家門，大家聯手把壞人趕走，或是聯合起來報警，以免單獨被歹徒盯上、報仇。在社區的運作下，市政府暫停發放皮爾森地區的酒類經營許可證，使一些特別有問題的酒吧關門，民眾也和警方、教會及房東合作，將幫派逐出巢穴。[8]此外，補救教學、課外活動和職業培訓計畫的增加，則使年輕人能從學校學到更多東西，並提供就業發展。社區也鼓勵家長多參與學校活動，家長也都能配合。社區也建立新學校，如克里斯多雷伊耶穌會高中（Cristo Rey Catholic School），讓學生能接受良好的教育，就像著名的芝加哥天主教學校聖伊格納修斯高中（St. Ignatius），同時壓低學費，讓居民得以負擔。克里斯多雷伊耶穌會高中也為當地商家募款，學生每週可以有一天到學校贊助的商家工作。扣除工作那天，學生一週上課四天，不但可以獲得良好的教育，也能獲取工作經驗。

社區成員眼見重生計畫有了成果，也比較願意共襄盛舉，於是形成良性循環。年紀較大的幫派份子改邪歸正，願意合法做生意，生意興隆之後也激勵其他幫派份子學習工作技能，不再只會逞凶鬥狠。學校安排很多培訓計畫，讓青少年得以脫離過去的不幸。犯罪率下降、新的店家愈來愈多後，麥當勞等知名連鎖品牌也在此展店，提供基層工作給年輕人。由於芝加哥漸漸成為區域貨物的分銷樞紐，皮爾森因為房地產價格不高，加上治安好轉，愈來愈多公司在此設立批發倉庫和冷藏中心，也就能提供更多的工作機會。

居住條件改善後，重生計畫開始著手幫助窮人。有些窮人幾乎沒什麼資產，萬一失業或生病，連房屋租金都付不出來。重生計畫有助於社區的穩定。諷刺的是，隨著社區改善，租金變得愈來愈貴，房價也愈來愈高，窮人要有一個穩定的住處就更難了。儘管社區中的大型銀行愈來愈多，但這些銀行並不了解社區人民的生活，也就不會輕易放款。在皮爾森，職業婦女的母親通常會幫她煮飯、帶孩子，不用買外食、請保母，因此可以省下很多錢。同樣的，家庭成員也可以互相借錢，如果收入不穩定，仍可以償還貸款。但大銀行授信人員總是需要貸款人提出明確的收入證明，如果收入不穩定，貸款通常會被拒絕。[9]社區型的金融機構與社區的交流比較頻繁，比較能蒐集到與客戶人品和實際財務狀況有關的軟性訊息，了解這個人比薪資單更為可信，也就比較願意放款給社區居民。

重生計畫了解地區機構對社區的重要性，二〇一三年間在社區設立的第二聯邦銀行（Second Federal）岌岌可危，於是出手相救。當時，第二聯邦銀行的房貸呆帳率達二九%，如果這家銀行倒閉或是由外地銀行接手，很多繳不出房貸的人就會被逐出家園。空屋率提高也會使房價下跌，滋生犯罪。藉由重生計畫之助，第二聯邦銀行與貸款人協調，改善貸款體質，房貸呆帳率已降低到四%。現在，皮爾森的居民已經把銀行當成社區中心，在那裡與鄰居閒話家常，甚至請行員幫他們翻譯信件。

重生計畫也興建廉價房舍出租給有需要的家庭，等他們經濟好轉到能負擔市場租金時，再請他們遷出。與重生計畫合作的建商克雷塔羅之家（Casa Querétaro）就建造很多美觀高雅的房子。從管理的眼光來看，價格實惠的房子未必就是殘破陋屋。重生計畫也努力為社區居民增加申請信用貸款的機會。計畫志工也教社區居民理財，建立良好的信用紀錄，如按時繳納水電費等。

重生計畫不只讓社區復興，還為社區描繪清晰的願景。皮爾森社區稱不上富裕、繁榮，至少現在是個有希望的地方。此地以墨西哥文化傳統為基礎，建立墨西哥藝術國家博物館（National Museum of Mexican Art），當地民眾熱烈慶祝墨西哥節慶五月五日節（Cinco de Mayo）。然而，社區居民也以身為美國人自傲，在皮爾森，每年七月四日參加國慶遊行的民眾超過二十五萬人。

雷慕多歡迎不同族裔的人來皮爾森和他們做鄰居，同時使現有社區更穩定。如果有人在皮爾森買房子，他會說：「你買到的不只是一間房屋，還有一個好社區。」

本書梗概

我是芝加哥大學教授，也是國際貨幣基金（IMF）首席經濟學家和研究主任，我們經常提供建議給許多工業國家和開發中國家。我也曾擔任印度央行總裁，致力改善印度的金融體系。我在國際金融體系和新興市場都有豐富的經驗。成年之後，我從未像現在這樣關心領導人將帶領我們往哪個方向走。

我在二〇一〇年出版《金融斷層線：無形裂縫如何威脅全球經濟》（*Fault Lines: How Hidden Fractures Still Threaten the World Economy*）。我在這本書提到，我擔心不平等日益嚴重的後果。在全球金融危機發生前，美國金融機構放款過度寬鬆，發放太多房貸給還款能力不佳的家庭，部分原因就在政治人物為了轉移民眾的注意力，讓人不再緊盯薪資停滯的問題。我憂心世人沒能從上次發生的金融危機汲取教訓，不去彌補已開發國家和全球秩序的斷層線，只會尋找代罪羔羊。我寫道：

> 在政治上充當第一批代罪羔羊是最顯而易見、最容易被妖魔化的人。這些人卻無力為自己辯護。非法移民或外國移工沒有投票權，但他們是經濟發展不可或缺的人。非法移民做的是一般人在正常情況下不會去做的工作，外國移工則是廉價的進口人力，可以藉此提升人民的生活水準，特別是低收入的國人。應該有更好的方法……[10]

直到現在，世人還在尋找代罪羔羊。我寫這本書是因為我看到一個愈來愈兩極化的世界，使得七十年來的和平與繁榮毀於一旦。這個世界不但忽略應該改變的做法，同時遺忘原本有效的運作方式。民粹式民族主義者及激進的左派人士了解改革的必要性，但他們只會利用民眾的憤怒和嫉妒，而沒有真正的解決方法。主流政黨甚至不承認需要改變。我們有很多事該做，我們的挑戰也愈來愈艱鉅。國家、市場和社區應該能達成更好的平衡。我們現在就得開始行動。

本書其餘部分簡介如下。首先，我會描述第三支柱，也就是社區。對某些人來說，社區代表溫暖和支持。在其他人眼裡，社區則代表狹隘和傳統主義。這兩種看法也許都對，可能同時並存，我們會明白為什麼會這樣。現代社區面臨的挑戰是如何得到更多好處，同時盡量減少缺點。我們將看到，透過與其他兩根支柱（即國家和市場）達成平衡，就能達成這個目標。為了繼續深入探討，我們必須了解這三根支柱出現與發展的歷史。在第一部中，我從已開發國家為例，追溯國家和市場如何從封建社區發展出來，甚至執掌社區的一些行動。我會解釋一個活力蓬勃的市場如何創造獨立的權力來源，藉此限制國家任意行使權力。由於國家受到憲法的制約，市場占了上風，有時則對社區不利。選舉權的擴大有利於社區重新賦權，敦促國家對市場施加監管控制。人民也需要可靠的社會保護，以因應市場波動。我們可以從二十世紀初自由市場民主政體在已開發國家的發展看到這些影響。然而，技術革命造成的市場低迷充滿顛覆性。經濟大蕭條及隨後的第二次世界大戰，似乎為世界大部分地區的自由市場民主政體敲響喪鐘，為國家的崛起吹響號角。

在第二部中，我描述美國如何塑造戰後的自由秩序，以及國家和市場如何再次成長。民主的根基也更加穩固。然而，在戰後三十年的強勁成長之後，開始停滯不前，已開發國家無不努力尋求刺激成長的新方法。英美國家為了壯大市場，不惜犧牲國家，而歐陸的改革則偏好超級國家和整合市場。這兩種改革都是以社區為代價。由於做出不同的選擇，國家在資通訊科技革命、全球金融危機及全球秩序受到反挫時都有了不同的定位。我將描述民粹主義興起的原因，並追蹤中國及印度的相關發展。

我在第三部提出可行的解決之道。我們需要深層改革，在面臨科技變革之際使三大支柱重新保持平衡，如此才能保有自由、民主的社會。我們還需要強化地方主義，賦予社區權力，同時利用國家和市場的力量使社會更有包容性。

最後，我要提醒一下讀者。我希望這本書的內容廣博，但並不詳盡。因此，我以一些重要國家為例來說明歷史軌跡。如果要照專家要求鉅細靡遺，恐怕對讀者（及編輯）的耐心是一大考驗。儘管本書主題宏大，汲取很多學者的研究成果，主要還是要給一般讀者閱讀。我也提出政策建言，但這些建言絕非定論，只是希望有拋磚引玉之效。我們正面臨無比艱鉅的挑戰，需要的是能激勵我們採取行動的正確解決方法。就如芝加哥建築師柏能（Daniel Burnham）所言：「別做小計畫，小計畫沒有魔力讓人熱血沸騰，還可能無法實現。」[11]但願此書也能讓你熱血澎湃。

前言
第三支柱

在點點滑鼠就能和世界任何角落的人連繫的時代，為何鄰居依然重要？在今天的先進國家，政府運作良好，市場充滿活力，社區扮演何種角色？儘管早先社區的很多功能已被國家和市場取代，社區依然具有重要角色。社區有助於我們了解自己、定義自己。社區賦予我們權力，讓我們有能力在面臨全球各種力量的挑戰時能塑造自己的未來。我們如果遭遇苦難，恐怕只有同社區的人願意伸出援手。當然，社區可能心胸狹隘、傳統、抗拒改變。一個成功的現代社區是開放的、具有包容性和動力，也願意支持自己的成員。我們會探討為什麼社區很難做到這些，以及為什麼社區必須解決我們面臨的問題。

生活的共同體

周遭的人會塑造出我們的樣貌。如果朋友為我們的喜悅開心，我們會更喜悅。如果關心的人為我們的成功鼓掌，我們會更加欣喜。在抗議的時候如果得到支持，我們就會感覺比較不孤單，也更加義憤填膺。若是有人與我們同仇敵愾，我們的仇恨就會更加熾熱。如果有家人一起承擔悲傷，我們就不會那麼難受。此外，如果我們要採取行動，我們會先估量周遭的人會受到什麼影響。如果我們完全不在意別人，我們就像短暫的過客，幾乎沒留下什麼腳印。當然，每個人都獨一無二，但我們所屬的社區、社群或團體有助於定義我們是誰，讓我們建立身分認同。

社群有很多種，有些社群關係緊密，例如可能是一群有血緣關係的人（如家族或氏族），也可能是現在或過去住得很近的一群人（如住在同個村子或來自同個村子的人）。社群也包括對如何生活有相同觀點的人（如同個教派的人）、同個行業的人（如影劇業）、經常上同個網站或在同個網路群組對話的人（如我參加的大學校友群組。在這個群組裡不管討論什麼，每個人的意見總是不同，而且非表達出來不可）。由於我們屬於多個不同的團體，因此都有多個身分。[1] 此外，除了真實世界裡的身分，有些人還在虛擬世界建立新的身分。

由於通訊科技的發達與運輸成本的下降，社群的重要性不再取決於距離的遠近。對一些人而言，遠方的社群或許要比鄰近的人來得重要。其實，本書要探討的中心問題是，如果能滿足人民歸屬感、激發人民熱情的是像國家這樣的想像共同體，而非實際居住的社區呢？

儘管如此，基於各種原因，我們還是把焦點放在社區。從歷史長河來看，距離大抵是個關鍵，因此社區對大多數的人有重大影響。即使是今天，很多經濟活動也是以社區為中心。大多數的人每天都在一個地區活動。不管我們屬於哪個宗族、教派、從事什麼行業，或是在網路上發表什麼意見，社區是我們固著在現實世界的錨，也是開展社交生活的地方。儘管我們屬於不同的族裔、職業、來自不同的國家，只要住在同個社區，都能消弭這些差異，團結一心。不管是公職人員的選舉或地方公共服務事務的管理，社區是我們辯論、說服別人的地方，因為這些公共事務會使每個人受到影響。如果我們要發動比較大規模的政治運動，也是從社區開始。

正如後面的章節所述，一個使居民有參與感的健康社區能因應兩股力量的衝突：一是每個人心中的部落主義，另一則是大型、多元化國家的需求。展望未來，將有更多製造業和服務業的工作走向自動化，人類對人際關係的需求及地區的社會需求將創造更多的工作機會。

在關係緊密的社群當中，很多交易不需使用金錢或強制性的合約。在交易當中，一方可能獲得所有的好處。有時，另一方會期待回報，也可能永遠沒有回報。例如正常家庭的成員會互相幫助，用不著簽約或支付酬勞。在很多社會中，朋友一起在餐廳吃飯，不會很在意餐費由誰支付，也許不用拆帳就代表已經建立真正的友誼。

一個社群中的合約交易則是典型的市場交易行為。我最近剛買一條腳踏車的內胎。我在一個網路購物平台找到品質不錯的內胎，價格也很合理，於是刷卡付費，那條內胎就在賣家允諾的期限內寄達了。即使這筆交易幾分鐘就完成了，買賣雙方都明白這是基於某種契約進行。如果我一直沒收到商品，或是賣家寄來的內胎有瑕疵，我就可以依照契約獲得補償或退換貨。這種交易是公平的，而且僅只一次。我和賣家完全不認識對方。即使我們再也不會交易，雙方都從交易獲益，也滿意這次的交易結果。我們並不期待透過持續維繫的關係再進行交易。

交易愈明確，且僅只一次，交易的雙方就愈不相干，愈傾向匿名，參與交易的人愈多，也就愈接近**市場**交易的理想。反之，交易的條款愈模糊，交易雙方的關連愈深，進行交易的人較少，交易就愈不平等，交易範圍較廣，相同的買方和賣方交易次數愈多，這樣的交易也就更接近一種人際關係。把一群人綁在一起的關係網絡愈密集，就愈接近社區。從某種意義來看，社區和市場可說是位於一個連續體的兩端。

十九世紀德國社會學家滕尼斯（Ferdinand Tönnies）在權威之作《社區與社會》（*Gemeinschaft und Gesellschaft*）中論道：「在關係緊密的社區當中，個人利益與集體利益分歧時，會壓抑個人利益，以集體利益為重。」相形之下，在市場交易之中，「一個人贈與或製造東西給另一個人時，必然會期待獲得與自己付出等值的報酬或服務。」[2]從這個層面來看，重要的只有個人利益，這是透過一筆又一筆的交易獲得。

在本章，我們將探討社區為什麼有用。[3]很多奇幻小說描繪的社區如詩如畫，讓人發思古之幽情。通常那是個世外桃源般的村子，純樸的老實人彼此互相照應，樂於提供食物、物品或服務，而不要求立即得到等值的回報。這個村落社區的人友好、互相依靠。然而，這個團體或許很小、封閉、愛管閒事。我們會看到一個社區如何促進經濟交易與社會交流。我們也知道社區的功能有限，在某些情況下，社區可能會損害成員的利益。這也就是為何在三大支柱達到平衡時，社區才能發揮最佳作用。

社區的功用

演化心理學家認為，我們會幫助跟我們有關係或長得跟我們很像的人，因為這種行為已經內建在基因中。對家人、親戚特別好是一種有助於人類在石器時代存活的遺傳特質。隨著人類的演化，這種特質也代代相傳。[4]人類因為遺傳、演化而有互助行為，也期待得到對方提供的報酬。而且我們也很討厭占人便宜的人。由於演化是個非常漫長的歷程，我們已經完全適應石器時代的挑戰，繼續保留這些癖好，即使互助不再是生存的關鍵。換言之，我們已傾向社會化。

人類社會就是這麼發展起來的。人們會團結起來，抵禦侵略（或發動攻擊）。在現代社會，健康的社區不只是持續自我監督，也會在周遭環境巡邏，確保成員的安全，而且還有更多功用。

社區使成員有一種認同感、歸屬感，讓人得以熬過現代生活的考驗和折磨。這是透過故事、習俗、儀式、人際關係、一起慶祝或哀悼來達成。如此一來，在自我利益和社區利益面臨衝突，或是面臨選擇站在社區成員或其他人那邊的時候，人們才會傾向以自己的社區為首要考量。通常，社區會灌輸共同的價值觀和目標給成員，同時讓人參與有益社區的各種行動，使人覺得自己是有用的。

為了公平，社區也會監控成員的經濟交易，以及與金錢交易無關的「互惠」行為，確保每個人立即、或在一定的時間內履行承諾。社區會幫助困苦、有需要的人。還會匯集所有成員的能力，以增進共同的福祉。接下來，我們將仔細探討這些角色。

年輕人的培訓與社會化

社區需要訓練年輕人有生產力，讓衰老的成員可以卸下重擔。同樣重要的是，為了維護社區的福祉，社區必須塑造年輕人的價值觀。大多數的社區都透過學徒制來訓練年輕人，傳授技能，並讓年輕人透過學習把社區的規範和價值觀內化。

學徒制通常以成年禮作結。成年禮象徵一個年輕人已經成熟，開始步入成年階段。在澳洲和巴布亞紐幾內亞，有些原住民部落的成年禮極其血腥*，有時甚至傳出死亡案例。[5]如果不能通過成年禮的考驗，這樣的人就沒有忍受痛苦的能耐，或是不想在部落承擔更大的權力和責任，而通過成年禮的人則可能對部落更加忠心。很多現代社群，如大學裡的兄弟會、律師事務所、研究機構或軍隊也都有入會儀式，差別在於身體或精神必須承擔的痛苦不像部落成年禮那麼劇烈。

即使是在現代的學校教育，社區也是重要的支持系統。如諾貝爾獎得主經濟學家赫克曼（James Heckman）所言，一個孩童對學習的態度及未來的健康在學前階段已開始成形，因此家庭與社區要比正式教育系統來得重要。再者，即使這個孩童已經入學，進入正式教育系統後，是否能學到最多東西，社區也是一大關鍵。孩子是否能得到鼓勵與支持、花時間好好完成家庭作業，端視家庭環境及同儕對學業的態度而定。

學校與社區的連結也很重要。如果家長覺得自己對學校的運作有影響力，就比較會注意教學

* 澳洲原住民馬杜嘉拉族（Mardudjara）的成年割禮是在切除包皮後必須將自己的包皮吃下去，等傷口癒合後，再從陰莖下側一路割到陰囊。此舉是為了讓男孩獲得淨化，成為真正的男子漢。在巴布亞紐幾內亞的賽皮克部落（Sepik）成年禮上，長老會拿刀片在年輕人身上割出鱷魚皮的紋路，因為他們相信自己是鱷魚神的化身。

情況，支持老師。很多辦學績效良好的學校都請家長加入學校董事會，以利人員的招募、課外活動的辦理，或是在學校預算不足時幫忙籌措購置設備的經費。社區也可以幫助尚未就學的幼兒，或在下課後及學校放假時協助學生，如提供學前學習、寒暑假工讀的機會、幫忙注意孩子的情況，或是輔導誤入歧途的青少年。同樣的，社區裡的老師可以為家庭破碎的學生提供援助。家長也常聚集在學校，因為一起努力而建立友誼。

社區會塑造成員彼此的看法，鼓勵他們互相支持。擁有經驗和智慧的老年人是知識的來源，也是引導社區的重要人物。然而，在重視生產能力或勞力需求大的環境，老人或許會成為負擔，為了讓老人有誘因分享他們的智慧，同時保住他們的地位，社會通常會積極灌輸敬老尊賢的觀念。在印度南部婆羅門種姓的婚禮和成年禮，老人的地位非常重要，因為年輕人必須在他們的引導下進行儀式。年輕人必須一再對老人頂禮膜拜，表示他們接受長幼之間的尊卑秩序，請長者給他們祝福。誰要對誰敬拜並非取決於階級或地位，而是年齡。一般而言，社區在分配權威和權力時不看經濟能力，而是以促進社區團結為前提。

創造緊密的社會關係

在關係緊密的社區，付出很少會和回報完全等值。就像母親照顧孩子一樣，從來就沒想過要給孩子帳單；我們以美酒佳肴宴請賓客，也不會考慮何時賓客要回請自己。如果社區成員的關係不夠緊密，一個人做了什麼，比較會預期得到回報，然而不管如何，不會到錙銖必較的地步，堅持付出多少，就要拿回多少。

美國人類學家蘿拉・博漢南（Laura Bohannan）曾與尼日北部的蒂夫族人（Tiv）生活好幾年。她剛到那裡進行社區研究時，貧窮的村民送給她一大堆禮物。到傳統部族作客，常常會受到這樣的「禮遇」。為了顧及禮貌，她不好意思拒絕，就全部收下來了。後來，頭目的夫人才告訴她該怎麼做。頭目的夫人說：「你就別再村子裡走來走去，你得開始回禮。」博漢南下結論說：

> 如果收到禮物，你必須在適當的期限內回禮，通常不能超過兩個市集週*。如果是比較貴重的禮物，像牲畜，則必須等送禮的人有急需再予以金援。由於當地沒有銀行，送這種貴重的禮物等於是儲蓄……問題是，我根本記不得誰送了什麼；我想沒有人會記得。但那些村民總是記得一清二楚。我目不轉睛的看著烏達瑪（頭目夫人）回送幾把秋葵、幾個十分之一便士的銅板和一些小東西給村民。雖然他們回送的東西與收到的禮物不完全等值，這樣送來送

* 奈及利亞蒂夫族以市集活動來算日期，一個市集週是五天。

去，幾個月後，收到的禮物與回禮的總值相差不到一便士。」6

蒂夫族的禮物交換和大多數社會一樣，都是為了強化社會連結。禮物交換不完全等值是為了避免變成市場交易。其實，送禮的人不會要求收禮的人要回送什麼，一旦禮物送出就忘了送禮這件事，才能建立社會連結。然而，如果有人只收禮，從不回禮，很快就會被驅逐出去，這也就是為何頭目夫人提醒別忘了回禮。關係的建立不只是靠禮物，也可以靠提供服務。博漢南曾和鄰居一起協助一個女人生產。她有感而發的說：

我還記得我的曾祖母在西部蠻荒之地是怎麼分娩的。陪伴她的只有我的曾祖父。她在日記中寫道，她多麼希望有個女人能在她身邊……現代社會培養無數專家，提供各種服務，這些部落培養的是人際關係。

在幾乎看不到專家提供服務的小社區，則是由鄰居來填補空缺。例如賓州鄉下的阿米希人

（Amish）＊會聚在一起為社區裡的某個人蓋穀倉，這是社區慶典。這種行動擴展互動的領域，加深社區成員之間的關係。其實，社區就像一個交叉聯繫的街區，每次互動，不管是不是和經濟有關，都為這個街區增加新的連結。社區的連結源於過去，也可能延伸到未來。

因為這樣的羈絆，社區成為最後的支持力量。如果我們失去一切，總是會回到老家，因為那裡必然有人會伸出援手。他們知道我們是誰，所以願意幫忙，不是因為我們能支付什麼東西或是有什麼成就。有項研究調查一九九九年印度的一個種姓群體，發現二〇%的家庭曾向人借錢或借錢給別人。[7]如果是向人借錢，借來的錢約是家庭年收入的二〇%到四〇%，而借錢給別人的家庭，借出的金額則是年收入的五%至七%。這意味如果有一戶人家需錢孔急，如家人生病或是要辦婚禮，好幾戶家庭會拿錢出來幫忙。即使一個社會有社會保險，如發放失業救濟金和老人年金，政府和市場體系不免會留下一些漏洞，只能靠社區來填補。

＊阿米希人是信奉古老另類宗教的族群，大多是荷蘭裔或德裔，幾百年前從歐洲移居至美洲，以賓州的蘭卡斯特郡為最大的聚落。他們過著與世隔離、簡樸的生活，說德語，有自己的法律和學校。

促進交易

社區透過監控成員行為和驅逐違規者來促進內部交易，讓違規者不能再交易，也得不到社區的支持。[8]社區對社區成員和外人有些差別待遇。根據人類學家道格拉斯．奧立佛（Douglas Oliver）針對所羅門群島西烏艾族（Siuai）所做的研究，島上的人不是親戚就是陌生人。他說：「如果是和親戚交易，他們會盡可能避免商業交易。」但也有例外。「如果一個人遠離所有親戚，只能和敵人交易……這種交易純粹是為了買賣，因此會討價還價，甚至藉由詐欺來從交易中獲得最大的好處。」[9]西烏艾族人很少和外人交易，陌生人要是無法提出極佳的交易條件，不可能談成買賣。重點是，儘管社區對外人態度封閉，卻可強化社區內部的交易，社區成員也就比較不會出走，畢竟在外地生活不免處處碰壁。

鼓勵互惠，解決衝突

如果社區成員一起長大、歷經相同的社會化過程和成年禮、有一樣的價值觀和傳統，成員之間的連結就會很緊密。在現代，即使社區成員成年後才在同個地域生活，也能建立連結。儘管鄰居之間出現紛爭可以打官司，若能透過社區規範來解決潛在衝突，就不必破財了。

耶魯大學法律學者艾利克森（Robert Ellikson）研究加州北部沙斯塔郡（Shasta County）的

牧場主人，發現他們的社區已經發展出一套不成文的規範來解決各種衝突，如某一個人的牛跑到另一個人的土地上。如果牧場主人發現有頭牛的烙印和自家的牛不同，他會通知牛的主人。但是那個主人可能好幾個禮拜之後才會來牽牛，把多隻走失的牛一起趕回去。如果每次有牛走失就得去牽的話，那就太麻煩了。但牧場主人可能得花幾百美元幫忙養那頭牛，儘管如此，他也不會向原來的主人索取飼料費。

艾利克森推測，這是因為該地人口稀少，鄰居希望彼此互動良好，可以一起解決圍欄破損、供水等問題，共同加入義消，因此這樣的互動還會延伸到未來。任何與鄰居的紛爭，像自家的牛跑到別人家，透過友善的互動，能讓關係持續強化。因此，大多數的居民都能從長遠思考。儘管現在幫忙飼養鄰居家的牛，但日後鄰居會幫忙出修理圍欄的費用。

如果一方出得多，另一方出得少時，沙斯塔郡的人通常會利用禮物來結算，而不是金錢，因為他們認為「談錢傷感情」：如果某一個人的羊吃掉鄰居的植物，為了敦親睦鄰，他會幫鄰居種新的植物，而不是金錢賠償。事實上，如果有牧場主人想用錢來解決牛隻跑到別人家的紛爭，其他人都會指責這種做法不當，立下惡例。[10]因為最重要的是鄰居維持互助合作的關係，用鈔票算清楚雖然兩不相欠，情分也薄了。因此，沙斯塔郡牧場主人的借貸網絡是互施恩惠，而非金錢，沒有人能算得一清二楚，似乎整個社區的人緊緊相繫。

不管如何，這樣的社區也可能出現怪異的人，樂於接受別人的好意，卻從來不付出。艾利克森說，在關係緊密的社區，這種人自然會受到處罰，如惹人閒話。名聲不好的人休想有人來幫忙。因此，牧場主人不但循規蹈矩，也會刻意讓人**看到**自己如何謹守規範。即使有人不在意自己的名聲，受害者可能會採取嚴厲行動，如警告沒用，就會射殺跑進牧場的牲畜，或是向郡政府檢舉。在沙斯塔郡，儘管紛爭可能在審判陰影下獲得解決，但很少人透過訴訟得到補償，即使面對的是外人。正如一位牧場主人所言：「敦親睦鄰意味別打官司。」[11] 一般而言，社區可能因為國家的力量入侵而導致功能式微，也難怪沙斯塔郡的人極力鞏固自己的社區，避免國家力量的介入。

社區的價值

我們很容易了解為何社區如此重要。社區除了讓我們有認同感，知道自己是誰，也有利於社區成員的各種互動。如果不相信社區的力量，每件事都得訂定合約、完全依據法律來執行，反而會帶來更多的問題。一個人在社區做了什麼，大家都看在眼裡，不像市場，往往不知道交易者的身分。因此，為社區做事讓人驕傲、覺得自己是社區的一份子、有責任感。社區集結眾人之力，攜幼扶老，扶弱濟貧。由於都在一個地方生活，聲氣相通，比較了解其他成員的情況，可以依據個別需求給予幫助。比起政府機關，社區的人比較能看出誰是寄生蟲，讓他們不再白吃白喝。而且，不管社區資源是多是少，都能提供更好的福利給真正需要幫忙的人。因此，社區就是我們人生的錨，讓我們不致於失學、飄泊、無依無靠。

二〇一六年榮獲諾貝爾經濟學獎的經濟理論家哈特（Oliver Hart）解釋社區的經濟價值。他說，現實世界因為合約不完備而弊病叢生。我們無法預期未來會發生的每件事，即使能夠料想到，也沒有能力提出無法推翻的證據，證明誰在什麼時候做了什麼。我們無法寫出公平、鉅細靡遺的合約來處理真實世界可能會出現的所有問題。例如，若想為了處理牛隻走失的問題訂立明確、公平的合約，那每個牧場主人都必須和其他牧場主人簽約，看牛走失要怎麼處理，以及必須支付的費用等。但是我們難以驗證牛是什麼時候走失的、撿到牛的人照顧牛的狀況，這些問題可能衍生訴訟。與力求明確的合約和法律制度相比，訴諸於社區成員的責任感及自發性的執行，對牛隻的保護或許更好，也可以減少交易成本。因此，社區的效能比個別成員的效能加總還要大。

最後，社區有個重要的現代功能，是讓個人在自己的行政區擁有政治影響力，覺得能掌控自己的生活，並有社會責任感。結構良好的國家會把很多決策交給地方政府去執行。因此，個人得以在社區內組織政治行動，對全國性的議題發揮影響力。個人的力量可以透過社區來擴大。我們將在後面的章節繼續探討社區的政治角色。

問題社區

我們已經看到功能良好的社區能做些什麼。現在，我們再來看看典型的問題社區失去的功能。在已開發國家，問題社區有如戰區，毒品氾濫、犯罪頻傳、教育失敗、家庭破碎。如果一踏出家門就有生命危險，誰會熱心公益？這就是為何自序提到的皮爾森社區改造的第一步就是打擊犯罪。然而，即使是世界上最安全的地方也有問題社區。

一九五〇年代中期，社會人類學家班菲德（Edward Banfield）花近一年研究義大利南部的一個貧窮村落。在他的論文中，這個村子化名為「蒙第古蘭諾」（Montegrano）。當地居民很多是文盲，而且沒有抽水馬桶，可見這個村子非常落後。即使那時義大利北區因經濟轉型變得繁榮富裕，蒙第古蘭諾還是貧困、蕭條。班菲德論道，這是因為「村民無法為了共同福祉一起行動」。[12] 全世界都有這樣的問題社區，只要你去過，就可以在那裡看到蒙第古蘭諾的影子。

蒙第古蘭諾的居民大都以務農為生，由於未開墾的土地有限，而且每個人擁有的農地都很小，光靠耕種實在難以致富。對下一代來說，階級流動的主要途徑是教育，可惜此路不通。村裡的學校只有五個年級，學校設備簡陋、老師薪水低、不管是老師還是學生都經常缺課。「有些學生讀完五個年級還認不得幾個字、不會寫字，也不會簡單的加法……根據學校主任的描述，他們的畢業生有三分之一在畢業時仍是文盲。」[13] 學生經常缺席。有些農家願意讓孩子上學只是因為孩子太小，沒辦法到田裡工作。

義大利北部一個工程師看到蒙第古蘭諾的老師不專業到非常震驚。也許從這點就可以看出社區的問題。他說，在比較繁榮的義大利北部，放暑假時老師會帶學生進行課外活動，例如帶孩子去鄉間散步，講解大自然的奧妙或野餐。相形之下，蒙第古蘭諾的老師寧可「在廣場遊晃」，看到學生甚至視若無睹。老師根本不管學生到底有沒有學到東西。[14]

冷漠就是這裡最明顯的標記。沒有村民願意組織慈善機構。外地的一個修女利用一間殘破的修道院設立孤兒院，收留無依無靠的孤女。即使那些孤女來自村子裡的家庭，「村子裡的石匠在沒工作時寧可閒晃，也不願花一天的時間幫忙整修牆壁。」[15] 由於食物不夠，孩子常餓肚子，「沒有任何農民或地主願意送一隻小豬給孤兒院。」[16]

離村子最近的醫院車程需要五個小時，但居民並無法負擔車錢。儘管居民多年來一直抱怨就醫困難，依然不願共同努力想辦法在村子附近設立醫院。要解決村民就學和就醫的不便，其實有權宜之計，例如重新安排公車時刻表，讓孩子可以搭車到其他地方上學，或是撥預算購買救護車，把需要急救的村民送到醫院，可惜這個村子並不考慮這麼做。

一個運作良好的社區會對地方政府施壓，改善公共設施，如果施壓沒有效果，也會召集義工做事。雖然蒙第古蘭諾有民選村長和議會，但「就連買菸灰缸」也不能決定，得向最近的大城波坦察（Potenza）的官員提出申請。[17]同樣的，蒙第古蘭諾的學校也由波坦察教育局管轄，公共工程也無法管，就連警察單位也隸屬於位在羅馬的司法部。關於這個村子的重要決策幾乎都無法由地方人士決定。我們將在本書後面討論這個問題。即使如此，村民並沒有努力改善現況。

班菲德提到，蒙第古蘭諾的問題在於村民之間絲毫沒有信任感，他們怕幫忙別人會被拖下水，危及自己的社會地位，而且嫉妒成功的人。因為這種態度，他們認為要進行任何公益活動就必須負擔所有的費用，自己只能獲得一點好處。正如一位老師所言，這個村子不但沒有公益精神，做好事還會遭人白眼。[18]這種對公共事務的淡漠可以解釋為何沒有人會主動提供公共服務，例如，沒有石匠願意幫忙修補修道院的斷垣殘壁。

社區的人會有這種態度有幾個原因。如果經濟機會有限，經濟活動就會被視為零和博奕：一方的利益來自另一方的損失。在社會地位有下滑風險下，原本勉強自給自足，生活還過得去，如果情況變糟，就可能變成靠別人施捨才能活下去的可憐人。村民幾乎沒有儲蓄，擁有的財富很少，只要一場冰雹毀了農作物，或是飼養的豬死了，接下來的冬天就可能挨不過去。雖然有些人家願意幫助一時陷入困境的家庭，要一個社區的人熱心公益，前提是自己的經濟寬裕，蒙蒂古蘭諾的居民幾乎都自身難保。由於經濟不夠穩定，村民當然會先照顧好親人，很難熱心公益。

只顧自己可能會導致大眾利益受損。班菲德以「無視道德的家族主義」（amoral familism）形容很多開發中國家的景象：自己家裡一塵不染，卻大剌剌的把垃圾丟到街上。如果大家都把家裡的垃圾往外扔，街道變得髒亂不堪、臭氣沖天，一出門就苦不堪言，不是反倒害了自己。這就是大眾極度冷漠造成的結果，這種冷漠就是問題社區的基本特徵。

對蒙蒂古蘭諾的居民而言，國家漠不關心、天高皇帝遠，沒有什麼功能，他們真想做點什麼，國家卻處處掣肘。村民只是巴望政府能幫他們挖茅坑、鋪馬路，或是懲戒不好的教師，而不團結起來自己動手做。在美國的偏僻城鎮，社區的人會自己蓋穀倉、自己鋪路，因為他們知道，如果自己不做，沒有人會幫他們做。由於問題社區對政府有不切實際的期待，認為政府要擔負社區建設的工作，所以沒有人願意出來為社區做點事情。

社區何時能發揮功能，何時會失靈？

即使社區沒有失去功能，也可能不堪一擊。如果社區小，競爭少，往往能發揮最大的效能。

在某個時間點或是經過一段時間，如果社區成員選擇有限，比較能建立關係。反之，如社區規模變大，或是外面的市場提供更多的機會給社區成員，社區及成員之間的關係就會變得不堪一擊。社區也可能會扭曲決策，減少個人遷移、改變或適應的誘因。儘管對個人而言，這可能是正確的選擇，不過當很多人都做出相同的選擇，社區就有可能被拖垮。

太多選擇

我和西北大學（Northwestern University）的彼得森（Mitchell Petersen）想知道良好的人際關係是否能帶來更多潛在的金融夥伴。[19]於是，我們研究小公司與銀行的關係。小公司通常比較難獲得融資，尤其是成立不久的小公司。根據大多數的經濟理論，在銀行業競爭比較激烈的地區，新成立的小公司似乎較容易從銀行得到融資。

有意思的是，我們發現的結果恰恰相反。在美國，銀行比較少的地區，也就是金融市場競爭沒那麼劇烈的地方，與銀行較多的地區相比，新成立的小公司反而能從銀行申請到較多的貸款，利率也比較優惠。重要的是，銀行不會吃虧。小公司經營多年之後，由於貸款利率調升得比較快，貢獻的利息甚至要比銀行競爭激烈地區的老公司要來得多。

為什麼在金融夥伴選擇較少的地區，銀行比較願意幫助新公司？原因似乎是銀行想跟這樣的公司建立比較穩固的關係。正如前文描述的社區關係，金融夥伴關係也是基於長時間的往來。放款給還沒經過市場考驗的新公司成本很高，即使放款金額不大，為了避免損失、降低風險，也必須花很多時間進行審慎的事前調查。更別提放款金額其實不大，利息有限，銀行無法在短期內回收成本。此外，很多小公司會因為經營不善而倒閉，萬一放款的錢收不回來，就得認列呆帳。因此，只有銀行相信這家新公司能生存、成長，未來可望帶來更多的獲利，才會願意放款。

在銀行林立的地區，一家成功的公司不見得要感恩圖報，一直跟原來的銀行往來，只要其他銀行提供更好的條件，就會投懷送抱。然而，在銀行比較少的地區，成功的公司很可能還是會跟原來的銀行往來，除了選擇有限，也是因為感謝銀行在公司創立時願意冒險提供資金，所以願意讓銀行多賺一點。在銀行較少的地區，銀行和客戶比較能夠建立長久的關係（不得不如此），銀行也比較願意支持新公司。

如果社區成員選擇比較少，相信彼此會一直往來，因此似乎能建立比較緊密的關係。有個有趣的必然結果是，在較大的經濟體內被其他人排斥的社群反而可能蓬勃發展。例如，在英國工業革命時期，很多一神教派（Unitarian）和貴格會（Quaker）的人因為反骨精神受到壓迫或驅逐，不能到公家機關或軍方任職，也不能上牛津大學或劍橋大學。[20]所謂塞翁失馬，焉知非福，這些教友因為被更大的社區排斥，彼此互相信賴，一直是忠心的商業夥伴，加上聯姻成為親戚，關係就更緊密了。有了這樣的關係，創業要借錢或是找做生意的夥伴都很容易。因此，有才幹的貴格會年輕人紛紛從商，畢竟能讓他們大展身手的領域很少。貴格會的年輕人在創業之初都靠其他教友的幫忙。

總之，如果社區很小，我相信幫助別人日後會得到回報，我也知道，如果有人陷入困境，我拒絕伸出援手，一旦社區的力量瓦解，我也好不到哪裡。因此，社區小，每個人的福祉都與其他人息息相關。如果社區變大，我們的選擇變多了，對社區來說，反倒可能不利。[21]

如果合作夥伴透過多種活動來互動，關係也會比較好。例如，鄰居不只能借你特別的園藝工具，還能幫你接送孩子，你們的關係就會更加緊密。然而，這意味社區最好不要有專家，否則大多數的人必然在生產時偏好找婦產科醫師或專業的助產士。然而，如果社區裡的育齡婦女只有幾個，專業助產士就沒有存在的必要。社區中有數百個育齡婦女，就比較需要這樣的助產士。正如亞當斯密（Adam Smith）所言：「分工的程度取決於市場大小。」因此，如果社區規模變大，婦女要生產就會找專業助產士，貓卡在樹上下不來就會請消防隊幫忙，而不會找鄰居。社區成員有更多選擇的話，也能獲得品質更好的商品和服務，但成員之間的互動範圍則會縮小。這種社會疏離也會削弱關係、減損社區價值。

儘管社區變大、匿名性變得更為顯著，社區成員依然可以設法保有社區意識，敦促每個人在決定是否在本地或更大的市場進行交易時，以社區利益為重。然而，一個社區還是免不了會碰到搭便車的問題。如果社區有家書店，我們都能在買書前到書店翻閱一下，也能在書店和朋友聊天、喝咖啡、參加書籍分享會等。因此，在本地書店買書對社區有益，這種好處要比上網路書店用折扣價買書來得重要。如果每個人都在社區的書店買書，書店就能存活下來，讓我無法欺騙別人，在網路書店買書。在一個比較大的社區，因為匿名性的關係，比較難管控個人交易。如果每個人皆以理性、自私自利的方式行事，社區書店就難以生存，那就是全體社區成員的損失。

改變的誘因不足

我們剛剛看到，自私自利的人在社區外進行交易時，並沒有考慮這麼做對社區的壞處。然而，如果一個人在做決定時過度依賴社區的支持，即使脫離社區比較好，一直賴在社區也會成為問題。例如，在社區的生計來源因科技變革或貿易受到威脅時，就得力求改變，不能坐以待斃。根據詳盡的歷史記載，英國手搖織布機的織工就是在工業革命衝擊下面臨遭到淘汰的命運。[22]

在十八世紀末，紡紗自動化，紡紗工廠林立，這意味著可供編織的紗線數量急遽增加。由於自動織布機尚未問世，因此需要大量手搖織布機的織工把紗線編織成布。不幸的是，對這些織工而言，這種工作的榮景只是迴光返照，不久他們也將被自動織布機取代。一旦自動織布機問世，由於機器昂貴，資本家不會讓機器閒置，手搖織布機的織工就沒有工作了。由於自動化和工人增加造成勞動力過剩，即使織工降低工資，加入這個行業的人還是太多。最後，很多人都失業，陷入貧困。手搖織布機顯然已經日薄西山，為何還有那麼多工人待在這行？

我們在現代的美國再次看到這樣的悲劇。原因就在於人們無法和社區脫節。手搖織布機是傳統的家庭手工業，村子裡的織工都在家工作，成天和家人和社區的人在一起，也有社區的支持。如果換工作，就得離家住進城裡的貧民窟，在又吵又熱的工廠裡工作。如果有個家庭搬到城裡，就會失去原來社區的支持，切斷與社區的連結。因此，儘管失業的可能性很高，由於還能獲得社區的支持，居民寧可選擇留在社區。

最後，整個手搖織布產業都被淘汰了，織工社區受到嚴重衝擊，無法提供支援。走投無路的織工只得請求政府救濟。十七世紀初期開始英國已經有「濟貧法」，這是全世界最早的社會保障法。在工業革命的狂潮下，家庭手工業沒落，人民貧困加劇，舊的「濟貧法」無法因應所需。儘管一八三四年英國議會通過「濟貧法修正案」，請領救濟金的條件反倒變嚴格。[23]織工的生活陷入困境，這個重擔要社區一肩扛起是不公平的。我們可以合理推論，社區會影響每個成員做出的決定。在貿易和科技變革使社區裡的很多成員受到衝擊時，個人做出不夠明智的決定，最後可能會拖垮整個社區。對社區而言，這畢竟是無法承受的負擔。

封閉社區必須付出的代價

社區已經了解到，當成員的選擇不受約束，會危及社區生存。但在歷史長河中，社區大抵認為這並不重要，因為社區裡的人沒什麼選擇，而且改變緩慢。然而，在發生重大變化的時候，社區不得不做出反應。如果做得不好，就無法促進社會福祉。

例如，先前提到的外部選擇過多的問題。顯然，社區可以禁止或限制成員與外界接觸，特別是這種接觸會帶來讓人不安的觀念，或是讓成員更經濟獨立。正如下一章會看到，封建社會就是一個強制性的社區，嚴格限制人們能做什麼、不能做什麼。

種種的限制手段不只是為了保護社區，也為了使社區維持現況，保護社區中有權勢的人不受到挑戰。《紐約時報》（*New York Times*）的記者巴瑞（Ellen Barry）曾對印度密拉特市（Meerut）納茲（Nats）社區裡一群可憐的婦女進行追蹤報導。[24]密拉特市在新德里附近。納茲社區的男性平日以乞討為業，在結婚旺季才會在婚禮上擔任樂手，賺點外快。在印度大量進口水牛肉之後，有些女性開始到附近的肉品加工廠工作。她們賺的錢比老公多。女性對家庭經濟有貢獻，也使家人免受債主的勒索。但是種姓制度的長老正是債主。於是這些長老下令女性不得外出工作，表面上說女性拋頭露面在外工作容易招蜂引蝶，其實是不想讓她們賺錢。

巴瑞認為，真正的原因是女性的收入會破壞既有的秩序。結果，堅持繼續工作的女性就被逐出社區。當然，如果那些女性想獲得自由，被驅逐沒有多大的懲戒效果，因此男性會用暴力傷害她們。女性不得不請求警方和司法機關的保護，希望設法保住工作權。在古老的印度，女性既沒有工作機會，也沒有法律制度的保護。市場和國家的確能使社區開放，減少社區對成員的壓迫。

社區規模不能太大，才能建立關係，如果要迅速分享訊息，人也不能太多。[25]然而，除了抑制社區規模成長，訊息的共享也有缺點。社區可能愛搬弄是非、多管閒事、刺探別人的隱私。流言蜚語雖然有助於矯正異常行為，但也可能卑鄙瑣陋、有如暗箭傷人，古板守舊，無法容忍任何偏離古老傳統的做法。透明性也會凸顯新的問題。儘管社區裡的人就像魚缸裡的魚一樣被人一覽無遺，也許外表看來謙和有禮，其實滿腹牢騷。相形之下，城市的匿名性則讓人比較沒有束縛感，當然人際關係則不免疏離。

有些社區不想擴大規模，只允許內部交易，這樣不但有壓力，更大的體系也必須付出代價。在中世紀的中國，技師通常只願意把技藝傳給家人或近親。反之，歐洲的同業工會則允許技師招收來自各地的學徒，而學徒出師之後，則會把技藝帶回家鄉。根據經濟史學家德拉克洛瓦（David de la Croix）、德普克（Matthias Doepke）與莫基爾（Joel Mokyr）的研究，歐洲同業工會體系的開放讓技術知識得以不斷分享、改善、傳播。[26]相形之下，在中國，技術知識則一直留在氏族之內，因而停滯不前。他們認為，這可以解釋為何歐洲各個技術領域在一五〇〇年至一七五〇年間相對中國而言有很大的進步，如製錶業。我們在後面介紹現代的公司和專利權時，會再進一步探討開放與封閉的問題。

社區或許可以強調傳統是社區力量的泉源，因此得以發揮社區的凝聚力。但這麼做會使成員懷疑現代世界提供的選擇，因而被困在過去。對科學研究而言，這特別是大問題。經濟史學家莫基爾提到，十七世紀的科學大發現主要是了解亞里斯多德提出的科學理論錯誤百出。[27]那個時代的科學家，如伽利略、牛頓和萊布尼茲擴展知識領域，突破古代文本的局限，發現那些經典並非永恆不朽。每個領域的學者因而勇於挑戰舊知識，不再墨守成規。在歐洲黑暗時代，伊斯蘭學者是科學知識的守護者和傳播者，科學與技術領先世界，是人類文明的黃金時代。但後來伊斯蘭學者致力於促進共通性及傳統思想的凝聚力。他們非但不向前看，反而往後看，只鑽研古伊斯蘭典籍，以揭示永恆的真理。結果自十三世紀以降，伊斯蘭對科學的貢獻變得微乎其微。

結論

在某些情況下，社區能提供的支持確實有幫助。社區成員社會化的目的，除了關心社區發揮更大的功能，以及關心與自己有關係的成員（如從小一起長大的人或是同族裔的人），社區也需要將一些剩餘價值（也就是經濟學家所說的「經濟租」*）嵌入成員的關係之中，讓他們體認互助合作的價值。正如前面提到的銀行與客戶關係，社區要面對最重要的問題或許是把社區成員往外拉的離心力：來自外面世界的競爭可能侵蝕社區內的剩餘價值。理想情況下，社區會用溫暖和非合約的支持力量來對抗把成員拉走的離心力。其實，正如我們將看到的，包容性地方主義的重點在於，透過社區成員的緊密相連來創造足夠的利益，這樣社區才能包容並蓄。儘管如此，人們還是希望透過限制競爭、抵禦外面的拉力，藉此保護寶貴的關係並創造新關係。這個主題將在本書反覆出現。

* 經濟租是指因為獨占權力而獲得的收入。

PART I

三大支柱的形成

九十九人，貧無立錐，
有的活活餓死，有的凍死。
但有一人，錦衣玉食，
享盡榮華富貴。
九十九人，褸襤簞瓢，
唯獨一人住豪華宮殿，擁稀世珍寶……
還有城市、房子和土地，
九十九人卻一貧如洗。

美國民粹主義叛亂時期之作
1889 年 7 月 31 日發表於《農民聯盟》(*Farmers' Alliance*)

前言探討社區（即本書敘述的第三支柱）的一些優缺點。接下來四章我們要回顧歷史，追溯支撐今日人類社會的三根支柱如何從最初的一根支柱（即社區）發展出來。我們會看到，在人類社會比較簡單時，每根支柱的功能，以及這幾根支柱之間的相互關係。如此一來就得以看出今天的問題如何和歷史呼應，這有助於了解當前的挑戰。我們也將看到這三根支柱在歷史長河中的盛衰演變所造成的不平衡。人類社會經過一番調適之後，最終還是能恢復平衡。如今，我們正面臨另一個不平衡的時期，我們應該從歷史中獲得信心，相信我們必然能找到答案。

我們會在第一章討論典型的中世紀社區，也就是歐洲封建莊園。在那個時代，最有價值的資產就是土地。由於土地屬於家族或氏族，非個人所有，因此很少買賣，而且土地權基於封建權利和義務的習俗，而非明確的所有權。貨物大抵是在莊園內交換。莊園領主統治社區、裁決糾紛，主持正義。因此社區其實也包含其他兩根支柱。我們將聚焦在典型的市場交易和債務，並追蹤國家和市場如何隨著時間的推移從封建社區分離。我們也將研究大眾和學者對商業和市場態度的轉變。商業和市場從來就不是靜止不變，通常會反映時代的經濟與政治需求，直到今天仍是如此。

隨著民族國家的崛起，這根支柱的優勢愈來愈顯著。我們會在第二章探討在英國興起的民族國家，以及競爭市場如何幫助英國解決一個基本難題：國家如何在內部獨占軍事力量，同時不再專斷獨行、視法律為無物。如果市場要保證私有財產受到保護，這點非常重要。此外，我們也會看到有商業頭腦的士紳及獨立的商人如何透過議會或國會結集權力，並以憲法來制約君主。一旦國家受到憲法的限制，真正的競爭市場才能大行其道，個人也就不再需要反競爭的封建結構，如公會（公會也可以保護個人免受國家的侵害）。同時，對開創一個獨立的私部門而言，普遍實行私有財產制與競爭市場是必要的。私部門不但能保護個人財產，也能約束國家。總而言之，受制於憲法的國家能使市場自由，而自由市場對國家則有約束力。

一旦市場免於被國家徵收的恐懼，就能蓬勃發展。正如第三章會看到，各國經歷第一次工業革命之後，市場這根支柱占主導地位，社區則常常遭受傷害。從很多方面來看，社區爭取選舉權的普及是為了獲得更多民主權力，不只是為了保護實體資產，也是為了保護勞工。獲得權力的社區透過社會運動，例如十九、二十世紀之交美國的民粹主義運動和進步主義運動，迫使國家讓市場保持競爭，並使更多人取得機會，三大支柱因此得以恢復平衡。

民主的社區不一定想要市場。在第四章，我將概述社區不努力爭取競爭市場的三種情況，包括在市場參與者或實務做法被認為非法，而國家似乎是更好的選擇；國家處於弱勢，社區容易受到賄賂而保持冷漠；國家和社區都不能給人民所需的能力和支持，讓他們參與易波動、多變的市場。對渴望市場的人來說，運作良好的國家及參與感強的社區必須共同創造出一個機制，使人民獲得能力和支持，讓他們從市場獲益。我們會看到二十世紀初自由市場民主政體如何在已開發國家成形並取得平衡。我們會在這四章探討人類社會的三大支柱近千年來的演化。對歷史學家來說有點走馬看花，但這恰恰符合我們的目的：可以藉此了解必須解決什麼問題。

歷史的教訓很重要。透過這些教訓，我們才知道為什麼每根支柱都很重要，以及這三根支柱如何相輔相成，進而產生自由市場經濟。這三根支柱的互動模式會一再重現，雖然不盡相同，但我們仍然可以辨識出來。不管如何，想要先跳到近代的讀者可以先略過第一部，直接進入第二部。我們會在第二部概述第二次大戰後的情況，藉此解釋今日問題的源起。接著，讀者可回到第一部，縱觀人類社會三大支柱的發展史。

第一章

債務的發展軌跡

這章我們會看到市場和國家如何與中世紀的莊園社區分離，並成為人類社會的強大支柱。我們將透過典型的市場合約（也就是債務）來追蹤這個發展軌跡。起初，由於強大的國家尚未登場，教會扮演配角來填補這個真空，接著國家出現了，教會於是和國家爭相保護與剝削人民。對本書的論述而言，重要的是，教會挾宗教之力與國家對抗。教會顯示在這個世界上還有一種更高的權力可以限制國家的行動，凌駕在世俗權力之上。正如我們將看到的，這是邁向以憲法來制約國家權力的重要一步，也是市場得以充分發展的必要條件。

債務契約

借貸契約與前述社區成員間的互惠不同。這種契約是明確的承諾，表明借款人到期將返還貸款的本金並支付利息，否則放款人將透過法律沒收擔保品來避免虧損。如果借款人提供有價值的擔保品，如農民抵押土地來擔保，放款人不必非常了解這個借款人，也用不著密切監督他的行動。由於債務契約條文明確，放款人就不怕借款人三心二意。是否償還或何時償還，借款人都沒有選擇權，無論如何，債務到期都必須還錢，否則借款人會受到處罰。在某些社會，欠債不還可能會淪為奴隸，甚至可能被處死。由於債務契約是白紙黑字，不會因為人類或社區的記憶模糊而受到影響。或許有人會把恩惠忘得一乾二淨，但債務卻難以一筆勾消。

因此，債務是一種公平交易，一方需要錢，另一方則藉由放款獲得利息，不需要維持社會連繫。這可以吸引社區外的放款人。其實，正因為放款人與借款人來自不同社區，陷入困境的借款人不會得到同情，所以最可能拿回放款出去的錢。從某個角度來看，莎士比亞在《威尼斯商人》中的夏洛克正是理想的放款人。儘管安東尼奧是仇家，但有十足的誠意還錢，因此夏洛克願意放款。後來安東尼奧無法如期還款，夏洛克堅決依照借據的條文從安東尼奧身上割下一磅肉。

債務明確、有抵押品擔保，而且不必講人情味，這些特質似乎對放款人有利。同時，在競爭的環境下，想要借錢的人也比較容易用比較低的利率取得貸款。說來矛盾，債務契約愈嚴格，似乎對放款人愈有利，借款人也比較容易獲得融資。反之，如果法官有同情心，只要借款人有困難就要放款人通融，暫緩追債，之後即使風險很小，放款人也比較不願借錢給其他人。這樣放款量就少了。少數放款人仍會借錢給高風險的借款人，不過通常會要求極高的利息。因此，債務契約的嚴格及放款人執行債務契約的能力與意願，都關係到借款人是否容易借到錢。這不是說借錢是對的、減免債務是錯的，而是說只有履行債務契約才能讓借貸雙方都達成目的。

在我們討論過的人際關係中，一個社區成員給另一個成員恩惠，並不會期待得到完全對等的回報。但在典型的債務契約中，契約條款包括借貸雙方都同意的利率計算方式，並願意履行，即使雙方不會再見面。人際關係可能衍生出種種可能，因此具有開放性，債務契約則是明確而封閉。人際關係要求雙方對彼此同情，或者認為彼此屬於一個更大、較長期發展的群體，債務契約則完全獨立。因此，債務契約代表典型個人性的公平市場交易。

儘管借貸有其實用性，很多宗教和文化卻禁止高利貸。高利貸法為貸款利率設定上限，讓借款人和放款人都能獲益，以免放款人為了獲得暴利壓榨借款人。如此一來，放款人的收益會比在自由市場放款時來得少。為什麼會有這樣的法律？

禁止高利貸

社會常禁止要求利率過高的貸款。西元前三百年左右寫下的古印度經典《政事論：論政治、經濟與軍事》（*Arthashastra*）據說是輔佐印度國君旃多羅岌多（Chandragupta Maurya）的大臣考底利耶（Kautilya）的著作。書中詳述不同種類的貸款能索取的最高利率。如果借錢給一般人，目的是供消費或緊急需求之用，利率上限則是每月一．二五％（或是年利率一五％）。[1] 一般商業貸款的利率上限是每月五％，必須穿越森林的高風險商業交易每月利率最高為一〇％，跨海交易的每月利率則是二〇％。如果借貸發生在國王無法保證安全的地區，借貸雙方就會要求法官考量實務做法，不受上述利率的規定。因此，古印度已經開始分別消費貸款和有利可圖的商業貸款，前者的利率上限較低。如果借款人做的是風險較高的生意，利率就會比較高。

《舊約聖經》幾乎無法寬容高利貸。例如，根據〈出埃及記〉第二十二章第二十五節）：「我民中有貧窮人與你同住。你若借錢給他，不可如放債的向他取利。」然而如果借款人是「外人」，那就無妨。如〈申命記〉第二十三章第十九節至二十節：「你借給你兄弟的錢財、糧食或任何可生利之物，皆不可取利。借給外邦人，倒可取利。只是借給你的兄弟，不可取利。」

支付利息作為補償有什麼不對？畢竟，放款人使用這筆錢的時間因此延後。例如為了養老而投資債券基金的中產階級，要是把錢借給投資公司，這筆錢就無法使用，即使有急需也不能動用這筆錢，所以需要利息作為補償。再者，放款人必須準備貸款文件、查核借款人的資格及執行貸款作業等等，也必須付出代價。儘管放款人已經有各種防備，仍需承擔借款人無法償還或只能償還部分貸款的風險。如果要放款人承擔違約風險，獲得補償應該是合理的。最後，放款人的資金運用與日後收回資金時購買商品的能力可能和今天的情況截然不同。* 這是放款人必須承擔的另一個風險。

因此，合乎經濟效益的利率不但必須計入時間價值與交易成本，也得補償放款人承擔的風險。與放款人利益有關的最後一點就是借款人需求的急迫性，以及借款人是否有其他借貸管道。既然現代經濟學家認為放款取利是合理的，為何古希伯來人要禁止這樣的做法？答案涉及三個因素：社區規模、借款人的情況，以及潛在放款人的競爭程度。

* 如果物價上漲幅度高於利率，儘管放款人有利息收入，仍然無法有原先的購買力。

禁止高利貸的根本原因

在巴勒斯坦的聖經時代，部落規模很小，大家都很貧窮。如果有人需要借錢，大抵是為了購買食物或建造一個可以遮風避雨的地方。因此，在社區內禁止高利貸意味著社區成員互相扶助來度過困難。若部落裡有人養的山羊意外死亡，可以去別人那裡借幾隻羊回來繁殖，日後再回報。

從這個角度來看，禁止放款取利也許有幾個好處。如果一個人被逼到無路可走，為了一家大小能活下去，願意做出任何承諾。若社區貧窮，只有少數人擁有多餘的資源，隨時可以提供給別人，這樣的人就有很大的議價優勢。要是不禁止索取過高的利息，儘管部落成員只是暫時遭遇困難，可能永遠都無法從債務翻身。久而久之，欠債的人可能失去工作的動機，部落也就變得更加貧窮，衝突也會愈來愈多。

反之，如果限制利息的收取量，甚至禁止，較富裕的成員就無法利用多餘的資源獲利。他們不得不提供無息貸款給需錢孔急的近鄰或親戚，這樣積德下，日後自己碰到困難，也就能得到幫助。與豐衣足食的人相比，快餓死的人更知道要報答涓滴之恩。[2]此外，在小部落中，幫助親密的部落成員生存下去也符合自身利益。畢竟，這些人是交易與工作的長期夥伴。撇開友誼的羈絆不談，如果在碰到困難時，原本信賴的夥伴棄你而去，就不得不跟陌生人建立關係，這樣的風險很高。如果要給部落的人選擇，看他們要自由互助或是當個債奴，由於不確定會成為債主還是債奴，難怪他們會選擇禁止高利貸。從某個角度來看，禁止高利貸可以創造社區能共享的經濟租，或是說剩餘資金，強化成員間的連結。

當然，放款人可以假裝沒收利息，藉此繞過高利貸的禁令。例如，放款人可以資助可憐的部落成員購買山羊，儘管不收利息，卻要求借錢的人每天送羊奶給他。這就是為何宗教有必要介入。部落的人知道長老可能有疏忽，但什麼都逃不過上帝的全視之眼。在靈魂要比今生來得重要的時代，世人害怕放高利貸會在來世遭受懲罰，所以會徹底遵守放款禁令，不敢陽奉陰違。

因此，在貧窮的小社區內禁止收取利息，有助於社區連結的強化和互助合作，畢竟人事變化無常。長久來看，每個人都可能陷入困境。這也就是為何小社區必須像兄弟一樣團結互助，實行某種共產主義。

禁止高利貸也是最早的消費者保護形式，以免受到外來放款人的剝削。在古代，貧窮的借款人不但不識字，對利息的了解也很有限，通常已經走投無路，因此可能被外來的冷血放款人占便宜。有社會意識的思想家或許會主張社區必須負起照顧窮人的責任，避免窮人落入放款人的魔爪。其實，中世紀歐洲的教會也用上述理由來打擊高利貸。

封建制度與教會對高利貸的攻擊

在歐洲，從中世紀早期到十一世紀，儘管教會反對借款取息，金錢借貸卻不犯法。[3]但是從十一世紀中葉開始，教會積極遏止高利貸，認為收取任何利息都是罪惡，是聖經不容許的行為。放款人如果渴望獲得救贖，就必須在有生之年把收取的利息全數還給借錢的人。一二七四年的里昂大公會議及一三一二年的維也納大公會議正是打壓放款取息的高峰。教會不只拒絕聽取放款人的告解、不赦免其罪，甚至不讓放款人下葬。在那個信仰虔誠的年代，這些懲罰等於是極刑。此外，統治者或地方官如果允許放款取息，也會被逐出教會。經濟史學家陶尼（Richard Tawney）寫道：「我們可以在無數的寓言看到放高利貸的人被拖到地獄，或是放在保險箱的錢變成了枯葉……甚至有人在結婚那天踏入教堂的瞬間被門廊掉下來的石像砸死。顯然，這是上帝顯靈，那個石像是另一個放款人與他的錢包被魔鬼拖走的雕像……」[4]

為何教會從十一世紀開始雷厲風行禁止高利貸？為何從十四世紀末不再那麼積極鏟除放高利貸的吸血鬼？如果我們能了解這些轉變，就能洞悉對市場態度的變化。然而，首先我們必須先了解那個時代歐洲的典型社區：封建莊園。

封建社區

在封建制度下，除了國王，每個人都從領主那裡分封到一塊土地。土地是最主要的價值來源，不能自由出售，只能分配給值得信賴的支持者。封臣可以使用土地，而且獲得領主的保護，為了回報，必須宣誓效忠，並獻上實物（穀物）給領主。封臣若身強力壯，也必須為領主戰鬥。如果封臣是農民，回報給領主的是土地生長的農作物或勞力。從某種意義來說，封建的義務與關係源於土地與生產的東西，兩者皆不能買賣。

七世紀以降，穆斯林擴張領土，歐洲進入傳統海外市場之路受到阻隔，歐洲封建制度因而鼎盛。由於小公國林立，加上盜匪四起，市場規模縮小，貨物運輸成本增加。[5]由於幾乎沒有東西可以買賣，市場交易少，貨幣使用率低，封建關係則更普及。

因此，封建莊園是個封閉、階級化、自給自足的社區。農民的土地通常是兩、三塊長條狀的田地，與鄰居的土地有些交疊。所有的農民都一起輪作，能自由進出公有地和樹林，並在這些林地放牧、撿拾柴薪，但放牧的山羊、綿羊或豬隻有數量的限制。這些活動都需要互相協調、互助互惠（土地無圍欄相隔，而公有地則開放給所有的人使用），因此社區的人必須建立共識。

由於每個農民都有足夠的糧食，生存不成問題，也就沒有生產更多東西的誘因，畢竟就算生產過剩，也沒有市場可以銷售。[6]因為農夫離不開土地，封建社區雖然不富裕，但還算穩定。正如一位歷史學家所言：「大多數的人終其一生碰到的人不到一百人，而大多數的農家依然用曾祖父的犁來耕作曾祖父留下來的田。」[7]

商業革命

在貨幣交易幾乎不存在的情況下，由於貿易機會極少，封建經濟運作良好。然而，時間一久，歐洲人知道如何穿越穆斯林的土地來貿易。再者，城鎮愈繁榮，對農產品的需求增加，也需要比較安全的通行路線，這些都有助於貿易與商業的蓬勃。封建領主現在不只有機會可以把莊園的農產品換成金錢，還可以用錢買到各種物品。儘管生產和消費的市場愈來愈吸引人，卻和傳統封建社會格格不入。

封建制度的關鍵在於個人沒有土地的所有權，只有使用權，也就是在農民健康時利用土地生產，年老體衰之時交給親戚管理。[8]家族裡每個人都擁有土地的傳統權益，這種權益很難出售或轉移。儘管土地代代相傳，社區也得以長長久久，問題是有些農民的親戚不善務農，生產力低。其實對農民來說，沒有市場反倒是保護，雖然生產力低，可供給家人的農作物不多，但農民的使用權完全不受影響。

然而，由於金錢收入對封建領主的吸引力愈來愈大，土地也變得比較容易出售，封建社區開始出現改變。為了提升農作物的產量，封建領主會把土地交給生產力高的佃農。在十一世紀初，英國的法庭重新評估親戚的傳統權益，讓可終身保有的土地比較容易遺贈或出售。[9]

即使是與封建義務有關的租賃，也就是所謂的有官方紀錄的租賃，經過一段時間之後，界定變得更明確，也比較容易移轉。[10]學者爭論，處置財產的法律是否出現巨大的轉變，或者英國本質上比較利於銷售。不管原因為何，使財產脫離傳統的束縛有利於教會。例如，如果繼承權只限於直系親屬，而非所有親屬，比較容易贈予給第三方或出售。而獲贈的第三方主要是教會。年邁、膝下無子的寡婦或鰥夫很容易受到教會人士說服，認為要得到救贖，就必須把大部分的財產捐贈給教會。即使他們沒被說服，通常能為他們寫遺囑或聽取遺願的人只有教區神父，他們不一定完全公正無私。[11]

如果土地市場更自由，淨效應就是生產力較低的農民會有出售土地的誘因或被迫出售，通常賣給有多餘現金的大地主或生產力高的農民。於是，持有土地的人少了，農業的生產力卻提高了。不幸的是，很多農民擁有的土地只剩一點點，或是土地全部出售而被趕出社區。再者，由於農民家庭日增，底層農民能擁有的土地變得愈來愈少。小農持有的土地被細分，平均收入下降，而且農家除了能繼承土地的長子，次子、三子都必須到封建莊園外的地方找活路。市場的擴張有時是一種慣常現象，但會使不平等變本加厲。

因此，對很多歐洲農民來說，這是極其艱困的時期，尤其是無法再享有莊園社區保護的人。農民的平均收入不但只能勉強應付基本生活所需，長期來看的變化也很大。[12] 莊稼欠收或牲畜死亡並非罕見事件。根據學者的估計，即使是相對富裕的英國農民，可能每十三年就會面臨嚴重的災難。[13] 除了務農，當然也有其他工作機會，特別是在商人與工匠崛起的繁榮城鎮，只是工作機會不多。

儘管農民所得少、收入不穩定，令人驚訝的是，很少人餓死。原因很簡單：只要你依然是莊園的一份子，就能得到非正式的社區支持，教會經營的正式慈善機構也會伸出援手，像救濟院、痲瘋病院、朝聖中心、教育機構、僧侶醫院就構成社會安全網。窮人陷入困境需要救助，這可解釋為何教會積極反對高利貸。[14]

高利貸的禁令限制有多餘財富的人借貸給有困難的人謀利。同時，放款人不僅可能失去社會地位，如因放高利貸被譴責，甚至可能被逐出教會。也許商人在年輕時願意冒險放款，等到年紀大了，一想到難逃造物者的審判，就會愈來愈擔憂，擔心自己像神職人員描繪的下地獄，遭受酷刑的折磨。因此，高利貸的禁令使有錢人不敢當放高利貸的吸血鬼，比較願意幫助貧苦、不幸的人。有錢人可以私底下幫助窮人，也可以正式捐錢給教會，透過教會來救貧濟急。正如希伯來部落，禁止高利貸也壓抑市場的發展，有利於社區。由於農業的商業化使窮人變多，為了幫助窮人，教會不得不限制借貸市場。

教會的行動也與當時和世俗君主的政治鬥爭有關。教皇額我略七世（Pope Gregory VII）在一〇七五年發動的改革（也就是所謂的教皇革命），使教會從封建階級制度脫離，不再受到神聖羅馬帝國皇帝的掌控。[15]教會在這場鬥爭獲得勝利。我們雖然不必關注鬥爭細節，但要注意幾個重要層面。教會為了爭取支持，請學者將龐大的教會典籍系統化，並找出理論基礎，彙編成新的「教會法」（canon law）。教會法庭則以「教會法」為指導原則，而且所有的天主教權威，包括強大的皇帝，都必須受制於更高原則的法規。「教會法」支配的教會法庭變得比較可靠，為了與這個法庭競爭，封建統治者也建立自己的法律體系。

教會與封建統治者為了吸引原告來自己的法庭，競相提出更公正的法律體系。法律保護窮人和弱勢者，法庭也比較同情這些人。為了競爭，教會與封建統治者都更積極執行高利貸的禁令。

因此，教會的行動對窮苦的農民產生幾個不同的效應。教會努力讓人民的財產容易轉讓，以接收更多的財富。[16]財產容易轉讓也使封建領主得以把沒有生產力的農民趕出去，農民因此更加窮困。然而，教會或許也會顧及這些農民的福祉和社區的穩定，因此禁止高利貸及剝削性的市場交易，也會利用教會累積的財富來救濟貧民。

思想家對高利貸禁令的支持

從過去到現在，已經有一長串的思想家支持教會禁止高利貸。在這個時期，有人發現希臘哲學家亞里斯多德（Aristotle）老早就堅決反對貸款取息。亞里斯多德認為貨物的生產（如食物和衣服）是為了滿足身體的需求，這是有用的經濟活動。農業、牲畜的豢養和製造業都能帶來賴以維生的食物和物品。反之，貿易只是交換貨物，借東西給別人是為了金錢，而借錢給別人則是用錢賺錢，這三種行為都沒生產任何實際所需的物品。如亞里斯多德所言：「在這三者當中，最令人憎惡的莫過於高利貸，也就是放款取息。理由再明顯不過。因為錢生錢是不自然的獲利方式。金錢是用來交易的，而不是用來生利息的。」[17]

聖奧古斯丁（St Augustine）是早期教會的明燈，他同樣警告世人不要犯下墮落者的三種罪惡：貪權、貪色、貪財。不過在這三種罪惡當中，他對貪權的態度很矛盾。他認為貪權的心態如果能加上公民義務和榮譽感，就可以保護社區，抵禦外來的攻擊。[18]他在《懺悔錄》（*Confessions*）中坦承年輕時自己也有性欲這類的欲望，他風流成性，後來還與情婦同居，生下一個兒子。他曾說，好色阻攔他親近上帝。可見，他對色欲的態度也有些矛盾。至於貪財，他的態度則十分堅決，認為這是萬惡之源。

根據這些理念，中世紀教會學者認為貿易或商業是必要的，但會危及靈魂。商人總是追求超額利潤，他們要的不只是維持生活所需，錢當然是多多益善。這就是貪婪，一種極惡之罪。拚命賺錢顯然不符合中世紀的思想。更糟糕的是金融業，「就算不是不道德，最多只能說是骯髒的行當，更難聽點可以說是聲名狼藉的行業。」[19]今天有很多社會依然像亞里斯多德一樣，強烈譴責貪財的行徑，因此對中間商滿懷戒心。中間商的利益不是來自增加交易物品的實際價值，而是把物品或金錢轉移到短缺的地方。甚至有很多人相信是他們刻意造成的物品短缺。

為何教會對高利貸愈來愈包容？

在歐洲，由於幾個重要發展，教會對商業與金融的敵意漸漸減弱。歐洲遭遇有史以來最致命的瘟疫，也就是黑死病，所得分配和社會結構因此受到撼動。現在，要保護的窮人變少了。此外，商業活動愈來愈頻繁，在新的軍事技術發展下，更大的國家興起了，也出現更大、更安全的內部市場，交易的機會因此變多。為了交易，貸款給商人的錢也增加了。由於國家支出增加，也需要貸款，放款似乎不是那麼剝削，不再只是給貧窮、文盲農民的消費性貸款，用現代的術語來說，放款對象變成有財務知識的借款人。此外，由於愈來愈多有錢人競相放款，借款人不再那麼需要教會的保護。再者，教會也加入放款行列，畢竟在教皇革命之後，教會已累積巨額的財富。

最後，教會擁有的財富不免成為國家覬覦的目標。在宗教改革期間，教會受到猛烈抨擊，君主於是趁機削減教會的規模，從此教會在治國舞台上變得無足輕重。

黑死病

一三四七年十月，十二艘熱那亞貿易船經由黑海停泊在西西里的墨西拿港（Messina）。船上很多水手已經死亡。死者皮膚呈藍紫色，因而被命名為黑死病。西西里官員下令把這些「死亡之船」逐出港口，但為時已晚。接下來五年黑死病不斷蔓延，估計消滅歐洲三分之一的人口。

不過這場人類浩劫的陰霾出現一絲光芒。大難不死的幸運農民能夠耕種的土地要比以前大上很多，因此變得更富裕。例如一三四一年英國樸茲茅斯附近的史陶頓村（Stoughton），五二%的農民能耕種的土地面積在十一英畝左右。至一四七七年，只有一六%的農民利用相同面積的土地，五八%的農民耕種的土地都超過三十英畝。[20]由於社區裡有很多人都有錢了，比較能過著平安的日子，也就比較不需要緊急消費貸款和教會救濟。

這時還是有窮人，只是變得比較少。由於愈來愈多人擁有過剩的資源，很多人願意放款給陷入困境的人，因此放款更加競爭。現在，大片無人耕種的土地和商業機會也向窮人招手，不是金主才有議價優勢，窮人也不會成為被高利貸壓得喘不過氣來的債奴。其實，在整個西歐，黑死病促成農奴制的終結。[21]由於社會繁榮，金主競相放款，禁止高利貸的理由也就不成立了。

正如本書經常提到的一個重點，天然災害、經濟災難與技術進步是社會變革的重要驅動力。在黑死病之後，技術進步成為主導。十七世紀英國朝臣、也是哲學家的法蘭西斯·培根（Francis Bacon）指出，火藥、印刷術和指南針是人類已知的三大發明。[22]在西方，這三種技術的出現是市場擴張的關鍵，並進一步削弱封建社區和天主教會的力量，同時預示民族國家的興起。

火炮與內部貿易

在十一世紀左右，要在封建歐洲建立一個自給自足的政治實體，似乎只要堅固的城牆和一群武裝隨扈，而這個政治實體還不算是國家。其實，城鎮透過獨立稅務機關收到的稅通常會先用來建築堅固的城牆。至今，某些政治人物仍對這樣的政策心動。*[23]一些統計指出，十四世紀的歐洲已經有超過一千個獨立的政治實體。[24]每個實體都自行徵收關稅、稅金和通行費，特別是跨越邊境的貨物，長途運輸的成本因而增加。對貿易往來而言，這些障礙都是合法的。想要發大財的

* 川普就提議要在美墨邊界築高牆，以阻擋非法移民。

領主可能養一批土匪，而船長為了致富，可能淪為打劫商船、掠奪城鎮的海盜。今天，如果在法蘭克福附近沿著萊茵河畔開車，你不時會看到城堡。過去貴族興建這些城堡就是為了收取通過萊茵河的稅金。由於這些障礙和危險，市場規模一直無法擴大，通常只限於政治實體之內。

但火炮改變一切。火藥雖然是中國人發明，卻在歐洲發揚光大，成為威力強大的軍事武器。在一三四六年的克雷西會戰（Battle of Crecy）中，英軍的弓箭手利用小火炮發射鐵球，讓敵軍的馬受到驚嚇。[25]一百年後，即使是最堅固的防禦工事都抵擋不了大炮的攻擊。於是，軍事防禦技術也跟著演進，大炮的淨效應使得攻擊和防禦的代價都增加了。

軍事技術也改變了。儘管敵方的騎士手持長矛、馳馬飛奔而來，我方搬出大炮和火槍，就可以殺得他們措手不及。只是火槍射擊完之後需要重新上膛。在十七世紀初，就算是經驗豐富的火槍手每兩分鐘也只能射擊一次，於是就出現防守上的缺口。[26]眼看著敵方的騎兵就要衝過來了，火槍手只能發射一次，接著就是肉搏戰了。火槍陣就是彌補缺口的戰術：火槍手排列成陣型，第一排射擊之後，就退到後排上膛，讓第二排上陣，以此類推，就可以連續不斷的對敵人發射。為了效率，軍隊必須招募更多的新兵，給予紮實的訓練。這意味建立一支龐大的常備軍。[27]在一五〇〇年至一七〇〇年間，有些國家的軍隊規模成長十倍。[28]

為了支付軍費，任何政治實體都需要擴大勢力範圍，一來可以招募更多農民從軍，也有更多課稅對象。小的政治實體由於人口少，無法負擔最低限度的必要開支。在十五世紀，具有雄才大略的統治者開始併吞比較小的政治實體，國家的平均規模也變大了，到了世紀末，政治實體的數量已經減半，剩下約五百個。至一九〇〇年，更縮減為二十五個左右。[29]

國家規模擴大意味著國內市場也擴大了。君主藉著掌控大地主，獲得獨占武力，下一章會詳細討論這個主題。君主也壓制野心勃勃的強盜貴族和海盜，以確保貿易路線的安全。

這意味著生產者可以在整個國家的市場銷售貨物。此外，在十三、十四世紀，旱羅盤（不採用「水浮法」放置指南針磁針的羅盤）和星盤的發明，加上船舶的新技術，如多桅帆船、在長桅杆設置三角帆，以及在船尾安裝船舵，都改善船舶的機動性和穩定性，船隻不再只能沿著海岸航行才能安全的航向遠方。因此，貿易範圍增大，市場隔閡減少，規模變大。隨著市場的擴大，生產者可以專精製造某種商品，提高生產規模，降低生產的單位成本。由於生產者願意降低價格，商品的需求量也就增加了。

總之，政治鞏固帶來經濟融合，加上海事技術創新，就能與更遠的地方進行貿易，生產者也能利用規模經濟。在歐洲，以城鎮與城市為中心生產的工藝品和貨物也增加了。市場能提供各式各樣的商品，莊園則專門生產葡萄等經濟作物，並釀造葡萄酒，而不是像過去以生產穀物等糧食為主，畢竟酒賣出去，有了錢，就能購買穀物。[30]

由於生產和貿易的增加，放款取利也就不再是件壞事。在餓死邊緣、不識字的農民讓人同情，大工匠或商人要借錢擴展生意，付利息則是應該的。隨著社區從消費貸款轉向小額生產貸款和貿易貸款，大眾對高利貸也就不那麼排斥。畢竟，商業貸款是用來賺錢的，用部分獲利來支付利息似乎很公平。

強大的利益

再者，現在君主也對貸款的利益有興趣了。隨著戰爭開支的增加，他需要擴大財源。在日益繁榮的城鎮，商人、工匠和放款人都可能是徵稅的對象。如果教會能稍稍鬆綁，對公平交易和利率的管制沒那麼嚴格，讓商人和放款人多賺一點，也就能課徵到更多的稅。

此外，即使統治者刮盡民脂民膏，讓貨幣貶值、沒收老弱領主的土地，錢坑仍補不了，因此不得不和放款人打交道。對放款人來說，借錢給國王總是有風險，畢竟國王可以任意在他們身上貼上「高利貸吸血鬼」的標籤，並拒絕償還。少數放款人的確以高利率放款給國王。如果國王不願意還錢，就切斷金流，國王苦於軍費不足，就無法抵禦敵人。因此，為了讓貸款源源不絕，國王得償還借款，也傾向使借貸合法。

還有一個不容忽視的金主：教會。教會坐擁萬金，部分原因在於高利貸和繼承的法規都是由教會制定。教會的聖器收藏室裡的聖物匣、燭台和容器都是貴重金屬打造。這些聖事用的禮器不只讓教堂更加富麗堂皇，也很容易熔化鑄成貨幣、放款生利。比利時史學家皮朗（Henri Pirenne）曾言：「在這個時期，教會是不可或缺的放款人。」[31]

既然君主和教會對金錢借貸的態度已經軟化，那就得想辦法讓借貸變得名正言順。儘管教會裡有很多人依然認為放款取息違反聖經，金融創新則為借貸蓋上遮羞布，就不致違反高利貸禁令。例如，請求付款的票據允許借款人用一種貨幣借款，再用另一種貨幣連本帶利償還。利息就隱藏在交易的匯率之中，也可以補償放款人承擔的匯兌風險。[32]

此外，教會依循羅馬法的規定，同意延遲還款得接受處罰。於是，借款人只要接受放款人的暗示，不在還款日期當天償還就行了。幾天後，借款人還錢，也得支付罰款，巧的是，罰款的金額竟然符合市場利率！因此，放款人完全依法行事，可不是沒良心的吸血鬼。只要有強烈的需求，市場終究能讓借貸雙方皆大歡喜。金融創新得以繞過聖經禁令，就像今天的金融業者擅長鑽法規漏洞一樣。

國家與教會對立

不只天主教會傾向對某些借貸睜一隻眼閉一隻眼，教會的政治勢力也變得愈來愈弱。教會的宣告變得無足輕重，包括禁止高利貸。教會的財富成為君主覬覦的目標。君主希望臣民的財富都在掌握之中，不願見到國內的金銀財寶被送到遠方、不見得友好的羅馬教廷。[33]

就像今天的社群媒體讓政治人物得以繞過主流媒體和一般民眾直接接觸，古騰堡的活字印刷術也使教會的批評者得以接觸大眾。由於印刷成本降低和識字的普及，特別是在不斷成長的商業區，教會的權威不但受到挑戰，反對教會的論點也得以傳播出去，讓更多人知道。的確，當時的保守人士已警告說：「書籍和大報的印刷會破壞宗教權威，讓人輕視學者和抄寫員的工作，煽動騷亂，腐化人心。」[34]沒錯！例如馬丁．路德反對天主教廷大肆販售贖罪券的書在一五一七年到一五二〇年間總共印了三十萬冊，要不是有印刷術，不可能有這樣的傳播成效。[35]

改革的壓力也來自世俗法和世俗法庭。世俗法庭從教會那裡搶走一些高利貸的案件。經過一段時間之後，由於商業與國家都有資金需求，放款取息變得很普通，世俗法庭也願意強制要求執行貸款合約，特別是利率合理、適中的合約。法國和英國的君主都採取法律擬制（legal fiction），不管放款人是世俗人士或神職人員，一律視為猶太人，依照世俗法來審理借貸案件。[36]

但法官需要的不只是變通之道，學者也支持世俗法庭的判斷。由於君主的力量愈來愈強大，不受教會牽制或左右，高利貸也就受到更多的保護。

由於上有政策，下有對策，高利貸禁令的漏洞愈來愈多，如王室借款、商業借貸、教會放款等，放高利貸變得複雜，不再是純粹的宗教問題。如史學家陶尼所述，禁止高利貸的宗教論據本質上是以道德為出發點，這樣的論據應該放諸四海皆準，即使過去是為了給窮人應急。由於放款取利有新的理由，而且看似合情合理，因此教會要面對的問題是，宗教論據如何才能在任何地方都站得住腳。[37]

宗教改革的影響

由於宗教改革席捲歐洲，學者提出新的理論使市場擴大、經濟繁榮和新興君主的需求得以合理化。從商業的角度來看，最重要的也許是法國神學家喀爾文（John Calvin）的看法。喀爾文生於法國，早年篤信天主教，在大學專攻法律。由於教會腐敗，他放棄天主教，轉往日內瓦定居，最後成為新教最重要的派別。德國社會歷史學家韋伯（Max Weber）在《新教倫理與資本主義精神》（*The Protestant Ethic and the Spirit of Capitalism*）指出，喀爾文建構的倫理道德體系造就了早期的資本家。

在韋伯看來，真正的資本家不是孤注一擲的賭徒，也不是肆無忌憚、招搖撞騙的投機者，而是溫和、可靠、勤奮的商人，「秉持中產階級的觀點與原則」。[38]現代資本主義的本質是要穩定累積自己的財富，而不是因為金錢能買到快樂或滿足物質需求。其實，理性的資本主義與無節制的貪婪和放蕩大相逕庭，而是以簡樸的生活方式專心累積財富。根據韋伯的說法，在視貪婪為罪惡的世界裡，喀爾文為資本主義提供道德基礎。

喀爾文強調恩召與預定論：神在創世之前，已揀選某些人使之得救，他們的任務就是做好自己在世間的工作。換言之，被神揀選的人是積極入世的，而非像天主教僧侶那樣出世。因此，喀爾文的信徒必須相信自己是神揀選之人，必須透過世俗的活動來顯現這樣的信仰。生意成功、賺大錢正是蒙神揀選的明證之一。因此，累積財富不再被視為貪婪而受到譴責，反而應該受到讚揚。其實，只有把錢花在奢侈品和過著奢華的生活才會遭到責難，要是揮金如土，能用於投資的錢就少了；再者，胡亂花錢，揮霍的不只是金錢，還有時間，沒能專心在應該要做的志業上。喀爾文眼中的資本主義社會崇尚簡樸，也難怪喀爾文教派的大本營日內瓦是個單調乏味的城市，然而一心一意想在商業界出人頭地者有了道德的指南針，也因此找到安身立命之道，以前的商人則沒有這樣的思維。受喀爾文影響的許多新教派別傳播到蘇格蘭、荷蘭、英國，再傳到美國的新英格蘭。

喀爾文對高利貸的看法與他對商業的看法一致。他說，舊約聖經反對高利貸是因為「希伯來人應該相親相愛，情同手足」，才能在沒有衝突的情況下互相交易。[39]不同年齡層或不同社區的人則另當別論，並非無論如何都禁止高利貸，舊約聖經就曾說：「借給外邦人，倒可取利。」因此，高利貸是可行的，只是「借給兄弟，不可取利」。

喀爾文和亞里斯多德的看法一樣，認為金錢如果不用，就是死的，如果把錢投資在土地或商業，錢才是活的。借錢來做生意，拿其中一小部分的獲利付給金主不算受騙。因此，放款取息不該受到譴責，否則「我們自己對良心的約束，要比上帝來得嚴格」。[40]喀爾文論道，聖經並未禁止合理取息，而是禁止放高利貸。在希伯來文中，「利息」是「neshek」，原意是「咬人」或「咬掉一部分」，也就是指高利貸。喀爾文說，聖經禁止的是壓迫窮人的「咬人利息」。[41]

因此，雖然喀爾文的神學認為追求財富是正當的，不該視為貪婪，也為儲蓄和低利放款留下一個空間。他認為合理的利率是必要的，由於可放款生利，資本家才有節儉儲蓄的誘因。同時，我們也得了解，資本家的需求和貧窮家庭不同。喀爾文也主張繼續保護窮人，同時也為一般商業借貸開闢一條路。

韋伯論道，喀爾文也為資本主義的興起鋪路。其實，喀爾文主義只是讓新出現的商業活動合理化及合法化，並非資本主義的源頭。無論如何，喀爾文讓商業活動變得正大光明，不再需要偷偷摸摸的在黑暗的角落怕被教會發現。喀爾文主義不但使商業得以踏上救贖之路，也鼓勵商業進一步發展。喀爾文讓十六世紀西歐中產階級有被神揀選的感覺，就像馬克思為十九世紀無產階級塗抹聖油。[42]

總之，大約從十四世紀中葉開始，教會對高利貸的態度已經軟化，或許認為這是一種「必要之惡」。[43]放高利貸的人不再受到死無葬身之地的懲罰，可以在教會墓園裡安葬。各種涉及利息的借貸合約也被視為公平合理，只有索取過高的利息才會犯下重利罪。在宗教改革之後，雖然教會對商業的看法並非無關緊要，影響力確實已經式微。

此外，對新興的西歐民族國家而言，宗教不再是重要的統一力量。在一些國家，信奉天主教與新教的人數差不多，但在天主教徒占大多數的國家則必須區分本國天主教徒與其他天主教徒。正如我們將在下一章看到的，在整個歐洲，一種新的奉獻形式（即民族主義）就像一把火愈燒愈旺，而宗教熱情則漸漸熄滅。這種發展趨勢也會影響世人對商業、金融業及社區的態度。

結論

在十一世紀結束時，歐洲的商業和金融又出現騷動。由於貨幣交易開始破壞封建社區的穩定，社區透過教會反擊，對金融及商品市場的行為施加嚴格限制。經過一段時間之後，隨著君主的統一力量和市場規模的成長，對商業和金融的一些限制不但影響經濟活動，也不利君主的財務運作。保護封建社區、限制市場的反商意識型態漸漸被淘汰，對商業的態度轉為寬容，讓個人有更大的交易自由。即使理論性的推理不該有彈性，學者的主流意見也會跟著大眾的需求改變。貿易、土地買賣和金錢借貸都削弱相互的封建義務，取而代之的是市場交易。於是封建社區愈來愈弱，國家和市場則一起成長、壯大。

教會的勢力也在減弱，民族國家占了上風。民族國家興盛之後，國家不得不承認更高的法律可能存在，並發展更合理的法律體系，至少在西歐某些地區是如此。現在，有兩種鬥爭清晰可見：一是一國之內的霸權爭奪，如國王壓制少數富可敵國的大地主；另一個則是歐洲新興民族國家的激烈鬥爭，每個國家都想要宰制其他國家。這兩種鬥爭就像坩堝，受制於憲法的國家和現代市場就是在這坩堝中提煉出來。[44]

第二章 憲政國家的崛起

在上一章，我們看到如攻城炮等新軍事技術如何攻克傳統防禦工事和統一領土。任何城鎮或莊園，即使城牆固若金湯，也不足以和國王的人馬對抗。（在此以「國王」通稱，畢竟絕大多數領袖都是國王，謹向瑪麗．都鐸及伊莉莎白一世等女王致歉。）新興的民族國家軍事力量強大，非傳統封建社區能夠抗衡，封建制度式微，領主無法再保護農民。開始出現中央集權現象，然而對偏遠地區的治理仍有鞭長莫及的問題。畢竟在那個時代，消息流通最快的方式仍是利用篝火或快馬傳訊。

民族國家至少還要完成三個任務才初步具有今日強國的雛型。首先，國王必須在領土內獨占軍事力量，使其治理之地成為擁有共同市場、統一的整體。為了達到這個目的，他必須壓制大地主，也就是土地、財力與軍力皆能與之抗衡的公爵和王子。壓制的方式有很多，但在英國是透過直接沒收和市場競爭這兩種手段。

第二個任務就是創造取代宗教的認同感。在歐洲，宗教並沒有民族國家的區分。因此，國王希望人民透過新認同而有更大的使命感。有意思的是，這種認同剛好合乎多個條件，例如國王需要領導一個統一的國家，需要人民認同他所領導的國家。

即使國王統一領土，擁有威權，仍免不了外來的威脅。有些歐洲國家總是想擁有支配地位，先是西班牙，然後是法國，還有現代的德國及俄國。在歐洲，任何國家如果軍事力量不夠強大，就可能被征服，對其他國家俯首稱臣。在封建制度消亡之後，封臣就沒有提供武器和士兵的義務，因此國王需要金錢建立常備軍來保衛國家，抵抗外來的威脅。之後，國家的發展大抵是利用各種辦法增加收入，充實國庫，此即第三個任務。

新興的民族國家也有一些矛盾。儘管國家有能力抵禦外來的敵人，平息內部威脅，仍不得不尊重公民的私有財產權。受憲法制約的國家就是通往自由市場的重要里程碑。私有財產如能得到保障，就不需要透過反競爭的商業組織（如行會）來獲得保護。國家允許個人競爭。競爭劇烈能提高效能和產量，增加民族國家的經濟實力。此時，市場和國家這兩根支柱正在互相補強。

由於不同民族國家有不同的發展，無法一一列舉，因此我把焦點放在英國，藉此說明民族國家的發展。這主要是因為英國是第一個受憲法制約的大國。英國歷經都鐸王朝和斯圖亞特王朝，花了超過兩百多年才建立穩定的政治體系。這個過程涉及很多機會。儘管英國通往憲法制約政府及自由市場之路並非計畫之內，而且具有特殊性，這個國家還是透過戰爭對歐洲其他國家施壓，如果它們想要生存，就不得不改變。雖然很多國家各走各的路，最後還是到達相同的終點。

貴族的沒落

正如我們所見，新的軍事技術需要規模。在國家建立之初，君主並不比最強大、擁有土地的貴族來得富有，因此需要壯大自己的實力，削減貴族的力量。在剷除高階貴族威脅的過程中，英國國王釋放市場的力量，最後卻使自己的行動自由受限。國王不能為所欲為，也不能逾越法律，他的身分已經隱匿在國家機器之中，而國家從人民那裡取得資金的管道變多了。國家現在也可以透過各種方式擴張，例如擁有大批軍隊。以前君主如果這麼做可能會引發大眾的憂慮，不知道他的意圖。有些矛盾的是，被憲法約束的國家反而變得強大，不但能力更好，還讓公民更有信心認為自己的財產很安全。就讓我們來看看這是怎麼發生的。[1]

一四八五年，亨利．都鐸成為都鐸王朝第一任國王，他也是英格蘭國王中最後一個藉由戰役取得王位的人。由於都鐸家族並沒有繼位資格，比亨利七世更有資格繼承王位的貴族肯定不服氣，因此亨利七世不得不想盡辦法壓制貴族。但這不是件容易的事，也無法在短期內達成。經過歷屆君主一系列的改革，英國民族國家的地位才得以確立。

君主面臨的問題非常複雜。首先，握有土地的貴族不但可以利用民兵建立武裝部隊，也能召集封臣與佃農為自己作戰。即使亨利七世透過一系列的法案要求臣民先效忠現任國王，其次才是效忠領主，但封建傳統的做法剛好相反。[2]除非徵兵，不然國王擁有的兵力非常有限。這意味碰到需要迅速反應的緊急情況，如某個領主叛變時，國王必須集結其他領主，才能平息動亂。其次，國王沒有龐大的官僚體系來收稅，財務依賴貴族收稅並上繳，因此無法對他們下手。

幸好他有兩大助力：一是時間，另一個則是貴族香火的斷絕。他沒有必要封綬新的貴族，確實都鐸王朝並無封綬任何公爵。[3]再者，因為貴族男丁不旺，不少家族因為絕嗣而後繼無人。透過這些方法，亨利七世從皇室領地中取得加倍的收入。[4]反叛的領主也會被殲滅，都會被判處叛國罪並處決，如第三代白金漢公爵因聽到亨利八世駕崩的預言圖謀弒君，而被國王處死，爵位廢除，土地也被沒收。儘管如此，真正損傷貴族羽翼的是一個比較間接的因素，或許也不是有人故意的，那就是修道院的解體與十六世紀物價巨幅上漲。

修道院解體與鄉紳的興起

都鐸君主渴望土地，並開始向容易的目標下手。亨利八世為了與安妮・博林（Anne Bolyen）結婚而與教宗絕裂，並把注意力轉向教會在修道院的財產，這是自教宗額我略七世發動改革之後累積的財富。對亨利八世而言，要奪走修道院的財產猶如囊中取物。首先，修道院缺乏武力保護，不像貴族的土地。很多修道院驕傲自滿，根本不管窮人的死活，因此得到的大眾支持非常有限。第二點或許更為重要，那就是修道院土地管理不善，這吸引有能力的人注意，他們可以利用最新的農業管理方式來大幅提高土地管理效益。[5] 於是亨利八世在沒收修道院財產時，給院長兩個選擇：一是以叛國罪定罪、處死（因為修道院院長被定罪，國王才能合法沒收這些「叛徒」的財產），或是「自願」把財產捐給國王。因此，大多數的人都選擇自願交出財產，而且幾乎沒有民眾出來聲援。

沒收的財產很快就出售了，因為國王需要軍費。購買土地的人主要是地方上的小財主，也就是鄉紳。他們不像擁有大片土地的貴族，但入手的土地比富裕的農民要來得多。當時，擁有土地的高階貴族只有幾十人，而鄉紳則有上千人。鄉紳從土地的經營累積財富。他們不像貴族，不僅有經營土地的長才，了解當地的情況，也比較接近土地。當時，土地所有權是在社會階級晉升的途徑，成功、富裕的城鎮居民會購買土地來晉身為鄉紳，如商人和律師。

他們善加利用買下的土地，包括將荒廢的土地變為良田、揚棄生產效能低落的傳統技術（如兩塊地中讓一塊休耕，而不是三塊地中讓一塊休耕，以及在公有地上圈地牧羊，以獲利更高的羊毛業取代傳統的小麥種植）。在封建制度下，佃農被迫為領主勞動，而且領不到一毛錢。如今，為新的鄉紳工作可以領取工資。鄉紳提高現有佃農的租金，免除佃農的義務勞役，而且佃農因為土地生產力提高，收入也增加了。當然，並非每個鄉紳都是成功的土地經營者。經營失敗的人會把土地賣給比較會經營的人。無論如何，由於土地經營的成效大幅提升，農業產量增加。有些經濟史學家認為，伊莉莎白時期英國繁榮的主因就是土地所有權的轉移所造成的國民所得成長。[6]

重要的是，成功的鄉紳，不管是舊鄉紳還是新鄉紳，都繼續收購土地。有些比較有錢的鄉紳擁有的土地跟較窮的貴族差不多。此外，很多地位高的領主不擅長土地經營，畢竟他們和祖先一樣透過戰功來建立實力，莊園管理並非特長。因此，比較富有的鄉紳收入遠勝過較窮的貴族。有些作物可以在全國市場銷售，鄉紳可以藉由高生產效能來降低價格，貴族的收入也受到影響。競爭之風強勁，傳統的貴族很可能會被打敗。

以擁有的土地或收入來看，貴族不再突出，可能和一般商人差不多。他們必須利用新的方法來凸顯自己的地位。於是，他們以生活方式來區分自己和新興的喀爾文派鄉紳，他們耽於逸樂，豪爽好客，雅好時尚、藝術、建築，揮金如土，而且同情生產力低落的佃農，願意少收租金。在物價開始起飛的年代還如此彰顯自己的身分、地位，最後必然得承擔苦果。

大通膨

十六世紀，歐洲的殖民地日益擴大，最先是非洲和亞洲，後來包括美洲，於是黃金和白銀從這些殖民地流入歐洲，由於作物、商品生產的速度跟不上鑄造貨幣的速度，物價開始飆漲。對貴族而言，繼續過著奢華的生活並擁有眾多隨從，會增加很多費用，不幸的是，佃農繳納的租金變少了，因此得好好想辦法。如果貴族不擅長管理土地，無法增加作物產量，為了籌錢，最快的方法就是把土地賣掉，不然就是和想提升社會地位的富商或鄉紳聯姻，由有錢的姻親當保人。如果貴族跟新富階級保持距離，又沒有農業生產的新技術，只能提高佃農的租金，如佃農生產力太差，就收回土地，交給比較能幹的人來耕作。

市場的壓力（來自鄉紳的競爭和通貨膨脹）使貴族自顧不暇，無法保護佃農，封建義務於是蕩然無存。同時，佃農也不再對領主忠誠。[7]現在，交易完全在商言商，貴族光靠租金收入難敵市場競爭，社區關係再次遭到市場侵蝕。即使領主大張旗鼓，準備作戰，佃農不再蜂擁而來。君王明顯鬆了一口氣，畢竟他的軍隊是用錢招募來的，而非有效忠義務的封建臣民。[8]

就地方治理而言，擁有土地的貴族力量愈來愈薄弱。由於鄉紳地位愈來愈突出，國王就指派他們當治安官，審理小額索賠的案件或地方案件，或是擔任執行官、稅務官或負責募兵。雖然都是無給職，但鄉紳可以在地方獲得聲望和影響力。不管是在地方執法、徵稅或照顧窮人，鄉紳的角色都相當吃重。正如一位史學家所言：「國王少不了鄉紳，但對鄉紳來說，國王可有可無。」[9]

鄉紳的權力

這一切意味即使貴族的勢力被削弱，就像先前的教會，君主依然沒有絕對的權力。新的權力階層（即鄉紳階級）成為制衡君主權力的力量。儘管國王比任何一個鄉紳都要來得強大，但無法像亨利八世那樣對付修道院。修道院不擅長土地管理，鄉紳則對農業和地方的情況瞭如指掌，能有效管理土地，提升土地的生產力。儘管國王只要徵收土地就能增加收入[10]，但他寧可放長線釣大魚，定期對鄉紳徵稅，而非徵用土地，以免與整個階級為敵。說來諷刺，就侵犯財產權而言，史上最惡名昭彰的莫過於亨利八世對修道院下的毒手，但土地也因此得以轉移給擅於土地經營的人，反而使財產權獲得保護。在市場機制的運作下，法院及法律判決使土地財產權的保障更加穩固，契約所有權及租賃權獲得保護，封建時代對財產所有權及轉移的種種限制也走入歷史。[11]

鄉紳也掌控國會中的下議院。我們稍後會描這個機構的功能。如果鄉紳察覺到任何來自君主的威脅，如徵收土地或擅自徵稅，就能藉由議會協調行動。由於每個鄉紳的影響力有限，他們偏好公平、能保護每個人的法律。他們累積的財富多得驚人，足以影響法律。在一六二八年，有個貴族曾感嘆道，即使是貴族土地的三倍大，下議院那些鄉紳也買得下來。[12]鄉紳不像大領主那樣高高在上，他們與佃農很親密，即使在忠誠式微的年代，佃農不再效忠國王及領主，佃農對鄉紳依然忠心。因此，反對斯圖亞特王朝君主的主力可能不是擁有土地的貴族，而是鄉紳階級。

附帶說明一下，財產的廣泛分布不但有助於保護財產，對國家也有更大的約束力。這種信念由來已久。有些社會限制個人擁有的土地不得超過一定面積，來讓更多人擁有土地。羅馬共和國時期曾制定土地法，限制擁有的土地不得超過某個上限，但提倡土地改革的政治家都慘遭貴族和有錢人的殺害，更別提羅馬帝國了。十七世紀的英國政治理論家哈林頓（James Harrington）在《大洋國》（*Oceana*）中提到，所有的權力都來自財產，擁有最多財產的那群人就能控制政府。[13]由於湯姆斯．傑佛遜（Thomas Jefferson）深受哈林頓的影響，一七七六年為維吉尼亞州起草法案時就提議，每個成年人至少應分配到五十英畝的土地。如此一來，即使無法晉身鄉紳階級，人人都能獲得溫飽、自給自足。[14]但正如所見，這不僅僅是土地分配的問題，也得考慮土地擁有者的經營效益，經營成效不彰的修道院比鄉紳更沒有勢力。土地市場蓬勃發展具有雙重作用：一是把土地轉移到擅長經營的人手中；再者，透過競爭，封建社區最後的遺跡就此消失，忠心、世襲的佃農已不復存。

城鎮、行會與獨占……

即使君主壓制國內的大領主，仍必須面對外來的威脅。為了外患這個永遠無法擺脫的問題，君主需要軍費。在歐洲，要與其他國家爭奪政治霸權是無法終止的血腥考驗。只要一個國家強大到可能永久的掌控優勢，其他國家就會聯合起來把這個國家打垮，因而形成新的權力平衡。[15]儘管如此，每個君主依然有追逐霸權的美夢。

君主要把錢投入軍事機器，不管是透過借貸或稅收，都得靠經濟生產。因此，長遠來看，國家之間的霸權爭奪戰有助於厚植經濟實力。外患壓力日益加劇，如不強化經濟能力，就可能慘遭征服。

光是提高生產量還不夠，君主必須有辦法收到稅。君主愈是威脅要徵稅，行為愈是反覆無常，人民就愈不想投資，或花力氣在產生收入的經濟活動上。相反的，他們專心隱藏收入和財富。國王需要一種機制來表明他會合理徵稅，即使面對戰事，為了保住王位，不得不課重稅或徵收土地，也得讓人民心服口服。所以，國王不得不建立機制來限制自己的權力，讓人民相信國王不會武斷徵稅，或是用他們繳納的稅金來橫徵暴斂。教會就是這樣的機制，但正如上一章提到，教會的力量已經式微。在歐洲，大多數的君主開徵新稅或提高舊稅的稅率都必須經過人民代表的同意。在英國，這些代表就是坐在國會議堂上的鄉紳（在法國則是三級會議*的代表，而瑞典則為國家議會〔Riksdag〕的成員）。由於加稅不為大家所樂見，因此困難重重，君主不得不利用其他途徑來開源。

最簡單的做法莫過於跟城鎮裡的商人交好，十六、七世紀歐洲新興專制君主正是如此。政權向商人傾斜，讓商人占便宜，對市場經濟的發展其實沒有好處。政府和商人勾串共謀與今日的裙帶資本主義（crony capitalism）無異。這樣的城鎮絕非自由市場。

* 法國自中世紀到一七八九年的等級代表會議，參加者有教士（第一等級）、貴族（第二等級）和市民（第三等級），故名為三級會議。

城鎮徵稅

隨著農業日益興盛、愈來愈商業化，也能帶來更多稅收。儘管如此，能對大地主課徵的稅還是有限。在法國則不然。但在英國，地主則與國會聲氣相通，以法律來阻止君主強徵課稅。[16] 而國王不會就此善罷干休，畢竟戰爭規模浩大，軍費消耗極巨，絕不能放過可徵收的每一分錢，正如路易十四所言：「連最後一枚金路易都得到手。」[17] 因此，國王的目光轉向城鎮和港口，在城鎮課徵的商品稅（如啤酒稅、磚稅等），以及在港口對進口商品課徵關稅。例如，十八世紀初，在英格蘭有超過三分之二的政府稅收來自關稅。[18]

為了對城市生產的貨物課稅，國王必須和各行各業的行會與興起的獨占商家打交道。就像以前的莊園保護佃農，以免農民意外陷入生活困頓，城鎮裡的行會也對成員負有保護之責，讓他們免於為了和行會或外面的人競爭。行會規定固定的會費、工作時數、師傅收取的費用、提供多少工資，此外學徒的修業期間、每位師傅招收學徒的數目及學徒應繳的學費也都必須依照行會規定。行會也會代表會員和君主或城鎮的領導人協商，對外來的競爭者施加限制。如當局的回應不夠好，行會會不惜動用私刑。有些會員甚至會成群結隊用武力趕走來搶地盤的人。

其實，行會就是獨占利益集團（cartel），目標是確保所有成員在經濟成長疲弱的環境下還能過著體面的生活，同時不讓任何人過於進取、突出，使其他成員處於劣勢。行會就像莊園，匯集成員的力量，在法律薄弱時確實有存在的必要，通常也可為會員主持公道。行會也像中世紀的莊園，是個社會組織，能給陷入困境的會員提供經濟援助，並鼓勵會員互動。儘管荷蘭蒂爾市（Tiel）的商業行會自一〇二四年就招致一些負評，如會員「天剛破曉就喝得醉醺醺，拉高嗓門說些猥褻的笑話，還不斷找人乾杯，互相吹噓」。[19]但行會就像莊園，圖求穩定，人人稱兄道弟，不惜犧牲創新和效率。

浮士德交易

起初，城鎮和擁有土地的貴族有利益衝突。對在領主土地上工作的農民而言，城鎮代表新的機會。城鎮吸引更多的勞動力，領主也就會失去為其工作的農民。此外，城鎮想要為自己和勞工提供廉價食物，因此就希望降低進口食品的關稅（並提高製成品的關稅）。有土地的貴族自己生產食物，但必須購買製成品，兩方的期望剛好相反。再者，商人與銀行家愈來愈富有，也對貴族的社會地位形成挑戰。

城鎮與國王站在同一陣線，不只是拉攏敵人的敵人，雙方都能提供對方想要的東西。對商人或工匠而言，國王不只能保護他們的人身安全，也使他們免於受到莊園法或教會法的干擾，也保護他們的既得利益，免於競爭。國王不但為反競爭的行會背書，也透過皇家特許狀授予他們權利。他們既然獨占利益，也就支付特許權利金給國王。獨占事業讓行會的成員團結起來，創造一個關係緊密的聯盟，以抵禦外人的掠奪。行會嘗到甜頭，也就會定期繳納一筆錢給國王或借錢給國王，雙方於是達成浮士德交易。[20]

為何獨占？

為什麼國王不能直接向人民徵稅，而是人民受到獨占的行會剝削？正如前述，徵稅必須得到國會授權。然而，國王如果自行頒發皇家特許狀，就能繞過國會開闢財源。由於稅金隱藏在獨占的高價中，人民對皇家特許的獨占也就沒有多大的反感。只要獨占的貨物有限，人民頂多發一點牢騷，不會怨聲載道。

同樣重要的是，在發展的早期，民族國家的官僚機構力量薄弱，徵收稅金、通行費或關稅的能力有限。國王既然收入有限，錢要花在刀口上，與其把錢花在稅吏上，不如厚植戰力。因此行會和特許公司基本上就是國王的稅官，從會員那裡收錢，再交給國王。他們通常直接繳交特許權利金給國庫，國王就不必借那麼多錢，也用不著花大錢請貪腐的稅史來收稅。[21]此外，行會靠獨占得來的收益可以放進金庫，抵銷國王預支的錢，不必像一般債主苦苦在國庫外守候，也不知道錢能不能拿回來。最後，由於獨占特權大抵直接來自國王（只有一些是國會授權），行會和特許公司當然對國王忠心耿耿，希望國王長命百歲，獨占利益才會源源不絕。如此一來，只有必須掏出更多錢的消費者是輸家，行會和國王都是贏家。

皇家特許狀不是財產權的保證。特許狀容易轉移，而且與持有者的能力無關。其實，擁有特許狀愈久，持有者的能力退步得愈厲害，最後就不得不讓出特許狀，和修道院的土地經營如出一轍。如果國王把很多特許狀都收回、重新出售，則會觸怒行會及特許公司的商人和工匠，也會失去信用，並破壞日後獨占時的價格。如此一來，也就沒有人願意花大錢投資。

重商主義

即使城鎮與君主站在同一陣線，並非沒有弱點。外國生產商可能與國內生產商競爭，進而壓低價格。由於君主遭受多重軍事威脅，對經濟不免短視近利。基本上，他們認為經濟實力取決於國內在短期內生產的貨物，因此鼓勵出口、阻止進口，這種做法也就是**重商主義**（mercantilism）。一般認為，這會創造更多國內的就業機會和收入，這正是今日民粹主義政治人物的主張。重商主義的附帶利益是出口大於進口，藉由貿易餘額來累積黃金和白銀，減少對外國債主的依賴。除了在國內限制競爭，各國都對進口貨物徵收關稅，並透過提供補助來鼓勵出口。

這些做法都使國內消費者不得不接受更高的價格，讓國內的生產者獲得另一層保護，不必接受競爭的考驗，也用不著創新。其實，這就是重商主義的目的：對國內的生產者有利，而非對消費者有利。

正如所見，重商主義就像最近亞洲經濟體的出口導向，在國家成長的開始階段可能會有幫助，前提是其他國家不加入出口競爭。如果其他國家也力行重商主義，那就沒有人能賺到錢。此外，正如經濟哲學家休謨（David Hume）所言，如果重商主義奏效，出口大於進口，湧入國內的黃金和白銀終將推升國內工資，生產者就更沒有競爭力。[22]再者，雖然短期內重商主義對生產者有利，長遠來看則會造成扭曲，使得生產效能低落，投資在錯誤的產業上，而且國內商品價格提高，傷害消費者，消費能力因此下降。重商主義也會阻礙資本設備的進口，使產業競爭力下降（國家會禁止某些產業資本設備或專業技術的出口，甚至不准專業人員出國，就是怕競爭優勢受到影響，現在還是一樣）。最後，重商主義會使生產者更依賴國家的保護，生產者也就難以成為獨立的力量。

聰明的君主會一再強調民族認同，使人民效忠，而非用宗教、地區、封建制度或社區作為號召。重商主義因而比較容易被一般人接受。只要抬出民族主義，價格高一點也就理所當然，因為這是把工作留在國內的代價，如此國家就能更強大。例如，一六一〇年出版的《稅率手冊》

（Book of Rates，英格蘭關稅課徵手冊）序言就指出，從他國進口原料對我國是有利的，因為這樣能「讓人民有工作」。製成品的進口則沒有多大意義，因為進口成品「不是人民需要的，也無法使國家富強」。我們總得胳膊往內彎，維護國人利益，排斥外人，因此最好對進口貨物課徵關稅，以免「國人沒工作，或是因為進口太多無利可圖或不必要的產品，使國家陷入貧窮」。[23]重商主義的要點就是：少進口、少消費、多生產！

民族主義讓國家在一個君主下統一起來。由於宗教力量已經式微，民族主義的優點是能提供一股強大的力量，激勵人民支持國家計畫（通常是戰爭），現在也是一樣。民族主義也允許君主得以消除內部障礙，鼓勵全國性行會的發展，而非以城鎮為基礎、在小小的地方市場運作的行會。和現今相同，民族主義的缺點則是可能被濫用，說服人民支持不必要的戰爭或利益狹隘的政策（如重商主義），而不利於集體利益。

幸好英格蘭很難無限制的壓制競爭和市場。在市場的力量下，某些限制開始不可行，就像封建莊園。[24]技術純熟的工匠要是不願遵守行會的規矩，就得搬到郊外或鄉村，以脫離行會的控制範圍。[25]亞當斯密說道：「如果你希望找人幫你做出像樣的成品，就得去郊外找工匠，再偷偷的把成品運進城裡，因為郊外工匠只能靠自己的技能，沒有獨家權利。」[26]

來自外國生產者的競爭也可能突破地方行會或特許公司的限制。像英國或荷蘭海岸線長、距離大城市近，大批貨物可以利用船隻運送。如果外國的價格和國內價格有很大的差距，要不是行會把價格訂得太高，就是產量太少、供不應求，進口商品就會大批湧入。這時，行會就會跟偏向重商主義的政府勾結，大幅調升關稅。然而，由於政府無法在邊境部署足夠的警力，使得走私猖獗。[27]因此，大多數的商業實體必須具備一定的競爭力和獲利能力，不能過度依賴國家的保護。即使不少人從國王那裡拿到特許經營權，除了獨立的鄉紳，英國仍有一些獨立的商人和工匠。

在下一段，我們將看到君主如何受制於憲法，而且比較能直接向人民借錢。一旦如此，特別是國家已有可靠的稅務體系，也就沒有必要給某些產業或商人特權。其實，隨著政府施政穩定、有償付能力，商人也就不需要行會或特許公司等組織提供額外保護。在十七世紀末的歐洲，最受憲法限制且市場導向最為明顯的兩個國家（即英國和荷蘭）的行會已成空殼，變成像兄弟會或友愛團體，每年舉行盛大、熱鬧的餐會，享受精彩的歌舞表演和佳肴美酒，幾乎與生意無關。[28]

國家的穩定財源

讓我們回到國家的收入問題。在理想情況下，國家的行動**自由**僅限於合法的行為，**不能**恣意妄為、專制獨裁，然而如果國內外出現危機，國家仍需迅速果決的處理。問題是，如果國王擁有強大的常備軍與能徵收大量稅金的專業稅務機構，國王通常也能為所欲為，例如法國的專制君主法易十四。不然只要選擇治國能力平庸的國王，軍力薄弱，也不會收稅，如斯圖亞特王朝治理的英國。然而，即使君主無法籌錢資助新的行動，也未必放棄行動的自由。結果，君主和議會老是陷入拉距戰。因此需要畫出一條明確的界線，好讓君主在界線內自由行動。

鄉紳、日趨獨立的商人與放款人都有可能是與國王對立的力量，而且這股力量可為國王的行動畫定界線。國王不知不覺促成這些反對勢力的結合，因而走上一條不歸路。

斯圖亞特君主之鑑

斯圖亞特王朝需索無度，導致他們與有財產的人敵對，包括地主和商人。詹姆士一世因為需錢孔急，開始賣官封爵。* 他的兒子查理一世也是如此。由於出賣的爵位官職極多，價格就變低了，國王只好出賣更高的頭銜，甚至包括貴族爵位。由於一堆暴發戶購買爵位，與古老的貴族平起平坐，使貴族不禁感嘆時不我與。就連晉身貴族的暴發戶也忿忿不平，說當初他們花大錢買爵位，現在爵位這麼便宜，滿街都是貴族，他們真成了冤大頭。商人也不高興，因為關稅說調就

* 詹姆士一世創立了準男爵（Baronet）頭銜，賣爵得款十萬鎊。貴族和官職也在出售之列。

調，不事先通知，也沒經過國會批准。國王被錢逼急了，甚至會強迫借款，而且有借無還。斯圖亞特王朝惹來的民怨不只這些，也難怪地主和富商聯合起來與王室為敵。後來，英國爆發內戰，保皇黨人與議會派相鬥，議會派獲得勝利，在一六四九年把查理一世送上斷頭台。議會及其代表的力量一旦被激發，就像被喚醒的獅子，可能把國王吞下去。

斬殺查理一世的議會領袖奧利佛·克倫威爾（Oliver Cromwell）出任護國公，病死之後，其子被迫流亡，查理二世復辟，斯圖亞特王朝又得到執政機會。塔列朗（Charles Maurice de Talleyrand-Périgord）曾評論波旁王朝：「他們忘不了過去的一切，也沒學到任何教訓。」斯圖亞特王朝又何嘗不是如此。斯圖亞特的君主再次打壓議會。在詹姆士二世統治期間，問題到了非解決不可的地步。可是他偏要在新教為主的英國恢復天主教。當時，一提到天主教，人們就會聯想到君主專制，路易十四就是明證。[29]隨著經濟蓬勃發展、海關收入源源不斷，詹姆士二世不必要為開徵新稅跟議會周旋。他不但招募天主教軍官，還準備擴大軍隊的規模，議會不由得提高警覺。[30]詹姆士二世動不動就解散議會，直到議會聽話為止，因而削弱議會的力量。

詹姆士二世不但想要恢復君主專制，也希望天主教復辟，但他真的做過頭，結果使敵人團結起來。他的天主教妻子產下男嬰時，由於這個孩子是國王的第一繼承人，必然會被養育成天主教徒，結果，擁有土地的利益團體（即托利黨）、有錢的商業利益團體（也就是輝格黨）與新教派的人，都邀請詹姆士二世的女兒瑪麗與女婿荷蘭執政奧蘭治親王威廉登上英國國王寶座，共治英國。這場政變就是一六八八年的光榮革命。

議會重掌大權

詹姆士二世後來流亡法國。議會現在有第二次機會可以把國王看緊一點。議會決心不再重蹈覆轍。新選出來的議會遞交「權利宣言」給威廉和瑪麗，列舉詹姆士二世違法亂紀的惡政，聲明臣民的權利與自由，要求國王遵守。此宣言確立議會為最高立法機關，掌握國家最高統治權，在位君主為「國王會同議會」（king in Parliament）*，而非國王恣意妄為。[31] 君主不能再任意召開議會或解散議會，獨立的稅收來源也受到限制，未經議會同意，不得徵稅。因此議會能監督王室的花費，反對不必要的支出。同樣的，君主也不再能利用威權操控法律或將法官解職，法官的獨立地位獲得確認，只有透過定罪或兩院議會投票同意，才能予以免職。

在議會的控制下，君主無法專斷恣意，也比較值得信賴。由於君主不會再任意魚肉人民，也就能獲得更多的能力。例如，政府建立可靠的稅務機構來徵收消費稅。一六九〇年到一七八二

＊ 即君主必須按照議會的建議及同意行使權力。

年，全職的政府稅務雇員從一千兩百一十一人增為四千九百零八人，足足增加到四倍。[32]同樣的，常備軍隊士兵也大幅增加，尤其是海軍。英國已成為具有主導地位的歐洲強權。

特別重要的是，政府有了融資的管道，尤其是獲得更多的長期資金。這不是一夜之間發生的事。英國以前借得到錢算是運氣好，但政府籌措資金的能力變強了，富裕的人民愈來愈多，願意低利借錢給政府。這就是英國之後發展軍事實力的關鍵。例如，英國海軍發行票據籌款，就可以購買更多生活必需品，英國船艦因此可以在海上航行六個月，不必返回岸邊補給物資。在政府財政不佳時，船艦每次出海，航行幾個禮拜就得回來補給。[33]現在，英國艦隊效能大增，例如可以對敵人進行經濟封鎖。金錢的確是權力的筋肉。

限制與籌資能力

光榮革命沒使英國在一夕之間改頭換面。起初，新政府只能利用短期公債籌資。一六九三年，由於政府瀕臨破產，議會允許國王發行長期公債，結果失敗，籌措到的錢只略高於目標金額的十分之一。[34]之後發行的長期公債就比較成功了，但購買公債的人並非一般大眾，而是比較傳統的來源，也就是三大特許公司：東印度公司（East India Company）、英格蘭銀行（Bank of England）和南海公司（South Sea Company）。

經過一段時間之後，革命效應才漸漸顯現。國王借錢不再與個人帳戶有關，國家（也就是永久的主權實體）必須負擔償債的責任。未來的政府將繼續承擔還款的責任，因此償債期間可以拉得很長，還款也比較順利。由於稅務機構效能大增，徵稅收入也比較穩定。由於國家以特定的稅收來償債，稅收皆有指定用途，如沒經過議會同意，不得轉移用途，放款人也就對這種長期公債比較有信心。

這些「絆線」還有精細的監管機制。很多有儲蓄的人及上述三家股份有限公司的股東是地主或商人階級，不是在議會占有一席之地，就是能影響議會。因此，公債投資人能透過議會的報告及委員會得知政府財政，如發覺投資可能受損，則可以透過投票來縮減政府支出，或是重新安排支出用途。所以，財產權受到政治權力的庇護。

經過一段時間之後，公債可以在市場上交易，因此急需資金的人仍可以投資長期的公債，只要在需要用錢時出售，因此，他們的資金是流動的。此外，如果他們對政府財政有疑慮，資金也不會慘遭套牢，可以轉賣給比較樂觀或更有影響力的投資人。長期公債轉售市場的活絡促使需求增加，投資人也不會長期被政府綁住。

上述三家特許公司對公債市場的發展也有若干影響力。東印度公司在東方建立殖民帝國，對英國的財源貢獻很大。英格蘭銀行獨占金融服務，能輕易發行股票，然後將所得的款項投資在長期公債上。英格蘭銀行也可以滿足政府短期的資金需求，讓民眾對政府財務有信心，認為長期公債是穩當的投資。經過一段時間之後，英格蘭銀行不再能獨占銀行業務，但這家銀行成為英國的中央銀行，繼續保有鑄幣的獨占特權。

最後，南海公司是一家獨占南海貿易的公司（其實，南海公司在南美洲沒有什麼交易），以一種非常偶然的方式讓政府財政得以延續。[35]在光榮革命之後發行的公債是高利息的年金，政府根本無法支付。南海公司於是向政府提議，讓他們收購這些年金，然後轉交給政府，換成低利率的公債（也因此取得獨占特權）。南海公司給年金持有者兩個選擇：換成公司股票，或是現金。同時，政府和南海公司不斷渲染南海公司的獲利錢景，引發民眾搶購股票，南海公司的股價因而不斷飆漲，形成第一個股票泡沫。英國政府的高利率公債足足有八五％都轉換為低利率的債務。一旦股票崩盤，投資人就落得血本無歸。然而，南海計畫使英國政府得以擺脫沉重的公債利息，甚至有額外收入的入帳，財政漸漸步上正軌。

一般來說，這些發展意味著，政府為了戰爭等緊急情況的高成本短期借貸或公債，在戰爭結束時就可以轉換為成本較低的長期借款。如此一來，政府有償債能力，也可以減輕納稅人的負擔。政府在緊急情況下的借貸能力增加，也就不必向有錢人強制徵稅或強迫借款。對富裕的地主和商人而言，更健全的政府財政意味稅收適度、穩定，不會突然橫徵暴斂。這些人也就有信心在運河、道路和鐵路等固定資產大舉投資。他們為英國鋪好一條財富之路，讓英國走向工業革命。

更健全的政府財政也意味政府不必為了籌措資金，繼續跟國王跟前的紅人或少數公司打交道。現在有一套公平、透明的規則，為所有的人民創造一個公平競爭的環境。因此，有可能出現一個限制較少、更自由、更公平的市場。正如在下一章會看到，鼓聲愈來愈急，市場即將登場。

光榮革命有何影響？

經濟史學家諾思（Douglass North）和溫格斯特（Barry Weingast）提到，光榮革命使議會和司法監督有效的約束君主，讓君主的自由施政不會走偏。[36]然而，他們沒說清楚，萬一約束君主的繩子被割斷了呢？例如君主違反不成文的憲法，帶領常備軍反抗議會。因此我們必須以史為鑑。在光榮革命中，議會透過內戰罷黜詹姆士二世，可見議會有能力捍衛自己的權利。議會發威，提出「權利宣言」，新王威廉只能照單全收，並進行之後的改革。[37]

有時可能會忽略制度在國家發展中扮演的角色。對一個國家而言，「好的制度」與經濟的成長繁榮息息相關。最近有一篇很有影響力的論文標題就是〈制度高於一切〉。[38]雖然制度很重要，但必須以權力的常態分布為基石。例如，鄉紳的權力源於他們的商業天賦、財富，以及與佃農的親密性。在他們的良好管理下，佃農的生計才能獲得保障。鄉紳和大封建領主不同，沒有一個鄉紳富可敵國，因此需要透明的規則和法律來保護他們，還有像下議院這樣的機構，幫助他們協調行動。同時，鄉紳人數眾多，沒有人能一次沒收他們的財產，或是控訴他們集體犯下叛國罪。一個制度運作良好，可能讓人誤以為在其他地方也能如此，忽略權力分布的不同。雖然賴比瑞亞採用美國憲法，但那套憲法卻形同廢紙，沒有分權制衡的功能，《聯邦論》（*Federalist Papers*）中的憲法精神盡失，不但無法複製美國的輝煌，甚至還是非洲最窮、最亂的國家。[39]

雖然我們了解先進國家的各種制度，至於權力的分配要如何才恰當？這方面的研究還很少。只是財產分配並沒有幫助，畢竟已經給的，還可以再收回來。正如我們會在本書一再看到，一個充滿活力的競爭市場才有可能出現有生產力、獨立的房地產業主，這就是解答的主要部分：市場能成為制衡的力量，有助於限制國家，保護人民財產。儘管英國是個被憲法制約的國家，權力分配有很大的運氣成分。或許這就是為何賴比瑞亞和阿富汗無法建立富強的國家。

其他國家的經驗

從封建諸侯到商業佃農的轉變，以及權力從封建大領主轉移到人數眾多、分散的鄉紳階級，這種現象不是到處都看得見，過程也大相徑庭。儘管如此，雖然每個現代自由民主國家走向憲政之路各不相同，但我們可以從英國的經驗歸納出幾個共同的要素。如本章所述，最關鍵的發展就是修道院和貴族持有的大片土地因管理不善而讓給有商業頭腦的鄉紳。在經濟與政治權力從教會和貴族分散開來的過程中，出現一群全新、獨立的選民。這些人受益於一個基於法規、比較開放的制度。

在十九世紀初的美國，拓荒者湧入西部。很多人都擁有土地，不善經營土地的人很快就把土地賣給別人經營，提高土地的生產力。唯一的例外是南方莊園。因為貪腐和氣候的緣故，土地集中在莊園主手裡，由於黑奴勞力撐起莊園經濟。[40]研究顯示，土地分配的分散，讓更多人擁有土地、有效的運用，有助於地方治理。南加州大學的藍姆夏蘭（Rodney Ramcharan）發現，在美國擁有大型農場、土地集中的郡縣（因該地降雨模式比較合適種植某類作物），教育經費往往比較少，這是政府因應大眾需求的關鍵指標，可見其民主回應性不足。[41]我與藍姆夏蘭的研究中發現，這些郡縣在二十世紀初的人均銀行數要比其他郡縣少得多，這是廣泛經濟機會的指標。[42]我們追蹤這些地區在治理上的差異。因此，儘管是在一個大型的已開發國家，土地分配會影響地方治理，進而影響經濟機會。

正如經濟史學家恩格曼（Stanley Engerman）與索科洛夫（Kenneth Sokoloff）所言，這裡有個更普遍的模式。例如，拉丁美洲某些國家若是以莊園為主的農業開始發展，土地集中在少數大地主手裡，到了今天，基礎廣泛的政治和社會機構也比較少。[43]土地集中在少數人手裡，不只是對民主不利（如少數擁有大量財富的人與政府關係密切），而且國家不一定會為多數人服務，這就是政治社會學家摩爾（Barrington Moore）提出的論點。這個道理到今天依然適用。這也就是為何應該關注依賴智慧財產權興起的超級企業。後面會探討這個主題。

市場的力量不一定會削弱政治勢力強大的人，特別是他們有其他出路。確切的情況很重要。如摩爾所言，十六世紀德國東北部物價上漲，加上穀物出口市場擴大，擁有土地的貴族勢力反而變得更大，而非減弱。[44]由於勞動力短缺，貴族可以改變做法，依市場價格支付農民工資，而非要求農民履行封建義務。但貴族反而增加農民的勞動義務，削弱他們出售或遺贈財產的能力，甚至阻止他們與莊園外的人結婚或離開莊園。

德國東北部（及東歐一帶）和英國的差異在於農民沒有多少市場選擇。中央政權力量薄弱，被貴族欺負時，沒有任何皇家法院可以保護他們的權利。此外，根據封建莊園的慣例，農奴只要逃離莊園，在城裡住上一年又一天沒被抓到，就可以成為自由人。然而因為城鎮很小、經濟蕭條，農奴無法謀生，不像城市比較繁榮的英國；在波蘭，土地市場受到嚴格掌控，貴族以外的人都不得繼承土地。[45]因此，富商、律師和商人都無法購買土地，也就不能提高土地的生產力，藉此對封建制度施壓。由於貴族勢力強大，幾乎不受約束，市場壓力只是增加對農民的壓迫和封建義務。即使到了今天，或許因為過去德國東北部停留在封建社會的時間比較久，因此不如德國南部繁榮。

結論

在英國君主專制史，都鐸王朝是黃金時期，斯圖亞特王朝已趨於黯淡，之後國家興起，放棄恣意專斷的權力，也獲得更多能力。由於英國人民相信國家會繼續依循與有錢人和投資人簽訂的社會契約，房地產業主普遍認可國家的合法性。由於很少有人挑戰國家的合法性，國家如有需要，則可借錢來因應外部挑戰，不需要偏袒少數人，也能追求更大的公平性。裙帶關係漸漸讓步給更開放的商業環境，進而創造更多有競爭力、獨立的實體，這些實體又會約束國家的權力。

英國有了穩固的財政基礎之後，軍事力量強大，市場競爭激烈，經濟實力雄厚（因此具備工業革命的有利條件），歐洲其他國家很難視若無睹。他們不想在歐洲爭霸戰中被淘汰。當然，通往憲政國家的道路不只一條。儘管美國繼承英國的治理精神，而且成為一個獨立的共和國，也歷經慘烈的內戰去壓制南方地主。[46]法國在革命的腥風血雨之後陷入戰爭，從帝國的顛峰走向衰亡，最後才實行君主立憲，建立共和（但在多次復辟）。德國則歷經統一、帝國、戰爭、民主、法西斯主義、再度陷入戰爭，之後才成為憲政共和國。正如我們即將看到的，美國在第二次世界大戰後的西歐扮演非常重要的角色，確保各國看見民主和市場的價值。儘管如此，在戰後的西歐，很多國家只要輕輕一推就能起飛，因為政治權力的常態分布和促進競爭市場的結構，使其成為創建憲政國家的沃土。

隨著封建社區遭到破壞，對土地私有財產的認可，以及農產品和土地市場的出現，也有許多人因而受害。雖然獨立的私有財產擁有者可以透過議會或國會來影響國家，農民和工人則被迫離開傳統社區。在治理上，他們沒有明確的權利，也沒有發言權。在下一章我們會看到工業化加快腳步，人類社會快步邁向自由民主。城市日益成長、擴張，社區汙穢不堪，急需公共服務，工人也需要發聲。正如下一章要探討的，社區組織起來，要求政府傾聽他們的要求，特別是控制肆無忌憚的裙帶資本主義。第三支柱的力量再次增強。

第三章 市場起飛

隨著領土內的軍事挑戰減少，議會由有資產的人主導，有錢人不再覺得生命或財產一直受到威脅。政府受議會限制，不得從事非法行動。再者，由於國家受制於憲法，個人也就不再需要貿易或社區為基礎的組織來保護人身與生意的安全，即使限制競爭也無濟於事。現在，經濟哲學家宣揚自由、不受限制的市場，而政治哲學家則歌頌個人自由，主張政府極小化，這兩種思想家都把人身和財富安全視為理所當然。在十八、十九世紀，市場正蓄勢待發。

第一個提出自由放任的是人是法國重農主義者（Physiocrat）。這個學派的人為國家和市場正在形成的關係做出結論：國家應該讓商業完成必須做的事，不要插手，讓市場競爭的力量發揮到淋漓盡致。但是，如果市場參與者試圖藉由國家的幫助來阻撓市場競爭（這也是亞當斯密擔心的情況）或獨占市場呢？重農主義者並沒有提出解決之道。然而，自由放任主義的理論還是成功澆熄封建和重商主義反競爭的餘燼。

然而，雖然市場信徒歡欣鼓舞，反對勢力也不斷增強。即使在英國，並非每個人都因為農業的商業化受益。輸家除了高階貴族，更慘的是原本活在舊莊園保護下的人。老農民受到的衝擊最大，他們失去耕種的土地，土地轉移到更會經營的人手裡，或是用於更有生產力的用途，而且這些老農民無法像年輕人可以到城裡謀生。農民本來有權在公地放牧、狩獵或撿拾柴薪，如今不能這麼做，而且沒有獲得任何補償，因為公地已被法律封閉，被有土地及政治勢力的人占用。如一首很多人傳唱的歌謠：

從公地偷鵝的男男女女
都被關進監獄
但從鵝那裡偷走公地的惡霸，
卻沒被繩之以法。[1]

農業的商業化瓦解很多傳統英國鄉村社區，導致大量農民失業，不得不到城鎮謀生。馬克思說，這群失業人口就是推動工業革命的「後備軍」。

城鎮日益蓬勃，工廠也就像雨後春筍般不斷冒出。但那裡既辛苦又危險。工廠雖然能提供食物，但很多孩子也淪為童工，每天工作時間很長。對工廠來說，小孩的手小巧靈活，工資比成人低廉，又容易控制管理，因而樂於雇用童工。再者，父母去工廠工作，不知道該把孩子放在哪裡。由於鄉下已經沒工作了，很多家庭都別無選擇，只能留在城裡。比工廠更糟的是城裡的生活環境，汙染嚴重、擁擠不堪到慘不忍睹的地步，工人都住在骯髒汙穢的貧民窟。幾乎沒有雇主想到要改善工人的生活。由於每個人都只求不餓死，過一天算一天，社區也就沒有意義，更別提仰賴社區的支援。每個工人都害怕景氣循環造成失業。一旦失業，那就走投無路，一家人都要活活餓死了。

正如我們所見，議會是為了保護業主的財富，免於被國家侵害。為了確保選出合適的人，立法機構規定擁有一定財產者才有投票權。在區域小、容易受影響的選區，中產階級、勞工階級和窮人的投票權就被剝奪了。工人沒有政治代表，雇主也沒有改善工人生活的競爭壓力（畢竟想找工作的人很多），工人根本不敢奢望這個體系能改善工作和生活的環境。

如果要有所轉變，工人及一般都市居民需要自己的代表。他們奮力追求民主之聲，在十九世紀多少已有一些斬獲。到二十世紀初，在北美及西歐大多數國家的男性工人已經取得投票權，原因之後會再詳述。投票權的普及通常會使當局比較重視衛生、教育和社會安全網等大眾利益。很多人擔心新獲得投票權的人會剝奪有錢人的財富。其實，這樣的事並未發生。愈來愈多人了解，賦予民主權力的社區非但不反對市場或私有財產，反而樂於尊重這些權力，因為如此一來能使社區更多人受益。的確，受制於憲法的國家與市場，早期的平衡是基於財產的持有及有效管理，賦予民主權力的社區也該尊重這樣的分配。

投票權愈普及，選民對國家、市場及兩者關係的看法就具有重要意義。正如我們看到的，像民粹主義及美國的進步主義這類以社區為基礎的民主運動在十九世紀阻撓市場的獨占，而且沒有斷絕小生意人的機會。民主社區促使國家角色不斷擴大，並出現反獨占、產品安全規範等新的功能，讓市場保有競爭性和秩序，對小企業家和消費者都更友善。社區不但有組織，而且隨時保持警覺，透過民主這樣的機制來影響國家、塑造市場。議會不再只是保護少數人的財產，而是致力於為更多人保有機會、創造機會。現在就來詳細說明。

開放市場

亞當斯密在一七七六年出版的《國富論》（*An Inquiry into the Nature and Causes of the Wealth of Nations*）提到，製造商為市場生產，使自己的利益達到最大，也就是把大眾利益的大餅做到最大，因此造就國家財富。他說，我們必須允許競爭市場那隻「看不見的手」，透過私利促進經濟繁榮。真正的損害不是貪婪或有錢人的自我放縱所造成，而是源於對競爭的限制，以及價格和數量的扭曲。

從這個角度來看，亞當斯密贊成市場競爭，不贊成保護現有企業。其實，他看不慣當代企業的獨占傾向，也反對行會和特許公司。他提到：「商人如果聚在一起，即使是同歡作樂，也不忘互相勾結去欺騙大眾，抬高價格。」[2]就商人提出的法規必須「仔細研究，不但得極為小心謹慎，還要懷疑他們是否圖謀不軌。因為這一夥人的利益不曾與大眾利益完全一致，他們的利益通常來自欺騙大眾，甚至不惜使出壓迫的手段。大眾不知被欺騙、壓迫多少次了」。[3]亞當斯密可不像蘭德（Ayn Rand）那樣戴著玫瑰色眼鏡來看商業界，歌詠企業英雄。反之，他主張消除反競爭的特權，如他那個時代的特許公司享有的獨占權。[4]

他一樣大力抨擊重商主義。他不贊同累積黃金會讓國家強大的概念，說到像英國這樣的國家，如果要發動戰爭，可以累積到的黃金還是很有限，不足以因應龐大的軍費。長期戰爭需要的是更多國內生產力。因此，透過徵收很高的進口關稅或禁止進口，讓國內生產者獨占市場是「無用……或有害的」。如果本地產品物美價廉，不輸國外產品，本地產品就有競爭力，何必禁止國外產品的進口？若是本地產品沒有競爭力，提高關稅只會讓本地產品的價格提高，製造商不會致力提升生產力。亞當斯密寫道：

> 精明的一家之主都知道，如果去外面買比較便宜，絕不要在家裡做。裁縫不想自己做鞋子，而是去跟鞋匠買。鞋匠也不會自己做衣服，而是請裁縫做……如果每個家庭的行為是理性的，國家的行為就不致於荒唐。如果外國提供的某個產品要比自己生產來得便宜，那就別生產了，向外國購買即可。同樣的，我們也必須發展具有優勢的產品，賣給其他國家。[5]

因此，亞當斯密努力讓國內市場從行會和獨占者的手中解放出來，同時降低重商主義設立的對外貿易障礙。亞當斯密秉持自由放任精神，認為政府不該指導商人的生產或投資，「就當地的情況而言，顯然每個人的判斷要比政治人物或立法者來得好。」事實上，亞當斯密認為政府只有三個基本職責：「首先，政府必須保護社會……免於其他獨立社會的侵略；其次，政府必須盡可能保護社會的每個成員，以免他們受到不公正的待遇或是被其他成員壓迫……第三，政府有責任建立與維護某些公共工程和公家機關，因為任何一個人或少數人以自身利益考量，絕不會去做這些事。」[6]

市場哲學

從亞當斯密的《國富論》到英國經濟哲學家彌爾（John Stuart Mill）的《論自由》（*On Liberty*）只有一步之遙。《論自由》是鼓吹個人主義和自由市場的宣言。此書在一八五九年出版，也是彌爾愛妻海莉葉（Harriet）辭世時。彌爾說，海莉葉影響他很深，《自由論》就是他倆的心血結晶。[7]彌爾為個人思想和言論辯護，反對多數暴力。他提到，社區的觀點往往就是有權有勢者或多數人的觀點，我們大有理由挑戰那些人的觀點。例如，多數人的觀點可能是錯的，這就是一個明顯的理由。

彌爾認為，如果不會傷害其他人的利益，一切行為都可以允許。除了這點以外，他還認為個人對社會的責任是「和所有人一起努力、犧牲，保護社會，使社會及社會成員免受傷害或侵犯」。除了這點之外，社會根本用不著要求個人做什麼。他提到，他並非主張自私自利、對社區漠不關心，他提倡的是自願參與。他說，個人不只應該照自己的意願促進社會福祉，他相信：「個人的自由發展就是幸福的先決條件。」因此，個體性應該受到重視，而不僅僅是達成社會目的的手段。

因此彌爾認為，在人類生存的活力及多樣性中，要讓自由意志發揮作用，但喀爾文則貶抑自由意志的角色。喀爾文主義強調服從：「你別無選擇，你必須這樣做，沒有其他做法：『如果不是義務，那就是罪惡。』」人性的本質就是徹底的墮落，除非把一個人內在的人性剷除，否則無法得到救贖。」相反的，彌爾提到，「異教徒的自我主張」和「基督教的自我否定」一樣是人類價值的元素，「要讓人類成為值得思索的尊貴、美好之物，就不能消磨個人獨具的天賦異稟，使之泯然於眾，而必須在無損於其他人的權利和利益的範圍內進行培育及發揚。」此外，「隨著個體性的發展，每個人都變得對自己更有價值，因此對其他人更有益。」他宣稱：「天才只能在自由的氣氛中自在的呼吸……然而世界大勢乃是讓平庸者得勢。」

因此，彌爾攻擊社區的抑制效果，亦即「習俗的專制」。他認為貿易、契約和市場的自由與他對自由的信念是一致的。這也意味國家的限制，因為「一切都必須透過官僚機構來完成，若與官僚機構敵對，那就什麼也做不了」。反之，國家應該「積極的把多種實驗得出的經驗傳播、擴散出去……使每個實驗者都能從別人的實驗中受益，而非唯我獨尊，無法忍受任何實驗」。

國家和市場從封建廢墟中一同崛起。上一章描述的憲法對國家的限制並沒有使國家縮減，反而使國家更為穩固，得以發展軍事和財政能力。一旦國家創造出一個得以保護人身安全和財產權的框架，自由放任的支持者就會開始詢問：國家能多做多少。亞當斯密和彌爾都不是狂熱的反政府人士。例如，亞當斯密就認為國家在教育及其他公共服務上扮演重要角色，畢竟私人無法提供這些服務。基於這些理由，亞當斯密認為，文明國家的規模將會比野蠻國家來得大。[8] 然而，這樣的論點被忽視了，世人也忘記亞當斯密曾警告說，如果讓商人自行其是，他們就會背信棄義。反之，大眾辯論的焦點則是逐步消除任何對商業的限制，以及對勞工的保護。

英國經濟學家馬爾薩斯（Thomas Robert Malthus）無情的人口成長理論儼然是自由主義發展到極端的縮影，這也許比誰都還重要。他在一七九八年出版的《人口原則》（*Essay on the Principles of Population*）強調人口成長的速度要比糧食生產的速度來得快。儘管人類可以透過晚婚或禁欲來抑制人口的成長，但馬爾薩斯不相信這些是可行的做法。人類的自制力不可靠，反而疾病、戰爭和飢荒會自然抑制人口的成長。也難怪歷史學家卡萊爾（Thomas Carlyle）說經濟學是「沮喪的科學」！不過馬爾薩斯錯了。人類繁殖的衝動並非無法控制。其實，繁榮就像是強效的避孕藥。社會愈興盛，人類就愈不願意生孩子，即使生活負擔不是問題，可以多生幾個孩子。現在，婦女的生育率已經低於人口替代率，不只富裕的國家，新興市場也是如此。不管如何，馬爾薩斯為反對政府人道援助的人提供一個理論基礎。任何救濟失業者或貧民的計畫只會鼓勵他們生更多孩子，阻礙自然的抑制與平衡。窮人應該任其挨餓，只有透過市場引發的淘汰，後代才能擁有更好的生活。

儘管這種冷血的理論從未真正落實，但確實對政府的濟貧政策產生影響。正如著名的歷史學家與社會學家博蘭尼（Karl Polanyi）指出的，英國在一六〇一年頒布的濟貧法規定教區必須負起救濟貧民的責任，但一八三四年國會通過更嚴苛的修正案，特別是對身體健全的男性。此時工業革命起飛，新機器取代家庭手工業，導致成千上萬人失業。[9]有些人為新濟貧法喉舌，認為這有助於讓社區負起自願救濟貧民的責任，或是矯正富農濫用補助的弊病。這樣解釋也有道理，但可別忘記議會是由有資產的有錢人掌控，這些人一直在抱怨舊法使他們必須繳交高額稅金，因此不得不改。顯然，他們會投票支持自己的金錢利益。

由於封建制度已化為灰燼，有權有勢者不再對社區中的弱勢負責，而市場波動和自動化更使工人陷入險境，特別是離開傳統社區的人。此時，社會來到十字路口，一頭是不受管制的市場及極端個人主義，另一頭則是專制、唯我獨尊的國家及強制集體主義，必須在封建主義的餘燼中進行重建。在那之前先來看脫離一切束縛的市場是什麼樣子？

不受約束的市場

起初，就像教科書描述的完美競爭：生產者互相競爭，使消費者得到最好的交易。只是撐不了多久就走樣了。正如亞當斯密所見，競爭會使獲利下降，使生產者過著朝不保夕的生活。然而，一個自由、不受約束與管制的市場，透過政治力量通過競爭的試煉，就會變成獨占聯盟。

洛克斐勒（John D. Rockefeller）是二十世紀初因為石油致富的世界首富。在石油工業發展之初，石油主要是用於煤油照明與潤滑蒸氣引擎。他對高風險的石油探勘沒興趣。畢竟當時的鑽井法不夠科學，往往鑽出乾井，挖不到油，再者，如果一個地方生產過剩，產品價格暴跌，生產商就會破產。[10]洛克斐勒想要比較穩定的生意，於是選擇在克里夫蘭（Cleveland）開設煉油廠，那裡是賓州的油溪（Oil Creek）最近的城市，而油溪是第一個發現石油的地方。他處處精打細算，要讓成本降到最低。他經過反覆實驗之後，將原先用四十滴焊錫來封油桶改為三十九滴。他不放過每個環節，杜絕所有的浪費，因此可以打敗沒有效率的對手，擴大市占率。[11]很多人把大筆資金押在煉油廠，必須償還債務，拒絕退出，削價競爭。只要價格比煉油成本高一點點，這些僵屍般的煉油廠便能苟延殘喘。在一八七〇年代，所有煉油廠的煉油產能甚至達到原油開採總量的三倍。[12]

洛克斐勒想要終結煉油業的亂象，第一個目標就是克里夫蘭剩餘的二十六家獨立煉油廠。朗．契諾（Ron Chernow）在《洛克斐勒傳》（*Titan*）詳述洛克斐勒與克里夫蘭的鐵路公司在一八七二年簽下的協定：洛克斐勒的獨占利益集團表面上付出高昂的運費給鐵路公司，以抬高地區的石油運費，卻在暗地裡收取運費近半數的獲利作為回扣。這意味著未加入聯盟的石油公司必須付出高昂的運費。[13]此外，以洛克斐勒為首的石油集團能夠知道競爭者運送多少石油等情報。而三家與洛克斐勒合作的鐵路公司不但獲得固定數量的石油，由於已經談好固定運費，也就不必為了搶市占展開割喉戰。這種做法有助於公司收益穩定。洛克斐勒商業頭腦敏銳，知道不管是煉油廠或鐵路公司都想獨占利益，如果能兼併這兩個產業，聯盟以外的人就難以生存。

因為沒有其他運輸方式，油溪沿岸的鑽油業者恨得牙癢癢，決定杯葛，開採出來的原油只賣給當地的獨立煉油廠。抗議者破壞鐵軌，翻倒油罐車，讓石油流瀉一地。儘管石油業動盪不安，當地二十六家煉油廠共有二十二家被洛克斐勒收購。正如一家煉油廠老闆所述：「我們的壓力很大……要是不賣，就會被徹底擊垮……據說他們跟鐵路公司簽約，因此能為所欲為，把我們逼上絕路。」[14]

由於大眾抗議不斷，國會開始調查石油業的獨占。最高法院根據「謝爾曼反托拉斯法」判定洛克斐勒集團是個獨占機構，由空殼公司（紐澤西標準石油）一手掌控，要求公司解體，而鐵路公司由於已經非常依賴政府與輿論的支持，不得不讓步，為所有托運的客戶提供相同的運費。這就是所謂的「克里夫蘭大屠殺」（Cleveland Massacre）。五年後，洛克斐勒的標準石油公司已經掌控美國九〇％的煉油工業。由於當時仍有一百家左右獨立的小煉油廠，因此煉油業仍保有競爭的假象。

在洛克斐勒看來，他只是從效率不彰的競爭者那裡買下公司，結束他們的苦難，然而有更多公司被迫關門大吉。[15]倖存的煉油廠則享有較大的規模經濟，產量增加，成本降低，價格也比較穩定，工人的工作穩定多了，長遠來看，客戶也將受益。洛克斐勒提議，生產者必須相互合作，而非相互競爭，雖然這種說法並非完全不可信，但洛克斐勒這麼說完全是為了私利。其實，競爭是自由市場中唯一的保證，因為競爭，生產者才會透過創新、更好的顧客服務或更低的價格來吸引顧客。面對煉油業的獨占，顧客得依賴洛克斐勒的施捨。問題是：你能相信他的好心嗎？

洛克斐勒是個效率高超的喀爾文派商人。工作就是他的天職。他對自己的能力太有信心，以致於看不到替代方法。他認為不受約束的競爭就是貪婪，這會導致不必要的景氣循環，進而使整個產業陷入困境。他試圖恢復合作的架構，如托拉斯、聯合經營、獨占等，為市場帶來秩序。為了一己之意，他也不惜賄賂整個立法機構，或是用不實的證詞誤導公聽會。[16]操縱政府只是商業成功的一種手段。那個時代有很多成功的商人都有類似的想法，只是洛克斐勒在執行計畫上做得更出色。很多受害者都看到洛克斐勒帶來的「秩序」，而這種秩序已經擴展到許多產業，如鐵路和鋼鐵業。但以獨占資本主義而言，這或許是最糟的算計與貪婪。獨占利益集團的資本家堅稱，最了解什麼對大眾最有利的是他們，而不是自由市場。

自由市場並不完美。貨幣寬鬆帶來的愉悅無疑會導致過度擴張與產業狂歡。然而，消除這些揮霍無度、變化無常的事件，也湮滅自由市場的創新、動力與創造性破壞。獨占利益集團所謂的浪費，其實是由市場孕育、透過競爭激發、接連不斷的實驗。從某種意義來說，十九世紀晚期美國鍍金時代的巨頭想要當貴族，由他們來決定什麼對大眾最好。至於身為封建領主的責任則是曖昧不清。

在很多方面，洛克斐勒的人生堪稱典範。他雖然活在鍍金時代，卻是個腳踏實地、有真材實料的人。他在人生下半場的確認真負起公共責任，努力思索如何利用巨大的財富增進社會福祉。他創立許多了不起的機構，包括我任教的芝加哥大學。他對競爭持負面看法，因此與亞當斯密沒有什麼共鳴，反而近似另一個頗有洞見的經濟學家：馬克思（Karl Marx）。

馬克思主義的解決方法

十八世紀晚期從英國開始的工業革命創造很多新的可能，儘管絕望也隨之蔓延，如工人被動力織布機等新機器取代。新技術的前景誘人，鐵路和汽船使歐洲人得以登上新土地（特別是美洲），再加上財富的增長掀起狂熱浪潮。很多工業化國家開始出現景氣循環，繁榮與蕭條交替出現，土地與股票價格飆漲，炒作到一個高點之後，就崩盤了。從一八一九年到一九二九年的大蕭條，美國每二十年就歷經一次嚴重的金融恐慌，包括一八七三年到一八九六年因為金融危機而導致的全球衰退。一九二九年大蕭條至二〇〇七到二〇〇八年的全球金融風暴間相對平靜的七十年其實不是常態，而是反常的情況。

除了少數在金字塔頂端的有錢人，前工業時代的人經歷集體的貧窮。雖然透過競爭市場傳播的工業化在數十年間提升人們的平均生活水準，不過不管從哪個時間點來看，社會各階層的收入差異很大，長期的波動也大。市場不吝惜給予豐厚的獎勵，也會給人無情的懲罰，這是市場最大的經濟力量，也是最大的政治弱點。工業化國家的民眾最關心的就是經濟穩固，而非人身安全。

馬克思在某些地方是錯的，特別是他的經濟理論，但他依然是現代最偉大的社會思想家。他了解社會必須適應當代的生產技術，生產技術也塑造出社會的新風貌。他寫道：「手工織布機帶來由封建領主掌控的社會，而蒸汽動力織布機則帶來工業資本家操控的社會。」[17]自給自足的農業孕育出封建莊園，而工業化和機械化則催生新興中產階級管理的資本主義企業。當然，社會的本質並非取決於生產技術，但正如馬克思所言，生產技術的確有很大的影響力。

馬克思與長期的寫作夥伴恩格斯（Frederick Engels）相信資本主義本身有缺陷，將會因為本身的矛盾而分崩離析。他們不像洛克斐勒主張別干預資本，希望讓資本去創造獨占，也不像烏托邦社會主義者歐文（Robert Owen）同情工人的困境，呼籲建立有責任、共享的資本主義。馬克思沒有訴諸精英階級的社會良心，甚至想要剷除精英階級。他認為財產公有合乎道德，也對經濟有益。馬克思主義者沒有在桌子底下撿拾資本家掉下來的麵包屑，而是希望整張桌子都屬於工人，他們才是這張桌子的合法擁有者。

在他們眼中，企業家透過自己的工廠和生產設備來剝削工人，這也就是為何資本主義早已種下最後垮台的種子。馬克思認為勞動是一切價值的泉源，而企業家能夠獲利只是因為他擁有生產手段，因此比工人更有談判能力。任何工人都能自立門戶，不被其他人雇用，但要是沒有機器，就會失去生產力。儘管企業家支付的工資比自己當老闆的所得還多，但還是比不上工人為企業家創造的價值。工人為企業家創造的價值與工資的差額就是歸企業家所有的剩餘價值，也是企業家獲利的來源。

過去，貴族把大量的土地圈起來養羊，使得大量農民流離失所，農業勞動力變得多餘；同樣的，更好的機器則使工人變得過多。失業工人愈多，工業革命的「後備軍」也就源源不絕，企業家不愁找不到工人，工人的替代選擇少、沒什麼談判能力，工資也就更微薄，但企業家的獲利則增加了。馬克思強調勞動是唯一的價值來源，這種看法是錯的，但那個時代的經濟思想家都秉持這樣的觀點。根據這種理論，所有獲利該歸工人才合乎道義，如果獲利都被企業家拿走，就是剝削，只因擁有資本的人是企業家。

馬克思進一步提到，從經濟層面來看，資本主義的所有權架構是不健全的，光是為了這個原因，世界就應該改變。從本質來看，競爭會使企業家不得不把累積的獲利投資在生產效能更好的機器上，強迫更多工人退出勞動市場，而且把工資壓得更低。為什麼企業家會面臨價格崩盤、嚴重虧損的危機呢？原因有好幾個。根據洛克斐勒的想法，這可能源於企業家的短視、貪婪，或是產業的非理性繁榮，或是為了搶占更大的市場份額，導致過度投資和過度生產。或是企業家借款過多，在銀行抽銀根的壓力下，不得不傾銷過多的庫存和機器。最重要的可能原因則是生產利潤真正的源頭是占用勞動力的剩餘價值。馬克思認為，如果資本設備愈來愈多，勞動力下降，獲利率必然會下降，系統因此無法因應事故，因而發生危機。比較現代的版本是，由於工資被壓低、工人的消費力變弱，結果導致生產過剩和危機。[18]

當危機來襲時，像洛克斐勒的工業巨頭會買下競爭者，讓他們關門大吉，解雇工人，最後重建供需平衡。不管對哪一方這都是痛苦的歷程。資本主義不見得一定會崩塌，但很可能會陷入永無休止的折磨。如俄國革命家托洛茨基（Leon Trotsky）所言：「資本主義是靠危機和繁榮存活下來，就像人需要吸氣、呼氣。首先，產業繁榮興旺，然後面臨停頓，接下來出現危機，然後危機和緩，慢慢復甦，再次繁榮，另一次停頓……資本主義就這樣不斷循環……這僅僅意味著資本主義還沒死，還不是冷冰冰的屍體。只要資本主義還沒被無產階級革命推翻，就會繼續這樣循環，不斷起伏。打從資本主義誕生開始，危機和繁榮便相隨相生，直到資本主義入土為安。」[19]

馬克思主義的解決之道和洛克斐勒相似，都提議要終結競爭，只是馬克思主義想要用無產階級專政取代獨占的資本家。馬克思主義者認為資本其實是透過剝削勞工累積的獲利（或是家族企業過去從見不得人的勾當，如走私、私酒交易、放高利貸、發戰爭財或是偷竊取得），因此這樣的資本應該充公。所有的財產該由國家以無產階級的名義持有，並由一個中央集權的官僚組織做出生產決策。就像恩格斯說：「如果生產者知道消費者需要多少，然後組織生產、進行分配，就不會出現競爭的波動，也不會產生危機。」[20]

因此，控制生產與價格的不是慈悲的洛克斐勒，而是從革命家變成的善心官僚。然而，如何阻止好心人變得自私自利？馬克思主義的文獻再怎麼諄諄教誨，宣揚理想，也阻擋不了少數精英（亦即黨政高幹）的豪奢揮霍。每個共產國家都有這樣的超級階級，一天到晚出入精品店，揮金如土。即使集團獨占的生產效能不彰，造成經濟成長遲緩，共產黨的達官貴人依然奢侈無度。沒有競爭，只處罰貪婪的人，就無法顯露效能低落的問題。亞當斯密和之後的海耶克（Friedrich Hayek）認為，分散決策才能充分利用當地訊息，而集權獨占終究會變得僵化而混亂，前蘇聯就是最好的例子。

從某個層面來看，高舉革命旗幟的馬克思主義可能比獨占資本主義來得糟，因為這樣的馬克思主義刻意消除政治競爭，政治權力和經濟決策都由同樣的手把持。如巴庫寧（Mikhail Bakunin）等無政府主義者就反對基於馬克思主義的集權國家，主張分權的自治結構，但這些人在激進的左翼圈沒有太大的影響力。共產黨人其實和洛克斐勒很像，想要握有所有決定的權力。

幸好，不管洛克斐勒或是馬克思，他們的願景都沒有在工業化的西方實現。民主是市場競爭的根基，而市場競爭也有助於維護民主。這就是本章後半部會繼續探討的內容，下一章的焦點則是社區的特殊角色。

選舉權的擴大

在工業化的早期，大多數市場經濟體的經濟和政治權力都集中在同一隻手上，即使是在十九世紀中葉，英國內閣仍是擁有土地的貴族所主導。然而，隨著工人階級的不滿，精英階級意識到，儘管隨著封建制度的終結，他們對其他人無須承擔明確的義務，但為了使國家運作，以及有更大的凝聚力，必須負起一些責任。雖然工業革命及不斷變動的市場帶來很多社區不得不面對的壓力，但就地方政策而言，民族國家的中央集權政府剝奪社區的一些權力，讓社區無法自己做主。在經濟金字塔底部的人要求對政治有發言權，否則就會跟過去一樣，根本沒有人會管他們的死活。這是進步帶來的結果，政府和國家不得不面對。無疑的，如果國家軟弱、運作不好，人民總有可能發動政變或革命。若是國家力量強大，弱勢群體就得在體制內尋求改變。在新生的民主政體，這意味著選舉權的擴大。

在英國的封建社會，只有終身保有土地的人才有投票權，這些人就是繼承封地的男性。[21]表面上來看，由於這些人永久持有土地，因此會長期關注社區福祉。[22]更合理的原因是，這些土地擁有者認為，如果只有像他們這樣永久持有土地的人才有投票權，就能保護自己的產權，不受窮人的侵犯，也能阻止國家剝奪自己的財產恣意揮霍。在美國的獨立革命中，北美十三殖民地的各個經濟階層都參與抗爭，但在成功建國之後，各州都限制只有擁有財產的人有投票權（只有賓州和南卡羅納州允許所有繳稅的男性擁有投票權），婦女和黑奴一概沒有投票權。

經過一段時間之後，投票權愈來愈普及，各州已不再限定只有持有財產的人才有投票權。在南北戰爭爆發之前，加入合眾國的十三個殖民地大多數已經消除投票權的財產限制，只有在麻州、紐約州和維吉尼亞州等較傳統、財富差距較大，而且族裔比較多元的州仍為投票權的經濟條件限制吵嚷不休。[23]然而，歷史久遠的英國在十九世紀已經漸漸消除投票權的財產限制，一八三二年中產階級有了投票權，一八六七年擴大到城市勞工，一八八四年再擴大到鄉村勞工。[24]

不管在美國或英國，隨著投票權的普及，地區的公共支出也增加了，經費都用於無入學限制的學校、健康照護和公共衛生（包括都市的下水道系統和公共廁所），以及窮人、老人的地區支持系統等。[25]因此，隨著投票權的擴大，社區的力量和活動也增強了。

投票權的擴大很少是線性發展。例如在美國，透過民粹主義取得權力的傑克遜總統（Andrew Jackson）取消投票權的經濟條件限制，幾乎讓所有美國白人男性都擁有投票權，只有一些被認為不適合參與社區決策的群體被排除在外，如黑人、婦女、美洲原住民、精神病人、罪犯和新住民。[26]其實，在南北戰爭爆發前夕，新英格蘭五個州的黑人很少，而紐約州雖然限制財產兩百五十美元以上才有投票權，但符合資格的黑人也能投票。南方的黑人雖然在內戰結束後獲得投票權，但各州卻對選舉權設下重重限制，例如必須通過憲法和公民知識測驗。

拉丁美洲也依循類似的模式，最初對投票權也有嚴格的財產限制，後來地主受到歐裔公民的壓力，不得不讓他們也有投票權，最後以教育程度的限制代替財產限制，以排除工人、窮人等，特別是原住民。到了十九世紀末，投票權在西歐和北美洲大部分地區仍未完全普及，婦女和少數族裔仍被排除。（一八九三年紐西蘭通過公民普選法，是全世界第一個讓成年婦女擁有投票權的獨立國家。）十九世紀初，投票權仍掌握有少數地主手裡，之後漸漸擴大。到十九世紀末，幾乎所有白人男性都有投票權。為何會有這樣的演變？

為何投票權會漸漸擴大？

隨著市場在國內及國際的整合，來自遠方的經濟衝擊影響社區，特別是影響經濟狀況較差的人。自由市場的經濟決策下放之後，愈來愈民主的結構允許更多的聲音出現，讓社區得以影響自己的代表和聯邦政府，使人民更有命運操之在我的感受。即使做不到經濟賦權，政治賦權或許可以稍稍補償這個缺憾。

議員等民意代表並沒有向著已有投票權的人，為什麼要擴大投票權？畢竟，握有權力的人總是吝於分享。當然，議員不會突然換個腦袋秉持啟蒙精神，相信為了公平起見，投票權應該普及，而且為了政體的合法性，被統治的每個人民都該有發言權。雖然美國獨立革命喊出「無代表，不納稅」的口號，主張納稅者應該有直接代表，但不納稅者就沒有代表權了嗎？其實投票權的擴大是漸進式的，而非一蹴而就（如議員突然開悟）。因此，我們必須從其他地方探求原因。

恐懼

經濟學家艾塞默魯（Daron Acemoglu）及政治學家羅賓森（James Robinson）提到，政治精英或許是害怕社會不滿的情緒爆發，造成動盪，甚至引發革命，才願意讓投票權更普及。[27]法國大革命就是前車之鑑：如果當權者恣意妄為，頭顱可能會被砍下來插在長矛上。然而，法國大革命也是個讓人省思的警世故事：如果讓革命家參政會如何呢？英國保守主義之父柏克（Edmund Burke）曾警告說：「理髮師這個職業……對任何人來說都不是高尚的行業……儘管如此，這樣的人仍不該遭受國家的壓迫。但是，如果有一天理髮師成為統治者……這樣就要換成國家遭受壓迫了。你以為你在和偏見交戰，其實你是在和人性鬥爭。」[28]這就是政權守護者的困境：該把群眾關在門外，希望大門能擋得住他們的憤怒？或者讓他們進來，希望能馴服他們？

若是有很多人都陷入經濟困境，必然會引發劇烈的政治風暴，要求更大的權利。例如英國在一八二九年及一八三〇年碰到荒年，作物歉收，底層農民在斯溫上尉（Captain Swing）的領導下發動大規模暴動，砸毀打穀機。[29]* 政府強力鎮壓，超過兩千名暴動者被逮捕，將近五百人被流放到澳洲，六百多人被囚禁，十九人被處以絞刑。然而，有人認為，因為這次暴動事件，英國才通過「一八三二年改革法案」。很多人都認為這是精英階級在收買中產階級。無論如何，剛拿到投票權的人不會拿著乾草叉群起暴動。

* 斯溫（Swing）意指手動打穀的搖擺桿。當時，打穀機的出現使農業機械化，底層農民不但被有錢農民的壓榨，甚至流離失所，因此怒砸打穀機。

即使在槍口底下，強勢的現有政府也可能拒絕擴大投票權，這可能提高敵對領袖的聲望，追隨的人更多，也可能使政府及財產權的本質發生重大變化，因為激進份子的追隨者可能把他們的領袖送進議會。這也就是為何暴力威脅常遭遇野蠻警察的鎮壓和司法壓迫，如英國憲章運動（Chartist movement）的受挫。這把革命之火在一八三九年點燃，很快就被撲滅了。憲章運動會失敗還有一個原因，那就是當時的內政國務祕書羅素勳爵（Lord Russell）拒絕妥協。羅素勳爵原本傾向擴大選舉權，但他提到，如果屈服於暴力威脅，國家權威就會受損。[30]

非暴力抗爭確實成功爭取到投票權。當權者發現人民不斷進行和平抗議，不肯放棄（有時是透過經濟管道，如全國罷工），引發多方憤怒、被人指責不顧職業道德，以及必須蒙受經濟損失，因此最後還是妥協了。在這種抗議下，即使政府讓步，政府和財產權的本質也不會出現重大變化。雖然投票權的擴大通常會伴隨更多的公共服務支出，但不會立即向有錢人徵稅，不會馬上讓有錢人少塊肉。這代表當權者與抗議者中的溫和派達成妥協。[31]

換言之，被排斥的人以暴力奪取政權，可能徹底改變政府的本質，如美國、法國和俄國革命。但起義者也可能被強力鎮壓，如在英國憲章運動發動武裝暴動的工人。不管如何，他們的行動已經撼動掌權者，讓比較溫和的同志得以參與民主政治，英國選舉權的普及就是一個例子。儘管恐懼有催化作用，不一定能使暴力份子獲得權力。

需求

在某些國家，掌權者願意分享權力是基於純粹的經濟需求。如經濟史學家恩格曼（Stanley Engerman）與索科洛夫（Ken Sokoloff）所言，美國邊疆的土地廣漠，人口稀少，非常需要吸引更多人前來定居。[32]或許這就是為何美國除了最早成立的十三州，之後加入的州都沒有對投票權設下財產限制，畢竟會來墾殖的拓荒者通常都一無所有。此外，隨著各州競相吸引人口，即使是最早的十三州也不得不降低投票門檻，以免失去人口。

吸引人口既然如此重要，為何各州依然不給婦女和少數族裔投票權？我們只能猜測，也許各州認為打破偏見無助於吸引人口，尤其是白種男性。或者他們認為女人會跟隨丈夫或父親而來，單身婦女很少會移居到遙遠的外州。也有可能他們認為能吸引來的自由黑人很有限。儘管如此，即使投票權離全面普及還差得遠，似乎也無法克服那個時代的性別及種族偏見，新成立的州還是願意讓更多居民擁有投票權，原先被排除的人甚至不用激烈抗爭就可以獲得投票權。

相形之下，在人口稠密、財富不均的國家，除了不平等，也有種族隔離的問題，如拉丁美洲莊園經濟體的投票資格限制嚴格，投票權的普及也要比其他國家來得晚。例如，祕魯直到一九七九年才廢除投票者必須識字的規定。排除某些群體有雙重目的。一方面可以避免公共支出的增加，畢竟公共支出源於對有財產的特權階級徵稅。另一方面，大部分的人民不識字（不設立公立學校或教育品質低下），就會乖乖待在莊園出賣勞力，或是從事其他艱苦卑賤的工作。因此，當權者認為沒有必要讓人民讀書識字，取得投票權。[33]在這些國家，投票權的普及來得比較晚，然而也必須為這樣的延遲付出代價。

因此，基於種種原因，有產階級擴大投票權，特別是他們發覺，讓更多人擁有投票權不但不會危及自身，甚至可能讓自己的財產權更有保障。民主為社區提供一種在國家舞台表達意見的方式，促成保障勞工權益和勞工安全的政策，而非只是奉行來自國家、由上而下的命令。其實，正如我們所見，要讓市場競爭生生不息，這點至關重要。

權力與永久性

權力傾向永久，不受管制的市場則傾向集中，一旦成功爬上競爭之梯的頂端，就把梯子收起來。同樣的，在政治上握有權力的人通常會壓制任何的競爭威脅，以免未來的權力不保。第四任總統麥迪遜（James Madison）被說服民主能發揮作用，因為美國是眾多政治利益相互競爭的大國，任何特定利益都無法主導。[34]然而，不同的利益也可以結合。

如果獨占企業的怪物與威權國家的巨獸兩者聯手，這樣的企業和國家就可能開展千秋萬世的宏圖。歷史不乏這樣的串連共謀，有些我們已經見過了。共產主義使所有企業都在政府的規劃和控制下，國家由共產黨掌控，這是宣稱代表無產階級利益的政黨。企業與國家在無產階級的統治下結合起來。法西斯主義與共產主義大同小異，只是主宰群體的語言不同。此外，法西斯主義強調「國家至上」，而在共產主義天堂則「人人皆兄弟」。事實上，法西斯主義也是一黨專政，企業則完全在國家的控制下。今天，我們看得到極權主義的溫和版本，像是中、俄等國的國家控制資本主義，以及土耳其的極權資本主義。

雖然名稱不同，但這種政體的核心是由利益來獨占市場與國家之間的約定，幾乎沒有經濟或政治競爭的空間，更別提社區發展。這種安排就是政治經濟學家諾思、華禮斯（John Wallis）和溫格斯特所謂「限制取用的社會」（limited-access societies）。[35]反之，已開發國家的自由市場民主則是「開放取用的社會」（open-access societies）*，讓自由開放的市場與超越政府的民主控制結合起來。不少政治學者都在著作中暗示：開放取用的社會才是社會發展最理想的顛峰，由於這樣的社會擁有強大的保護，不會退回到限制取用的社會。他們認為，就目前我們所能做的事來說，開放取用的社會已經是最好的。這麼說或許沒錯，然而如果認為開放取用的社會不會倒退，那就錯了。為了避免倒退，最重要的就是要保持平衡。正如我們所見，美國的公民社區透過民主

* 所謂的取用權是指在人人享有主張和發表意見的自由權力下，擁有「接近和使用的權利」。

表達自己的利益，因此社區可以避免國家與市場同流合汙，發揮制衡的力量。

美國如何保有競爭市場

哈佛經濟學家葛雷瑟（Edward Glaeser）和高汀（Claudia Goldin）最近的研究統計《紐約時報》政治新聞報導中出現「詐欺」（fraud）及「貪腐」（corruption）的頻率，並繪製成圖表。[36]他們發現一八七〇年代是高峰。那時是格蘭特總統（Ulysses Grant）任期，格蘭特用人唯親、縱容貪腐，因此惡名昭彰（洛克斐勒的克里夫蘭大屠殺大約就在這個時候也就不讓人意外）。之後，「詐欺」和「貪腐」的出現頻率逐漸下滑，直到一九七〇年代初期尼克森總統任期才又上升。他們的結論是，美國政治貪腐的現象漸漸減少，特別是在一八七〇年代晚期到一九二〇年代之間。

有兩個偉大的民主改革運動發生在這個時期，首先是一八七〇年到一八九〇年代中期的民粹主義運動，然後是一八九〇年代中期到一次大戰結束的進步主義運動。前一個運動是出自困境與憤怒，第二個則是在繁榮時期發展出來的中產階級運動。這兩個運動都是老百姓與特權階級抗爭，反貪腐、反商業獨占，同時也都主張限制不受約束的市場，希望市場能為被遺忘的一般人服務。儘管這兩個運動沒有完全達成目標，還是及時把國家機器拉回正軌。

貪腐的根源

從美國開國之初，政治貪腐就是問題。大多數的人都指責大企業和政治人物關係密切。[37]例如立法機構不但讓銀行擁有獨占權，油管和運河等基礎建設也讓企業獨占。鐵路的問題尤其嚴重。鐵路公司會對立法機構施壓，藉此取得土地、獲得貸款、減稅及市府和國家的補助。歷史學家希克斯（John Hicks）在《民粹起義》（*The Populist Revolt*）這本經典之作提到，整個立法機關和政府都被鐵路公司收買了，例如給議員或公務員無限次免費搭乘的火車通行證。[38]

十九世紀晚期的美國貪腐猖獗，金權政治當道，像標準石油、美國鋼鐵公司、聯合菸草公司等托拉斯，還有摩根（John Pierpont Morgan）等金融家，不但掌控商業界，也能左右政府政策。多虧上述兩個改革運動，美國才不致於偏向裙帶資本主義。[39]

民粹主義

在美國，不管是過去或現在，民粹主義通常是一種社會運動，強調一般老百姓的純潔和單純的價值觀，反對精英的自私自利、貪腐和不民主，號召人民團結對抗精英，讓改變成真。在十九世紀最後二十五年，民粹主義運動源於負債的小農民不滿。由於鐵路延伸到西部、原住民逐漸被趕走，很多農民被吸引前來。已開墾的土地愈來愈多，農民很難找到可以墾殖的空地，土地價格上漲。[40]這些農民不像最先到西部開墾的人，他們因為購買土地負債累累。萬一作物歉收，無法一走了之，畢竟已經沒有既肥沃又便宜的土地可以另起爐灶。再者，他們為了購買農地欠下一屁股債，實在無路可走。

一八七九年，美國回復金本位制，農民的欠款變成以若干美元兌換一盎司黃金的官價來計算。然而從一八七〇年代到一八九〇年代，作物價格持續下跌，這時也就是所謂的「大通縮」（Great Deflation）。通貨緊縮的一個原因是黃金有限，使得所有東西的價格下跌。如民粹主義領導人布萊恩（William Jennings Bryan）所言，由於債務少不了，收入又下滑，農民簡直被東部的金融機構釘死在「黃金十字架」上。

一八八〇年代後期的乾旱摧毀大平原，農民情況更加惡化。有些人回去東部的家鄉，馬車上掛個牌子，上面寫道：「我們信靠上帝，在堪薩斯卻活不下去。」[41]然而，還是有很多人想要撐下去，因為他們別無選擇，因為馬匹和馬車都成為貸款抵押品，想要走也走不了。除了為錢苦惱，農民還有別的不滿：獨占土地買賣的鐵路公司以過高的價格把土地賣給他們，現在又任意調高農產品的運費，連穀倉老闆都要大幅調高倉儲費用，而且新的關稅法案引發貿易戰，使得出口數量減少，生產成本增加。

農民和其他受害者聯合起來。一八九二年發表的民粹主義綱領強調他們的同仇敵愾：「我們

> 在這個道德、政治和物質處於敗壞邊緣的國家。貪腐已經控制投票箱、立法機構、國會，甚至對法官伸出魔掌……報紙不是被收買，就是被消音，輿論沉默，企業低頭。我們的房子被抵押，勞工陷入貧困，土地集中在資本家手中。城市工人不能組織起來保護自己，外勞工資被壓得更低……數百萬人做牛做馬，成果都被搶走，讓少數人成為巨富財閥……有錢有勢者卻反過來鄙視國家……」[42]

由於黃金稀少，民粹主義者希望在貨幣中加入白銀，這樣農業品的價格就會提高，農民才能紓解債務壓力。他們也提議聯邦政府借錢給農民，以便把作物儲存起來，等到價格上漲時，把作物賣出才有利可圖。此外，他們也希望減免債務。事實上，民粹主義者真正需要的是建立一個安全網來因應邊疆生活的變故。而且民粹主義者希望透過反托拉斯法（他們希望鐵路國有化）和逐步增加所得稅，以免讓財富集中在少數人的手裡，並透過不記名投票，給予人民更多的政治權力，讓他們能夠直接選舉參議員。

這場運動在一八九六年總統大選結束之後很快就落幕了。或許是因為自一八九〇年代中葉農業開始繁榮，加上新增阿拉斯加、育空及南非等幾個金礦產地，農產品價格上揚，農民不再被債務壓得喘不過氣來。再者，一八九八年頒布的破產法讓債務人得到重生的機會。聯邦政府也回應民粹主義者其他的立法要求。國會在一八八七年成立州際商通委員會（Interstate Commerce

Commission），規範鐵路運費，並於一八九〇年通過「謝爾曼反托拉斯法」（Sherman Autitrust Act），以免托拉斯這樣的商業巨獸橫行於世。雖然最近有些研究質疑這些法規的效力，對完全不受限的市場來說，這些法規仍是象徵性的打擊。[43]最後，民粹主義者確實獲得不記名投票和直接選舉參議員的權利。

廣義來說，民粹主義是來自人民的呼聲，要求獲得更多的利益。分散在各地的社區因為陷入經濟困境而站在同一陣線。民粹主義運動還有更遠大的主張：必須從反競爭的強者手中把市場拯救出來，而且聯邦政府必須對公共福利負起若干責任。即使到今天仍可以聽見這樣的主張。

進步主義

隨著社會繁榮，民粹主義運動漸漸消聲匿跡，進步主義運動則開始取得權力。擁護民粹主義的是農民而進步主義的支持者則大都來自殷實的中產階級。不像民粹主義者，這些人關心的並非一己溫飽，而是小企業的生存。由於大型獨占企業和貪腐的政治人物狼狽為奸，某些產業都在他們的掌控之中。此外，經濟衰退也讓進步主義者不安。進步主義者認為價格獨占會使通貨膨脹變得愈來愈嚴重，有錢人累積巨大的財富，相形之下，他們安適的地位岌岌可危。就像今天的中產階級關注「最富有的一%」，十九世紀末的進步主義者身在急遽成長的大都市，看到「最富有的一〇%」所得高得令人咋舌、揮金如土，害怕生活會受到威脅。他們擔心工作場所不安全、食物品質不佳，只要踏出家門就可能受到酒精、妓女和賭博的引誘。他們不滿女性被當作次等公民，也怕孩子不能接受良好教育。日益激烈的階級衝突讓他們寢食難安，如一八九四年的普爾曼大罷工（Pullman Strike）和一九〇二年的煤礦工人大罷工*。他們並不想推翻體制，只是希望能有些改革來反映中產階級的價值。

進步主義者認為，如法規透明、執行良好，才能創造出一個公平競爭的環境，恢復基礎深厚的經濟自由。他們還希望每個人能負起對家庭和廣大社區的責任。這種改變可以透過教育和社會化逐步實現，只是需要時間。因此，進步主義者的短期目標是驅使政府積極採取行動，以及教學和醫學的專業化。不幸的是，聯邦政府和州政府不肯待在進步主義者劃分的領域，政府官僚和教師協會等專業組織擁有更多的權力，結果造成社區權力遭到剝奪，地方能控制的權力變少，政府也不會因應地方需求來制定政策，公民參與度低。我們會在下一章討論這些問題。

---

* 普爾曼大罷工迫使底特律以西大部分的貨運和客運停擺。工會幹部被警方逮捕後隨即陷入混亂，罷工者四處破壞車廂，焚燒建築物，有十二人遭到軍人槍殺；一九〇二年賓州的煤礦工人大罷工則要求承認工會、提高工資和縮短工時。勞資雙方僵持不下，煤價飆漲，工廠因欠缺燃料只好關門，民眾也沒有煤可以取暖。後來羅斯福總統出面調解，此次罷工事件才獲得解決。

第一次世界大戰落幕後，進步主義的反對勢力增強。美國人剛擺脫一場血腥戰爭，厭倦進步主義者的說教與政府管制，如禁酒令。爵士樂及一九二〇年代的紙醉金迷終於為進步主義運動劃上句點。

不管如何，進步主義還是留下重要而長遠的影響。進步主義者提出三種手段來對付大企業，以保有競爭市場。首先是透過反托拉斯條例的制定與執行，其次是通過監管，第三則是課稅。即使是在二十一世紀的今天，這三種手段依然重要。

其中最重要的就是反托拉斯法（又稱競爭法）。反托拉斯法禁止企業聯合獨占市場，讓阻礙競爭的企業結構無法成形。如果要在保護財產權和保護競爭之間做出選擇，反托拉斯法無疑站在競爭那邊。

一開始，洛克斐勒的標準石油就是主要目標。記者塔貝爾（Ida Tarbell）一九〇二年和一九〇四年間在《麥克盧爾雜誌》（*McClure's Magazine*）發表十九篇文章，揭露「標準石油公司的歷史」。塔貝爾的父親就是慘遭洛克斐勒毒手的油溪小石油商。塔貝爾調查詳實，深入標準石油的企業結構和交易，詳述這家公司如何拿下主導地位。她下結論道：「在這個組織，沒有懶骨頭、沒有人不能幹，也沒有笨蛋，但他們從未公平競爭，因此在我眼裡，這家企業不是一家偉大的公司。」[44]一九〇六年，聯邦政府依據「謝爾曼反托拉斯法」起訴標準石油，原因之一就是塔貝爾的文章引發公憤。一九一一年，最高法院判決標準石油公司是獨占機構，應予拆散。[45] 一九一四年，國會又頒布「克萊頓反托拉斯法」（Clayton Act），明確指出非法獨占行為，以制止反競爭的企業兼併，並成立聯邦貿易委員會來執行反托拉斯法。

打破獨占的另一種手段就是監管，特別是自然獨占的產業，這是指生產或傳輸過程具有自然獨占性質的社會產品或服務。監管也有助於企業負起責任，提供品質良好的產品，或是提供完善的售後服務。

不過一篇文章的揭弊再次引發大眾的怒火。一九〇五年，新銳小說家辛克萊（Upton Sinclair）的連載小說《叢林》（*The Jungle*）震驚社會。辛克萊描寫芝加哥肉品加工廠的駭人現狀，這篇小說本來是想揭露移民工人淪為奴工的情況，沒想到社會大眾對他所揭發的食安問題更加關注。最令人作嘔的莫過於工人失足墜入煉油槽，屍身混和其他動物屍體，製成「杜爾翰上等純豬油」（Durham's Pure Leaf Lard）在市面上銷售，供大眾食用。小說面世後，大眾的憤怒引發政府調查，發現肉品加工廠正如辛克萊小說描述的不衛生、不安全（儘管未曾發生工人屍身被絞碎的事件）。一九〇六年，國會通過「肉類製品檢驗法案」（Federal Meat Inspection Act）及「純淨食品與藥物法案」（Pure Food and Drug Act），並成立管制食品與藥物的機構，這個部門在一九三〇年重新命名為食品藥物管理局（Food and Drug Administration）。

或許今天最重要的監理機構是在進步主義時代成立的。有點諷刺的是，這是因為私人採取的公益行動。一九〇七年，尼克伯克信託公司（Knickerbocker Trust Company）破產，企業引發恐慌，直到摩根（和洛克斐勒）與其他銀行家出資共同支持金融體系，才得以化險為夷。這次的危機讓國會意識到國家金融體系不可過度依賴某個銀行家，也注意到可能會發生濫用，於是在一九一三年通過「聯邦準備法」（Federal Reserve Act），並依據這個法案成立聯準會。一九三三年國會通過「格拉斯－斯蒂格爾法案」（Glass-Steagall Act），拆解大型銀行，規定商業銀行業務與投資銀行業務分離，民粹主義者對東部大銀行的怒火才得以完全平息。

圍堵大企業的第三種手段就是課稅。也許這是最不重要的做法，不能因為企業規模大就課重稅，畢竟企業規模化生產是為了提高生產效能，降低成本。反之，由於大眾愈來愈關注財閥後代繼承的龐大遺產和炫耀性的消費，課稅於是成為限制企業所有權過度集中的工具，特別是集中在繼承人手裡。在一八九〇年代，共有十五個州對巨額遺產課稅，到了一九一〇年代，已經有四十多個州課徵遺產稅。[46]

上述三種圍堵大企業的手段都有局限。正如亞當斯密所言，最強大的監管對象往往能使監理機構屈服，結果法規反而變成保護強者、阻礙競爭的工具。民主監控能避免監管者與被監管者勾結，這種制衡非常重要。民粹主義和進步主義運動都設法推動重大改革，以避免大企業和托拉斯獨占商業機會或傷害大眾。他們限制自由放任，但沒有扼殺市場，而讓市場保有競爭和活力。

結論

國家受憲法約束，議會則被地主的利益所主導。地主不再需要封建制度的保護，也不必擔心國家徵用，市場欣欣向榮，但這種現象有時反而會對社區不利。從很多方面來看，爭取選舉權可以幫助社區奪回一些失去的權力。當社區重新獲得權力，就能幫助社會恢復平衡。

這是必要的，因為在沒有任何限制下，強盜資本家會透過瘋狂的市場競爭強取豪奪，並藉由消除競爭鞏固地位。封建時代的獨占傾向再度浮現，貪腐的政府甚至會和大企業互相勾結。社會平衡於是變得岌岌可危。幸好各個黨派、協會和競爭的媒體會互相協調，為了重要的大眾利益要求政府施政透明，並推動改革。

參與政治的自治社區是自然產生的單位，能組織眾人抗爭。相同的經濟因素是讓人團結的主因，如美國的民粹主義及進步主義運動。而且人們相信以前的系統還有作用，因此對改革有信心，不需要藉由激烈的革命抗爭。機運也是助力。親商的麥金利總統（William McKinley）不幸遇刺，有改革之心的副總統老羅斯福因而繼任成為總統，及時助長反獨占運動的力量。[47]這些民主運動把國家從自然偏向裙帶主義拉回來。

下一章我們會看到競爭市場如何藉由健康而有競爭力的私部門來克制國家的專制傾向，讓民主充滿活力。可見市場和民主或許可以互相扶持。但我得強調這是或許，並非必然，因為擁有投票權的大眾可能對公共政策漠不關心，也有可能反對私人財富和競爭市場。這就是為何民主抗議的時機很重要，必須在民眾相信改革還有可能的時候。

第四章
社區作為平衡力量

在現代國家，能獨立在政府之外的強勢機構寥寥無幾。有些政府機關的結構雖然具有準獨立性，如司法機構或中央銀行，但成員都是由政府指派，而且政府的執政期間很長，足以左右這些機關的思維方式。晉升是另一種強大的工具。在每個國家組織中，不管一個機構看起來有多麼獨立，總有各種不同的觀點。只要提拔支持者，打壓異己，那個機構的意見就能與政府趨向一致。如果反對者了解巴結當權者是晉升的唯一路徑，就更無往不利了。如果時間夠長，執政黨就可以依照自己的好惡來塑造國家的各個機構。

因此在民主社會中，獨立的私部門非常重要，因為這個部門在國家機器之外，而且具有龐大的潛在力量。它不但是政府和政治反對運動的重要資金來源，也會挹注非政府組織。它的意圖不只是為有利自己的法規遊說，藉此增加利益，也更有公益精神。我們會在後面討論私部門代表的觀點。私部門也能提供輿論平台，有時亦可協調大眾意見。回想一下，要不是媒體爆料，標準石油公司的黑歷史不會公諸於世，肉品加工業仍不受食品安全法規的規範。家族經營的《華盛頓郵報》（*The Washington Post*）揭發水門案，導致尼克森總統下台。私部門也可以利用商業活動表達政治或社會立場，推動改革。

如果私部門的利益大抵來自對國家的依賴，那就無法獨立，例如國家透過法規或許可證的發放管制業者進入市場；利用保護關稅提高產業利益；軍事採購、政府廣告、公共工程等讓屬意的特定廠商得標；對惡意收購或掠奪行為等企業獨占行為選擇性的視而不見。似乎私部門只要和國家互相勾結就能無往不利。畢竟，私部門也會幫執政黨買單，雙方利益輸送，皆大歡喜。然而，若是過於依賴國家，即使是大企業也很危險。就像洛克斐勒，獨占者一開始也許經營很有效率，能稱霸市場，阻止競爭，不過經過一段時間後，由於沒有競爭的磨練，也很容易懶散、效能低下。由於失去競爭力，不得不擔心進口商品或本國新公司的競爭，少了政府的保護，就可能無法生存。於是，私部門漸漸落入國家的掌心，對國家的依賴也就愈來愈深。

因此，私部門要獨立，並保護財產權，最重要的就是生產效能，這只有透過不斷的競爭來維持。其次則是公司數量。如果一個國家的私部門只有幾家大公司，特別是每家都在某個產業獨占，國家就很容易透過威脅利誘，要他們乖乖聽話。如果產業裡有無數家公司，這些公司各有各的利益，國家也就很難一網打盡，而漏網之魚也會勇於揭露官商勾結的弊端。因此，私部門要獨立，就得分散，百花齊放，而非集中。這也是從英國斯圖亞特王朝鄉紳階級學到的一課。

在裙帶資本主義的社會中，私部門和國家糾纏在一起的危險是，國家可能很快走向專制集權。誓言根除貪腐、擅長煽動的機會主義者當選之後，不敢對企業獅子大開口，然後為他們設立保護性的法規和障礙當作回報。他們只要求一點點政治獻金，以維持現有的保護措施，隱藏見不得人的交易。如果企業獨占而且效能低下，國家就很容易操弄輿論的風向，讓民眾對民營企業反感。此外，如果民眾看到大群說客在首都穿梭，聞到官商勾結的氣味，同時忍受高昂的價格和糟糕的服務，就會認為商業是邪惡的。

更令人擔憂的是，機會主義者會利用反貪腐運動威脅有錢人，要他們忠誠。由領導人發起的反貪腐之戰往往不是為了整個體制的改革，畢竟天下烏鴉一般黑，領導人只想藉由反貪腐運動傳遞訊息。通常，忠誠度最低的有錢人總是會被公開抨擊，這一來讓選民滿意，認為真在反貪腐，此外對其他有錢人殺雞儆猴，讓他們看看越線的下場。於是大眾對領導人的大力肅貪鼓掌叫好，卻不知自己根本是在助紂為虐。然而，大眾幾乎無法區分政府是真的有心打一場反貪腐的聖戰，還是假反貪腐之名整肅異己，等到發現真相時已經為時已晚。裙帶資本主義不總是良性腐敗，也有可能變成集權專制。

相形之下，透明的競爭市場產生具有重要特徵的贏家，而且那些特徵使他們得以制衡政府。他們很有效率，不需要為了獲利依賴政府協助，因此有信心獨立，不受政府控制。這些贏家數量眾多，而且各不相同，政府也就難以和所有人達成協議，也很難悄悄的脅迫每個人，若是要公然用暴力對待一些人，將會引發其他人的集體抵抗。既然他們有生產效能，政府就能課稅，以增進全民福祉。如果低效率的人來取代會有顯著代價，不但產量會減少，稅收也會變少。例如辛巴威政府放任有政治靠山的新手們強占經驗豐富的白人農場。如果財產來自公平競爭，比較會令人尊重（但辛巴威的白人農場主人不是這樣，因為他們的土地原本就是從黑人那裡強占來的）。市場競爭使私部門得以獨立於國家之外，讓民主充滿活力，進而得到社區的支持。活絡的市場和參與式民主相輔相成。

前一章描述美國的兩個民主運動，包括市場過度強大到與國家狼狽為奸，最後才暫時達成平衡。在本章，我們會描述社區不去推動競爭市場的三種情況：市場參與者或其做法被認為是非法，因而由強勢的國家提出替代方案；國家力量薄弱，社區因為被收買而無動於衷；以及在市場動盪不安時，不管是國家或社區都無法提供民眾需要的軍事力量與支持。接著，我們將探討什麼機制能提供民眾能力與支持，以及維持自由市場民主所需的平衡要素。

市場參與者的合法性

民主政體中的財產權是一種社會建構。雖然我們已經看到地主的經濟效率與集體力量都能使財產權獲得進一步保障，不過在民主政體中，財產權也得仰賴大眾的認可。

不義之財

有些有錢人的財富是繼承或透過官商勾結去獨占或偷竊而來。他們不是遊手好閒，就是虛偽狡詐，一旦慘遭政府修理，也得不到選民的同情。例如在今天俄羅斯民眾眼裡，富豪的財產不是用正當的手段得來的。他們能握有這麼多的財富是因為長袖善舞、精於鑽營，而非擅於經營。

今日很多俄羅斯寡頭企業很幸運，在葉爾欽政府需錢孔急時，用跳樓價取得拍賣的國有財產，少數幾個知情人士成為超級富豪，其中之一就是霍多爾科夫斯基（Mikhail Khodorkovsky），他僅花三億一千萬美元就買下市值五十億美元的尤科斯石油公司（Yukos）七八％的股權。[1]他在得標之前甚至沒看過油田，顯然未必有經營石油公司的能力。[2]

儘管大眾義憤填膺，但無能為力。不過因為併購的過程有疑慮，意味著產權也不穩固。的確，金融寡頭在國有財產民營化下一夜致富，他們擅長政治投機，而非擁有經營長才，如此一來，他們的產權也就有可能被國家沒收、轉移。像霍多爾科夫斯基這樣的寡頭有從政的野心之後，才發覺在缺乏大眾支持下，私人財產權有多麼薄弱。霍多爾科夫斯基後來被關，政府也促使尤科斯公司倒閉。外界雖然對霍多爾科夫斯基的遭遇表示同情，但俄羅斯人大都認為罪有應得。幾乎沒有人願意為他抗議，而俄羅斯其他寡頭也都得到警惕，對政府唯命是從，不敢造次。商業巨獸一直認為自己控制得了利維坦*，反倒被利維坦撕裂吃下肚。

暗盤交易

如果私部門和國家暗中交易，即使大眾不質疑私部門的財產來源，對私部門也沒有多少信心。善於蠱惑民心的政客就算承諾會為私部門掃除障礙，也會使私部門屈服於國家的意志。

在德國十九世紀最後幾十年，有鐵血宰相之稱的俾斯麥（Otto Von Bismarck）執政時，國家與工業界交好。俾斯麥希望在工業家和地主之間挑起爭端，以免在公民支持下，兩者聯合起來限制國家的權力。[3] 於是，他與工業界合作，推動鐵路等產業國有化，為外國製造商設立關稅壁

* 利維坦是聖經記載的巨大的水生怪獸，在此比喻國家。見霍布斯（Thomas Hobbes）在一六五一年出版的《利維坦》（*Leviathan*）。

壘，也讓屬意的工業家拿到軍購合約，大撈油水。德國在俾斯麥的帶領下走向軍事化，並繼續走向第一次世界大戰，德意志帝國宛如脫韁之馬。

在兩次大戰期間，政府與工業界又變得關係密切。哥倫比亞政治學家諾曼（Franz Neumann）在對納粹崛起的研究中指出，德國未曾像美國一樣出現民粹主義、進步主義那樣反托拉斯、反利益集團的社會運動。德國的馬克思主義工會默許產業日益集中，因為他們相信資本主義發展到最後必然會出現無謂的競爭，獨占也是無可避免。[4]德國中產階級不像進步主義者那樣出來抗議，或許是因為一九二三年的惡性通膨使他們的積蓄化為烏有，已經一貧如洗，不算是生活優渥的中產階級了。[5]他們肯定對納粹說的強大政府充滿憧憬。政治經濟學家沙田納斯（Shanker Satyanath）、沃伊蘭德（Nico Voigtländer）與沃斯（Hans-Joachim Voth）在一項研究中指出，在兩次大戰間的德國，地方社團和協會如雨後春筍出現，社區居民參與性高，傾向加入納粹黨，並助該黨在選舉中取得勝利。[6]在州政府較不穩定的地區，支持納粹黨的人特別多，顯示當地民眾渴望看到強而有力的總舵手。社區不一定能做出正確的選擇，也可能病急亂投醫，特別是在社會的支柱不平衡時！

產業集中化的情況不受限制的發展下去。產業知道自己對政府的依賴，也拿了很多補貼，特別是在一九三〇年代全世界陷入蕭條的時候，既然已經嚐到很多甜頭，當然不會反抗納粹的專制統治。

裙帶醬缸裡的民主政體

社區除了誤信改革正往正確方向前進，也可能只是當個漠不關心的旁觀者。如果國家效能不彰，民眾也許不知道推動改革有何價值。反之，他們可能毫不在乎，就像前言描述的蒙第古蘭諾村，或是選擇政治人物給予的恩庇，因此對裙帶現象視而不見。後者在全世界的開發中國家很常見，這也就是札卡瑞亞（Fareed Zakaria）所說的「非自由的民主」（illiberal democracy）。[7] 印度國會議員的選區選民超過一千萬人。[8] 他的選民是否擔心政府的經濟表現、改革計畫或社會倡議？其實，除了偶爾會被全國性的浪潮影響，大多數的選民對公共政策都漠不關心。由於國家的力量有限，選民只希望議員能幫助他們解決民生問題，彌補施政的漏洞。

例如，村民希望議員能幫忙為剛出生的孩子取得出生證明，這些孩子在自家的小屋出生，附近完全沒有醫院或診所。沒有出生證明，孩子以後就不能上免費的公立學校。由於沒有正式文件只能交給承辦的基層公務員，只能靠賄賂。窮人沒有錢賄賂，官僚機構只會讓他們吃閉門羹，因此只能拜託議員幫忙打電話。一旦孩子順利進入地區的公立學校就讀，就成為議員的責任。孩子高中畢業時，就算成績不好，議員也得幫忙「喬到」上大學。大學畢業後，議員還得在政府機關幫忙安插職位。結婚時，議員不但會受邀參加婚禮，還得送上一份合適的禮物。

在這麼一個貪腐的社會裡，公務員只會要錢，頤指氣使，才不是人民的公僕。人民需要議員幫忙才能度過種種生活上的難關。話說有錢能使鬼推磨，窮人沒錢，但他們有選票可以催促議員幫忙辦事。因此，政治人物只得幫助貧窮的選民，讓他們的生活好過一點，除了出生證明，還有土地權、醫療補助等。選民除了表達感激，更重要的是，也會獻上寶貴的一票。議員透過服務拉攏選民，選民也只要議員的服務，讓他們的生活好過些，至於更大的國家、社會議題，如酒商逃稅、非法採礦、工業汙染等，議員的立場是什麼，選民一點也不關心。

這種制度不獎勵誠實，反而有利於貪腐的政客。因為他們不但富有，而且懂得透過「恩庇」選民來取得政治勢力。因為官僚制度千瘡百孔，人民才會感激政客給予的恩惠。這種制度會自行運作。不願同流合汙的理想主義者即使發誓改革，選民還是知道只靠一個人無法成事。再者，如果原來的制度被推翻，誰會幫他們喬事、安插工作？更別提結婚禮物了。因此，為什麼不投給原來的議員呢？所以，議員恩庇選民，選民支持議員，這個循環就完成了。不管是找工作或公共服務，窮人和弱勢者都依賴政客。政客也需要商人的贊助，才能幫助窮人，打贏選戰。黑心商人在貪腐的政客協助下才能獨占生意、取得公共資源、低價得標。政客需要窮人和弱勢者的選票。窮人、政客、商人三方緊緊綁在一起，形成相互依賴的循環。

此外，沒有人想要改善公共行政和公共服務。因為行政部門效能低下，貪腐的政客才有利可圖，而且可以在地方扮演救苦救難的英雄。其實，政客需要為行政部門的無可救藥負起一些責任，因為行政部門眾多不合格的職員都是他的支持者。

廣泛的說，如果國家能力有限，無法滿足人民的需求，民主政體就有可能變成施捨恩惠的機器，無法抑制貪腐。[9]冷漠的解藥則是地方的政治參與。社區居民團結起來，爭取社會福祉，如美國的群眾運動。一九九〇年代初，印度重新設立村民委員會「潘查雅特」（*panchayat*），這是最小的地方自治單位，希望藉此增加大眾參與政治的動力。因此今天想要挑戰體制的人應該有比較多的空間。冷漠的第二帖藥就是改善公共服務。如此一來，就能減少民眾對政治人物的依賴。儘管進展緩慢，印度已經有一點進步。

現在再來探討社區居民撤回對市場支持的另一個原因：亦即大多數的人認為市場不公平，因此認為沒有保護市場的必要。對正在運作的市場民主來說，這可能是最危險的情況。這通常發生在民眾的工作岌岌可危時，如大規模的經濟不景氣、科技變革，或是社區和國家無法提供什麼援助的時候。

當社區對市場失去信心

何謂公平的市場？自由主義哲學家會說，只要市場參與者做出的買賣決定不受任何限制，或者不管買賣有什麼樣的結果，人們都願意參與，這樣就是公平的市場。儘管有些人生意興隆，有些人一敗塗地，也沒有關係。重要的是，所有的交易都是買賣雙方心甘情願。[10]馬克思主義者也許會說，一切都源於人們最初擁有的財產或能力，如果最初的財產或能力不平等，此後就沒有平等可言。的確，由於財產往往是在遙遠的過去藉由偷竊、征服或剝削所累積而來，即使從自由主義的角度來看，之後所有的財產權也頗為可疑。[11]美國政治哲學家羅爾斯（John Rawls）的追隨者或許相信這樣的理論：在一個公平的體系中，社會中的每個人都不知道自己最後會如何，但仍主張使最劣勢的成員受益最大。[12]

但選民對公平的認知顯然比較直覺，沒那麼理論。一個經濟體系的最低共同要求為何？重要的是，一個人在意自己在這個體系裡的遭遇。一個人是否能獲得能力，因而有機會取得職位和地位？如果早先選擇錯誤，這個體系是否會再次給他機會？如果面對不幸的事故、失業、得了重病、失能、無法存下退休金，是否得到足夠的保護？一個人也關心其他人遭受什麼待遇，關心的程度取決於親疏遠近、不幸者是否努力解決自己的問題，以及不幸的程度。在評估市場是否公平時，一個人主要是看市場的運作對自己和社區有何影響。

科技變革與大眾焦慮

大多數反市場運動是在經濟衰退時獲得動力，特別是在市場生產效能不明顯、造成的破壞卻顯而易見的時候。儘管如此，並非每次經濟衰退都會帶來強大的反市場力量。只要選民看得到復甦的希望，特別是得到來自社區或國家的支持，就不會輕易放棄。只要環境中的騷動不大，自由的市場民主就會自然的自我校正。其優勢就是能應付與適應小壓力，即使環境受到巨大衝擊，如戰爭或天災，只要明顯只是暫時的情況，依然可以因應。

如果環境出現巨大、永久的變化，例如新科技帶來的變革，問題就來了。在這樣的環境中，人們需要大力協助來調整自己的生產能力，才能承受經濟上的打擊。一部分的人工作能力遭到市場淘汰，如工業革命時期的手搖織布織工人，卻得不到任何協助來應對未來，他們的絕望和恐懼造成反市場情緒高昂。由於市場淘汰很多人，又不能幫助這些人因應變化，因此大眾不再認為市場是公平的。

蒸汽機發明至今已經出現數次巨大的科技變革，在已開發國家大部分的人不得不提升自己的技能、踏入自己不熟悉的新產業，或是到陌生的地方工作。雖然經濟史學家對各個事件的重要性看法分歧，但大抵認為有三大事件最為關鍵：包括蒸汽機的發明所啟動的第一次工業革命，因此帶來鐵路和汽船的發展，約是從一七七五年到一八七五年；第二次工業革命是以電力的大規模運用為代表，包括電燈、內燃機等電力機械，以及電話、電報和無線電等通信技術。[13]這些發明在一八七五年至一九七〇年間以各種方式滲透到全球經濟中；以及第三次工業革命，從一九五〇、一九六〇年代電腦發明至今（與第二次工業革命末段重疊）。有人指出這次革命始於一九七〇年代初期微處理器的問世，接著是網路的發展及其在一九九〇年代的運用，現在已經延伸到人工智慧、機器人、大數據，還有這些在奈米技術、醫學、生產、儲存及能源的運用，亦即第四次工業革命。[14]正如自序所述，我們把最近的科技變革稱為資通訊科技革命，以免混淆。

技術革命很少是突然或線性發生的。企業必須經歷一段時間的學習才知道如何把科學發現運用在新產品和服務上。人們也需要時間想像新產品的種種可能，甚至超出發明者預期的用途。愛迪生（Thomas Edison）發明留聲機不是為了播放音樂，而是要提供商人錄音功能來讓祕書聽打。[15]企業及員工也需要時間改變生產方式和工作技能，以充分利用新技術及尚未發現的用途。最初只有知識淵博、勇於冒險的人才會採用新技術，要擴展到更廣大的人口也需要時間。技術的發展很慢，斷斷續續，還包含很多小型革命。

然而，等到新技術全面展開，社會的每個層面都會受到影響。例如，第二次工業革命的家庭電氣化，從電燈照明開始，接著洗衣機、蒸汽熨斗、冰箱、洗碗機一一問世，使家事大大簡化。主婦因此可以考慮外出工作。第二次工業革命或許提升女性在職場上的勞動力參與率，但在家庭電氣化之初，很少人預見這個重大改變，以及隨之而來的社會影響。

新技術為社會帶來破壞性創新，社會需要時間調適，等到調適好了，才能享受成果。在此之前，工作的不確定性則會為工人焦慮不安。金融市場雖然會預測變化的速度和方向，如景氣榮枯的循環，然而不免常常過度推斷，社會調適的過程因而變得更加複雜。

科技變革與金融危機

創新的發展常會夾雜金融危機與嚴重的經濟衰退。鐵路股票的投機導致一八七三年的鐵路泡沫。工業股票（包括公用事業股）的飆漲導致一九二九年股市崩盤，還有二〇〇〇年至二〇〇一年的網路泡沫則可追溯至網路科技與網路商業的蓬勃發展。看來，金融危機和技術創新總是如影隨形，經濟史學家培瑞茲（Carlota Perez）因此論道，科技創新和金融危機息息相關：金融市場看到新科技問世，容易變得過度樂觀，接著瘋狂追捧，在科技的理想實現前不敵現實的狙擊，重摔在地。[16] 如果市場不死，新科技終究能帶來更大的生產力、成長和福祉，但這也意味著在市場失靈、國家協助人民的資源有限時，社會必須因應群眾對未來的恐懼。在金融危機時，不只是市場體系，連民主本身也會變得極其脆弱。

正如我們在十九世紀初看到的美國改革運動，危機可以推動經濟改革、社會改革或其他必須的變革。逆境也可能是煽惑者崛起的最佳時機，這種人很會騙選票，使社會、國家遭受無可彌補的長期損害。等到選民發現自己要的其實是審慎的改革，而非無知的革命時已經太晚。正如希臘歷史學家波利比烏斯（Polybius）所言，民主總是敗給群眾煽動家那張嘴。[17]

社區需要什麼支持？

新科技通常需要工人擁有新的能力。因此，社區需要提供一條途徑，讓成員獲得所需的能力，或是由國家提供協助。每隔一段時間，科技引發的全球經濟衰退就會使社區受到衝擊。因此社區有兩個需求。第一是資金的援助。個別社區無法承受市場引發的大規模經濟危機，因此社區常會呼籲國家伸出援手。為了因應危機，國家通常會有臨時的因應措施，但過了一段時間之後，就能創建正式的安全網來扶助焦慮的大眾。

第二個需求則出現在大蕭條時期。正當第二次工業革命有了成果，卻引發有史以來最慘烈的經濟大衰退。投資在風險資產的儲蓄化為烏有，除了政府機關，各行各業都有嚴重的失業問題，民眾相信這是企業巨頭和銀行家過度投機所造成，因而主張抑制競爭和市場。在大蕭條時期，為了維持就業，大眾轉向支持獨占利益集團。接下來我們會逐一探討這些議題，首先我們先把焦點放在教育和能力的培養，其次是對經濟困難者的支持，最後則是競爭的限制。

培養能力

在美國，可能是因為民眾大抵有參與市場的能力，因此傾向支持市場。翻開美國歷史，人民幾乎都能獲得所需的高水準教育，而這樣的教育主要源於公家經費的支持。

社區與普通學校

十七世紀最早在麻州設立的學校主要是教導孩子閱讀聖經，因此學校自然可以彌補家庭和社區的不足。美國獨立革命則為教育帶來另外的理由：為新共和國培養治理人才，而且增進一般民眾參與民主對話的能力。在第二次大陸會議之後，傑佛遜總統在一七八七年促使邦聯議會通過「西北地域法令」（Northwest Ordinance），其中就包含設立公立學校，主張出售邦聯土地來籌措教育經費：「宗教、道德及學識皆仁政及人類幸福所不可或缺者，因此學校及教育措施應永遠受到鼓勵。」[18]根據這個法令，新鎮區為長寬六哩、面積為三十六平方哩的正方形土地，可劃分為三十六塊一平方哩的土地，每個鎮區都該出售一塊土地以資助孩子接受教育。[19]

在共和國立國之初，舊城鎮的學校都只有一間教室，而且大都是由社區資助。這些學校叫做「普通學校」，因為學校凝聚社區向心力，傳授普通技能給孩子，如閱讀、寫字、基礎數學、計算，有時也包括歷史和地理。學校通常不分年級，都在一間大房間裡上課。家家戶戶都提供一點經費，有錢人家捐助的金額較多。教師每年招聘，薪資則算在學年經費中（除了教師薪資，學校經費還必須支付老師的食宿費、課本和取暖的柴薪），學年長度則是在學年一開始決定（有時很短，只有冬季的四、五個月）。學校經費由整個社區分攤，某些成員負責挨家挨戶的收錢或收取實物，比較窮苦的人家可以提供柴薪或負責老師的食宿。[20] 窮人家的孩子雖然可以免費上學，但通常會被貼上「清寒」的標籤。[21]

由於學校就在社區內，校長也是每年由社區延攬聘請，因此社區能掌控教學內容。但各社區參與的程度有所不同，因此普通學校的學年長度、學習科目、傳授知識的深度、課本和柴薪的供給、校長的熱忱與勤奮程度，以及專業能力的訓練等各不相同。在共和國早期，學校對經濟生計來說不算特別重要，尤其是在鄉村地區。重要的是，學校的創立有賴社區的共同努力，為社區成員提供一個聚會場所，也允許他們監督孩子所學，居民的孩子也一起長大。這些小紅校舍在共和國早期歷史已經占有一個永恆的地位，代表社區自動自發的行動與群體責任的結合。

隨著工業革命橫跨大西洋，製造業起飛，農業走向科學化和商業化，教育也就傾向引導孩子學習工作技能。一八三七年至一八四八年擔任麻州教育局局長的曼恩（Horace Mann）等教育改革者認為，為了因應社會需求，必須提高教育水準。他們設立師資培訓計畫、教師資格考試與執照，讓教學專業化。專業化能提高教師地位，吸引更多有才華的人投入教職。改革者也主張學年不能太短，至少要有一定的長度，以免學生的學習有落差。

這些改革者不只著眼國家的經濟成長所需，也認為學校對凝聚國民向心力來說非常重要，而且讓年輕人得以學習做一個好公民，並擁有健全的共和國價值觀。為了對抗宗教的派別主義和心胸偏狹，特別是來自愛爾蘭的移民愈來愈多，他們設法將學校和教會分開。他們希望每個孩子都能上學，因此確保學校經費得到地方稅收的挹注，這樣就不用收取學費。為了說服有錢人繳交財產稅，他們強調教育也是公共責任，能夠增加工人的生產力，彌補有錢人與工人階級之間的差距。曼恩認為學校就是社會的平衡輪，能減少社會衝突。

因此，在美國建國早期已經有一個由地方資助與控管的學校系統，不分派別，對所有人開放，而且愈來愈專業化。學校敞開機會大門。自一八〇〇年至一九一五年，美國已有數十萬間由社區建立、控管的普通學校。[22]到一八六〇年，美國人口平均受教育的年限已經遠遠超過世界上每個工業化國家，將近一個世紀之後仍遙遙領先。[23]

科技進步與中學教育

普通學校滿足十九世紀中葉美國的需求。然而，隨著十九世紀最後二十五年第二次工業革命起飛，化學、鋼鐵等高技術要求的新產業開始發展，創造更多就業機會。馬歇爾菲爾德百貨（Marshall Fields）及沃納梅克百貨（Wanamaker）等百貨公司也需要受過教育的女性來服務顧客。小公司向銀行申請貸款，銀行要求財務透明和專業化，因此不得不雇用會計和經理人。銀行和保險公司因為文書工作量爆炸，需要大量職員才能應付。正如學校需要合格教師，各行各業也需要教育程度較好的員工。教育程度提高，收入也比較豐厚，普通學校已經無法滿足大多數學生及家長的需求。這種現象帶來美國教育第二波浪潮：公立中學教育運動。

這時，大眾並不清楚普通學校以上的教育是否應該免費，畢竟這樣的公民教育具有大眾利益，十九世紀末的美國學生可以在普通學校接受六到八年的教育。但新興中產階級看到免費中學教育能為個人帶來巨大的利益。於是，他們強調這樣的教育應該開放給所有人，如此將幫助階級向上流動，獲得高薪工作。事實上，在十九世紀末，只有少數有錢人家的孩子不需要工作，因此可以接受高中教育。基於這個原因，當時的高中文憑除了代表教育程度，也代表具有中產階級的地位。

儘管只有少數人能接受中學教育，但一八七四年密西根州最高法院對「卡拉馬祖訴訟案」

（Kalamazoo）的判決是公立中學的學校經費應該由地方負擔。因此，任何人都應該有機會接受廣泛的博雅教育，因此中學教育不該排除無力負擔的人，所以中學教育應該要免費。[24]

學校經費靠稅收支持。為了說服地主，教育當局甚至建議他們在出售土地時強調「免費接送至優質學校」。另一種說帖是，即使是沒有孩子的人，年老時必須依賴社區居民的扶助。因此，社區裡的人都受過中等教育，老年生活才有保障。[25]

免費的中學教育提供學生通才教育（美國通常會避免太早進行教育分流，使學生接受技職教育），如此一來，對畢業生發展比較有彈性，能加入任何一個產業，就業之後再接受專門訓練。十九世紀下半葉的移民潮也促使本地出生的孩子進入中學就讀。移民通常從事一些比較「古老」的行業，如烘焙、木工或打鐵。[26]高中文憑就像經濟護照，能夠進入收入較高的新興行業，如白領產業、著重技術的製造業或建築業，不必與一般移民競爭。

簡而言之，普通學校似乎是十九世紀初美國社會渴望成功的最低目標，到了二十世紀初，最低目標成了高中畢業。免費且對所有人開放的教育為大多數的人開啟機會之門。在十九世紀末，一般美國人只上過普通學校，但是到了一九四〇年代初，一般美國人都受過中學教育。[27]

地區控制變弱

市場的需求與擴張衝擊社區的控制能力。小社區的資源能應付普通學校需要的經費和人員。中學教育就是另一回事了。由於中學科目既多又深，學校需要很多老師，還有行政人員、大型建築、圖書館、科學實驗室、體育館等。想要提供品質良好的中學教育，學校規模不能太小。任何新學校都必須吸引大量學生，才能獲得足夠的經費讓校務運作。

這包含幾個涵義。首先，規模較小、比較偏遠的農村社區必須聯合起來設立中學。這意味社區對學校的掌控權和責任都變小。其次，中學管理複雜而專業，家長無法監視與掌控，因此教育人員就有藉口讓家長盡可能別插手校務。即使是初中也需要很多資源，有鑑於過去興學皆仰賴地方財源，這代表中學的品質好壞也取決於地方的財務。學生來自不同地區，因為學校品質優劣差異很大，人生機會也大不相同。來自貧窮農村社區的孩子顯然處處不如人。

教育差異顯現在不同的地方。例如，美國為了第一次世界大戰招募大批軍人，發現從現代軍隊的角度來看，鄉村青年的素質遠不如都市青年，主要是鄉村青年飲食不足，健康情況較差，而且有很多是文盲，或是不會算術。[28]在二十世紀初的進步主義者看來，教育的不平等顯然是一大警訊。這個問題必須處理，於是籌措教育經費的擔子漸漸轉移到州政府的肩上，州政府也開始干預教育。

即使州政府提供更多經費幫助無法負擔優質教育的貧窮學區，各州首府的教育部門還是堅持整併學校來縮減支出，也訂出學校規模、教師資格和課程的要求。一九一五年，美國有二十萬所普通學校，但到了一九七五年只剩一千兩百所。[29]

進步主義者關心的不只是教育經費的不平等，還有教育成果的差異。如芝加哥大學附屬實驗學校（University of Chicago's Laboratory School）創辦人杜威（John Deway）等教育改革者認為，隨著勞動力和資本之間的分歧增大、工業化的發展，以及美國社會日益嚴重的種族及宗教分裂，各群體之間的社會差距將會擴大。小學讓不同背景的學生聚集在一起，中學則聚集來自更大區域的學生。健全的學校教育應該讓學生能與更多樣化的人群互動、吸引他們實踐公民參與，並藉由分歧的意見灌輸民主態度。因此，進步主義者已在學校看到改變社會的槓桿，引導學生超越社區本位主義。

有些人甚至認為家長的控制確實是種干涉，因此不是解決辦法。威爾遜（Woodrow Wilson）在就任總統前曾擔任普林斯頓大學校長，提到學生時，他曾說：「我們的問題不只是幫助學生適應現實世界的生活，還要讓他們盡可能和他們的父執輩不同。」[30]可惜這種態度無法影響專業教育官僚系統。家長掌控的學校董事會和州政府教育當局的競爭也會影響學校，地方控制變得愈來愈弱。家長和專業教育官僚的觀點差距擴大。

最後，學校失去地方政府的參與與支持，教育經費由中央統籌、分配也無法消除學校品質的差異。麻州的州政府應該基於平等的原則，分配多一點經費給貧窮地區，而非給富裕的地區。然而有一項研究發現，即使到一九六〇年代，州政府的支持與地方需求根本是兩回事，「完全是隨機分配，有如財政部長從飛機上撒下一大疊支票。」[31]

法國的教育系統

其他國家怎麼做呢？在美國獨立革命之後，法國在一七八九年也發生大革命，教育體系的發展與美國截然不同。法國不是在反抗外國統治，而是在對抗貴族和神職人員。因此打從一開始，公共教育的普及就被視為減少特權優勢的一種手段。此外，神職人員會鼓動年輕人反革命，並灌輸狹隘的宗教派系主義，而非民族精神與愛國情操，因此國家認為使神職人員脫離教育體系很重要。此外，法國被想恢復君主制的敵人包圍，因此學校被視為建立民族團結的重要工具。

拿破崙設想的法國教育體系是訓練學生對國家忠誠。國家全權掌控教學，因此會有一個行政管理階層來監督學校，而且有一系列的全國考試挑選學生進入大學體系或技職教育體系。初等及中等教育的學校幾乎都一樣，使每個人都能獲得平等的就學機會。這和美國早期教育的地方分權制不同，法國的教育行政制度採中央集權，人事、課程和經費皆由中央掌控，表面看來很公平。

然而，這種統一也會使教育僵化，有學習困難、無法通過會考的學生則會被淘汰。

在一八八〇年代初期，第三共和政府制訂法律，規定六到十二歲的孩子接受免費的國民義務教育。大多數的教師和大學教授都是公務員，全國考試也由政府控制，儘管私人可以興學，但私校也必須與公立學校相仿。今天在法國，不管學生在哪所學校就讀，同年級的課程都一樣。儘管如此，法國仍未實現教育平等的目標。在中央集權的教育體系下，被政府分派到偏鄉任教的老師往往是沒有權力與體制對抗的人。這些老師通常最年輕、最沒有經驗。因此，偏鄉學校教育水準偏低的原因就是幼兒教育的城鄉差距及缺乏社區支持。被派到偏鄉的優秀教師都會設法逃離。

美國的教育系統最初是地方分權制，社區參與程度高，最後才慢慢變成中央集權，法國近兩百年則都是中央集權制。地方分權的優點是社區能因應自己所需來塑造教育系統，中央集權制的好處則是提供平等的就學機會。但這兩種制度都有問題，社區之間的差異很大，不管哪一種教育制度都不能滿足市場需求。正如我們會在後面章節看到，到了二十一世紀，市場對教育的要求再次提高，也使問題更加嚴重。

社區和國家如何對抗市場波動

前面我們討論過「前市場支持」，亦即幫助個人培養進入市場，成為工人或製造者。現在我們要討論「後市場支持」，也就是幫助遭受經濟損失衝擊的人，例如因為失能、意外事故、年老或科技變革而無法維持生計的人。從某個角度來看，前市場及後市場支持都是替代做法。一個人參與市場的能力愈強，就愈能從市場獲益，也就比較不需要社會安全網，反之亦然。儘管美國的社會安全網仍有漏洞，傳統以來對市場的擁抱大抵歸因於高品質、普及的教育體系。今天美國的教育體系明顯有所不足，因此前市場支持變得更加重要，但這方面的支持仍差強人意。我們隨後會探討這個問題。

在工業化早期，工人的生活很苦。平均來說比今天窮困。他們的工資只能勉強讓家人有得吃、有個棲身之處。一家人住在環境惡劣的都市貧民窟，根本不可能有儲蓄。今天很多開發中國家的非正式員工也面臨類似的困境。生病就沒有收入、沒有飯吃，一家的經濟支柱如果倒下，只能去乞討或賣淫，幾乎沒有其他辦法。由於很多工人生活在困頓的邊緣，即使在太平盛世也需要社會安全網，更別提處於經濟大混亂時期。

該如何伸出援手？

我們會在什麼情況下幫助不幸的人？如果是身邊的人，或是親朋好友，我們自然會挺身而出。再者，正如先前討論過的，幫助鄰居能強化社會契約，輪到我們需要幫助時，就會有人樂於伸出援手。其實，純粹的自利也是一個因素。如果我們熱心助人，被幫助的人就不大可能在街上鬧事，或是燒毀我們的房子。

我們比較可能幫助與我們長得很像的人，這種同情心是由兩種重要的力量驅動。一個是基因的力量，互助在我們的基因中流傳，另一個則是出自倖免於難的心情：「若非上帝恩賜，遭殃的就是我了」。反之，人口的多樣性則是互助的關鍵障礙。即使在今天，研究顯示，族裔複雜、語言多元的國家，所得重分配更加懸殊不均。[32]換言之，在一個國家中，社區差異愈大，就愈不平等，也更不穩定。

長久以來社區中的人會互相扶助不外乎幾個原因：社區成員不但住得近，同質性也高，種族、語言、宗教和階級都很類似。這種群體很容易團結起來，互相同情。他們也是社會安全網的基本單位。

社區的人會提供援助還有另一個原因。同個社區的人很容易找出真正需要幫助的人，如老人、體弱多病的人、精神病患、盲人及兒童，這些情況不易假裝，真要偽裝也得付出很大的代價。相形之下，比較令人擔心的是好手好腳的人裝可憐取得援助，真正需要的人卻得不到救濟。此外，無條件的援助可能會讓人不想工作，低收入工人不願賺辛苦錢，寧可等待社會救助，導致好吃懶做的人愈來愈多，成為社會的吸血鬼。最典型的例子就是傳說的「福利女王」，她享用各種福利，甚至會開豪華轎車去買毒品。* 我們很難估計這種占便宜的情況有多嚴重，但反對提供援助的人總是會提到這樣的例子。因為大眾有這樣的顧慮，因此透過社區來提供援助的好處在於，社區或許比較容易揪出潛在的寄生蟲。

由於經濟波動增加，英國和美國的教區或郡縣建立收容所或濟貧院。英國小說家狄更斯（Charles Dickens）忠實描述濟貧院的悲慘生活，只有真正無路可走的人才會接受濟貧院的幫助。此外，如果社區知道求助者不是裝可憐，也能提供**院外救濟**，直接給他們金錢或實物補助。院外救濟需要的錢通常比較少，也比較人道，而且不用拆散窮人家庭。社區握有足夠的訊息，可以確保院外救濟不會遭到濫用。例如，美國郡縣的督察員說道，他們能做出正確判斷，知道該送誰到濟貧院，因為在社區只要有人需要幫助，如生了一堆孩子的可憐寡婦、一家之主因受傷而不能工作，鄰居總會出面，為他們爭取院外救濟。[33] 因此，社區援助仰賴群體協同合作。

* 這是雷根在競選總統時杜撰的故事，這個人有八十個名字、十二張社會保險卡，藉此騙取各種福利。

社區參與及德國的愛伯福制

在工業化世界中，德國是社區援助的先驅。在德國多個城市實施的愛伯福制（Elberfeld system）採取的方法是由社區人士認定貧民的貧窮狀況是否改變，然後提供援助。在十九世紀中葉，愛伯福市約有一〇至二〇%的人經常接受救濟，但這項任務對市府員工過於繁重，無法持續。[34]因此愛伯福市的商人設計一套救濟系統，能控制花費，也能幫助貧民脫離貧窮。

愛伯福制將城市分為若干區，然後再細分為幾個小區。每個小區都指派一位在地居民擔任貧民救濟員。窮人可向自己小區的救濟員請求協助。救濟員會與所有救濟員開會討論。救濟員可為個別居民申請臨時的急難救助金，直到下次召開區會議為止。

這種救濟制度的主要目的是讓窮人重新投入工作，因此申請者必須向救濟員證明自己已經努力在找工作。除了失業者，其他人也在救濟之列，如老人、重病者、生養太多孩子的人等。再者，除非個人資產和家庭資源都耗盡，不然不能申請救濟。這個制度和現代政府福利部門的做法最大的不同在於社區居民的熱心與自願參與。這個制度的最高政策制定者是城市的工業家和銀行家，並募集商人、工匠和中產階級擔任救濟員，再由地方會議決定是否給予救濟，因此社區必須負起責任。

擔任救濟員是項榮譽，也是義務。理論來說，拒絕擔任救濟員可能會受懲罰，必須繳納比較高的稅金，由於這個角色非常耗費心力，政府當局寧可尋找熱心的志願者，而非勉強徵募不情願的人。每個救濟員負擔的案件不多，因此有時間深入參與。[35]救濟員必須定期拜訪被救濟者，確認真實情況，提供建議，也幫他們注意是否有工作機會。如果沒有「豐沛的愛心和自我犧牲精神」，就難以完成這樣的任務。

現代讀者看來，救濟員的角色似乎是家長式的干預。的確，有人就不客氣的說，救濟員喜歡多管閒事，一天到晚上門刺探。因此，救濟員到府訪查有根本的矛盾。十九世紀末美國有些慈善組織及今天的社會福利系統也有這樣的問題。這類社會救助的目的是讓被救濟者早日獨立、脫離救助系統，同時要被救濟者無條件聽從救濟員的指示和建議。不管如何，救濟員來自社區，對社區大小事瞭如指掌，也能讓社會網絡發揮作用，改善窮人的生活。再者，愛伯福制的救濟員都是熱心的志願者，成本低，成功率高，不像今日大多數社會福利系統的專業社工人員工作沉重，疲於奔命。事實上，愛伯福市實施濟貧制度十年後，該市接受救濟的人口只剩二％。由於窮人都得到妥善的照顧，接受救濟和乞討的人也就漸漸消失。[36]難怪在德國大約兩百個大城市中，有一百七十個城市都實施愛伯福制。[37]

由於國內的貨物市場及勞動市場漸漸擴展到許多社區，以社區為基礎的救濟方案也就面臨壓力。其中一個問題是在移動到另一個社區找工作的人。隨著民族國家的出現與治安的改善，國內的人口遷徙變得頻繁。如此一來，該由誰來負責援助貧困的外地人？接收外地人的社區？或接收外地人原來居住的社區？即使在今天，歐盟仍為這個問題頭疼不已。

第二個問題是，在漸成一體的世界經濟，透過製造業及金融業傳導的經濟衝擊規模愈來愈大。在巨大衝擊下，整個社區的人可能都被擊垮，只剩少數幾個人仍有能力對受難者伸出援手。

國家作為社區救濟方案的後援

要解決上面兩個問題，就不得不把國家拉進來。對內部遷徙者，國家可以制定法規，要求某些人提供支持，某些人負責彌補差距。面臨長期、廣泛的經濟衰退時，國家因為口袋較深，比社區更有優勢，可以透過發放公債來支持所有的社區，甚至包括公民的後代。此外，如果失業者眾多，幾乎沒有必要區分誰是真正需要救助的人，誰是詐騙社會福利的人，畢竟絕大多數要求協助的人顯然都需要救助。至少，在這種情況下不需要區分。

就像學校，一旦州政府同意援助，就會傾向集權，完全掌控。這不全然沒有理由。一旦國家成為社區的後援，就得擔心社區擺爛，動不動就依賴國家。謹慎的政府會協助民眾度過洪水肆虐的難關，幫助他們重建家園，但也會要求民眾購買政府開辦的洪水險。國家認為一旦有必要干預，就得設立一個正式、明確的體系。在十九世紀最後二十五年，已開發國家實施各種社會支持計畫，而經費通常是來自大眾捐獻。

第一個實施社會保險制度的工業化國家是德意志帝國。在工業化之初，德國各城市的市政府已經開辦好幾種勞工保險。一八七三年開始的長期蕭條使歐美經濟受到重創，很多城市的居民都需要紓困，大街小巷都是乞丐和遊民（主要是沒有工作的人）。

德意志帝國第一任宰相俾斯麥有個重要的政治目標：打壓社會主義政黨。因為這些政黨可能煽動工人發動革命，他不得不設法攏絡工人。於是制定很多保障工人的措施，讓他們感受到帝國政府的「恩賜」，並在一八七八年禁止社會主義政黨的活動。他希望工人認為，改善福利的最佳機會得靠帝國政府。可惜帝國議會拒絕為他的福利提案增稅，他只好放棄完全由政府資助的福利計畫。[38]

然而，德國還是在一八八〇年代通過三套法律，要求特定工人團體納保，雇主因此必須增加稅捐負擔。強制加入的保險則包括健保、工安意外保險、失能保險，並讓七十歲以上的退休勞工得以領取老人年金。[39]

英國自由黨政府則在一九〇六年至一九一一年間推動多項重要的勞工福利法案，包括「老人年金法」（Old Age Pensions Act，一九〇八年）、「勞工介紹所法」（Labour Exchanges Act，一九〇九年）、為許多行業設定最低工資的「行業委員會法」（Trade Boards Act，一九〇九年），以及使大批失業民眾投入道路工程的「道路發展暨改善基金法」(Development and Road Improvement Funds Act，一九〇九年)。後來終於在一九一一年頒布失業和醫療保險。德國和英國的改革確實是建立全國性安全網的重要步驟，雖然可為勞工減輕市場波動的衝擊，也再次削弱社區的角色。

美國大蕭條前的社會安全網

正如前述，美國已有地區性的濟貧制度，然而濟貧院裡的生活既悲慘又恐怖，除非走投無路，沒有人願意淪落到濟貧院。到了十九世紀末，私人慈善組織、勞工自願保險計畫、「友好的」協會及保險公司也加入濟貧行列。一八九三年，美國受到經濟衰退的重創，全國失業率高達一七%至一九%。城市受到的衝擊尤其嚴重，紐約的失業率更升高到三五%左右。[40]由於傳統的救濟模式無法應付，地方政府只好轉向政府救援。

儘管地方政府的財政負擔沉重，美國仍未打算為國民建立全國性的社會安全網。一九二九年，全世界進入經濟大恐慌，在主要的已開發國家中，只有美國尚無政府支持的社會安全體系。有人認為像英國或德國實施的強制保險計畫「與美國的價值觀不相符」，也不打算利用納稅人的錢。其中一個原因或許是美國傳統以來抗拒國家權力的擴張。其實，在內戰結束後，聯邦的退伍軍人及家屬皆可到各州的榮民醫院就醫。到了一八九〇年代，不只是受傷的聯邦軍人可以領取殘疾津貼，所有退役官兵每月都能領取固定的退休金。[41]一九一〇年代，進步主義人士也設法在好幾個州推行職災補償保險法，保費由雇主負擔。小雇主如果擔心因員工索賠而破產，就可以加保由國家或私人辦理的保險計畫。因此，我們很難把美國遲遲不願建構全國性的社會安全網歸因於「不符合美國的價值觀」。

美國人不願跟隨歐洲人的腳步，其中一個原因也許是認為美國版圖遼闊，全國性的計畫也許不符合地區所需。此外，提供醫療或保險服務的民間機構很多，如果政府也廣泛提供這樣的業務，必然會影響他們的利益。[42]

或許最重要的阻礙是美國人口的多樣性，特別是城市人口。一九一〇年，在美國的城市人口中，外國出生的移民約有一千萬人，在美國出生的移民子女則約有一千兩百萬人。在大多數的城市，移民子女的人數已經超過本地的孩子。此外，黑人離開農場之後，先是在南方城市落腳，之後轉往北方城市發展。[43]美國不像歐洲，特別是在一八九〇年代受到重創的城市，人口並非由單一民族組成，在這種情況下很難產生同理心，這就是社會安全網的心理阻礙。本地出生的白人很容易認為移民或少數族裔沒有高尚的職業道德，因此可能成為詐取福利的寄生蟲。

大蕭條與一九三五年的「社會安全法案」

接著出現大蕭條。最嚴重時比一八九三年的情況更糟，而且為時更久。羅斯福一九三二年在民主黨全國代表大會上發表正式接受總統候選人的提名演說時，即開始為他的新政（New Deal）奠定基礎。他說：[44]

> 美國人最需要的是什麼呢？在我看來，他們想要兩件事：一是工作，以及與工作有關的道德與精神價值；另一個就是工作的合理安全保障，不但是給自身的保障，還有給妻兒的保障……我說，現在雖然跟過去一樣，主要還是由地方負起救濟的責任，然而聯邦政府一直對更廣泛的公共福利有責任，而且很快將負起這個重責大任……在整個國家，不管是男性或女性……都指望我們……能夠更公平的分配國家財富，讓全民皆有機會分享……我向你們承諾，也對自己承諾，我必定會為美國人民推行新政。

新政的三大目標是救濟（救濟窮人及陷入貧困的失業人口）、復興（讓經濟從大蕭條中復甦）及改革（避免重蹈覆轍）。美國政府透過各種計畫和立法來達成。在某種程度上，由於先前的做法似乎無效，因此美國政府願意嘗試任何辦法。其實，美國在一九三九年及一九四〇年生產大量軍事裝備，因此得以走出大蕭條。此外，政府的行動也有一些影響。如興建林肯隧道及拉瓜迪亞機場等大規模公共工程時雇用大量人員，不但能夠刺激經濟復甦，也能緩解失業的問題。一九三三年實行的「銀行法」（Banking Act）和「證券法」（Securities Act）等金融改革也有助於金融市場的穩定。

或許最關鍵的改革是一九三五年的「社會安全法案」（Social Security Act）。這個法案代表美國進入社會福利年代，以全國性的失業保險及老年保險來預防失業和退休所帶來的收入減少，並給予貧窮家庭兒童及低收入老人現金補助。

為什麼羅斯福會提出「社會安全方案」？這項法案為何能過關、實行？很重要的一點是，「社會安全法案」不是緊急救濟或復興計畫，正如羅斯福在提名演說時所言，這是長期改革計畫的一部分。羅斯福非常清楚社區提供救援的傳統角色，但相信光是靠社區還不夠。羅斯福在一九三四年六月八日對國會的國情年度咨文中特別提到「社會安全法案」：「以前的社會安全主要是透過家庭成員的相互依賴及小社區的家庭互助，然而現在社區及企業的規模都變得大而複雜，要維繫社會安全不再像以前那麼簡單。因此，我們不得不透過政府，積極利用整個國家的利益，給每個國民更多安全的保障。」[45]

至於涉及的政府層級，羅斯福明確表示：「社會保險的範圍應該包含整個國家，各州應該承擔大部分的管理成本，而保險準備金的投入、維護和保障則由聯邦政府負責。」

羅斯福堅持，「社會安全法案」的經費來自個人付費和薪資稅，基本上這是在大蕭條時期課徵的新稅，表示他希望退休金或失業給付是由人民繳稅、由國民來分攤。正如他後來所言：「這是來自薪資的貢獻，讓捐助者在失業或年老時基於法律、道德與政治的權利，得以享有這樣的福利。由於這是以稅收為基礎，沒有任何該死的政客可以破壞我的社會安全計畫。」[46]

因此，羅斯福早已下定決心。為什麼國會不是早到一八九〇年代通過法案？首先，在一九三〇年代，由於經濟情勢險惡，潛藏於美國的民粹主義再次被點燃。深具領袖魅力的路易斯安那州州長朗恩（Huey Long）是羅斯福競選總統的勁敵，但被同屬民主黨的反對者指為獨裁。他抨擊特權階級、有錢人和華爾街，頌揚被遺忘的一般人，並在一九三四年揭櫫他的「分享財富社會計畫」。他提議對有錢人課徵重稅，並分發五千美元給每個美國家庭，讓他們購買房子、車子和收音機（來收聽他的廣播）。此外，更保證每個家庭每年所得最少都有兩千五百美元。不知道這個數字是如何計算出來的，但是由於所需的經費極為龐大，即使是採用他提出的激進手段也籌不出這麼多錢。但這在政治上確實是正確的。

羅斯福和民主黨人擔心，如果朗恩在一九三六年出來競選，可能會獲得夠多的選票，阻撓羅斯福連任，讓共和黨人入主白宮。[47]美國深信的民主平等主義透過民粹主義表達出來，再次與獎勵成功的基本欲望發生衝突。羅斯福了解他被夾在前共和黨政府的漫不經心和新興的激進主義之間。他知道民眾擔心如果國會不採取行動來安撫激進份子可能會產生什麼結果。因此他利用這樣的恐懼來推動他的「社會安全法案」。

此外，早期反對「社會安全法案」的一些機構，如保險公司，在一九三〇年代大蕭條期間也接受政府補助，因此難以用「不符合美國價值觀」來攻擊這個法案。然而全民醫療保險未能成為社會安全網的一部分，一個原因就是美國醫學會反對。醫師不像保險公司，並未靠政府紓困。[48]

或許最重要的一點是，在民粹主義及進步主義運動的時代，美國種族多元化及民眾認為有些窮人不值得救助都是棘手的問題，但「社會安全法案」反倒比較不是問題。一個原因是移民條件嚴苛。在一九一七年通過的法案基礎上，「一九二四移民法」（Immigration Act of 1924）更進一步縮減移民配額，因此移民主要來自西歐。新移民法施行十年後，在美國本土出生的民眾就比較不擔心社會福利要分給「不值得救助」的移民。

至於非裔美國人，也就是美國最大的非白人群體，「社會安全法案」特別將在農場及工廠工作的黑人排除在外，因此三分之二的就業黑人無法享有失業或老人年金保險。此外，這些計畫的運作及某些計畫的設計則交給各州，所以南部各州依然能夠歧視黑人。[49]事實上，在最近對美國各州福利給付的一項研究中，哈佛經濟學家艾爾西納（Alberto Alesina）和葛雷瑟下結論道：「與黑人較少的州相比，黑人多的州，福利給付的發放標準比較嚴苛。」[50]

總而言之，就「社會安全法案」而言，當時的情況與設計都能減少選民的疑慮，比較不會擔心福利流向「不值得救助」的窮人。美國終於有個由政府推動的社會保險計畫。儘管這張社會安全網已經鋪設完成，不過還是有不少漏洞。例如未涵蓋醫療保險、長久以來處於弱勢的黑人仍有多數無法加保。美國的全民健保至今尚未上路，至於黑人權益則一直遭到漠視，直到一九六〇年代民權運動興起，美國才正視這個問題。

抑制競爭

在本章結束前，我們必須指出大蕭條的第三個後果。這是一場經濟浩劫，已開發國家的人未曾經歷如此嚴重的經濟災難。產業界和金融界的領導人淪為民眾口中的「流氓」，至於要如何恢復繁榮，即使是最好的經濟學家也束手無策。很多社會將長期經濟衰退歸咎於腐敗的資本主義，因而轉向法西斯主義或社會主義。即使在美國這個所謂的自由企業堡壘，有很多人認為這一切都是市場競爭惹的禍，因此抑制競爭有助於資本主義的穩定。

從所有的市場經濟體來看，在大蕭條時期，各國政府對競爭的態度不是扼殺就是限制。美國各州通過「公平交易法」，為零售價格設定底線，以保護小鎮的製造商和零售商抵擋大企業的競爭。關稅則壓制進口，包括一九三〇年胡佛總統簽署通過聲名狼藉的「斯姆斯霍利關稅法」（Smoot Hawley Act），使已開發國家爭相採取報復性關稅。資本管制限制投資資金的跨境流動，而在企業間或公司間、公司與勞工間的協定，如一九三八年瑞典的莎堡勞資協定（Saltsjöbaden Agreement），則為了穩定，不惜犧牲競爭。政府有效的中止反獨占。在一個又一個國家，私部門受到的監管變得更加嚴格，同時很多產業則被國有化。這些抑制競爭的做法並未恢復經濟成長。最後，由於第二次世界大戰開打，對軍事裝備有極大的需求，才得以把經濟從大蕭條的深淵拉出。然而，軍需品生產的集中管理則進一步限制競爭。在一些勝利國，大眾對政府的解決方案則比較有信心。

結論

什麼因素促使民眾能夠並願意為了政治目標組織起來？一個國家如果運作良好，公共服務讓人民信賴，利用人民的稅金建構讓人人有權享用的社會安全網，而且執行良好，人民就用不著事事仰賴政府人物的恩庇，如我們在印度看到的情況。人民也就能夠參與政治。權力及活動下放，才能使人真正參與政治，社區也就能成為動員抗議的基地。

民眾參與度高的社區就會監督政治，減少裙帶關係，保持市場競爭。正如本章強調的，有競爭力的市場才能打造自信且運作良好的私部門，不但獨立於國家之外，而且會在國家有集權主義傾向時適時制衡。如此一來，三根支柱才能互相補強、制約。

然而，到了二次大戰結束時，國家的權力愈來愈強大，市場與社區則變得愈來愈弱。這些變化不是線性的，也不是連續的，但經過一段時間之後變得很顯著。國家最初擔負的功能是使市場更好，更符合大眾利益，如對市場的監管。重點通常是增加競爭和機會，並透過改革來達成人民發起社會運動的訴求。然而，在大蕭條時期，民眾對競爭的態度有了逆轉。結果，國家開始偏袒利益集團，甚至操控民營企業，或是成為民營企業的新對手。國家已經開始染指市場

正如本章所述，國家是社區的助力，但也開始取代社區。如果無法監督公共資金的運用，政府官僚就會假借援助社區之名登堂入室。官僚主義傾向建立專業帝國，從而削減地方的控制，排擠社區參與，削弱社區的民主警覺。社區內部關係的建立無可避免會受到政府計畫的干擾。經濟學家傅利曼伉儷（Milton and Rose Friedman）對「社會安全法案」的批評可謂一針見血：「以前，孩子幫助父母是出自愛或責任。現在，因為被強迫或恐懼，他們不得不支援別人的父母。以

前的做法能強化家庭連結，現在因為受到強迫，所以家庭連結變弱了。」[51]麻省理工學院經濟學教授波特巴（James Poterba）發現，近年來美國老年人對年輕人教育的支持反倒不如在「社會安全法案」施行之前，特別是在人口多元的社區。[52]

在第一部的歷史巡禮中，我們從古代的部落、中古封建社區，乃至今日社區追溯社會三大支柱的發展。隨著這個世界走出二次大戰，已清晰可見現代所形塑的三大支柱。我們發現國家已占有優越地位。現在，我們即將進入戰後年代，看看今天的失衡是如何形成的。

PART Ⅱ

三大支柱的失衡

萬物崩解，核心不再，
天下大亂，
暗潮四處氾濫，
純真的慶典已被淹沒，
最好的人萬念俱灰，最壞的
卻熱情激昂。

葉慈（Y. B. Yeats）〈二次降臨〉
（The Second Coming），1919 年

二次大戰落幕時，世界經濟一場糊塗，歐洲和日本大部分地區成為廢墟。大多數的經濟體都汲汲於軍事裝備的生產，國家日益擴張，使市場受到排擠。在戰爭中，同盟國擊敗軸心國，但各國政治在戰後會如何轉向依然未明。美國建立全球秩序、穩定的開放貿易，慷慨資助發展，因而成為世界傾向民主的樞軸。二戰後由美國主導全球經濟、政治及地區軍事地位，即所謂的美國治世（Pax Americana）。這種做法的信念基礎是美國將從其他民主政體的繁榮獲益。的確如此。戰後三十年，已開發國家皆有驚人成長，不但強化民主政體，也使國家的力量進一步增強。民主政體抱持樂觀的看法，認為經濟將維持強勁的成長動能，直到未來，因此承諾提供人民良好的醫療照護及社會安全制度。

但好景不常，到了一九七〇年代初期，經濟成長的腳步變得遲緩。如果要使經濟有最起碼的成長水準，國家就不能再勒住市場的脖子。到了一九八〇年代，已開發國家莫不轉向放鬆管制，以及減少貿易與資金流動的障礙。

即使市場重新獲得優勢，資通訊革命顛覆性的影響也開始顯現。儘管迄今對生產的影響有限，但是透過自動化和貿易，對工作和收入的衝擊都很大。在大國之內，各社區的發展結果大相逕庭，有些社區經濟困頓、社會崩壞，有些則出現難以想像的繁榮。現有企業利用種種手段保護自己，免於競爭，已開發國家所得差距日益擴大。

我們將探討今天已開發國家民怨的根源。特別令人擔憂的是富裕階級傾向住在同一區，造成住宅區的經濟隔離，經濟混合社區瓦解，窮人被困在公共服務品質低下的社區，子女沒有好學校可以就讀。住宅區隔離的主因在於家長希望提供孩子最好的學習環境，擁有高人一等的能力，將來因此能成為科技新貴。因此，住宅區隔離也使新興的精英階級變成一種遺傳。全球金融危機已使民怨沸騰，歐巴馬健保的荒腔走板及歐洲移民危機再次引爆民怨。社會又變得失衡，各種激進份子都在呼喊改變。

在進入第三部的改革建議之前，我們先來看看兩大新興市場，也就是中國和印度。在剖析其非凡的成長之後，我們再來研究這兩國各自必須面對什麼樣的失衡。中國是一個由共產黨掌控的強國。有鑑於市場日益複雜，瞬息萬變，在共產黨的持續控制下，這個國家是否能讓市場繼續成長？至於印度這個民主國家的挑戰則是如何提高國家效能，同時強化憲法對國家的制約。因此，私部門必須更加獨立。這些國家在全球治理扮演的角色愈來愈吃重，特別是中國，因此未來令人憂心。已開發國家的民粹式民族主義將強化在新興市場萌生的民族主義，而且更有可能在國際上造成分裂衝突。這是改革迫在眉睫的另一個原因。

第五章

承諾的壓力

在大蕭條期間，很多國家都認為競爭和市場是被濫用的字眼。國家為了擴張、參戰，不惜犧牲市場和社區。二次大戰落幕時，法西斯主義被擊潰，各種社會主義或共產主義自然成為資本主義之外的選項，中國和蘇聯的附屬國就更別提了。戰後，共產黨在義大利和希臘崛起，而且法國共產黨還在戰後加入內閣。

因此，在政治上，市場體系必須具有相當的吸引力，才能和社會主義一較高下。畢竟，蘇聯在一九四〇及五〇年代的發展表現亮眼（就像今天的中國），在短短的一代時間裡，已經從農民經濟轉型，挑戰美國的全球霸主地位。二次大戰終結後，美國以勝利者的姿態嶄露頭角，信心滿滿的重建戰後國際體系。美國改造管理全球貿易、投資及資本流動的機構，並提供貸款或資金給多個國家，幫助這些國家復原、發展。此舉有助於全世界自由市場民主國家的形成。

儘管如此，即使在美國，大眾對競爭仍有很深的疑慮，已開發經濟體的復甦仍使國家在市場占有重要地位。在很多國家，大部分的關鍵產業仍是國有企業，很多商品的價格和利率都受到管制或固定不變，市場活動則常受到限制或禁止。政府支持的利益團體遍布私部門，不管哪個產業都有工資協議。國家或類似層級的干預之手處處可見，包括國際貿易。國際貨幣基金監督採行固定匯率制度的國家，如果這些國家想要調整匯率，必須先與國際貨幣基金討論。還有關稅暨貿易總協定（General Agreement on Tariffs and Trade）促進各國降低關稅。

一九三〇年代，大眾普遍對分裂政治反感，特別是西歐。主要政黨都記得他們一面互相鬥爭，一面被激進份子包圍。或許他們是因為對共產黨的恐懼才結合，特別是蘇聯的勢力已越過鐵幕，深入西歐各地的共產組織。主流政黨只好盡量互相包容，建立共識。

而這種策略竟然奏效了！已開發國家繁榮昌盛的程度不是大蕭條時期能夠想像。不過沒有幾個人了解，這幾十年的經濟成長奇蹟其實主要歸因於修復大蕭條和戰爭造成的破壞，以及第二次工業革命的收獲。有意思的是，鐵幕內的社會主義國家也有不錯的經濟成長。可見只要共產國家想要急起直追，追求經濟成長，即使是計畫經濟也能蓬勃發展。但蘇聯在一九五六年入侵匈牙利，並於一九六八年入侵捷克斯洛伐克，明白告訴世人，蘇維埃帝國容不下異議，共產主義有如洪水猛獸，令人恐懼。再者，共產主義經濟體讓少數與當局交好的人占盡好處，人民因此憤世嫉俗，工人也沒有認真打拚的動力。

然而，即使是已開發國家也碰到難關。在經濟強勁成長時，民主政府想要彌補人民遭受的巨大苦難，因此大開社會福利的支票，要兌現這張支票得仰賴經濟成長動能續強。在一九六〇年代，政府支出大幅增加。很多國家也習慣源源不斷的移民。這些移民是次等公民，在戰後經濟衰退的時期飽受失業衝擊。同時，隨著第二次工業革命擴展到每個國家的角落，生產力持續提升的利益，掩蓋源於國家干預和私部門結盟獨占所帶來的效率低下問題。到了一九六〇年代末，這種利益消失了，一九七〇年代經濟發展明顯趨緩，通貨膨脹壓力上升，資源有限的政府不得不尋找增加經濟動能的新方法。

長期受到壓抑與忽視的市場派指出，經濟遲緩該歸咎於國家的過度干預，因此呼籲要抵制國家的掌控。民怨就像鐘擺，人民的怨懟再次指向政府。已開發民主國家的新共識是降低通貨膨脹，實現自由化，消除大蕭條時期樹立的障礙，管制鬆綁，讓企業更自由，並進一步整合經濟，包括允許更自由的資金及人口流動。有意思的是，比較具有個人主義傾向的英美經濟體強調放鬆管制，而比較具有集體主義特質的歐陸經濟體則強調整合，以恢復競爭。

自一九八〇年代中期開始，已開發民主國家的經濟成長率提高了，雖然無法達到之前的高度。這樣的成長，伴隨著更加開放，為開發中國家的出口商品創造市場，也讓一些國家得以擺脫貧窮。共產世界，或堅持國家經濟仍由國家一手掌控的國家落後了，因此無法透過自由化或創新來追求成長。共產政權能由國家推行的大型國防或太空計畫，但不擅長消費者導向的創新。他們無法忍受資本主義創新與效率帶來的競爭壓力。蘇維埃帝國解體後，很多恢復主權地位的成員國都放棄社會主義。中國從未真正放棄社會主義，其經濟美其名雖是「具有中國特色的社會主義」，公部門卻享有特權。

即使西方有些人慶祝自由市場民主的勝利，舊的斷層線已經開始顯露。經濟成長仍不足以達成先前的社會福利承諾，政府債台高築。此外，資通訊科技革命早期並沒有對經濟成長做出重大貢獻，甚至使各種不平等變本加厲。即使移民使勞動力多元化，由於勞工必須獲得新的能力，因此壓力增大。此外，由於民權運動興起，已開發國家無法忽略任何人。國家一面走向福利國家，強調後市場的支持，一面卻擔心財政無以為繼。然而，他們並沒有調整國家支出，在前市場的工作能力培養上投注足夠的資金。社會大眾對國家的看法，也從國家不可能出錯，變成國家什麼都做不好。

本章解釋已開發國家今日問題的前因，下一章則會詳述今日的種種問題。此外，在戰後依規則建立的國際秩序、一般民眾對政策制定者的信心及重要政黨之間的協定雖然都帶來極大的好處，目前正面臨威脅。這是我們必須注意的事。我們也會看到公共政策對長期經濟停滯的影響，這樣的影響甚至會持續到未來。雖然政策制定者無法預見這點，但我們必須一直不忘提醒自己。

戰後經濟奇蹟

二戰後的三十年間，已開發國家出現有史以來最強勁的成長。美國擁有最強大的經濟及軍事力量，經濟蓬勃發展或許不讓人意外。相形之下，日本和西歐很多城市都被轟炸得滿目瘡痍，戰後大部分的人三餐不繼、無家可歸，也沒有工作，能從瓦礫堆中重新站起來著實讓人驚訝。

在大戰剛結束時，歐洲很多地區依然非常落後。像西班牙、葡萄牙這樣的國家雖然沒有捲入戰局，人民依然窮困。在西班牙和葡萄牙，每兩個人就有一個人務農，在義大利則有四〇%的勞工受雇於企業。一九四〇年代末，在歐洲經濟體中比較發達的法國，機器設備平均使用約二十年，相形之下，美國的機器設備比較新，平均只使用五年。法國的農業生產力是美國的三分之一。[1]但美國各地區的發展並不一致。一九四〇年，美國南部只有六分之一的農場有電燈，八〇%以上的農場仍使用煤油或汽油照明。其實，那時美國有室內沖水馬桶或浴缸的家庭還不到六〇%；沒有這些設備的家庭只能使用室外廁所或與其他住戶共用。[2]

戰後復興是由五個要素驅動：重建、恢復貿易、技術升級與工人離開農業、教育更為普及與勞動參與率的提升，以及對成長有廣泛的共識。[3]當時最迫切的任務就是修復戰爭造成的破壞，於是很多初階技術工人都有工作機會，家庭收入得以應付生活所需。重建需要資金，而戰後歐洲各國政府能從人民身上榨出來的稅收非常有限。這也是為何一九四八年美國推動馬歇爾計畫（Marshall Plan）給歐洲的援助貸款有如天降甘霖。

雖然這樣的經濟援助慷慨大方，金額倒不是最重要的事。當時的美國當然沒那麼富有，一九四八年到一九五一年共援助一千一百五十億美元，大約國民生產毛額二%。重要的是援助的時機、性質和方式。[4]歐洲需要資本財、機器和像棉花這樣的原物料，當時只有美國才能提供，而當時的歐洲進口商手上的美元很少。馬歇爾計畫使這個問題迎刃而解。進口商可以向美國製造商下單，美國政府直接從馬歇爾計畫的經費撥款給本國的製造商，歐洲進口商則付錢給自己的政府。簡而言之，這個計畫可謂一石兩鳥，不但解決美元短缺的問題，也為美國帶來更多就業機會，獲得政治人物和勞工的支持。

再者，這些資金是贈予，意味著歐洲各國政府可以把這筆「交易對手」的資金放進國庫，用在國內基礎建設，無須擔心還款問題。最後，美國鼓勵歐洲人自行討論如何運用才能讓資金發揮最大的價值，以促進這些之前敵對的國家經濟合作。例如第二次世界大戰後，歐洲普遍缺乏美元，各國之間的貿易嚴重倒退，甚至不敢進口貨物，為了解決這個問題，德國、法國、英國等十七國在一九五〇年建立歐洲支付聯盟（European Payments Union），同意聯盟內相互抵銷債務，最後的差額再用美元支付。

戰後最早設立的一些機關，不管是在德國，或是在歐洲其他地方，都有明確的目標，那就是希望去除德國再度發動戰爭的恐懼。美國在德國的占領區司令克雷將軍（Lucius Clay）以四個「D」來總結美國對戰後德國秩序的四大目標：根除納粹思想（denazification）、解除軍備（demilitarization）、民主化（democratization），以及解散獨占性工業集團（decartelization）。他其實可以加上第五個D，也就是權力下放（decentralization）。[5] 除了瓦解大企業的勢力，戰後的當局也不希望有一個過度強大的中央政府。西德政府就把權力下放到次級國家單位，也就是各個聯邦州，並由一個強大、獨立的聯邦憲法法院來監督各州之間的關係。

同時，泛歐組織也設法讓德國與宿敵法國建立經濟關係。或許最重要的新組織就是一九五一年成立的歐洲煤鋼共同體（European Coal and Steel Community）。鋼鐵是製造業和武器的重要原料。法國的洛林區（Lorraine）蘊含豐富的鐵礦，德國的魯爾河谷（Ruhr Valley）則有最好的焦煤。過去，雙方為了奪取對方資源一再兵戎相見。歐洲煤鋼共同體希望藉由創立一個超越國家的機構解決這個問題，監控煤礦與鋼鐵市場。這個組織運作良好，使得加入這個組織的比利時、法國、義大利、盧森堡、荷蘭和西德等六個國家進而在一九五八年簽署「羅馬條約」（Treaty of

Rome），共同建立歐洲經濟共同體（European Economic Community），以建立商品和服務的共同市場。

即使在歐洲經濟共同體之外，拜關稅暨貿易總協定等多邊組織之賜，進口關稅降低，全球貿易飛快成長。國際貨幣基金也密切監測匯率變動，以免讓任何國家刻意壓低匯率、刺激出口來占便宜。在大蕭條時期，這種「以鄰為壑」的策略讓人深感恐懼。此外，如果一國的貿易逆差過大，國際貨幣基金就會提供外幣貸款，助其拉回收支平衡，以免衝擊該國人民的消費力。世界銀行最初致力歐洲重建，但在馬歇爾計畫的資金挹注歐洲之後，就轉而為其他發展程度較低的地區提供基礎建設資金。

戰後新秩序的概念出現根本性的變化。各國不再需要抱著僥倖的心態去結交勢力強大的盟友，也無須孤軍奮戰。這種新秩序要求各國放棄戰前非贏即輸的零和心態，敦促各國別妒嫉其他國家的經濟成長，要了解彼此利害與共。每個國家的成長和發展都是透過貿易和投資的增加而來，對所有國家都有好處，特別是大家都依循規則，經濟強權不能自私自利或對其他國家威脅恐嚇。只要每個國家注意自己的行為，願意遵守規則，一旦陷入困境，這個國際體系必然會承擔責任，出手相救。

美國不遺餘力的推展新的國際多邊組織，這反映出美國的理想主義。此外，新的國際秩序是建立在規則之上。這意味即使是最弱小的國家也擁有一些權利並受到保護，就算是像美國這樣的超級強國，理論上也得好好遵守規則，儘管實際上還是會鑽些漏洞。戰後只有一個國家對自己的能力充滿信心、深信各國有集體潛能和可能性會團結起來。這個國家就是美國。儘管戰後的現實情況打擊這樣的雄心壯志，但這種願景確實鼓舞人心。

第一個受益於這個新秩序的國家就是西歐，它變得更有生產力。產出的增加不只是來自機械設備的投資，也來自汽車的增加及電力的廣泛運用，中斷的第二次工業革命這時已經恢復。這些發展創造出各種良性循環。

舉例來說，曳引機問世後，勞工離開農場，轉而到新工廠工作（這些工廠是為了利用廉價勞力而設立），並居住在不斷成長的都市。製造業需要更多受過教育的工人，而西歐的國民教育日益普及。大批畢業生補足工業經濟體對技術性勞工的龐大需求。工人的收入增加，消費品的需求也增加了，如此形成良性循環。舉例來說，在一九五一年，義大利工廠只製造一萬八千五百台冰箱，二十年後，產量爆增到一年五百萬台以上。[6]供給的擴張被持續增加的需求吸收。在一九五七年，擁有冰箱的義大利家庭不到二％，後來因為擁有車子的家庭愈來愈多，能採買大量的食物來存放。一九五〇年代初期，義大利每千人只有七部汽車。[7]這樣的水準在今天全世界一百九十一個國家只能排到第一百七十二名，和甘比亞和尼日等落後國家差不多。[8]到了一九七〇年，義大利的汽車普及率已經增加三十倍以上，約和今天的泰國差不多。[9]大多數的人都有車，也都買了冰箱。到了一九七四年，九四%的義大利家庭都擁有冰箱，是歐洲國家中冰箱普及率最高的。

西歐人民的所得成長幅度真的很可觀。一九四六年到一九七五年人均實際所得年成長率德國是六%，義大利五．六%，法國四．二%，英國則為二%。法國和英國的成長率似乎沒那麼亮眼，這是因為這兩個國家的戰後所得不像戰敗國那麼低。到了一九七五年，這四個國家的人均所得最低為義大利的一萬零六百一十九美元（以一九九〇年的美元計價），最高是法國的一萬兩千九百五十七美元。相形之下，一九七五年的美國人均所得則為一萬六千兩百八十四美元。因此，西歐的人均所得在二戰結束時只有美國的三分之一，到一九七五年已經是美國的四分之三。此外，戰後嬰兒潮不但使人口增加，也推升整體經濟成長。一九四六年至一九六〇年代末，法國人口增加將近三〇%。[10]難怪法國社會經濟學家福拉斯帝（Jean Fourastié）在一九七九年論述法國戰後轉型的專書叫做《光輝的三十年：一九四六年至一九七五年的無形革命》（*Les trente glorieuses, ou, La revolution invisible de 1946 a 1975*）。德國人也為自己締造的「經濟奇蹟」（Wirtschaftswunder）得意洋洋。

西歐如何知道該如何發展？西歐雖然特殊，但並非獨一無二。在日本也看得到經濟成長奇蹟，東歐有些國家也有不錯的表現。從某種意義來說，這些國家的經濟成長主要是跟隨美國的腳步，急起直追。具體的說，經濟成長首先來自最具生產力的部門所投入的人員和設備（例如，開發中國家的成長大抵來自人們從農業轉向製造業和服務業等較具有生產力的工作）。一旦資源分配到正確的部門，每個工人都有足夠的資本設備，而且擁有最新的生產技術。只有發明有用的新產品或改良生產技術，才能提高生產力。

在戰後三十年間，歐洲使人民從事農業以外的工作，給他們合適的設備和技能，仿效並改進美國在第二次工業革命發展出來的技術和生產方法。然而，這些追隨者要趕上美國還有很長的路要走，因為美國不但遙遙領先，還以新發現和新技術擴展世紀初奠定的基礎，逐漸擴大技術的疆界。結果，美國人均所得在這三十年間每年都穩定成長二％，與一八七〇年以來的成長差不多。儘管西歐努力要縮短差距，到一九七〇年代初期仍沒有完全趕上美國。

知道在政治上要怎麼做是一回事，實際去做又是另一回事。就戰後三十年的強勁經濟成長而言，最重要的因素或許就是共識政治。也許西歐的政治人物仍記得戰前如何吵嚷不休，冷不防演變成同盟國與法西斯軸心國對立的局面。也許他們擔心蘇聯逮到機會在某些國家背後操控，然後進行干預。也許他們已經得到教訓，深知戰爭的恐怖，因此決心一起努力。或者……經濟成長帶來夠多的利益，他們樂於分享，不願因為貪婪而破壞這樣的關係。在西歐國家，大型政黨有很多資源，如左右媒體或把政府職位當作獎勵分配給支持者。總之，適度的雨露均沾有助於達成政治共識。

政策則交給技術官僚，如在領導德國戰後改革的經濟學家艾哈德（Ludwig Erhard），或是鼓吹歐洲統一的法國政治經濟學家莫內（Jean Monnet）。由於經濟仍繼續成長，發展的大方向沒什麼問題，就讓這些技術官僚放手去做。在一般大眾仍對競爭提高警覺的情況下，如果政治人物有些破壞性做法，對外貿易就不容易保持穩定開放。事實上，因為很少人反對，因此所有國家都因為貿易成長受益。對技術官僚的信任使這些國家得以建立一個對所有國家都有益的制度，因此每個國家都能得到好處。如果每項政策都得通過今天的考驗，不但要明確，還要有立竿見影之效，成長就會困難得多。

問題叢生

在已開發國家，大家都意識到國家終於知道如何馴服市場，並有效的運用權力。戰後三十年經濟蓬勃發展，即使出現衰退也很輕微。經濟學家認為，凱因斯式的穩定政策有助於緩解需求的波動與減弱衰退的力道。一旦經濟疲軟，中央銀行就會降息，政府則增加支出，等到經濟再次轉強，則升息並減少支出。至於潛在經濟成長潛力要多大才能使凱因斯的政策奏效？政策制定者不管這個問題，他們假設未來會一直強勁成長，即使偶爾稍稍下滑，又會很快反彈。因此，他們不但大開支票，也大開移民之門。

社福支票

戰爭或許是集體國家意志最強烈的表現。民主國家如果發動戰爭，需要全國共體時艱，共同犧牲。以二十世紀的戰爭而言，年輕工人階級首當其衝，很多人上了戰場之後再也沒有回來，即使其他人能回到家鄉，不是斷了條腿、缺了胳臂，就是心靈深受重創。第二次世界大戰爆發時，甚至連待在家裡的老百姓也無法倖免。即使不在被占領區或沒捲入戰爭的平民，也得面臨嚴格的糧食配給、砲彈轟炸、擔心住家淪陷，同時還得投入生產軍需品的行列（如英國）。人民團結起來為國家而戰，國家也就虧欠這些人民及他們的社區。因此，隨著戰爭落幕，經濟維持強勁成長，已開發國家無不慷慨解囊，答應廣為分享經濟成長的成果。

或許率先這麼做的是英國。如上一章所述，英國自由黨政府在一九〇八年到一九一一年間推動多項勞工福利法案，建構出來的社會保險計畫仍有很多漏洞，不算是全面的社會安全網。在第二次世界大戰最黑暗的日子裡，經濟學家貝佛里奇（William Beveridge）擔任衛生部社會保障調查委員會的主席，研究既有的社會安全網，思考如何改善社會福利。或許當時的勞工部長是為了支開他才把他趕到衛生部，並給他這個吃力的任務，讓這個激進的經濟學家不致於干擾勞工部的政策。[11]他一九四二年提出的報告總計發行五十萬冊以上，包括在美國賣出的五萬冊。全書包含四百六十一個已編號的段落、附錄和詳盡的計算。甚至還印製抽印本在前線流傳，解釋為什麼要參戰。

貝佛里奇提出一套單一的保險制度，使一般工人階級家庭得以因應重大風險：如分娩、疾病、失能、失業與年老。他概述一套付款制度，在這個制度裡，每個工人都以相同的費率繳交費用，任何人只要面臨上述情況，都能獲得相同的生活補助。這是一個沒有排富條款的體系，由全體納保人支付費用，並獲得相同的利益。貝佛里奇強調雖然人人都必須做出貢獻，不過雇主和政府也必須負擔一部分。他的目的不是各階級的收入重新分配，而是在個人收入出現變化時給予協助，例如「從有收入變成沒收入的時候，以及從沒有什麼家庭負擔到負擔變沉重時」。[12]

因為強制付款，因此人民會將這樣的安全網視為自己的財產，羅斯福推動「社會安全法案」時，也希望美國人這樣看待社會安全制度。貝佛里奇設計的計畫並不阻礙個人額外尋求的保障，如民間保險，同時保留工作的誘因，讓勞工不至於想要長期依賴福利過活，即使脫離困境仍不肯就業。此外，貝佛里奇在報告中還建議發放育兒津貼，以減輕年輕夫婦的負擔，提供全民健保，此外政府也得扛起讓人民充分就業的重責大任。

儘管這個計畫招致一些批評（有些保守黨人批評他是「只會慷他人之慨、居心險惡的老人」），但貝佛里奇的報告還是在戰火下呈現出全國團結、追求平等的精神。[13]不論有錢人還是窮人，如果全國上下都必須團結一心才能打敗軸心國，恢復正常生活之後，有錢人就得扶弱濟貧。戰後，不管保守黨或工黨都承諾要實行貝佛里奇報告。後來工黨取得政權之後，即以貝佛里奇報告為基礎，讓英國成為社會福利體系最完整的國家。在二〇一二年倫敦奧運開幕典禮中，有一段表演就是向英國國民醫療保健服務體系（National Health Service）致敬。英國人為他們的全民健保自豪，認為這個制度「最能顯現全民團結、同舟共濟的精神」。

歐陸很多國家變得比較富足之後，也加強自己的社會安全網。例如西德在一九五七年通過「社會安全改革法案」（Social Security Reform Act），透過領取年金來分享經濟成長的結果，年金給付標準改採與薪資連結，還會依照生活費用進一步調整，使年金給付水準大幅提升。雖然在已開發國家中，美國是例外，但美國還是在一九四四年通過「軍人權利法案」（G. I. Bill），用來安置二戰後的退伍軍人，包括由失業保險支付的經濟補貼、低利房貸、企業低利貸款，並給予高等教育及職業訓練補貼等。美國政府也在一九四四年將有錢人的邊際稅率提高到九四％，用來挹注軍費。[14]儘管戰後美國是最富裕的國家，但美國並沒有立即加強社會安全網。

讓美國躊躇不前的是少數族裔的問題。第二次世界大戰結束後，美國社會很難繼續主張白人優越論，畢竟這個國家為了抵禦納粹和日本的極權主義及種族優越論，犧牲數十萬條寶貴的生命。儘管民主自由的力量獲勝，慶祝的鐘聲響起，黑人的遭遇仍教人心酸，在美國南部駐守的非裔憲兵甚至會被餐廳拒之門外，德國戰俘卻可以入內享用飯菜。[15]

儘管黑人的貧窮率高於全國平均，但在所有美國窮人中並非多數。任何幫助窮人的措施都必須經過南部政治人物的同意，有些人只願意對白人伸出援手。的確，即使「軍人權利法案」並未排除黑人士兵，他們得到的補助還是遠遠比不上白人，尤其是在美國南部。

一九六三年，馬丁・路德・金恩博士（Martin Luther King Jr.）在林肯紀念堂的台階上發表演說，說到這個共和國的締造者在草擬憲法和獨立宣言時，為所有的美國人簽署一張支票，承諾「每個人，包括黑人和白人，都享有不可剝奪的生存權、自由權及追求幸福的權力」。他宣稱：「我們絕不相信正義的銀行會破產，也拒絕相信這個國家的機會寶庫會短缺。因此，我們要兌現這張支票，讓人人享有充分的自由，並受到正義的保障。」他說的支票不只是比喻，也很真實。[16]民權運動喚醒這個國家的良心，由於人民的所得提高，大眾也就願意慷慨支持將社會安全網擴大。

詹森總統（Lyndon Johnson）出生在德州的小農莊，在大蕭條時期長大成人，因此深知貧窮之苦。他擁有出色的領導力，政治手腕高明，政績優異。一九五〇、一九六〇年代黑人漸漸從南部的農業區北上，到北部的工業區工作。政治人物於是開始積極爭取黑人選票。[17]詹森總統在任內提出「大社會」的願景，推動一連串激進的政府及社區計畫，例如向貧窮宣戰，大幅增加社福經費（尤其是對貧困的老人）、健保經費（包括以老人為納保對象的醫療保險〔Medicare〕和以窮人為納保對象的醫療補助（Medicaid）〕，以及教育經費，像是一九六五年通過的「中小學教育法案」（Elementary and Secondary Education Act）、二〇〇一年，小布希總統簽署「別讓孩子落後法」（No Child Left Behind Act），以及二〇一五年歐巴馬總統簽署的「每個學生都成功法案」（Every Student Succeeds Act）。*

重要的是，貧窮社區要得到聯邦政府的直接支持，前提是地方社區決策必須以「最大可行的參與」（maximum feasible participation）為原則。如此一來，向來對黑人不友善的南方各州政府才不致於挪移黑人社區應該得到的經費。在一九六〇年代，貧窮的情況的確有改善。然而，正如莫尼漢（Daniel Moynihan）在《最大可行的誤解》（*Maximum Feasible Misunderstanding*）中提出的批判，很多計畫協調不良，結構也有問題。也許根本問題是，在強化社區上，國家的角色很矛盾。此外，社區參與的目標不明確，究竟是組織新的權力結構來對抗既有的權力結構，或是輔助

* 「中小學教育法案」是透過聯邦政府編列的教育經費補助來改善學校教育，確保學生擁有均等的教育機會；「別讓孩子落後法」則是由聯邦政府提供卓越教育，讓每個孩子都能有效學習，縮短學習落差；「每個學生都成功法案」則是要改善「別讓孩子落後法」的缺失，將教育回歸州和地方，增加家長教育選擇權。

或延伸既有的權力結構。[18]不管怎麼說，這些福利計畫和既有的結構和利益格格不入，不能以增加經濟機會的理念來吸引社區裡的人。

傳統政治領導階層會保護自己的地盤，阻撓社區參與，而社區運動者則會與外面的任何組織抗爭。詹森的「向貧窮宣戰」幾乎無可避免的成為由上而下的社會運動，而非由下而上的社會運動，而且有無以為繼的問題，最初的支持者如金恩博士等人因為看不到比較全面、協調的行動而漸漸變得心灰意冷。此外，美國因為捲入越戰，有些創新經費轉移至軍事用途，而詹森也因為越戰的拖累，聲望跌入谷底。詹森簽署「民權法案」後，雖然北方黑人選民堅定支持民主黨，這些選民並非影響選情的關鍵因素，支持者四散，而詹森政府計畫中的創新、分權精神也萎縮了。[19]接下來，聯邦與各州在社福、健保和教育的支出愈來愈多。雖然美國的福利計畫支出仍比不上歐洲，但在戰後光輝燦爛的三十年間，美國也有社會福利活水的滋潤。

移民

戰後嬰兒潮帶來更多勞動力，同時，強勁的成長也創造很多新工作機會。隨著人民轉到薪資較高的工作，各國都需要勞工來填補職缺。即使西德吸收逃離東德的移民，仍然嚴重缺工，因此西德在一九六〇年代和希臘、摩洛哥、葡萄牙、西班牙、突尼西亞、土耳其和南斯拉夫簽訂協議，伸開雙臂歡迎來自這些國家的「客工」，條件是這些移工只是暫時在西德工作，最後還是會回去家鄉。一九七三年，移工占德國勞動力八分之一，法國則緊追在後，移工人數約二百三十萬人，占勞動力一一%。移工多半擔任保母、廚師和清潔工。[20]英國也吸引來自加勒比海和南亞的移民，包括被獨裁者阿敏（Idi Ami）從烏干達驅逐的印巴裔公民。

歐洲想把這些人視為暫時移民，因此很多移民不像本國勞工得以享有權益保護。一旦遭遇經濟衰退，他們會最先被解雇。雇主也沒有誘因投資他們，或讓他們晉升，而國家則認為沒必有讓這些移民融入。至於對移民而言，他們只要有工作就謝天謝地了，畢竟在這裡賺的錢要比在家鄉多很多。他們住在都市外圍，在城裡努力工作，逆來順受，接受種種不公平的待遇。儘管如此，還是有很多人留了下來，但他們的孩子不願意接受次等公民的待遇。歐洲國家本來因為人口同質化程度高，因此願意實行慷慨的社會政策，但現在人口同質化的程度漸漸降低，移民的外貌和語言都和本國人民大不相同。英國保守黨議員鮑威爾（Enoch Powell）就在一九六八年的演說批評移民政策，提到「一般英國老百姓都覺得自己像是受到迫害的少數族裔」，並警告移民群體就像「台伯河冒血的泡沫」。[21]這番陳詞無疑是危言聳聽，但這種對移民不滿的言論每隔一段時間還是會冒出來。

美國也修改移民法。一九二四年的移民法嚴格限制移民數量，對西歐移民則比較寬鬆。一九六五年國會通過「哈特－塞特法案」（Hart-Celler Act），以迎合當時的反種族主義風潮，廢除以國家和族裔為基礎的配額制度，西歐人不再有移民的優先權，讓合法的美國居民親屬及美國需要的技術人才得以移民美國。一九一〇年美國移民人數約占人口總數的一五％，接著持續減少，到一九七〇年降到最低點，移民只剩五％，之後由於社會環境對移民比較寬容，才穩定爬升。

在追溯那個年代的問題時，不應該忽略戰後驚人的經濟成長和貿易恢復帶來的好處：在兩次大戰期間，已開發國家最初顯露的集權傾向已經消失。民主建立在強勁的經濟成長上，這個基礎更堅實了。前市場及後市場的支持也有助於建立對溫和中間派政黨策略的信任。更多開發中國家被吸引到自由主義的道路上。少數族裔和移民的待遇獲得改善。大抵而言，這個世界是和平的。

好景不常……

不幸的是，到了一九六〇年代末期，政府才剛對人民承諾會與他們分享未來經濟成長的碩果，經濟卻突然停滯不前。這有好幾個近因：美國深陷越戰的泥淖，加上因為「對貧窮宣戰」多了新的社會福利支出，導致通貨膨脹；美元與黃金脫鉤，堅持固定匯率的布雷頓森林體系因而瓦解；贖罪日戰爭（Yom Kippur War）爆發後，美國因為援助以色列而激怒石油輸出國家組織（OPEC）的成員國，全球石油大量減產，油價漲為三倍……但是，最明顯的原因或許是第二次工業革命已經到了強弩之末。

早先，由於歐洲和日本的經濟仍處於追趕模式，因此還沒有出現問題。然而，到一九七〇年代初期，歐洲和日本在已知領域的創新和生產效能上已經跟上，無法繼續模仿其他地方的想法和最佳做法，必須自己創新。由於新領域的開拓速度變慢，成長的腳步也慢了下來。

大多數的經濟學家認為，在突破性創新（科技革命的關鍵創新出現時）後是穩定的發展與執行，直到創新的成果被摘取殆盡。喬治梅森大學（George Mason University）的經濟學家柯文（Tyler Cowen）與西北大學（Northwestern University）的高登（Robert Gordon）認為，在一九六〇年代末期，第二次工業革命的發展已到盡頭。[22]例如，航空技術的創新和加壓客艙使商業航空旅行變得更加快速、安全、舒適，使得洲際運輸更吸引人。就我所見，民航機不但更安全，費用也便宜多了。現在預訂機票很容易，機艙也安靜、舒服多了（老一輩的讀者應該還記得以前的飛機上下晃動得厲害，讓人頭暈、嘔心），只是座位更為狹小。不管如何，飛行技術基本上並沒有多大改變。

高登強調這點，並指出，在一九二〇年到一九七〇年間，美國的勞動生產力（每工作一小時的生產力）成長到達頂點，也就是二．八%。這是第二次工業革命創新的成果。[23]但從一九七〇年到二〇一四年卻退步到一．六%。

這裡做個附加說明也許會更容易了解。我們正處於資通訊科技革命中，媒體不斷報導人工智慧或免疫療法的最新進展，然而過去幾十年的勞動生產力成長，每年「只有」一．六%。既然只有成長一點點，如何稱之為「革命」？從時代背景來看。在一八七〇年和一九二〇年間出現種種改變人類生活的創新發明，如內燃機、飛機和電燈，那時勞動生產力的年成長幅度為一．八%。現實情況是，在新領域的成長非常困難，翻開歷史來看，國家的經濟成長率幾乎很低。因此，我們可別小看每年一．六%的成長。此外，在無法預測的長期停滯之後，創新會轉化為實際的經濟成長，因為社會需要時間來設想及建構能有效利用創新的體系。就像歷史學家戴維（Paul David）強調：工廠從容納一個龐大蒸氣引擎，改為利用多個電力小馬達運轉，電力才能取代傳統蒸汽引擎。[24]最後，科技變革可能只在某些領域產生重大影響，就算是改變人類生活的創新，整體的經濟成長依然很有限。例如，我現在時常上網交易，因此很少去銀行或百貨公司，但現在的學生大都必須上學，坐在教室裡聽老師講課，和幾百年前的學生一樣。

經濟成長遲緩的另一個原因是勞動力人口減少。整體而言，經濟成長是勞動生產力成長與勞動人口數成長的總和。已開發國家戰後的人口成長強勁，那是拜戰後嬰兒潮之賜，但女性生育率卻急遽下滑。一九六〇年，西德的出生率是每千人十七．三人，到了一九七〇年代中葉，降為每千人約十人，之後則保持這樣的水準。義大利和西班牙的人口下滑則更為顯著。[25]雖然有一段時間女性勞動力增加，能夠彌補整體人口成長率的下滑，但是到了本世紀初，人口成長率仍呈現水平發展。

由於每小時產出成長放緩，加上勞動力的成長也放緩，自一九六〇年代以降，美國經濟成長逐漸下滑。一九六〇年代的年成長率為四．五%，在接下來的三十年間，年成長率降為三%，本世紀則是二%左右。我們是否淡化創新和生產力的作用，低估成長的幅度？很多人為此爭論不休。例如，我們在衡量經濟成長的程度時，是不是沒把新車品質與航空安全當成重點？再者，免費網路服務的價值也很難轉換為某個金額。最近形成的共識是，對生產力的成長幅度而言，這些因素的影響微乎其微，成長幅度下滑千真萬確。[26]當然，沒有任何跡象顯示成長不會再度上揚，科技樂觀主義者相信，總有一天我們一定能看到資通訊科技革命反映出更大的生產力成長，雖然可能比不上戰後的成長速度。

政府赤字不斷攀升

一九六〇年代的政府承諾讓一般民眾享有健保與退休金，這是基於強勁的生產率成長和人口成長，然而到了一九七〇年代不得不面對現實，畢竟生產率和人口成長率都陷入停滯。新生兒變少意味著人口老化的速度變快，老人愈來愈多，需要的退休金和醫療照護費用也日益龐大，這筆錢將由勞動人口中的年輕人來負擔，這些人卻愈來愈少，除非國家允許更多移民進來。此外，由於經濟成長的潛能放緩，衰退的力道不再只是表象，失業保險和貧窮救濟的支出也增加了。顯然，政府在經濟成長強勁的年代做出過多的承諾。

政府支出在GDP所占的比重激增。有一段時間，為了因應支出飆升，中央銀行會祭出擴張性貨幣政策，以免成長變得遲緩。但這和凱因斯的預言恰好相反，寬鬆貨幣政策無法再誘發經濟成長。反之，經濟成長不但會陷入停滯，還會出現嚴重的通貨膨脹，這就是所謂的停滯性通膨。原因很簡單，如果需求不足，凱因斯式的刺激可以奏效：降息能刺激消費，因而恢復成長。但在一九七〇年代初期，問題不在需求，而是供給，缺乏競爭的效應開始顯露。在戰後幾十年間，勞動力重新分配到生產效能較高的部門，加上投資的資金更多和生產技術更有效能，因此供給能趕上強勁的需求。現在，管理效率不彰，冗員過多，人們買得起的東西變少了。在這種情況下，更多的需求只會導致通貨膨脹，而非經濟成長。

於是，所有已開發國家的痛苦指數（即通貨膨脹加失業率）都升高了。在卡特總統（Jimmy Carter）任內，美國痛苦指數達到新高。在政治上，當務之急就是馴服通貨膨脹這頭猛獸。因此卡特任命沃克（Paul Volcker）為聯準會主席。沃克不擇手段打擊通貨膨脹，甚至在一九八一年把聯邦準備基金利率調升到一九．一%，這個紀錄在戰後（或以前）從未見過。這帖猛藥果然有效，儘管美國經歷雙底衰退*，最後還是壓制住通貨膨脹。世界各國的中央銀行莫不以維持低而穩定的通貨膨脹率為主要目標。

儘管通貨膨脹率下降，但是在稅收不高，失業補助及其他福利計畫的龐大支出下，財政赤字居高不下。在美國，保守主義者提出「餓死野獸（政府）」的財政手段，減稅之後創造高額的赤字。自從一九七〇年代後期開始，已開發國家的公債占GDP的比重持續增加，主要是政府已經不再能利用高通膨來減輕實質的債務負擔。例如，美國在一九八一年公債占GDP的比重一度來到最低點，之後又不斷攀升（唯一的例外是在一九九〇年代後期，高經濟成長和財政盈餘暫時使赤字下降）。在已開發國家，各國已經意識到科技變革帶來的生產率成長不容易掌握，必須

* 指經濟體系衰退後，國內生產總值正逐步回升，但經濟短暫復甦後，又再次落底。

找尋增加成長動能的新方法。於是，他們希望從市場找到解方。

追求更大的效能

戰後的共識是，國家在市場扮演重要的角色，即使國家並不實際從事生產和服務，還是可以管制市場，限制過度的競爭。競爭太少不是問題。唯一背離這種共識的是，貿易障礙會導致集體自毀，因此關稅障礙在戰後逐漸解除。此時，由於大眾對通膨和失業的問題愈來愈沒耐心，國家不得不重新檢視反競爭的共識。像芝加哥大學的海耶克和傅利曼等市場擁護者在國家勢力擴大的時期受到忽視，現在由黑翻紅，人氣飆漲，連深具影響力的政治人物也是他們的信徒。民眾日益了解，生產部門都被獨占，只有競爭才能提高生產效能、促進成長，因此激發改革。

改革措施包括產業管制的鬆綁、公部門的民營化、減少員工解雇的保護、消除證券發行及市場訂價的限制、讓銀行、經紀人和其他金融機構自由競爭，以及更進一步消除貿易和資金流動的障礙。有趣的是，隨著一國的產業競爭力增強，效應藉由貿易散播出去，資金流動增加，從而刺激其他國家的改革和競爭。

讓我們來看看幾個例子。在產業內，各種法規限制價格競爭。美國民航局（US Civil

Aeronautics Board）自一九三八年成立以來，對航空運輸業的管制包括核定航線、允許新的航空業者進入市場、審核運費等。民航局制定的法規通常比較有利於原有的業者。過去的票價一向很高，服務好，在航空公司任職者不但薪資優渥，還能獲得免費機票或機票折扣。航空公司的機師和空服員因此過著光鮮亮麗的生活、讓人羨慕。

一九七八年，卡特政府的民航局長卡恩（Alfred Kahn）推動航空業的管制鬆綁。航空票價因此不斷下滑，飛機不再只是精英權貴的交通工具，機場的旅客愈來愈多。機票廉價，除了準時把乘客從甲地送到乙地，沒有額外的服務，由於加入航空市場的新公司愈來愈多，競爭變激烈，航空公司員工的福利也打了折扣。從旅遊業的成長和票價的下跌來看，可見管制鬆綁獲得巨大的成功，使航空旅行普及，人人都能搭飛機旅行。當然，有人或許會抱怨航空公司人員粗魯無禮、座位狹窄、行李托運、餐點等各種服務都要錢，也許以後連上洗手間都要另外收費。從某種層面來看，航空旅程的舒適只是回應市場的需求，如果想要稍微好一點的服務，就得為此付費。然而對航空公司的員工來說，聘用條款也有了改變，我們會在下一章回到這個問題。

美國在卡特和雷根任內也放鬆對多個產業的管制，如電力、貨運和金融。雷根和英國首相柴契爾夫人都因為強勢鎮壓強悍的工會，獲得許多人民的支持。一九八一年，雷根總統解雇一萬一千多名參加罷工的飛航管制人員，並禁止他們再回到航空總署任職。一九八四年，由於英國國家煤炭局將關閉二十個國有礦區，使兩萬名礦工失業，全國礦工協會於是發動全國總罷工。由於工會領導不力，時間拖得太長，這場罷工以慘敗收場，規模萎縮的國有煤礦產業也走向民營化。柴契爾政府還出售大量國營事業，包括英國電信和英航。為了進一步民營化，柴契爾夫人甚至把一些民營化公司的股票保留給散戶。她特別重視住房民營化的問題，把大量公共住宅以折扣價賣給原來的承租戶或住房協會。

矛盾的是，口口聲聲說要把權力交還給人民的柴契爾政府實行的卻是中央集權，在一九八六年透過「地方政府法」（Local Government Act）奪走地方政府的資金和權力。[27] 柴契爾夫人不相信社區的價值，認為個人和家庭可以靠自己的力量在這個世界安身立命。她的願景是國家引導的個人主義市場經濟，沒給社區這個社會結構留下一席之地，不知社區其實是平衡國家與市場的重要力量。只要有機會，她就朝向這個目標努力。面對黨內的質疑之聲，她說道：「你要轉彎，就自個兒轉吧，我是絕不會轉的。」

在已開發國家，國家不僅讓工業部門自由化，還有金融市場。和航空業的管制鬆綁一樣，金融機構和市場交易的競爭降低公共服務的成本，讓更多人得以利用金融服務。這也導致金融業的獲利下降、原有的獲利能力降低，金融市場變動加劇，創新和冒險的壓力更大。面對這些壓力，國家的正確反應應該是進行更好、考慮更加周全的監管。不幸的是，國家已管不了這麼多。

自大蕭條以來，保守派和自由主義的學者及知識分子有如在曠野中佈道。現在政策制定者終於洗耳恭聽，希望能把重點傳達出去。對戰後國家勢力的擴張，他們的反應通常和意識型態有關，有時不受現實世界的影響。他們認為，必須給市場完全、不受約束的自由，如此才能解脫束縛。只有這樣，市場才能發揮最大的潛能，出現人人渴望的強勁經濟成長。他們聲稱，監管是不必要的，因為競爭自然會懲罰無能及過度冒險的人，還強調原有的企業如有機會，確實可能會利用限制競爭的種種方式來影響監管者。

這一切都有點道理。然而，如果完全缺乏監管，可能導致聯合獨占或過度冒險，這兩者都是不受拘束的市場容易產生的弊病。輿論必須注重平衡。過去幾十年來國家的過度擴張已經引發出一股強大卻沉默的反對力量。監管的鐘擺又盪了回去，從一開始的自由化獲得動力。對監管的問題，自由化的政府普遍都採取「少即是多」的觀點。

歐洲全速衝向整合

在一九七〇年代，美國和英國以大規模的管制鬆綁和自由化來因應成長停滯，但歐陸各國沒這麼做。儘管市場基本教派主義加上個人主義被認為是英美人士的癖好，不利於文明行為或社會和諧，但是在戰後強勁成長三十年告一段落之後，歐洲政治人物因為給選民太多承諾，而不願面對他們。

其實，歐洲為就業勞工建立的保護措施也不利於社會和諧。只要碰到景氣循環，經濟低迷，首當其衝的就是來自南歐和土耳其的移民，他們因此失去工作。但西歐勞工也可能面臨這樣的不幸。在成長遲緩的一九七〇年代，失業率飆升，有些本地出生的公民也身受其害。德國經濟學家吉爾希（Herbert Giersch）就發明「歐洲硬化症」（Eurosclerosis）這個詞來形容歐洲因管制過多、社會福利寬鬆導致成長緩慢、失業率過高的現象。雖然就業勞工獲得很好的工作保障，不幸的失業者和剛進入勞動市場的年輕人得不到保護。

因此，歐陸除了面臨改變的壓力，現在又有一股推力。金融市場的管制鬆綁有助於市場改革從英美經濟體傳播到其他已開發世界。由於資金快速跨越國界，不是單一國家能夠控制，自由化的趨勢也不是個別國家抵擋得了。例如，一九八一年當選法國總統的密特朗（François Mitterrand）以傳統社會主義為號召，主張提高工資、降低工時、提早退休、將有薪假延長為五週，更重要的是，把銀行、金融機構與最大的工業公司國有化。[28]在某種程度上，這些措施是為了讓密特朗的夥伴（也就是共產黨人）安心。當然，他們無意提高企業信心。隨著法國的經濟成長進一步放緩，失業率上升，財政赤字急遽升高到令人恐懼的地步（部分原因是企業收歸國有），密特朗決定透過加稅來彌補財政缺口。資金因此迅速逃離這個國家。在歐洲的匯率體系中，法郎多次貶值。

法國如果不繼續採取中央集權政策，箝制跨境流動，在經濟上與歐洲鄰國保持距離，就得來個大翻轉。務實的密特朗選擇後者，薪資凍漲、削減政府支出並加稅，以穩定通膨率和匯率。他利用這次危機在一九八四年結束與共產黨的親密關係，轉向市場友好政策。

歐洲整合計畫在一九八〇年代中期陷入停頓，因密特朗政府的支持而重新獲得動力。歐洲市場統一的三大障礙是各國法規多而不同、企業與勞動力流動困難，以及幣值波動。歐洲各國經過一連串的談判，陸續達成的協議有一九八六年的「單一歐洲法案」（Single European Act）、一九九一年的「馬斯垂克條約」（Maastricht Treaty），以及一九九七年的「阿姆斯特丹條約」（Treaty of Amsterdam），大多數的國家都同意合併為一個聯盟，以及四個自由政策，即貨物、服務、人員和資金皆可自由流通。簽署條約的國家承認成員國的公民除了擁有本國公民身分，也是歐盟公民。此外，多數國家決定以歐元當作通用貨幣。歐洲人希望隨著國家間壁壘的減少，能出現新的成長來源，政治人物就能減輕做決定的壓力。再者，由於跨國競爭加劇，各國不得不進行改革，但希望用比較溫和的方式來進行。

貨幣整合

歐陸整合最重要的一步就是建立單一貨幣。從歷史來看，法國和義大利、西班牙等南歐國家比較願意接受提高工資的要求，而緊縮預算赤字的速度則不及德國，因為一九二三年惡性通膨的慘況仍然德國心有餘悸。因此，這些國家比較容易出現通貨膨脹。此外，德國央行執行嚴格的貨幣政策，使德國的通貨膨脹遠低於法國和南歐。與德國相比，法國和南歐的貨幣升值速度較快，因此需要逐步貶值才能保有競爭力。但一般公司討厭這樣的匯率波動，因為規避匯率變動的風險代價高昂，而未避險的合約可能在一夜之間變得沒有獲利。因此，在固定匯率的布雷頓森林體系瓦解之後，在歐洲匯率機制（European Exchange Rate Mechanism）下，歐洲有不少國家都將貨幣與德國馬克掛鉤，希望能和德國一樣低通膨、低利率，同時減少匯率波動，以免增加重要貿易夥伴的困擾。

但是，除非這些國家像德國一樣執行保守的財政和薪資政策，不然即使是在歐洲匯率機制，可能還是必須定期調整匯率，就像一九八〇年代初期的法國。但法國和南歐沒有放棄，反而決定再加把勁。法國說服德國採用共同貨幣，也就是歐元，如此一來，歐洲各國就能接受德國的統一。貨幣通用需要各國對政府預算赤字和薪資採取類似的政策。事實上，歐洲各國政府也不再同情工會要求提高薪資的訴求。同樣的，各國政府同意遵守政府支出或徵稅的規則，也不會動不動就同意人民的要求。因此歐盟各國在一九九七年簽訂「穩定暨成長協定」（Stability and Growth Pact），政府預算赤字不得超過GDP的三%，且政府負債不得超過GDP的六〇%，如果超過則必須採取糾正措施。

問題浮現

由於歐洲領導人急於整合，因此不願懷疑彼此的行為。「穩定暨成長協定」是要確保所有國家都不會過度支出，造成巨額的財政赤字，進而造成其他國家的負擔。問題是，在真正需要的時候，這項協定幾乎沒有什麼約束力。有些國家在加入歐元區前就隱瞞財政赤字，如希臘。此外，在全球金融危機前已經有六十八項違反協定的行為，歐盟卻沒有對違規者採取任何行動。[29]像法國這樣的大國，如果碰到「穩定暨成長協定」的規則與本國政策有所抵觸，則不管那些規則了，就連德國也是如此。由於薪資或財政赤字沒有紀律約束，歐元區各國的通貨膨脹率差別很大。南歐由於政府支出過度，通貨膨脹率也比較高。由於歐洲有一個中央銀行，負責歐元區的金融和貨幣政策，歐洲各國利率也就差不多，沒有人相信有國家會違約。希臘公債利率和德國公債利率差不多。正如我們會看到，不同的通貨膨脹率和相同的利率會釀成災難，因為高通膨國家的借款利息會便宜得多。

另一個可能出現的潛在摩擦就是人員在歐盟間的自由流動。由於各國的社會保障不同，有些國家擔心，給人民較多保障的國家會吸引外國來的貧困者。說來歐盟並沒有吸收這些貧困者的同情心，領導人並非不知道推動整合的後果，只是他們似乎有信心可以找到解決方案。

例如，為了促進貿易和投資，領導人同意規章制度應該統一。但是協約的某些條款可能會侵犯到國家主權。因此，歐盟同意實行輔助性原則（principle of subsidiarity）：其中，除非明確屬於歐盟管轄的事項，否則歐盟不該干預國家、區域或地區政策，除非認定歐盟的干預比較有效果。問題是，這個原則很模糊，如何確定歐盟的干預比較有效？

同時，這會削弱國家政策。首先，某個會員國的商品品質和安全如果合乎標準，其他會員國就不能阻止商品的進口。例如，德國不再能將比利時啤酒拒之門外，即使比利時啤酒違反一五一六年頒布的「德國啤酒純釀法令」。[30]其實，由於歐盟的會員國增加，為了加速政策達成協議，並避免小國向歐盟勒索，歐盟對絕大多數領域的決策採取有效多數表決制。因此各國都必須執行歐盟政策，即使不同意，也得照做。歐盟內部因而出現一種新的不平等和怨懟。從本質而言，小國已經放棄某些主權，臣服於歐盟與能影響歐盟政策的大國。

總而言之，歐洲把賭注押在整合上，也就是建立一個超越國家的聯盟，共同擁有一個整合的市場，以因應成長放緩。儘管歐盟將規章制度統一，各國政府依然必須做出重大決定。歐洲想要達成這兩個目標：既享有無縫隙的共同經濟，同時讓各國保有政治自主權，但這並無法運作。

主權的喪失

基本上，歐洲整合是一個政治計畫，推動這個計畫的領導人起初希望拉德國來建立一個經濟共同體，使之繁榮，不會再度成為威脅。德國也共襄盛舉，使歐盟成為其施展國家野心的工具，並用資助歐盟來為納粹歷史贖罪。經過一段時間之後，隨著戰爭的記憶愈來愈模糊，新的理念日益顯著：歐洲整合也許能為經濟成長帶來更大的動力，各國無須為困難的決定掙扎，甚至可能產生足夠的成長，使各國政府得以履行先前給人民的承諾。歐洲內部的移民也可能有助於為人口老化的社會注入新血，避免需要引進來自其他地區的移民，出現文化隔閡。然而，歐盟官方的決策如果遭到批評，或許可以用來當成改革的藉口。優柔寡斷的政治人物也許會說：「都是布魯塞爾要我們這麼做。」隨著經濟整合的發展，又出現另一種理念：因為歐洲已經整合，美國和中國不得不重視歐盟的領導人。歐洲任何一個國家的領導人都無法得到這種待遇。總之，歐洲整合是一個由上而下、由精英主導的計畫。

問題在於，沒有人問人民，他們多想成為歐盟的一分子，願意放棄多少主權。只要有經濟利益，領導人就同意加入。因此，歐洲整合的過程並不民主。正如前盧森堡首相、現任歐盟委員會主席榮克（Jean-Claude Juncker）所言：「我們決定做某一件事，就先提出來，看看會有什麼反應。如果沒有人反對，畢竟沒有人知道到底做了什麼決定，我們就一步步的進行下去，最後就沒有回頭路了。」[31] 隨著歐洲繼續整合，一般民眾很少人知道簽署了什麼條款。其實，由於為了趕快整合，協議條約常常故意含糊，有時連領導人也不清楚。

歸根結底，只有人與人之間有深厚的社會同情心，整合才能成功。歐洲各國的領導人和高階官僚在布魯塞爾、法蘭克福或巴黎舉行無數次的會議之後，終於能互相了解，甚至成為朋友。隨著比較貧窮的國家加入歐盟，這些國家有著不同的歷史經驗和文化態度，不同國家民眾間的連結變得更加脆弱。無論如何，我們仍不清楚歐洲各地的人民是否認為自己所在之地不只是一個沒有障礙、共同的單一市場。歐洲不像美國和英國那樣強調市場，而是強調歐洲這個「超級國家」（superstate）。正如我們將看到，這兩個解決方案都沒有奏效，因為兩者都忽略了社區。

結論

戰後贊同國家、反對市場的共識持續一段時間。市場透過貿易擴張，但仍被大幅管制。這時強勁的成長並非來自於把市場綑縛起來，而是因為其他因素，然而到了一九七〇年代初期，成長陷入停滯。已開發國家經過數十年的強勁成長，民主也根深蒂固。這些國家還做出兩套影響未來的重要承諾。他們承諾給人民社會保障，甚至連移民都能享有很多保障。經過一段時間之後，少數族裔及移民也能獲得公民權。會做出這樣的承諾是因為當時的社會繁榮，政府充滿信心，預測經濟將會繼續強勁成長。

然而，成長停滯之後，已開發世界的共識從反市場變成反國家。在崇尚個人主義的英國和美國，反對國家擴張的思想和政治力量尤其強大。在一些國家，如英國，則包括削弱社區的角色。政治人物設法奪回被國家篡奪的權力，不但沒分配給其他地方，也沒有好好掌握。

隨著全世界市場的自由化，資金更容易跨界流動，即使意識型態不傾向市場的國家也開始在意市場對政府政策的反應，就像他們非常在意選民的反應。即使市場限制政府政策，一些國家的政府則把自己和超級國家或跨國體系（如歐盟或單一歐元貨幣）綁在一起，這將進一步限制本國主權或地方功能。

因此，隨著資通訊科技革命開始影響工作與貿易，而且透過貿易，又使工作受到影響。國家債台高築、過度承諾，社區則已被剝奪權力，兩者皆無法回應人民的需求。此外，在成長強勁的年代，國家制定的移民政策改變社區的組成，卻沒意識到，隨著時代的變遷，只有同情心能讓人團結。技術的進展透過全球一體的市場快速傳播，這已經不是國界能阻擋得了。某些已開發國家的人民只能自己想辦法面對。有能力的人很快就能適應，不過還有很多人不知所措。他們被困在問題社區中，對體制充滿怨懟。

第六章
資通訊科技革命

如果一九八〇年代中期造訪過地球的外星人今天又重返這個星球，將會發現有個明顯的差異。公共場所裡的人幾乎都不管周遭世界，一直盯著一個小小、長方形的東西。之後他知道這就是所謂的「智慧型手機」。不久，這種手機將被植入人體內的裝置取代。這種裝置能與我們的心靈連結，讓人能夠即時利用計算能力和巨大的資料庫。電腦強化的人類不再只是科幻小說的情節。資通訊科技革命已經改變很多層面，包括我們把時間花在哪裡、如何與人互動、我們從事的工作、我們的工作地點，甚至犯罪方式也因此不同。更重要的是，這場革命使人類社會的三大支柱再次失衡。

正如我們會看到，資通訊科技革命不只是像先前的革命，很多工作被自動化的機器取代，也使生產與銷售的地點更不受限制。這場革命使市場進一步統一，使跨國競爭更加激烈，首先是製造業，現在連服務業也是。成功的生產者在效能最高的地方生產，因此得以擴大規模。這種做法雖然造就非凡的贏家，也產生不少輸家。

科技輔助的市場對國家的生產部門產生廣泛的影響。有些影響源於科技變革，有些則源於人們及公司的反應。毫無疑問，人類的能力也提高了。結果，在大城市、教育水準高的社區蓬勃昌盛，而以製造業為主、居民教育程度不高（通常只有高中畢業）的半鄉村地區則日趨蕭索。更廣泛的說，正如過去的科技革命，在利益擴散出去之前，人們必須趕快適應。的確正如以往，最需要適應的總是經歷極大逆境、資源卻最少的社區。

一九七〇年代後期出現的反國家意識型態也很重要。雖然國家放鬆箝制，市場鬆綁卻使競爭變激烈，讓少數人得以獲得剩餘價值，多數人機會減少。科技引發的不平等和人為的不平等相互依存。

從企業行為的新典範正可以看出這種態度的轉變。這種新典範就是股東價值最大化，企業把精力灌注在為一小撮投資人增加價值。雖然這種做法大體而言提高企業效能，但遠離社會公益的理念，同時也使不公平的行為合法化，失去大眾的支持。企業為了增加收益，不只致力改善產品品質，也會設法影響政治人物或立法者，使法規變得有利於自己。結果，今天的私部門為了維持反競爭的壁壘，更加依賴國家的恩庇，不但難以抵抗國家的力量，更不可能得到廣大民眾的支持。

資通訊科技革命的另一個重要結果是，能力較強的人薪資較高，使社區凝聚力受到影響。為了讓孩子具有市場所需的能力，高所得者傾向離開混合或衰敗的社區，遷移到富裕的社區，左鄰右舍都是高收入者。這種物以類聚的現象已經出現在美國，在其他地區也看得到。儘管真正的有錢人總是離群索居，但中上階層的人也被迫離開自己的領土。在工作機會變得更加不平等下，社區內的族裔多樣性增加，經濟多樣性卻降低了。再者，各社區的人力資本不均，有些社區比較能獲得因應市場競爭所需的能力，有些社區則否。

不平等不只反映在經濟結果，還有機會的不平等，因此成為大問題。在美國，不平等的現象比比皆是，如大城市或富裕郊區居民及經濟受到重創的小鎮居民之間的不平等，大型新創服務公司員工與小型老牌工廠員工之間的不平等，還有高所得人士與其他人的不平等。這種不平等的根源不只是在科技變革，也涉及社區和國家未能平衡與調節市場。

歐陸也可以看到這種不平等的現象，或許程度不同而已。再者，歐陸走上整合之路更凸顯新的不平等：老一輩、工作得到保障的人，與從事低薪工作的年輕人或移民之間的不平等；歐洲大國與弱小國家之間的不平等；以及富裕的北歐與較落後的南歐之間的不平等。這些不平等的現象因為整合而蔓延到整個歐洲。

本章將聚焦在資通訊科技革命如何影響市場，尤其是就業市場、所得及各國之間的貿易。我們將探討各方利益對競爭加劇的反應。下一章則會討論社區如何受到影響。

資通訊科技革命對工作的影響

資通訊科技革命對工作有直接影響，會消除某些類別的工作，同時凸顯其他工作的重要性。這場革命也透過貿易產生間接影響，使某些工作外包，並使某些工作回流到國內，也就是內包。

對工作的直接影響

正如很多研究人員指出，近年來，新科技已經消除某些例行性或簡單、可預測的工作。[1] 如首家開設在西雅圖的亞馬遜無人商店（Amazon Go）就創造不用排隊結帳、沒有收銀台的購物經驗。[2] 只要使用手機 app 就可以進入商店，拿走想要的東西就可以離開。之後，這筆帳單會出現在亞馬遜帳戶上。這種利用機器視覺辨識、深度學習演算法等技術的無人商店和無人駕駛車類似，電腦會辨識從貨架拿走的東西，自動結帳。這種商店不需要收銀員，使用的軟體也可以監控庫存量、補貨，或是在打烊時結算帳目。自動化系統可以完成這些工作。

當然，這種商店有時仍需要店員，例如協助顧客尋找想要的東西、補貨上架，或是準備店內販售的鮮食。重點是，店員主要的工作變成處理異常狀況，擔任一般民眾和自動化系統的中介者。只要這種自動化商店架構良好，就能改善整體購物經驗，甚至可以降低成本。

不管是否需要技能，近幾十年來，例行性的工作已經漸漸消失。以前銀行雇用成千上萬的行員來收取客戶存款，或是發放現金給提款的客戶，並結算當日往來的金額。任何具有良好品德及基礎計算能力的人都能勝任這種例行性的工作，不需要其他較高階的技能。行員這份工作的收入不錯，吸引不少誠實的人前來應徵。但自動櫃員機和點鈔機已經能取代行員的工作，現在利用像支付寶或 Apple Pay 等行動支付系統甚至可以不用現金，使現金和保全系統變得多餘。在瑞典，幾乎所有銀行都沒有現金服務。有的教會還會把銀行帳號顯示在前方的螢幕上，讓來禮拜的教友利用手機捐款。[3]毫無疑問，未來幾年支付會變得更容易。然而，由於銀行開設分行的成本減少、分行愈開愈多，銀行雇用的人員不減反增，行員變成客戶關係經理，提供客戶可供選擇的貸款方案或投資組合建議。[4]根據美國勞工部勞動統計局（Bureau of Labor Statistics）的資料，儘管金融業普遍實行自動化，還遭遇金融危機，商業銀行及相關領域的工作卻增加了。一九九〇年的從業人員有二百四十萬人，到了二〇一七年已經增加為二百七十萬人。

雖然有些舊工作消失，卻也出現一些新工作。以專業的稅務會計師而言，他們的專長是了解稅法的每個細節。但是這樣的工作已經可以被幾塊美元的報稅軟體取代。至於為高資產客戶尋求國際避稅管道的稅務律師依然炙手可熱。這樣的工作很複雜，並非例行性質，必須為每個客戶量身定做，這得靠稅務律師對稅法瞭如指掌、對之前發生的案例有所了解，還要擁有個人創造力。資通訊科技革命使這類律師工作起來更得心應手。律師可以利用電腦查詢之前的案例或相關稅法，而電腦仍難以取代他們的工作，至少現在還不行。的確，由於查詢資料更容易，稅務律師可以快速為客戶找到可利用的避稅管道。國際稅務律師如果效能卓越，就能為更多客戶服務，一旦打出名聲，客戶源源不絕，收入也就能大幅提高。

重要的是，報稅軟體也能為只具備初階技能的人創造新的工作機會。只要高中畢業、熟悉電腦，就能在稅務服務公司工作，協助一般人報稅。畢竟有些人不熟悉電腦或是覺得報稅太麻煩。以前一般人哪請得起會計師，現在只要花點小錢，就能請稅務公司的助理代勞。

讓我們更仔細的看最後一個例子。從歷史來看，對機器和自動化不滿的地方主要是因為這會導致工匠失業。例如，眾所周知，亨利・福特（Henry Ford）透過裝配線，將組裝動作和工作流程標準化，使每個工人專注在一項任務上，藉此提高工人組裝汽車的生產效能。同樣重要但鮮為人知的是，福特也實行標準化、可替換零件的生產模式，讓每個零件都具有一致的屬性，藉此實現可隨時替換的目標。這種生產模式只要雇用技能不高的工人，讓他們使用標準化的零件在裝配線上工作，就可以大量生產迎合大眾市場的汽車。報稅軟體也有類似「去技術化」的現象，中產階級的稅務會計師被低薪、只有粗淺電腦技能的助理取代。這種助理只需要幾個禮拜的訓練。利用軟體的報稅助理也許比大多數的會計師更能勝任，只是缺乏創造力。然而一般報稅並不需要創造力。儘管「去技術化」使一般工匠或會計師變得多餘，但服務價格大幅下降，增加需求，整體看來，工作機會也增加了。

我們通常認為整體的工作量是固定的，因此科技變革帶來的自動化將會增加失業率。經濟學家稱為「工作總量的謬誤」（the lump of labor fallacy）。事實上，經濟體內的工作量並不固定。拜科技變革的進展，產品變得便宜，需求可能會增加，整體工作需求甚至可能會增加，只是新工作有所不同。

當然，這意味某些類型的工作已經沒有存在的必要，例如前述的一般會計師。即便如此，隨著例行性工作的自動化，需要更多有技能的人來處理非例行性的例外。[5]在福特的時代，真正了解汽車構造的技師可以設立汽車修理廠。大量生產的福特T型車如果出現損壞或故障等特別的問題，車主就可以請這些技師來診斷、修理。同樣的，會計師也可以到報稅服務公司任職，負責處理一些需要另外付費、特別的稅務問題。由於會計師不再做例行性的稅務工作，與一般會計師相比，需要更多的能力與熱忱，工作報酬或許也會更高。

因此，至少在可預見的未來，科技變革應該不會對工作總量產生太大的影響。在撰寫本文時，大多數已開發國家的失業率都在歷史的低點。不過這會出現工作重新分配的情況。能力特出的稅務律師收入更多，工作量超出負荷；中產階級的稅務會計師一般說來情況較糟，另外還需要很多技能普通、略懂電腦的稅務助理，這種職業不需要進一步的技能，也沒有發展空間。

資料分析的結果也與工作現狀一致，最高和最低兩端的需求都增加了，中間則下降。過去的三十年，美國高薪的管理或專業工作及低薪的服務業都需要更多人，但中等薪資的工作減少了。[6]這種工作的兩極化（趨向高薪／高技能和低薪／低技能，中等薪資的工作則衰退）並非美國獨有。研究發現，一九九〇年代和二〇〇〇年代，在可獲得數據的十六個歐洲國家當中，有十五個國家高薪和低薪的工作都增加，中等薪資的工作則減少。[7]

科技透過貿易對工作的間接影響

上一章討論第二次世界大戰後貿易如何大幅成長。除了降低關稅壁壘，還有兩個重要因素決定某個地區生產的商品是否可以在另一個地區銷售。最明顯的因素是運輸成本。另一個較不明顯但同樣具有密切關係的因素則是通訊成本。

對降低運輸成本有重要貢獻的是一種看似簡單的創新：標準化貨櫃。一九五六年，美國貨運巨頭麥克林（Malcolm McLean）在一艘改裝油輪上裝載五十八個貨櫃，從紐華克港運到德州的休士頓。麥克林的想法是節省裝貨和卸貨的時間，精簡卸貨流程，即可利用卡車或火車運送到目的地。[8]他把想法落實，使裝載貨物的貨櫃尺寸標準化，加上吊車、貨輪、倉儲設備和軌道車，貨運系統就建立起來了。貨櫃讓託運人一次裝好，到達目的地再拆卸一次即可，碼頭工人在一個小時內能裝載的貨物量增加將近二十倍。[9]貨輪停靠在港口等待裝卸的時間也大幅減少。更重要的是，由於貨櫃是密封的，碼頭工人無法偷竊託運的貨物，因此保險費也降低了，只有以前的六分之一。[10]根據一項研究，在十五年間，貨櫃運輸使已開發國家間的貿易量增加十二倍，遠超過關稅降低的效應。[11]雖然新興市場起步較晚，但自一九八〇年代起也開始建造貨櫃運輸的基礎建設，把貨物運送到已開發國家的成本也就大大降低了。

等到通訊成本也下降，生產和貿易出現巨變。傳統貿易是把整個商品製造出來（如摩托車），接著運送到目的地，然後銷售給消費者。因此，從研發、設計、製造，甚至包括售後服務都是由出口國的製造商包辦。雖然跨國公司能在其他國家設立工廠，大抵滿足當地的需求。但隨著通訊成本降低，公司開始檢討：有必要讓所有東西都在本國的工廠生產嗎？為什麼不打斷生產鏈，每個部分都在生產成本最低的國家生產？畢竟運輸成本已經很低，半成品的運送並不昂貴。現在利用最新的電腦及通訊科技可以追蹤每個部分的生產狀況，一有問題就馬上解決，所以沒有缺貨和生產中斷的危險。的確，如果通訊管道能無縫連接，公司就能讓值得信賴的供應商接管價值鏈中的一部分。有鑑於新興市場勞力成本低廉，價值鏈中的製造部分通常都會外包出去。

舉例來說，蘋果公司（Apple）從早期就全球化生產，但直到二〇〇四年關閉最後一間美國的製造工廠前，在美國都還有製造工廠。接著它完全撤出製造業。儘管蘋果公司本身不製造任何東西，卻是全世界獲利最多的公司。簡而言之，蘋果成功的原因就是緊緊抓住製造以外的環節，如研發、設計、內容（包括獲利豐厚的 iTune 和 app 商店）、行銷和財務。且讓我在此重複提到一個經常被引用的例子：蘋果 iPhone XS Max 的零件成本大約是三百九十美元，零售價則是一千兩百五十美元，是零件成本的三倍以上。[12] 蘋果的 iPhone 大部分是在中國生產，由富士康組裝，但供應鏈的毛利很低，錢都被蘋果賺走了，因為蘋果擁有智慧財產權和軟體平台。也就是說，蘋果把低附加價值的製造工作外包出去，保留高附加價值、高獲利的部分，如研發、行銷和財務。[13]

由於新興市場想讓產業鏈的複雜程度升級，製造技術密集型產品，因此對這種分工比較不感興趣。自一九九〇年代初期，新興市場因為參與全球供應鏈，有幾個國家開始降低關稅、改善商業環境、簽署保護外國投資的條約，並加強對智慧財產權的保護，價值鏈的更多部分也就比較容易轉移到新興市場。

即使已開發國家的公司把生產的部分外包給新興市場，新興市場在研發和設計上依然仰賴已開發國家的公司。然而新興市場有很多藥廠在藥物的專利期屆滿之後，已經知道利用逆向工程來大量生產價格低廉的學名藥。例如，印度西普拉藥廠（Cipla）在二〇〇一年以每天不到一美元的價格販售三合一雞尾酒療法的愛滋病藥物給貧窮的非洲國家及愛滋病患，藥價只有專利藥物的三十分之一。[14]全世界的藥廠不得不降低藥價，從此世界各地的愛滋病患都買得起愛滋病藥物。在中國和印度的新興市場藥廠從模仿製藥開始發展，現在已經投入新藥研發的行列。

在這個過程當中，誰是贏家，誰是輸家？受過高等教育、有創造力的設計師、科學家、工程師及廣告、行銷專家已經占有世界市場。和技術發展一樣，最初擁有優勢的是已開發國家受過高等教育、有專業技能的人，由於新興市場也訓練自己的人才（這些人通常是在已開發國家取得碩博士的學位），因此開發中國家的能力逐漸提升。現在，全球供應鏈都有受過高等教育、有專業技能的人，因此得以互相競爭。

有些國家的薪資差異雖然要比其他國家來得大，然而已趨於穩定，甚至開始逐漸下降。[15]輸家顯然是已開發國家、只受過中等教育的工人。當整個供應鏈都還在已開發國家時，這些工人仍可受益於已開發國家設計或研發帶來的競爭優勢。他們的工作因為生產過程無法分割而獲得保護，因此握有談判籌碼，能獲得較高的工資、較少的工時、固定的工作時間，也能得到更多工作的保障。然而，隨著生產過程的分割，其他地區的勞工更廉價、更靈活、能力也毫不遜色，已開發國家的勞工於是面臨巨大的競爭壓力。當然，競爭力和生產效率的提高也使世界各地的消費者受益，例如能取得廉價藥品的愛滋病患。

隨著通訊與資訊科技突飛猛進，愈來愈多服務價值鏈就像生產價值鏈一樣，受制於競爭審查。供應商將重新檢討哪些環節可以外包，哪些應該保留。如經濟學家布林德（Alan Blinder）所言，所有遠距智慧服務儘管品質優異，也有弱點。[16]畢竟人類的創造力和同理心很難被機器取代，而且真人服務比較能滿足不同顧客的獨特需求。

貿易造成的失業，以及對社區的影響

讓我們再來仔細看看已開發國家的失業情況，特別是美國。失業可能是自由企業經濟的動態所顯示的一種徵象，不一定是經濟衰退的證據。在二十世紀初，美國約有四〇％的勞工從事農業生產，但是到了二十世紀末只有二％的人務農，但這二％的生產率要比世紀初的四〇％來得高。同樣的，儘管很多人說美國喪失競爭力，但很少人了解美國製造業的就業率在一九四四年達到高峰，約占所有勞動人口三九％，之後逐漸下降，到了二〇一七年只占八．五％。（也許因為製造業的產品設計和廠房清潔等業務已經外包給其他公司，或被列為製造業相關服務，所以比例顯得特別低。）不管如何，過去五十年，美國製造業占實質GDP的比重並沒有下降。

這意味著美國的製造業並未大量外移，而是更有生產力、技術更好。的確，煙囪林立的重工業，如鋼鐵工業，已經轉移到中國等開發中國家，家具製造業也是，美國的工廠因此變得比較高科技，也比較不會汙染，如飛機或通訊設備等先進產業。但光是從一九九九年到二〇一一年，純粹屬於製造業的工人就少了五百八十萬人。留下來的人通常是技術比較純熟或符合資格的工人，因為現在較多的產出來自科技先進的產業。[17]

這些工作的減少，有多少來自進口貨物的增加，特別是來自中國的商品？畢竟中國在全世界製造業附加價值所占的份額從一九九一年的四．一％增加至二〇一二年二四％。根據經濟學家艾斯蒙古魯（Daron Acemoglu）、奧托（David Autor）、唐恩（David Dorn）、漢森（Gordon Hanson）與普萊斯（Brendan Price）的估算，一九九九年至二〇一一年美國製造業失業率中只有一〇％是直接受中國進口商品的影響（如北卡羅萊納州一間家具工廠已不再製造家具，改從中國進口）。這段時間剛好是中國出口興盛的時期。[18]考量與中國買賣，加上關閉工廠所造成的產出減少，製造業失業率中約有一八％受到中國進口商品的影響。本質來說，雖然難以精確判斷失業的原因，但證據顯示，自動化和電腦化使生產力提升，也是造成失業的主要原因。那麼，為何貿易會引發這麼多大眾焦慮？

貿易引發的失業問題比較集中在低技術但有工會保護的高薪工作。這些工廠通常位於比較小的城鎮，如伊利諾州花崗岩城的美國鋼鐵公司（US Steel），或是生活費用低廉、勞動力少、法規也比較寬鬆的鄉村地區。這些工廠是當地社區的核心，是居民的收入來源，因為這些工廠的存在，當地才有美髮店、洗衣店和購物商店。如果工廠不敵進口商品的競爭，只好關門大吉，改到勞力低廉的國家設廠。由於同產業的工廠常會集中在同一區，這些公司的老闆可能決定裁員，或是差不多同時間關廠，失業的衝擊也就來得更大。花崗岩城鋼鐵工會本來有一千兩百五十名會員，到了二〇一六年底只剩三百七十五人。[19]正如高德斯坦（Amy Goldstein）在《簡斯維爾》（*Janesville*）的描述，通用汽車關閉威斯康辛州簡斯維爾的大型工廠，導致當地社區受到重創。

相形之下，自動化和電腦化造成的失業已經在製造業和服務業蔓延開來，通常可能使靠近城市的公司受到影響。然而這不是整個工廠或辦公室關閉，自動化使負責例行性工作的人失業，擔任非例行性工作的人則保有工作，甚至生產效能更高。生產力的提高使雇主降低價格、賣出更多商品，因為因應更多的需求，雇用更多非例行性工作的員工。由於這些員工對本地商品和服務（如理髮和衣物乾洗）的需求增加，為當地創造更多的工作機會，因此得以抵銷失去的工作。

的確，有一項研究分別探討貿易競爭和科技進步對美國的影響，發現各社區受到的影響有很大的差異。[20]從一九九〇年到二〇〇七年，依賴製造業的社區會受到貿易競爭影響，就業率明顯衰退。所有的工作都一樣，不管是不是例行性工作，或是需不需要技術。社區的失業人口增加，未到退休年齡卻永遠離開職場者也增加。反之，如果社區以最容易實現自動化的製造業為基礎，同一段期間，當地勞動市場的整體失業率則非常低。

這不是指自動化不會對工作產生影響。研究人員發現自動化會減少例行性工作，如生產、裝配、文書和行政等工作，但是非例行性、需要技術的工作則增加，如管理、專業服務和技術人員，此外只需基本技術的非例行性工作也增加了，如汽車修理和理髮。

在自動化和貿易的雙重威脅下，被裁的員工眼前有兩個選擇。一是回到學校學習管理、專業或技術能力。這需要投入時間和金錢，然而終究是值得的，因為將來可以獲得較高的薪水，並得到更好的工作保障。另一個則是從事學歷要求較低、暫時還不會被自動化淘汰的服務業，然而必須接受較低的薪水，如保全人員、餐廳服務人員或司機等工作。

在城市裡，自動化使很多教育程度不高的製造業或服務業員工從事最低薪資的物流工作，在大型倉庫中戴耳機聽數位助理的指示，為網路訂單從貨架上撿貨。他們原本是受工會保護、生活優渥的中產階級，現在落得入不敷出，為養家活口掙扎，儘管很痛苦，但至少還有工作。

因為不敵貿易競爭而關閉的公司，員工教育程度不高，通常沒有很好的就業選擇。由於公司位於小鎮或半農村地區，附近也很少有新的工作機會，即使有，由於在同個產業，同樣面臨競爭問題，如果員工留在原地，前景恐怕會很淒慘。然而，根據美國一項研究的追蹤調查，雖然教育程度較高、有管理專長的員工很快能在新的產業找到工作，教育程度不高的員工似乎只能留在附近，接受待遇不高的製造業工作。[21]如果連這些工作機會都沒有了，很多人就會退出勞動市場，靠社會安全生活補助金及聯邦醫療保險過活。這些人還沒到退休年齡，然而似乎再也找不到工作，所以只能尋求政府救濟。[22]

為什麼具備初階技能的製造業員工在遭受貿易競爭的打擊後，無法像被自動化影響的人一樣轉到收入更好的技術性工作或低薪的勞力工作？對受到貿易影響的勞工來說，由於當地經濟一蹶不振，要換工作都得離開社區。重新培訓並不容易，特別是很多製造業勞工在高中畢業就進入工廠，已經離開學校數十年，不管在工作，或是在家裡，都很少使用電腦。[23]再者，像醫療技術人員這樣的工作需要好幾年的訓練，要花一大筆錢上課，而且在學習期間沒有收入。美國的企業貿易調整協助方案（Trade Adjustment Assistance for Firms Program）主要是協助因為貿易競爭而失業的員工，然而補助金額不多，而且申請資格限制嚴格。至於男性，如果要擔任像護理師這樣的工作，則必須改變對職業性別角色的刻板化印象。

儘管漫長的培訓結束了，並不能保證一定能獲得一份高薪工作。很多人認為這樣的投資既昂貴又有風險。也許搬遷到繁榮的都市投入服務業比較容易，畢竟這種工作不需要特別的訓練。正如接下來會看到，職業執照的限制又會縮小選擇的範圍。再者，如果遷居到陌生的都市，房租比較高，薪水又不高，剩沒多少錢可以養家活口。即使地區經濟不振和社區更加衰退，對很多人來說或許留在原地，希望失去的工作機會能再回來還是最容易的做法，畢竟家人、朋友還在。這些工人的行為和被工業革命淘汰的手搖織布機織工根本沒什麼兩樣。儘管手搖織布機已日薄西山，依然有很多人投入這一行。除非社區或國家提出更多可行的選擇，否則不會改變。

科技與貿易對所得的影響

讓我們探究所得的問題。如果科技和貿易會影響工作的本質和數量，必然也會影響薪資和所得。薪資是基於雇傭關係取得的勞務報酬，因此不只是會受到是否有工作的影響（粗略的說，就是需求），也要看是不是有人來應徵（即供給）。我們可以從數據看到兩個重要的發展模式。首先，受過高等教育的人（擁有大學以上學歷者）要比教育程度不高的人（只有高中文憑者）所得來得高。第二，所得位居金字塔頂端的人（如所得最高的一％）與其他人的所得差距增大。

薪資中位數停滯的相關爭論

根據多項研究，美國自一九七〇年代晚期以來，所得分配為第九十分位數（通常是受過大學教育的人）與第五十位數（通常只有高中文憑的人）的所得差距愈來愈大。有兩個層面值得進一步分析。首先，美國勞工的實質薪資（扣除同時期消費者物價指數的影響）除了一九九六年至二〇〇四年出現短暫成長，薪資分配的中位數一直是停滯的，也就是說，即使到了二〇一四年，薪資中位數的勞工所得仍和一九八〇年大致相同。[24]這些都是不可否認的事實，但這不一定代表中等薪資勞工一直沒能過著更好的生活。首先，位於薪資中位數的勞工在扣除所得稅和政府移轉支出後，可支配所得其實變多了。自一九七〇年代末期以來，收入中等的勞工所得稅變少了，政府移轉支出則增加，扣除所得稅和移轉支出之後剩下的錢變多了。其次，家庭實際體驗到的通貨膨脹率要比消費者物價指數來得低，因此實質薪質增加了。最後，美國家庭人數變少，很多家庭都只有一個人，因此只有一份收入、而且要扶養小孩的家庭變少了。美國國會預算局（Congressional Budget Office）校正這些因素，得到的結論是，所得中位數家庭自一九七〇年代末的所得其實已經增加五〇%。[25]儘管四十年來增加的幅度並不可觀，但還是比停滯來得好。

比較沒有爭議的是，一九八〇年以來，大學畢業的薪資溢酬一直穩定增加。即使近幾年美國就業市場吃緊，就連大學畢業生找工作也不容易，受過高等教育和只有高中文憑的人所得差距還是愈來愈大。[26]放眼世界，受過高等教育的人要比只有高中畢業的人所得來得好，而有高中文憑的人薪資又比沒受過教育的人來得高。以二〇一五年在經濟合作暨發展組織（OECD，也可說是「富國俱樂部」）的會員國來看，平均而言，未取得高中文憑的人，所得只有高中畢業者的七九％，有學士學位的人，所得增加四六％，碩士學位的人則增加九八％。[27]受過教育的人比較可能成為勞動力的一部分，不管是在工作，或是正在積極的找工作，他們也比較不會失業。

在美國，教育溢酬的情況要比OECD的平均值更明顯。少數高中沒畢業的人薪資只有取得高中文憑的人的六八％，擁有學士學位的人薪資要比高中畢業的人多六六％，而有碩士學位的人更比高中畢業的人多了一三二％。但這樣的教育溢酬並不代表每個大學畢業生或擁有碩、博士文憑的人都能擁有高薪工作。上述只是平均值，平均值隱藏許多受過高等教育、但從事低薪工作的例子。也許對這些人來說，工作賺錢不是人生最重要的事，也有可能是選讀科系或研究領域的問題，或者單純是因為不幸，沒能找到好工作。

除了美國，只有少數幾個國家二十五歲到六十四歲的勞動人口接受高等教育的比例較高，或是國民受教育的年限較長，但其教育溢酬的情況比較類似土耳其或捷克等新興市場（也就是勞動人口接受高等教育比例較低的國家）。[28]其實，根據OECD的估算，受過高等教育的人總效益較高（與高中畢業者相比），如二〇一三年美國獲得的總效益*為五十六萬九千六百美元，僅次

＊ 高等教育總效益的計算方式是：總收入效益＋所得稅效益＋社會分配效益＋政府移轉效益＋失業補助效益。

於智利的五十七萬六千九百美元。

如薪資溢酬的現象所示，為何美國受過高等教育的人在需求與供給間有這麼大的差距？美國大學仍在全世界名列前茅，因此也吸引很多外國學生前來就讀，如根據上海交通大學所做的二〇一七年世界大學學術排名，前十名中有八所、前二十名中有十六所都是美國的大學。[29]當然，並非所有學校都有相同的水準，因此很難說問題出在大學的品質。反之，問題似乎是因為太多學生進了大學，有的甚至沒完成高中學業，以普通教育文憑（GED，即高中同等學歷證書）取得大學入學資格，沒做好接受高等教育的準備，於是在完成大學學業之前就輟學了。

除了準備不足，美國高等教育的費用昂貴，儘管有獎學金，學生的就學貸款負擔沉重，特別是如果學生必須多修習好幾門補救課程，因為課修不完只好延畢，負擔又更重了。準備不足和學費昂貴都是高輟學率的原因。在二〇一五年，美國大學生只有五五%能取得學位。美國女性的畢業率較高，約為六五%，男性只有四五%，營利型大學的學生畢業率則是最低的。[30]

因此，美國的問題似乎不只是在大學，而是在曾是世界第一的教育體系。其實，教育的不足部分原因是經濟混合社區的衰退，這或許可以解釋為何美國大學教育有高溢酬的問題。如果不相信高中畢業生的能力，為了找到確實有基本技能的人，也許會堅持雇用大學畢業生。正如我們會看到，美國有很多工作的資歷要求提高了。就業市場需要的不是有高等教育文憑、資歷高於要求的人，就是只要有高中文憑、不需要什麼資歷的人。儘管美國國民平均受教育的年限長，薪資溢酬還是比其他國家來得高。這樣的事實也就不讓人驚訝。

所得前一%及贏家拿最多的科技效應

儘管擁有學士學位的人（尤其是技術和工程科系）收入要比其他人來得高，但在許多國家，收入最高者的所得確實呈現爆炸性成長。如經濟學家皮凱提（Thomas Piketty）與賽斯（Emmanuel Saez）的多項研究，在一九七〇年的美國，收入最高的前一%拿走總收入的八%，但是二〇一〇年拿走一八%。[31]英國在一九七〇年的比例也很類似，但是二〇一〇年拿走一五%。這種金字塔頂端的巨富所得爆增情況在歐陸並未發生。[32]自一九五〇年起，法國收入最高的一%所得約占總收入的八%，同時期在德國則是一一%左右，至今一直沒有多大變化。日本收入最高的一%所得大抵維持在總收入的八%。

這裡並不排除衡量錯誤的可能性。例如，在歐洲有很多巨富擁有股東人數不多、封閉型的公司，由於稅率高，可能不願拿獲利作為股息發放。因此沒有顯示在所得上。然而，遺產金額卻增加不少。事實上，近幾十年，德國和法國的遺產在整體財富占有的份額愈來愈多，同個期間英國的遺產數字則相對持平。[33]因此，高稅收國家收入最高的人所得可能被低估了，在已開發國家，收入最高的人所得普遍都有成長的現象。[34]

收入最高的人所得增加不是因為國家被不必工作、懶散的有錢人所掌控。在二十世紀末，即使是最富有○．○一％美國人，所得有八成還是來自薪資和自營事業的收入，只有兩成來自金融投資。[35]這與二十世紀早期的情況形成鮮明的對比，那時最富有的人財富大都源於財產。今天的有錢人大都白手起家，而非繼承財產。

我的同事紀德（Owen Zidar）、齊維克（Eric Zwick）和其他人最近針對二○○○年以來的所得稅申報書進行研究，發現美國收入最高的人是因為自營事業的收入增加而導致所得激增。[36]這群人大都擁有以專業技術為特色、規模中等的公司，如法律事務所、管理顧問公司、牙科診所、醫院等。這些公司每個員工帶來的獲利是其他同類公司的兩倍，因此公司老闆的所得增加看來是因為獲利上升而非規模擴大導致。這些公司的老闆通常年紀不會很大，因此積極參與公司營運。如果公司老闆英年早逝，獲利能力就會大幅衰退，顯示他們的技能是創造營收的關鍵。作者得到的結論是，有錢人的勤奮是今天收入最高的人所得增加的主因。

我的同事卡普蘭（Steve Kaplan）與史丹佛大學的約書亞．勞（Joshua Rauh）則是以美國最富有的四百人（富比士四百大富豪榜）為研究對象。他們發現這些富豪享有的特權要比過去的有錢人少，因為他們大都不是含著金湯匙出生。[37]他們多半來自中上階級的家庭，在長大成人的過程中接受良好的教育，然後進入飛快擴展的產業，如科技、金融、大型量販店或連鎖集團等。

要解釋收入最高的人所得暴增這種不平等的現象，或許科技變革這個因素要比勤奮努力和接受良好的教育更為重要。科技變革創造「贏家拿最多」的經濟。如果一個果農想要找人來採摘水果，當然雇用愈多人愈好（直到果園的容納人數達到飽和為止）。儘管工人技術差、採摘的水果少，也有貢獻，都能領取工資。然而，如果一個果農想要聽小提琴演奏，只需要一個優秀的小提琴手，不需要十個普通人。再者，對這一類的活動來說，市場愈大，演出者能獲得的酬勞就愈高。

隨著全世界市場的擴張與整合，加上通訊變得更加容易，最傑出的歌手和運動員可以利用多種管道打入家家戶戶。雖然有人仍會去地區的小劇院觀看一般藝術家的現場演出，大多數的人寧願花大錢買票去看國際巨星的表演。芝加哥經濟學家羅森（Sherwin Rosen）第一個分析巨星經濟學。他指出，在一八〇一年音樂季，倫敦歌劇天后畢林頓（Elizabeth Billington）的所得約在一萬英鎊和一萬五千英鎊之間。[38]經通膨調整後，這樣的收入在今天約在六十八萬英鎊至一百萬英鎊之間（約八十二萬五千美元至一百二十五萬美元）。相較下，根據《富比士》的報導，美國流行天后泰勒絲（Taylor Swift）在二〇一六年就賺進一億七千萬美元，而英國天后阿黛兒（Adele）的收入約達八千零五十萬美元。今天拜科技之賜，超級巨星的吸金能力極強，因為觀眾群再也不限於倫敦歌劇院，而是來自全球市場。在筆者撰寫本文時，泰勒絲的暢銷單曲〈通通甩掉〉（Shake It Off）在 YouTube 上的觀看次數已達二十四億次。

「贏家拿最多」的結構已經從表演藝術擴展到其他職業。由於通訊科技日新月異，企業變得愈來愈大，管理效能也愈來愈強，而且可以打入更大的市場。我和伍爾夫（Julie Wulf）針對公司執行長做了一項研究，發現執行長下面的直屬員工愈多，掌控的範圍就愈大。[39]執行長可以管理更多的人，或許是因為在今天溝通與報告有一大部分都可以常規化，使執行長能迅速處理異常事例。

隨著公司規模擴大，公司還會找尋最有能力的供應商合作，利用小小的能力差異來增加收益。以公司法為例，如果某個跨國企業有牽涉幾十億美元的官司要打，就不會對律師費錙銖必較，必然會延請最好的律師，不會為了省一點律師費退而求其次。儘管律師間能力差異不大，但這小小的差異可能會造就完全不同的結果。這種專業人才的薪酬本來就高人一等，因為技術超群、能力過人，收入又增加了。

這樣的超級巨星經濟學，或是所得最高一%的效應有多少是因為自由化和市場的整合，而不只是靠科技變革？或許有一些吧。面對競爭加劇，不管是科技變革導致，或是政策改變，私部門的第一個反應是設法提高效能，然後想辦法限制競爭。從一九八〇年代開始，這種模式一直在自由化中複製。儘管英美經濟體和歐陸因各自走上不同的改革道路而有些差異，但最後皆採行相同的做法。接下來討論的大抵是以美國研究為基礎，但分析的結果也可以套用在已開發國家上。

私部門對自由化的反應

雷根總統和柴契爾夫人都曾削減國家的權力。他們認為這樣能讓市場發揮更大的作用，確保個人獲得更多的自由。減少國家的監控並不是要讓每個人自由。然而，政府掌控太多會使少數人獲得特權，政府掌控太少一樣會有這樣的弊端。再者，在狂熱鼓吹個人主義的環境下，對個人最好的事情可能對社區造成傷害。正如我們將看到的，信念的改革就大有問題。

對收益和所得的態度轉變

關於個人主義，最鮮明的例子就是對企業收益和管理階層所得的態度轉變。自大蕭條以來，社會一直受到集體壓力的影響，會有這樣的轉變，部分原因是對這種壓力的反應。在戰後國家擴張的歲月裡，在美國，有影響力的評論家高聲疾呼企業不該只專注在自己的業務上，應該負起社會責任。這種聲浪愈來愈大。一九六〇年代，有些政府官員甚至要求企業別漲價，以對抗通膨，貢獻社會。

經濟學家也被拉入這場辯論，對企業應該扮演的角色發表意見。他們表示，在所有債權人請款（如公司債、供應商帳款、員工薪資等）之後，有剩餘價值請求權的只有企業老闆和股東。由於企業老闆和股東承擔所有的風險，這是他們應得的，因此企業應該追求自己的利益。

然而，現在一家由專業人員管理的大公司往往有眾多的小股東，公司老闆的利益為何？如果每個小股東只擁有公司的一小部分，又該顧及誰的利益？

傅利曼直言無諱的說：「企業只有一種社會責任，那就是運用資源，在不違反遊戲規則的情況下設法增加獲利，也就是不坑不騙的投入開放、自由的競爭。」[40] 傅利曼說，既然獲利歸股東，管理階層就該盡量提升公司股票的價值，允許每個股東自由運用手中的寶貴股票去達成自己的心願，如出錢支持地方的橄欖球隊，或是捐錢給消防人員的基金會，畢竟那是他從承擔風險賺來的錢。在傅利曼的話中似乎也有一隻「看不見的手」，藉由企業獲利最大化，管理階層不只使股東得到最大價值，也提升企業價值。增進自身和股東的價值就是企業對社會的貢獻。傅利曼認為企業沒必要幫助國家，如控制通膨或是做慈善事業，特別是這麼做會使獲利能力受到影響。

傅利曼的觀點對學界內外產生很大的影響。企業的社會責任自始至終都是讓股東的利益最大，這點非常明確，也與個人主義的倫理一致。於是，貪婪不再是罪惡，而是一種任務，管理階層也就明白要怎麼做。既然有如此直接的命令，股東就可以評估績效，用不著被捲入隨著社會責任而來的噪音、偽善和自我膨脹。

企業的管理階層可以透過三種行動方案回到正軌。首先，管理階層的激勵機制應該盡可能與股東的利益一致，使績效與薪酬水準連結，最好是以股票為基礎。這種觀點因簡森（Michael Jensen）和墨菲（Kevin Murphy）在一九九〇年代做的研究而變得特別有影響力。他們發現，在美國，股東財富每增加一千美元，高階管理階層只增加三・二五美元。[41]作者暗示這個數字太小。企業高階主管顯然很歡迎這樣的訊息。其次，主張股東行動主義的大股東應該監視公司的管理，促使公司行事合乎股東利益。例如，叫車平台優步（Uber）的大股東看不慣創辦人暨執行長卡蘭尼克（Travis Kalanick）好勇鬥狠的管理風格，醜聞不斷，公司前景堪憂，於是聯手要求卡蘭尼克辭職。最後，市場可以積極干預公司的治理。如果企業經營不善，就可能成為掠奪者的目標。一旦收購成功，就可以更換管理階層。掠奪者用自己的人馬來管理，提高公司市值並從中獲利。即使是管理得比較好的公司，管理階層也會擔心被惡意收購。

由於戰後的世界習慣溫和的競爭，錢賺得很輕鬆。但是在競爭比較劇烈、自由化的環境下，管理階層確實有必要調整企業的重心。如果管理階層能增加獲利能力，並減少浪費，將能為社會帶來巨大的利益，進而使公司永續經營，而使所有的人受益。傅利曼為迷失方向的公司指點迷律，提到企業的唯一要務就是獲利。然而，傅利曼說的只是理論，無法運用在大多數的情況。利於股東的行動不一定總是對社會有益。再者，他的警告常被忽視，使他要傳遞的訊息被打折扣。更重要的是，世人看到解除管制的資本主義與放任的自由市場帶來違常的後果時，他的觀點反而削弱大眾對企業的支持。

如果只有股東有剩餘價值的請求權，其他人都是固定的主張權利人（如供應商、員工等）。從某種程度來看，這是用教科書的角度來看公司：投入公司的一切要素本質上就像商品，是在競爭性的市場購買，並依照明確的短期合約來支付。事實上，投入公司的一切不一定是商品，也不是所有的合約都是明確或短期的。例如，公司和員工會用各種不同的方式達成協議，有些協議並未形諸於文。如公司要求員工更努力、多付出（例如要員工為了急件加班，或暫時轉調到另一個單位，負責棘手的任務），並承諾日後會有所補償。希望留在公司工作的員工會為了公司的業務需要，特別花錢、花時間學習某項技能，也會努力與同事建立良好的關係。員工因為希望公司運作得更好才願意這麼做。一般人大都以為，雖然沒有白紙黑字的合約，公司會為員工的額外付出給予補償，因此沒有法律效力，要求公司要這麼做。

如果企業掠奪者接管一家公司，不會承認公司與員工的不成文協議，大多數員工原先的投資也就付諸東流，甚至可能被裁員或減薪，利益則歸企業掠奪者及股東。員工因此受到很大的打擊，未來的員工也不再信任管理階層。

哈佛經濟學家施萊佛（Andrei Shleifer）與桑默斯（Larry Summers）以一九八〇年代航空業管制鬆綁後，航空公司被惡意收購的例子強調這點。美國兀鷲資本家伊坎（Carl Icahn）在一九八五年收購環球航空公司（Trans World Airlines）。這兩位經濟學家提到，伊坎榨乾公司資產，為自己和股東謀利，廢除原來的工資協議，協商把工資進一步壓低。[42]因為先前管理鬆懈，工會談判能力強，員工工資過高，因此壓低工資對股東有利。然而，壓低成本，機票價格下降，要能賣出更多票才有利益，否則就無法創造更多價值。如果重新談判會破壞員工對公司的信任，所有的人可能都變成輸家。航空公司的員工不再讓乘客有賓至如歸的感受，他們心生怨懟，懷疑管理階層，抱著「做一天算一天」的心態在工作。即使是從公司的最大利益著眼，不考慮社會，股東價值最大化在某些情況下或許是有問題的。

從某種意義來看，在股東價值最大化的原則下，交易會忽略公司和社會的脈絡。如要決定某一項交易是否值得做，這是個很好的起點，而且在習慣和傳統使經濟學的理論基礎模稜兩可時特別有用。然而，交易確實是在現實世界中進行，有著種種不完備和不確定性。關係、隱性合約、承諾、信任等非契約性的做法通常能改善結果，必須加入考量，才能了解某一項交易是否值得做。如果只看合約，就會流於短視，對公司不利。

傅利曼的觀點加上簡森與墨菲的研究，指出執行長為股東創造的價值及其付出不成比例，董事會於是同意給管理階級巨額的股票薪酬。如此一來，管理階層努力的誘因與股東利益一致。事實上這會引發不少問題。首先，薪酬要多高才夠？通常，在競爭激烈的市場，員工薪酬視其為公司增加的價值而定。然而，如果一個新任執行長使公司市值比原本預期高出一百億美元，多出來的一百億美元應該給她嗎？公司的成長有多少是來自獨特的資產及全體員工的努力，而執行長只是指出正確的方向？在沒有明確的指導方針下，公司董事會可能加入薪酬競賽，要求薪酬委員會給執行長的薪酬高於業界一般水準。很多公司都這麼做，執行長的薪酬因而節節高升。

執行長的高薪對員工和社會大眾發出強烈的訊號：金錢是衡量價值最重要的指標。如果金錢是用正當的方式賺來的，有益於社會，傅利曼的話就沒錯。只是賺錢有很多方式，不一定是正當的。如果公司的管理階層可以影響董事會和薪酬委員會，就可能領到巨額薪酬，而且與長期績效完全無關。有些公司的確如此。[43]

更有問題的是，傅利曼的觀點會助長不法行為。儘管傅利曼小心翼翼的加了警語：「只要（企業）在不違反遊戲規則的情況下，也就是不坑不騙的投入開放、自由的競爭」。然而，如果給管理階層很大的誘因去追求獲利，也讓高獲利公司的執行長獲得很高的社會地位，並非每個人都遵守規則去賺錢。大公司的高階主管不只可能會破壞規則，還可能改變規則。因此，重要的問題是：鼓勵良好行為的誘因是否能夠削減不法行為？不幸的是，不法行為層出不窮。在一九八〇年代及一九九〇年代，有些表現不佳的公司就用投機取巧的手段來增加生產力和競爭力。

績效給薪制會鼓勵欺騙行為，特別是在短期內難以衡量真正表現的金融業。管理階層可能透過隱藏的風險誇大業績，除非薪酬合約結構良好，否則績效給薪制可能會讓管理階層不惜鋌而走險。此外，如果股東價值最大化被一家公司視為金科玉律，從上到下都可能忽略其他重要而細微的價值觀。中世紀之所以把貪婪視為罪惡，部分原因就是為了保護貧窮的農民，使他們免於被外來的商人剝削，畢竟那時訊息不易流通。儘管今天很多交易都有「買方責任自付」的警語，這個社會還是無法讓弱勢的人免於系統性的剝削。多家銀行因為販賣有毒的金融商品給不知情的一般大眾釀成全球金融危機，最後遭到重罰，就是明顯的例子。我們可以說，股東價值最大化的原則並不是要縱容不當銷售（這個原則真的不允許這樣做），但是不當銷售可能在短期內帶來最大利益。如果員工為公司帶來獲利，就獎勵他們，就會讓人認為即使是不當銷售也是合法的。長遠來看，公司終究會受到損害。然而，在員工的心目中，只要能拿到豐厚的年終獎金，其他考量就不重要了。

績效給薪制也可能促使企業為了獲利抄捷徑，阻斷競爭。亞當斯密就多次提到要關注企業具有反競爭的本能。但是這樣的威脅在今天愈來愈急迫。由於新科技與全球市場讓公司得以大幅擴大經濟規模，大公司當然可以變得更大、更有生產力。大公司因而擁有龐大的資源得以影響政治。這正是我的同事及津加萊斯（Luigi Zingales）在《人民的資本主義》（*A Capitalism for the People*）闡述的。揭露標準石油公司歷史的記者塔貝爾在二十世紀初寫道，儘管洛克斐勒的經理人效率高超，仍覺得需要阻止競爭。同樣的，我們應該注意，大公司儘管生產力高，規模和資源擁有很多優勢，但有些大公司依然會從系統下手，希望能免除競爭，也不必被課重稅。

也許最教人憂心的是，如果有夠多的公司按照傅利曼的話，完全聚焦在獲利，私部門恐怕無法成為謀求社會福祉的政治力量。儘管傅利曼說，公司如能負起一大部分的社會責任就可能代替國家行動，而且能達成公司最高主管進行慈善活動的目的。但這對公司本身並沒有好處。不管如何，公司是社區的一分子，如果一個地方發生地震，國家措手不及，公司不管是否能獲得報酬，依然該出動機具投入救災。更重要的是，傅利曼希望公司能依照遊戲規則行事，這意味政府若轉為專制，或是破壞環境，公司也不該出來抗議。

看來，傅利曼認為在美國不至於發生如此極端的事。然而，如果握有巨大資源、獨立的私部門被動，甚至和當局變成一丘之貉，就得不到社區的信任，因為公司所有的行動都是為了公司利益，因此放任國家獨斷專擅。顯然，公司不是要成為政治組織，也不該這麼做。然而，如果社會的基本信念受到危害，從長遠來看，必然會影響到每個人的獲利能力，這時公司就應該挺身而出。若是只著眼於公司獲利最大化，在需要行動時，就得不到大多數人的支持。

如果依照傅利曼所言，強調個人主義、追求獲利及提倡約束國家的力量，一開始必然能增加公司效能。但就國家力量的約束往往有選擇性。有益於大公司，弱小者就會被犧牲。長遠來看，可能會影響經濟動能，使機會與結果的不平等更為嚴重。

產業集中化

根據美國普查局的資料，美國自一九七〇年代後期開始，新公司創建的速度不斷下降。[44]反之，公司退出的步調（不管是被收購或是倒閉）除了在經濟衰退時會達到高峰，其他時期大抵穩定不變。看來環境更自由，而且更競爭，這不是有益於商業活動嗎？為什麼新公司會愈來愈少？我們也許可以從高曉慧（Xiaohui Gao）、齊特（Jay Ritter）與朱中彥（Zhongyan Zhu）這三位經濟學家的研究得到一點線索。他們發現美國首次公開發行的公司大幅減少，從一九八〇年到二〇〇〇年平均每年有三百一十家公司，到二〇〇一年至二〇一六年平均每年只有一百零八家公司。[45]他們提到，小公司賺錢愈來愈困難。自一九八〇年代以來，虧損的小公司有增加的趨勢。另一方面，愈來愈多小型新創公司賣給大公司，因此沒有維持獨立經營，進而上市。在過去十年中，Google收購一百二十家以上的公司，孟山都（Monsanto）收購三十幾家公司，甲骨文（Oracle）則收購八十幾家公司。[46]今天對小公司來說，成為大公司旗下的一員要比單打獨鬥來得容易。要成為賺錢的大公司非常困難，也就難怪進入市場的小公司愈來愈少。

即使已經調整通膨因素，今天美國上市公司的平均規模是二十年前的三倍。[47]很多研究顯示，今天美國產業漸漸由少數幾家大公司掌控，換言之，美國產業有集中化的現象。[48]例如，從一九八二年到二〇一二年，零售業前四大公司的市占率從一五%增加到三〇%。《經濟學人》發現，在資訊科技、媒體及通訊的關鍵領域，前四大公司幾乎拿下一半的營收。[49]

正如我的同事裴茲曼（Sam Peltzman）所言，在反托拉斯法執行較為寬鬆的環境下，會比較容易出現產業集中化的現象。[50]在一九八〇年代初期以前，當局基於反托拉斯的立場，積極防止公司合併，產業因而難以集中化。法律學者博克（Robert Bork，沒錯，就是沒有通過大法官提名的候選人）在一九七八年的《反托拉斯的弔詭》（*The Antitrust Paradox*）中論道，產業集中化的趨勢反映的是更有效率的公司取得更大的市占率，而非獨占現象日益嚴重。[51]博克敦促反托拉斯的監理機構把注意力放在消費者是否能獲得更多的利益，而非某個產業被少數幾家公司掌控。從某個層面來看，博克強調結果，例如消費者是否能取得更優惠的價格，而非產業結構和過程造成獨占。這反映一種存在已久的信念：潛在的創新和新公司進入市場能夠有效制衡獨占。一九八二年，美國司法部就秉持這樣的信念，擬定合併指導原則，允許公司合併並取得龐大的市占率。如裴茲曼所言：「反對合併的戰爭已經結束，博克贏得勝利。」當然，在最近幾年，美國的反托拉斯行動減少了。一九七〇年至一九九九年，監理機構針對併購提出的訴訟案平均每年為十六件，但二〇〇〇年至二〇一四年已減少為每年三件以下。[52]

近年來，產業集中化與公司的獲利能力出現很強的正相關性。[53]正如博克所言，在一個集中化的產業，獲利能力增強不一定是獨占的指標，比較可能是大公司效能增強，因此占有更大的市占率。如果產業的規模經濟已經成形，公司規模增大可以降低成本。此外，若出現網絡效應，客群的規模可能帶來更多的需求，亦即愈多人使用，產品價值就會增加。在上述效應總和下，大公司似乎真的能吸引更好的管理人才。[54]

研究人員很難分辨在投入給定的要素成本下，是獨占還是效能使得一家公司的營收增加，這可能是因為公司不當提高價格，或是生產更多品質更好的產品。前者是獨占的跡象，後者才是效能提升。我們可以說，生產效能的提升加上獨占，能為產業帶來更多的獲利，而產業則為少數幾家大公司所掌控，至於效能和獨占何者的占比較大則依產業不同而有差異。[55]在美國，醫藥產業是獨占大於生產效能，至於消費性產品則是生產效能大於獨占。

無論如何，由於產業的銷售集中在少數幾家公司（也就是所謂的「明星企業」），員工所得愈來愈不平等的現象似乎大抵和公司有關，生產力高的高薪員工似乎都聚集在獲利高的公司。[56]因為各公司獲利能力的不平等，也就造成這些公司員工的所得不平等。薪資中位數停滯的問題似乎源於公司獲利的問題。儘管有些是因為經濟規模和網絡效應，有些無疑是因為大公司改變競爭的規則。

嚇阻競爭與改變遊戲規則

從熊彼得（Joseph Schumpeter）開始，經濟學家不斷強調，儘管今天競爭薄弱，並不代表未來也是如此。在科技突飛猛進下，競爭不只來自已在市場立足的公司，也可能來自未來出現的公司。這些未來的公司運用全新科技顛覆現有的公司。如Google從雅虎那裡搶走搜尋引擎的市場，而臉書則擊潰被雅虎收購的社群網站鼻祖地球村（GeoCities）和Myspace（原本被新聞集團收購，後來又賤價賣出。）

然而，一旦一家公司透過最初的競爭掌控某個領域，例如消費者發覺自己的資料都在該公司，要換一家公司很麻煩，市場也許就會相信這家公司會繼續在那個領域占有主導地位。正如我和津加萊斯所言：獨占會自我應驗。[57]部分原因是股市預期這間公司有獨占利益，使股價創新高。公司因為股價高漲，就有足夠的現金得以買下任何有威脅的競爭者。一般而言，在公司透過收購使規模大到引發反托拉斯的疑慮之前並不成問題。的確，在製藥產業，一家藥廠如果發現其他藥廠可能研發出厲害的新藥，自家產品也許會不敵競爭，因此可能發動「獵殺式」的收購行動。[58]如果競爭者抵死不從，不願被收購，原本占有優勢的藥廠認為自己有本錢打漫長的智慧財產權官司，所以可能發動長期的價格戰或公然模仿競爭者的產品。獨立的創新者知道大公司會阻斷銷售管道，千辛萬苦研發出來的產品最後會被模仿，或是自家公司難逃被收購的命運，創新的動機就變少了。的確，創投業者如果發現一家新創公司可能遭到「獵殺」，就不會投資。於是，本來就占有優勢的大公司又更強大了。

具有主導地位的公司也可能改變遊戲規則。例如，金融危機之後施行的「陶德－法蘭克華爾街改革與消費者保護法」（Dodd-Frank Wall Street Reform and Consumer Protection Act）雖然有助於防範金融風險，也難逃利益集團遊說大軍的左右。於是法遵成本增加了，沒能擴張業務的小銀行遭受嚴重損害。同樣的，大型線上平台則以「電腦詐欺及濫用防制法」（Computer Fraud and Abuse Act）和「數位千禧年著作權法案」（Digital Millennium Copyright Act）作為護身符，禁止其他公司利用自己的平台，否則將被視為侵害者，被判刑監禁。然而，如此一來外部人士就無法從平台的網絡效應獲益，減少協同工作能力，讓人無法在更公平的環境中競爭。

同樣令人憂心的是知識傳播受到的影響。專利和著作權法讓創新者或藝術家的權益得以在某一段期間受到保護。如果保護期間過長，或是保護的範圍過於廣泛，可能會阻礙創新和創造力。這就是為何專利的授予應該謹慎，必須設下合理的期限，著作權也是。此外，專利的免費授予可能讓後來投入同領域的創新者踏入地雷區，特別是顯而易知的構想。創新者通常不知不覺和其他研究者踏上類似的路徑。由於現有的專利極多，任何人都無法查核自己是否在無意間侵害別人的專利。這意味著握有許多重要專利的大公司可能把成功的創新者當成箭靶，聘請厲害的律師提出專利侵害訴訟。

大公司似乎有能力影響政府來延長享有著作權的期間。例如，米老鼠版權即將到期時，迪士尼就成功遊說美國國會通過延長著作權的新法案，以保有米老鼠這棵搖錢樹。[59]如果著作權或專利不是輕易透過小小的修改就得以延長，或許國家能獲得更多好處。如林賽（Brink Lindsey）和泰勒斯（Steven Teles）所言，美國在一九八二年設立聯邦巡迴上訴法院，受理有關專利、版權、商標及對美國政府的合約和財產權利請求等上訴案件，降低專利授予的標準，[60]並擴大專利保護的範圍，將軟體、商業流程，甚至人類基因組都納入。從此，專利核准數量暴增。在一九八三年之前的二十年，每年核准的專利數量時多時少，不過差異很小。然而從一九八三年到一九九三年這十年間，專利數量即從六萬一千九百八十二件增加到十七萬五千九百一十九件，到了二〇一五年更增加到三十二萬五千九百七十九件，增加四倍多。儘管專利數量暴增，生產效能卻變得遲緩。其實，我們希望創新帶來生產效能增加，不是專利數量增加。[61]

另一種保護措施是避免離職員工到競爭對手那裡工作的競業條款（non-compete agreement），以免公司機密讓對手得知。很多州都有競業條款（最具創新精神的加州則否），美國超過四分之一的員工都受到競業條款的約束，就連速食業也有這種做法。[62]我的同事傑佛斯（Jessica Jeffers）表示，競業條款對原有的公司有利，對新公司比較不利，這可以降低員工的離職率，增加投資，同時減少新的對手。[63]這種條款不但限制員工的自由，甚至會阻礙理念的傳播。

跡象顯示，知識的傳播愈來愈緩慢。經濟合作暨發展組織有項研究調查二十三個國家的產業，發現擁有專利、獲利高的大公司生產效能處於頂尖，同產業的其他公司與它的差距愈來愈大。[64]美國有項研究則發現，技術擴散（technology diffusion）下降幅度愈大的產業（專利引證數〔patent citation〕減少），由少數幾家公司把持的現象就愈顯著。[65]知識擴散到其他公司的速度緩慢，可以部分解釋為何先進國家看來似乎非常熱中於創新，整個產業的生產效能卻未能提升。

更廣泛的觀點是，一九八〇年代開始在美國興起的自由化發展其實並不平均。雖然一開始自由化有助於激勵公司提高效能，也使公司藉由掌控市場和過度保護智慧財產權而得到新的保護。前者或許是透過反托拉斯法規倒退達成的，後者則是靠取得更多專利和智慧財產權，以及限制員工流動的競業條款所造成。不管如何，這些做法都有利於已在市場占有一席之地的大公司。大公司還可以透過影響稅法及採取跨國避稅策略來提高獲利能力。不公平的競爭環境就是這麼來的，加上在全球化的經濟中，規模經濟及網絡效應帶來的優勢，也就不難理解為何進入市場的小公司日益減少。

執業執照

在製造業成為主流時，工人透過工會會員的身分來保護自己，只要加入工會，就能有較高的薪資溢酬。然而由於製造業衰退及全球競爭加劇等原因，工會會員的身分不再是鐵飯碗的保證。雖然從事製造業的工人失去薪資溢酬，有些提供服務的專業人員積極保護自己的業務。大家都知道，在美國的醫師或律師要在哪一個州執業，就得在該州取得執業執照，然而即使是美甲師或理髮師，也得取得執業執照，有五十個州都有此規定，有四十六個州也規定運動教練必須取得執照。[66]在一九五〇年代，在勞動力中需要執業執照的不到五%，但到二〇〇八年，將近三〇%都需要執業執照，然而在同個期間，加入工會的人則從三〇%下降到一〇%出頭。[67]

頒發執業執照的機構通常是專業人士組成的團體。這些團體就像古時候的行會，以執照來確保執業者具有充分的能力，同時控制入行人數並限制競爭。然而，如果執業執照是確保執業者能力的關鍵，令人不解的是，為何密西根州的保全人員執照要求三年的訓練，其他州大都只需要兩週的訓練。[68]

經濟學家柯萊納（Morris Kleiner）與克魯格（Alan Krueger）發現，執業執照能使從業人員的薪資提升一八%，有些行業的薪資差距更大。[69]根據柯萊納的調查，拜執業執照之賜，所得最高的二〇%薪資因此多了二四%，至於所得最低的二〇%，執業執照帶來的薪資差距不到五%。[70]似乎收入愈高的人愈能保護自己免受競爭影響。例如，根據美國勞工部勞動統計局（Bureau of Labor Statistics）的資料，在美國基層醫師（一般科、內科或家醫科）年收入為二十五萬兩千美元，加入經濟合作暨發展組織的其他國家基層醫師平均收入則為十三萬美元。[71]美國醫學會（American Medical Association）一直反對美國實行全民健保，就是擔心收入會遭到政府削減。美國醫師團體為了繼續掌控市場價格的決定權積極遊說，也透過執照限制執業人數，這也就是為何美國的健康照護支出高居全球第一，在已開發國家當中，也是少數尚未實施全民健保的國家。

私部門對自由化的反應

抵制國家力量的擴張起初有助於提高效能。如今在美國，似乎也對已在市場立足者及各種財產有更好的保護作用。這可能會傷害競爭與創新。由於只有大公司才能駕馭繁瑣的法規，新公司潛在的生存空間被壓縮到很小。這特別不利於小城鎮和半鄉村社區，因為大公司極少在這些地區設立總部。

在美國各地都出現一群擁有特權的人，另外有一些人則因為無法保護自己或失去工會的保護而感覺遭受歧視。與民間企業獲利相關的重要層面如果被認為有失公平，這樣的汙點可能會蔓延到所有層面。若缺乏大眾支持，私部門的獨立性將會受到損害，無法成為制衡國家的力量。由於愈來愈多的產業都被大公司掌握，這種情況更加令人擔憂。到目前為止，儘管這些公司的確具有很高的效能，得以減少對國家的依賴，但無法保證可以一直保持獨立，特別是依賴國家來保護自己的智慧財產權、而非持續不斷創新的公司。再者，由於國家對政策的制定有很大的影響力，民間企業是否能保有數據資料與網絡的所有權仍是個問題。就算很多小公司加起來和少數幾家大公司的總和規模相當，大公司進行交易依然要比小公司容易得多。

歐洲的做法

如上一章所述，對成長遲緩的問題，歐洲想出的解決方法是整合起來，創造一個超越國家的組織，使市場擴大，帶動競爭與成長。然而，由於位於布魯塞爾的歐盟機構不像英美那樣對政府反感，因此結果有所差異。不管如何，因為市場的全球化，很多國家都採行同樣的做法。雖然歐洲有些問題和英美經濟體一樣，但也有不同的問題。

重蹈覆轍……

歐盟成功強化競爭，特別是在製造業和金融業方面。法規的統一使各國很難把歐洲其他國家的公司排除在外。儘管歐洲反托拉斯的結構比較堅定，歐洲的產業也有集中化的現象，由少數公司掌控，儘管從證據來看不像美國那麼明顯。[72]雖然法規差異也有影響，這意味科技力量是已開發世界產業集中化的部分原因。就服務業而言，歐盟一直難以打破國家壁壘，因為執照規定複雜，而且因國家而異，就像美國各州各有不同的規定。儘管如此，整體來看，現在的歐洲市場在很多領域都比美國更具競爭力，這是幾十年前無可想像的情況。

從公司的層面來看，歐洲公司試圖避免像美國公司必須做出艱難的決定。歐洲公司比較不會奉股東價值最大化為金科玉律，而是主張增進對公司營運有利害關係者的價值。所謂的利害關係者包括每個員工、顧客以及社會（當然，還有股東）。由於目標分散，執行長可以朝很多方向發展，不會只管股東的利益。也許這正是公司的意圖。的確二十世紀初德國銀行家佛斯滕柏格（Carl Furstenberg）的說法仍可以引發我們的共鳴：「股東既愚蠢又魯莽。說愚蠢是因為他們把錢交給別人，卻無法有效控制那個人怎麼用這筆錢；說魯莽則是因為明明自己愚蠢，卻要求拿股息當做回報。」[73]雖然大多數執行長不會這樣鄙視股東，但股東利益的確不是他們的首要考量。

儘管如此，很多做法還是傳到大西洋的另一頭。例如，執行長的薪酬水準趨於一致。[74]然而還是有一些差異。歐洲公司比較會為了保護員工而犧牲若干公司效能。歐陸往往讓效能不彰的公司苟延殘喘，也比較不會為尚未踏入職場的年輕人創造機會。二〇〇〇年，歐盟二十七個國家年輕人（十五歲到二十四歲的勞動人口）失業率是一八・三％，到了二〇一〇年，也就是金融危機之後，則攀升至二〇・九％，至二〇一七年才降為一六・八％。美國比較會為年輕人創造機會，年輕人的失業率分別是九・二％、一八・三％和一〇％。[75]因此，在歐洲已有工作的員工雖然得到較好的保護，卻是以犧牲職場外的年輕人和移民為代價。

最後，我們應該指出，與美國相比，歐洲較為分散的管理誘因其實無法杜絕醜聞，如福斯汽車（Volkswagen）篡改柴油引擎車款的廢氣排放數值，歐洲多家銀行也曾因誤導客戶而被罰款。在一個整合的世界中，不守規範的行為的確可能在大公司蔓延，英美經濟體和歐陸較大的差異在於前者的目標是創造一個管制鬆綁、獲利最大化的自由市場，後者則是對自己的異常行為一直抱持懷疑的態度。歐洲還沒能從不受限制的市場獲得所有的效益，所幸這樣的市場與隨之而來的意識型態沒對社會造成太大的損害。

犯下的錯誤……

也許歐洲犯下最大的錯誤就是跨出最大的一步：整合成一體。歐洲一直想要成為一體，認為各國應該結合起來、履行對彼此的責任，問題是這些國家的人民同理心、團結與信任不足，因而無法落實這樣的信念。在科技與貿易的影響下，社區的力量被削弱了，於是歐盟想要用主權的力量爭取人民的支持。然而，當歐洲人想要用國家社群來代替當地社群時，發現就連國家社群也岌岌可危，二〇一五年爆發的難民危機就是最好的例子。

結論

在美國，過度強調市場導致經濟不平等的問題變本加厲。有些是科技造成的，有些則是人為產生的。由精英領導的歐洲統一方案則有合法性的危機，因為沒有人問歐洲人民是否同意這樣的計畫。看來不管是美國或歐洲，都有失衡的問題。

不平等的問題部分可靠著培養與擴展人民的能力來解決，部分則可透過合理的政府監管解決。儘管各國努力走出大蕭條與第二次世界大戰的陰影，民眾的心態有了轉變，反應也變弱了。後來，透過全球市場傳播開來的資通訊科技革命加劇經濟不平等的問題，而且難以彌補。

不只傳統的弱勢社區（如聚集在都市貧民窟的少數族裔）無法利用自由化的經濟，即使是半鄉村地區多數族裔因慘遭失業等打擊，也無法從自由化的經濟得到好處。的確，正如下一章會看到，精英的中上階級為了自身利益紛紛從經濟混合社區出走。中上階級和既得利益者爭鬥，最後也成為既得利益者。不受束縛的市場占了上風，國家在意識型態和財政約束下很難與之抗衡，因此極端民粹主義趁虛而入。

第七章

民粹狂潮再起

上一章看到資通訊科技革命凸顯工作能力的重要性，然而自然與人為的不平等也都擴大了。本章會看到美國及歐洲人對中上階層精英的怨懟日益加深。這些精英釋放巨大的經濟力量，而且得以自保，卻讓其他人承受苦果，也使廣大社區受到阻礙，沒能獲得適應改變的能力。

由於很多人的收入都停滯不前，政策制定者無法讓經濟成長擴展更廣，二十一世紀初的政府於是進行一場豪賭：把籌碼押在自由化的金融市場，認為借貸能成為經濟持續成長的引擎。儘管這麼做一開始確實能刺激經濟成長，人民在低利貸款的誘惑下懷抱著對美好生活的無限憧憬。但由借貸推動的成長猶如抱薪救火。政府不但賭輸了，甚至釀成全球金融危機的大災難。人民夢想破滅，還背了一身債。政府打的如意算盤是藉由經濟成長縮減債務，讓財務變得更健全，實際上卻陷入更深的債務泥淖。選民不但不再寄望即將來到的改革，甚至害怕改革，而且認定統治他們的中上階級精英只顧自己的利益，因此不再信任他們。民粹主義政客只需要一個議題，就可以煽起龐大怒火。美國的歐巴馬健保和歐洲的難民危機都是引發民怨的火種。本章會仔細探討這些問題。

民粹主義面面觀

如我們所見，民粹主義運動者認為執政精英腐敗、不民主，民眾受到不公平的對待，制度應該改變，以因應廣大民眾的要求。民粹主義的抗議運動（不管部分是基於本土主義或種族主義）都發揮重要功用。他們不把精英看在眼裡，挑戰精英的核心理念及其種種自私自利的做法。正如前面所述，十九世紀末民粹主義者的批評非常有建設性，要使政治透明、民主，強迫官僚改變，不再用藉口偷懶，像是說：「我們一向這麼做。」民粹主義運動如果有焦點，而且是暫時的焦點，可能會非常有益。反之也可能帶來派系鬥爭、妄想和危險，民粹主義者怪東怪西，就是不怪自己。儘管如此，他們仍是不可忽視的力量。

在左翼民粹主義者的眼中，除了掌權的精英階級以外，其他人全都是被壓迫者。他們的目的不是推翻整個體系，而是為群眾謀求更多利益。他們不想要革命，只求改變體系，希望政府能更有作為，市場更收斂一點。二〇一六年代表民主黨出馬角逐總統寶座的桑德斯（Bernie Sanders）就是左翼民粹主義者。桑德斯認為自由貿易會使美國人民受害，因此主張自由貿易愈少愈好。他也為全民健保喉舌，提出公立大學免學費政策，並呼籲給移民更人道的待遇。左翼民粹主義者不會特別區分族裔，通常希望為所有被壓迫者爭取更好的待遇。

另一方面，右翼民粹主義者對發怒的目標更為歧視。例如，美國的右翼民粹主義者不一定以有錢商人等富豪為箭靶。[1]反之，他們把怒氣對準高階主管、專業人員和知識精英等中上階級，不滿這些人制定的公共政策都是有利於自己和婦女、少數族裔、移民等弱勢群體，不利本地出生的非西語裔白種男性。這種觀點不但帶有種族主義色彩，也有民族主義的成分。

族群民族主義

簡而言之，民族主義者偏好國家疆界內的一切，如同胞、本國文化，嫌惡國家疆界外的一切。[2]民族主義者強調用人民團結來達到國家統一的目的，主張人民應該基於血緣的連結共同努力。例如，國家可以提供一個沒有隔閡的共同市場，讓每個人在任何地方工作、生產或進行交易。透過國家預算的分配，貧窮地區的學校、醫院、產業和基礎建設需要的經費都來自富裕地區的納稅人，因此，所有人都能共生共榮。如果某個地方的人遭遇天災，或是在經濟上受到重創，就會期待其他地方的人前來援救。這就是全國團結的表現。全國人民的同理心也為生病、殘障、年長或不幸的人建立一個強大的安全網。國家代表隊獲勝時，全國同胞皆欣喜若狂。國人也會一起以過去的成就為傲。

從某個層面來看，國家就像是中世紀的行會，如果所屬的行會勢力強大，就能為會員帶來聲望、保護和一些利益。對漂泊、孤獨的人來說，行會也許是讓他們覺得有歸屬感的群體。如果國民具有一定的同質性，國家規模愈大，每個人可以分到的利益愈大。如果規模一定，國民的同質性愈高，基於同理心與善意，國民間的自然連結（甚至是演化上的連結）就愈緊密。

代表人民同質性的精確特質，以及一個國家「真正的」本土人士，全都是定義的問題。例如，族群民族主義者可能以種族、宗教或共同的文化遺產作為民族主義的基礎。如果國民的同質性高，則可用族群民族主義來統一全國。若人口同質性低，無可避免會走向分裂，而本土人士的定義取決於被排除的人，通常是少數族裔及新移民。此外，在一個人口多樣化程度高的文明大國，民族主義的典型象徵（如國家憲法）通常具有包容性。在這樣的國家，族群民族主義者經常會利用人民對被排除者的恐懼或不滿，號召追隨者團結起來。

民粹式族群民族主義者

右翼民粹主義者通常是民粹式族群民族主義者。這個名詞可真拗口！為了簡單起見，我們稱他們為民粹式民族主義者。在民粹式民族主義者看來，只有屬於多數族裔、在本地出生的人才是「真正的人民」，他們天生可以感覺到國家該往哪裡發展才正確。這些人認為他們被國家的精英階級出賣，因為精英為了自己的利益支持外國人、移民和少數族裔。

民粹式民族主義領導人知道人民擔心自己的社區正在瓦解，了解科技變革的步調快得令人無所適從，但還是得因應全球整合的效應。他知道人民為何忿恨不平，因為他們的家庭和社區已經被經濟壓得喘不過氣來，社會地位下滑，也因為不接受精英提出的自由價值而受到羞辱。[3] 一個比較開放的多元文化社會接納的外來者往往不理解當地的文化遺產，民粹領導人便藉以渲染人民對社會分裂的恐懼。他提出的方案主要是讓追隨者重新獲得尊重，讓人民能依靠一個基於相同族裔或文化的想像共同體，繼承往日的榮光。舉凡令人驚異的顏色、語言和禱詞都會被過濾掉。不同於精英當權者的軟弱、意見分歧和模稜兩可，民粹領導人強勢有影響力，強調普遍的信念是顯而易見的真理。面臨社區崩解的人因此有了另一種選擇，知道相信什麼、歸屬於哪裡，以及為了什麼而戰。

民粹式民族主義者重申多數族裔具有先天優勢，強調今日會落後是因為不平等的政策，如平權法案或是在全球貿易規則下遭到外國政府欺騙。他們所持的理由不一定是對的，但敘述中有部分是使落後者保有自尊心。重要的是，這些理由可使多數族裔自我適應的需求降到最低。只要不公平的競爭環境得以矯正，多數族裔就能重獲應得的社會地位，或是說他們這樣相信。

民粹式民族主義領導人信誓旦旦要創造一個公平競爭的環境，但在其他人看來，似乎是排除非本土人士的保護計畫。典型的民粹式民族主義領導人不只是計畫透過身分來決定市場參與者與成就，因此為裙帶關係鋪路，也分化社會，成為一個偏袒本土人士的社會，非本土人士則被排斥為非真正的公民。這樣的計畫對本土人士很有吸引力，由於國家社群都是和自己同類的人、對彼此有同理心，因而能獲得好處。國家不再是統治精英主張的無根多元文化，而是專屬於他們的文化。對那些尋求認同感、歸屬感的人來說，由於他們的社區已處於失序狀態，這樣的主張特別令人心動。這就是為何根深柢固的社區突然受到經濟困頓的打擊時，民眾會對執政者失去信心，很容易受到民粹式民族主義的影響。[4]

為什麼民粹主義不可忽視？

民粹主義的核心是求救的呼聲，外面覆蓋一層尋求尊重的要求，並包裹著因為受到忽視而感到忿恨不平的憤怒。左翼或右翼民粹主義者的診斷都沒錯，都是統治精英背叛人民的信任。展望未來，由於工人沒能準備好面對即將來臨的變化而深感恐懼，但執政的精英階級卻近乎癱瘓，不知道自己階級的行為就是問題的一部分。民粹主義領導人雖然比較了解大眾的憂慮，卻不大可能提出正確答案，因為每項政策的解決方法必須引起追隨者的共鳴。

然而，大眾的注意力短暫，政策希望達到立竿見影的效果，卻忽略長遠的影響。例如提高鋼鐵進口製品關稅可以讓國內的鋼鐵工人保住工作，但可能沒想到會造成更多產業的工作不保，這樣複雜的問題很難用幾十個字解釋清楚。這意味著大眾輿論的聲浪要比專家意見的聲音更大，更能贏得民眾的關注。如果專家失去大眾信任，大眾輿論將永遠勝出。如果民粹主義者提出的解決方法得到大眾的認可，而這些解決方法是群眾集思廣益而獲得，恐怕不大可能有效解決問題，這就是為何開國元勛麥迪遜（James Madison）推崇的是代議民主制，而非直接民主制。[5] 要利用群眾智慧的話，必須去蕪存菁。

本章會以上一章討論的經濟發展及社區與媒體的變化為基礎來解釋，為何已開發國家的選民比較願意傾聽激進政治人物的話。問題的癥結在於科技變革正在創造基於工作能力的精英政治。同時，隨著社區的力量被削弱，人民獲得能力的管道愈來愈窄，機會也愈來愈少，加上種族和移民問題，情況變得更加複雜。

分歧擴大

一項已開發國家人民價值觀的調查研究顯示，如果人民經濟安穩，比較願意信賴與親近陌生人，也比較關心家庭外的世界。[6] 這可以解釋為何在繁榮的一九六〇年代，已開發國家對移民和少數族裔的態度比較開放、慷慨。可惜因此產生的政策卻使今日國內的分歧更加嚴重。

已開發國家的社會自由度漸漸提高。在繁榮的一九六〇年代，中產階級子女因為受過良好的教育，同情長久以來被壓迫的弱勢者，如婦女、少數族裔及各種同志族群，並支持他們的平權運動。《紐約時報》專欄作家布魯克斯（David Brooks）在《Bobo 族》（*Bobos In Paradise: The New Upper Class and How They Got There*）這本具有洞察力、諷刺意味十足的著作中，以布爾喬亞（Bourgeois）及波西米亞（Bohemian）兩字的字首融合為「波波族」（Bobos）這個詞，用來描述這群走中間路線的新社會精英階級。新興波波族不但有喀爾文主義的工作倫理，由於他們出身於經濟安穩的中上階級，因此保有社會自由主義的反叛精神。[7]

另一方面，前一章提到，在所得分配的過程中，只受過中等教育的白人男性漸漸失去良好的工作機會。對精英階級來說，移民以及新近獲得權利的少數族裔因為受過良好教育，得以獲得更多更好的工作，足證自己心態公平。但對只受過中等教育的人來說，好工作變得稀少，他們必須透過激烈的競爭才能得到比較好的工作機會。由於他們的經濟愈來愈不安穩，社會地位岌岌可危，也就比較沒有能力和意願來適應變化。

開放社會的優點（如對貿易開放、對新移民開放、對新思想和價值觀開放）值得好好辯論。然而，由於精英已經拋棄融合的社區，因此沒有出現這樣的辯論。然而，我們很難指陳他們的選擇有錯。但精英的市場現在要求社會開放，社區也就必須接受考驗。

地方重要性的弔詭

為什麼在這個神奇的科技時代，地點會如此重要？如果在一個社區失去工作，何不遠距上班？畢竟，能遠距工作的能力不就是科技革命的要素？我女兒似乎不管在哪裡都能完成工作，即使她的辦公室遠在另一個大陸也沒差。從另一個例子來看，我和彼德森（Mitchell Petersen）發現，一九七〇年代以來，美國小企業與往來的銀行分行距離愈來愈遠，最近的研究也印證這種趨勢一直延續到現在。[8]顯然原因是與銀行交易可以透過電話和網路，不必親自跑銀行。

儘管能夠遠距工作，弔詭的是有愈來愈多技術人才被吸引到已經擁有很多技術人才的地方。[9]也許是因為偶然的人際互動依然重要。今天很少發明家在自家地下室埋頭苦幹，設法締造革命性的突破。反之，創新來自能互相激勵、生產效率高的團隊。可能他們必須待在同個地方才能生出點子；或許透過在酒吧或派對交換意見，團隊會受到競爭隊伍的刺激；也可能乾脆向對手挖角。所謂整體大於部分的總和（the whole is greater than the sum of its parts），有能力的人聚在一起就能產生經濟學家所說的「聚集經濟」（agglomeratron economies）。

這可以解釋矽谷、倫敦、紐約、舊金山等地就像磁鐵，吸引很多能人高手前來。這些高手因此相聚，互相砥礪，變得更加成功。根據我的同事謝昌泰（Chang-Tai Hsieh）和柏克萊經濟學教授莫瑞堤（Enrico Moretti）的估算，美國二〇〇九年的城市薪資差距是一九六四年的兩倍，部分原因就是紐約、舊金山、聖荷西等巨星城市的出現。[10]他們認為，只要在這些巨星城市的分區管制放寬，使房地產供給的限制減少到和中型美國城市差不多，而且讓人員自由搬遷到勞動市場熱絡的城市，那麼二〇〇九年每個美國員工的人均產值將提高到三千六百八十五美元。

工作地點帶來的聚集經濟顯示，有能力的人聚在一起可以提高經濟生產力。儘管這種群體的規模不易估算，但有一項可靠的研究做到了。這項研究發現，在強調創造力和創新的領域（如學術界）似乎是小群體。津加萊斯、金翰（Han Kim，音譯）與莫爾斯（Adair Morse）研究頂尖大學經濟系教職員的學術生產力。[11]在一九七〇年代他們發現，如果某個教職員從排行前五名以外的大學升到前五名的大學，那麼生產力（以調整品質後發表的研究報告計算）會增加六〇％。到了一九九〇年代，這種效應就消失了。他們提到，過去必須待在頂尖大學與人合作，今天則可以採遠距合作的模式，也就不必一定要進入頂尖大學。他們還發現，從一九七〇年代到二〇〇〇年代初期，頂尖大學教職員與來自非頂尖大學者共同發表研究報告的比例增加一倍。

有意思的是，他們發現與其他大學相比，現今頂尖大學教職員的生產力並不會比過去低。然而，頂尖大學與其他大學教職員的生產力差異似乎增加了。換言之，生產力最高的教職員依然選擇進入頂尖大學。

儘管學術界無法代表典型的技術人才，但這項研究提出一個重要的可能性。或許技術人才不需要刻意選擇工作地點才會有生產力。由於科技消弭距離的障礙，聚集經濟效應也就減弱了。那麼，為什麼有能力的人似乎還是選擇聚集在同樣的地方，就像有生產力的學術研究者想要進入頂尖大學？吸引技術人才的可能是頂尖大學的聲譽，或是著名投資銀行的專業形象（如所謂的「白鞋投資銀行」＊），但我們仍不清楚，對這些技術人才來說，工作機構的聲譽是否比遠距工作的能力來得重要。

另一種可能性是，吸引力主要來自技術人才聚集的住宅社區，而非工作地點本身。對技術人

＊ 這裡是指高盛集團（The Goldman Sachs Group, Inc.）。

才來說，除了追求社會品味，選擇來自類似社經背景的鄰居，更重要的是在這個強調能力的世界中，盡可能給孩子最好的教育。如果一所學校的學生皆是得到家庭全力支持的孩子，學生的表現會比較好，因此他們莫不想要搬到好的學區，讓孩子和社經地位差不多的同學一起學習。不管他們選擇在某一個地方落腳的動機為何，技術人才多的地方就會吸引更多好雇主在當地開公司，從而吸引更多有能力的人……這是一種良性循環，強大的社區會變得更強大。

我們可以透過觀察看到，有能力的人傾向在相同的巨星城市工作和生活，不管這是工作地點或住宅社區產生的聚集經濟效應。當然，可能這兩個因素都有。前者顯示某些地點能帶來廣大的經濟效益，後者則代表擇鄰而居帶來的私人利益。至於被有能力的家庭拋棄的社區，則對私人利益有害。不論哪一種效應比較顯著，由於有能力的人紛紛從混合社區出走，跟同類的人一起工作、生活，很多社區都面臨機會減少的問題。

居住隔離問題

教育漸漸成為重要的差異化因素，取得學位、晉升專業人士的婦女也愈來愈多。教育程度和收入因此成為婚姻配對的基礎。聰明才智相當的男女能相遇並非全是偶然，可能是在大學求學時相識。以前的人也一樣，只是現在上大學的女性比較多。正如我們所見，愈來愈多優秀的工人聚集在繁華的都市（或是綠意盎然、富裕的郊區）。房地產價格的高漲把汙染產業及工人趕出城市，使這些地區更加優美、舒適、適合居住，吸引專業精英在此成家，但是其他人大都無法負擔。

以前醫師常跟護士結婚，經理則娶身邊的助理，現在教授的另一半也是教授（就像我和內人），顧問則和顧問結婚。這些專業人士都是深思熟慮後才決定結婚，有時甚至會猶豫，但他們有兩倍的收入來對抗經濟壓力和生活的變化，使這條婚姻之路變得可行。通常他們也是考慮再三才決定生孩子。重要的是，他們有能力和意願在孩子身上投資，希望下一代也能成為成功人士。[12]

為什麼有能力的父母很重要？

有能力的父母能讓孩子贏在起跑點上。例如，有一項研究發現，如果父母是專業人士，孩子每小時聽到的單字約有兩千一百個；相形之下，工人階級家庭的孩子每小時只聽到一千兩百個，而靠社會福利金過活的家庭，孩子每小時聽到的單字只有六百個。[13]這意味著父母若是專業人士，跟靠社會福利金過活的家庭相比，孩子每年聽到的單字多出數百萬個字，如此一來字彙量和語言能力就會勝過同儕。

著名的史丹佛棉花糖實驗及追蹤調查研究發現，專業人士組成的家庭給孩子的不只是更多的學習機會，還有信任及自制。一九六〇年代初期史丹佛大學的心理學家米歇爾（Walter Mischel）和指導的研究生以史丹佛大學附設賓恩托兒所（Bing Nursery School）的幼童為研究對象。他們對這些小朋友說，如果現在可以忍耐不把棉花糖吃掉，十五分鐘後，就可得到第二支棉花糖。看著這些孩子垂涎三尺的模樣，真教人忍俊不住，但是米歇爾還有其他發現。那些能夠自制、忍耐的小朋友，日後SAT學業測驗成績比較高，比較不會濫用藥物或吸毒，三十年後身體質量指數（BMI）也比較低。[14]

羅徹斯特大學後來進行的一項研究證明米歇爾的結果無誤。[15]研究人員推測如果一個家庭生養很多孩子，較小的孩子東西常被兄姊搶走，大人又常常不在身邊，「只有吃下去才能保證一定吃得到」。反之，在一個穩定的家庭中，父母如果答應要給孩子吃零食，比較不會食言，孩子也比較願意等待。為了驗證這個假設，研究人員把孩子分為兩組，答應要給他們貼紙，結果一組食言，另一組則依照承諾，給了孩子貼紙。接下來進行棉花糖實驗，得到貼紙的那組認為研究人員值得信賴，與另一組相比，願意等候四倍長的時間才把棉花糖吃掉（很多孩子甚至願意等到研究人員回來才吃，因此得到第二支棉花糖）。看來，自制似乎是後天習得的特質，認為這個世界是穩定、可靠的，因此願意這麼做。

如果父母都是有能力的專業人士，比較能給孩子這樣的信念。米歇爾最初的研究是在繁榮的史丹佛大學社區進行。這個研究有一個更廣大的意涵，亦即富裕、穩定的家庭能給孩子比較健康的世界觀，讓孩子長大之後過著更好的生活。的確，芝加哥大學的諾貝爾經濟學獎得主赫克曼（James Heckman）不只發現由家庭和社區建構出來的幼兒成長環境，對未來的學習和成功的職業生涯至關重要，也諷刺的說「最大的市場失誤」就是「投錯胎」。

精英地位的世襲

正如上一章看到，科技變革加劇，加上能力的差異，使收入差異更為明顯。能力是天生的智能加上天賦，也就是所謂的人才。人才受過良好的教育，也經歷一些經驗的淬煉。今天，能力出眾者受到就業市場的青睞，對平庸者則比較不利。再者，全球整合的市場有贏家通吃的趨勢，在能力金字塔頂端的人，即使只比別人強一點點，也會獲得很大的好處。與過去相比，現在能力高強的人將可獲得更大的回報。

如果社會用抽籤來決定收入最高的人，也就是把每個人的名字寫在紙條上，放進一個巨大的甕裡，被抽到的人就可以成為巨富。我們會羨慕他們的運氣，但不會生氣。畢竟，這不是分配的不平等，每個人都擁有相同的機會。然而，如果一個人因為身為掌權者的親信，所以能承攬獲利豐厚的合約或標案，這種人的成功就會引發公憤。不管透過機運或貪腐而新成為有錢人，他們都不必離開社區。他們可能在社區興建豪宅，向鄰居炫富。

極端的精英體制則有一個特殊的問題。在這個體制中，收入最高的人不是隨機產生，而是最有能力的人。有能力的人想要給孩子最好的機會。（誰不是如此？）他們無疑會設法給孩子最好的教育，花多少錢都不在意。正如里夫斯（Richard Reeves）在《夢想囤積者》（*Dream Hoarders*）的剖析，有能力的父母建立一個穩定的家庭，為孩子創造有啟發性且有趣的家庭環境，然後把孩子送到好學校，不遺餘力的為孩子的未來鋪路。例如為孩子請家教，或是動用關係讓孩子到大企業實習，使履歷表亮眼等等。[16]父母的社經地位愈高，這些就愈重要，因為這樣才能讓子女繼承自己在新興精英體制中的地位。

社區對學習的重要性

究竟什麼因素會真正影響孩子所受的教育品質？一九六六年，社會學家柯爾曼（James Coleman）根據蒐集到那時為止最大的一份社會學調查資料，撰寫一份美國教育現況報告。[17]這項研究試圖了解美國兒童的學習狀況，設法找出教育結果的影響因素，如經費、師資、同學或家庭。傳統觀念都強調學校設備和經費的重要性。柯爾曼則發現，這些並非不重要，但更有影響力的因素是學生背景的多樣性與學生的家庭生活。柯爾曼提到，如果一個學校的學生來自不同的社經背景，來自比較貧窮家庭的學生會表現得更好，這是因為對學習而言，「同學的影響力要比老師來得大」。家庭生活的影響也很重要。在學校教育的支持與強化方面，家長的教育背景是最重要的因素。

柯爾曼和赫克曼都強調家庭教育和環境對兒童後續的學習很重要。受過良好教育、優秀的父母會設法讓孩子贏在起跑點，持續不斷的支持孩子。研究人員認為，這對學習很重要。此外，柯爾曼的研究顯示，在一個新學生進入學校時，其他學生的能力愈強，新學生就能有更好的學習經驗。因此，如果其他條件不變，愈多學生來自高社經地位的家庭，對學生的教育愈有正面影響。

我的孩子在馬里蘭州蒙哥馬利郡（Montgomery County）上學。當地的貧窮家庭可以透過抽籤入住租金便宜的國宅。史瓦茲（Heather Schwartz）二〇〇一年到二〇〇七年在當地的學校進行調查研究，發現弱勢家庭學生如果到最有利的學校（來自貧困家庭的學生較少）上學，數學和閱讀上的表現勝過住在國宅、到最不利的學校上學的學生。[18] 她還發現，如果學生住在貧窮程度較低的地區，可以增進他的學習表現，但是這種正面效應只有學校影響的一半。

因此，如果有一對受過高等教育的高薪夫婦想要為獨生子女挑選一家最好的公立學校，他們會怎麼做？顯然，他們會去上班地點五十哩內的每間學校看看，仔細考慮上哪一所學校最好（畢竟，他們是年輕好勝的父母）。幾乎可以肯定的是，他們選擇的學校會在有錢人區，那裡有很多跟他們一樣的中上階級。那一區所得高，意味著家家戶戶都很注重教育，希望孩子從小就有競爭優勢，如赫克曼所言，生於這種家庭的小孩能有更好的人生機會。如果一班學生都是來自富裕家庭的優等生，能夠學得更多，並透過互相挑戰變得更好。這一班就幾乎沒有人會落後，把大家拖下水，需要老師特別輔導。基於這些原因，注重教育品質的父母通常會搬到可負擔的高所得地區，讓孩子在那個學區就讀。

資料也支持這樣的結果。在美國，即使資通訊科技革命使得與能力相關的薪資溢酬增加，但這四十年來，收入造成的居住隔離現象愈來愈顯著。一九七〇年以來，在美國都會區，有錢人區（高於家庭收入中位數一・五倍）和窮人區（低於中位數〇・六七倍）的家庭皆急遽增加。[19] 一九七〇年，只有一五％的家庭住在這樣的地區，六五％的家庭都在中等收入地區。到了二〇一二年，住在有錢人區或窮人區的家庭比例升高到三四％，是一九七〇年的兩倍以上。同一時期，居住在中等收入地區的家庭比例則從六五％降到四〇％。此外，社會學家歐文斯（Ann Owens）發現，這種基於收入不平等引起的社區隔離現象大抵只在有孩子的家庭看得到，沒有生養子女的家庭幾乎看不到這種現象。[20] 這顯示為孩子找到理想的好學校是居住隔離的主因。

然而，家庭背景或社區都不是決定性因素。很多被寵壞的有錢小孩只會揮霍金錢，一事無成，也有不少窮人家的小孩儘管沒有多少資源，還是靠自己努力奮鬥成功。近期美國總統就有兩位家境貧窮*，由母親一手扶養長大（但他們的繼任者都出自豪門）。此外，各個科目的學習並不是在學校受教育的唯一目的。如杜威所述，教育的目的是讓學生為未來進入社會做好準備。雖然這些說法都沒錯，但偏離重點。在精英體制中，最重要的是能力。從一般趨勢來看，收入較高的人比較能獲得更好的教育，也能讓孩子的人生有個好的開始。如果一對夫婦希望自己的孩子能在未來的就業市場脫穎而出，就會搬到高社經條件的地區。他們通常會這麼做。這證明家庭責任要比社區連結更加重要。

收入高的人紛紛離開混合社區之後，留下來的中上階級父母即使有強烈的社區意識，也會想要出走。於是，社區只剩中產或中下階級的家庭。也難怪最後連中產階級也要離開。不久，正如先前的資料顯示，不同階級分住在不同的社區，變得涇渭分明。

布魯克斯、萊許（Christopher Lasch）、盧斯（Edward Luce）、莫雷（Charles Murray）、帕特南（Robert Putnam）等評論家都指出，美國的居住隔離大幅削減貧窮社區的力量。[21]然而，他們並未強調造成居住隔離的經濟力量。這種隔離並非由於平等主義的瓦解或精英階級對中下階級

* 指柯林頓和歐巴馬。

的厭惡，比較可能是父母望子成龍所促成。這是精英體制傾向及注重能力的經濟結果，正如我們在歷史中一再看到市場需求削弱社區的情況。於是，無視道德的家族主義變得盛行（如社會人類學家班菲德描述問題村落蒙第古蘭諾）。

重要的是，如果沒錢的人能自由跟隨有錢的人在新的社區落腳，就不會出現這樣的居住隔離。問題是，沒錢的人無法離開混合社區。在美國，由於都市分區嚴格，密集住宅的興建有重重障礙，比較高級的地區或理想的城市房價高不可攀，中低收入者根本負擔不起。而在受到貿易打擊而走向衰敗的社區，由於教育程度較高的管理人員外流，對留在社區的人又更加不利。現在的經濟愈來愈需要能力更強的人員，結果取得能力的管道卻變得極不平等。能力強的人，子女就有較多獲得能力的管道，至於沒什麼能力的人，子女獲得能力的管道就非常有限。社區的功能在提供每個人公平的管道，但社區在市場的顛覆下變得不公平，也就無法發揮那樣的功能。我們已走向世襲的精英體制。

與學習相關的問題

上述的狀況並非美國獨有。這是科技演變自然帶來的結果，而且有錢家庭擁有較多的優勢取得技能。只有各地人民都能負擔房價，都能利用便利、低廉的公共運輸，公立學校也有充足的經費，才能避免收入造成的居住隔離，也不會引發民怨。歐洲有些國家就做到了，但還是有很多國家做不到。

有幾個方法可減輕居住隔離的問題。來自貧窮家庭的優秀學生如果能進入特許學校就讀，或是獲得獎學金，就可能和比較有錢的孩子享有相同的機會。不讓優秀的孩子去更好的學校就讀似乎很殘酷，但是有些人還是主張這些孩子留在原來的學校，擔心優秀的學生都離開的話，當地的公立學校會變得更糟。同樣的，有些公立學校系統會為優秀的學生設立資優班或特殊學校。在英國，優秀的學生在十一歲能夠進入重點中學就讀。有一項研究發現，進入重點中學的學生到十六歲時成績大有進步，但是不能進重點中學、只能讀普通學校的學生則退步了，因此這樣的能力分校整體來說成效有限。[22]再者，教育分流可能獨厚優等生，犧牲其他學生。就在我寫這本書的時候，紐約公立學校正在為是否舉行入學考試進行激烈辯論。認為透過入學考試可以提高學生的程度，強化學習能力。最終的問題並非是否該讓少數貧窮的優秀學生承擔社會的失敗，而是社會該如何彌補這樣的失敗。

居住隔離的種族與移民效應

在美國，任何有關居住隔離、從都市搬遷到郊區，或是從郊區遷居至都市的討論，必然都會牽涉到種族的因素。非裔美國人長久以來一直是弱勢族群，儘管現今他們的處境有了改變，居住隔離引發的教育不平等卻更加嚴重。

在一九五〇年代初期，非裔美國人和白人小孩就讀的學校不同，非裔美國人的學校經費遠遠比不上其他學校。美國南方雖然黑人和白人比鄰而居，但大抵實行黑白分校。北部地區和美西雖然很少實行種族隔離法，但居住隔離的現象很明顯，隔離可說是實際情況。

法律成為改變社會的槓桿。由於反對隔離、學校資源分配失衡的聲浪愈來愈大，一九五四年美國最高法院就布朗案（Brown versus Board of Education）做出判決，裁定公立學校實行種族隔離違反美國憲法所保障的平等權。黑白合校的反隔離之戰終於獲得法律的支持。一九五八年頒布「國防教育法」（National Defense Education Act），以及詹森總統為了向貧窮宣戰在一九六五年推行的「中小學教育法案」，透過聯邦教育經費的補助來改善學校教育。這些法案為聯邦政府進入地方學區鋪路，法院也開始利用聯邦教育補貼的手段在整個學區施行反隔離計畫。

即使政府干預的力度加大，很多學校的學生依然清一色是白人或是黑人。原因很簡單：由於公立學校讓更多弱勢族裔的兒童入學，白人父母就要孩子轉學。在民權運動之後，美國大部分地區少數族裔原來占九成的學校，少數族裔學生的比例下降了，但之後又開始回升，直到現在。[23]美國東北地區的比例則從未下降，照這樣來看，打著自由主義旗號的東北地區，在今天其實是隔離現象最顯著的地區。這種行為很容易歸因為種族主義，的確這也是部分原因。然而，前面討論的經濟憂慮也是重要原因。中上階級的家長擔心來自弱勢背景的同學進度太慢，會使自己的孩子受到影響。問題不一定源於種族。如果少數族裔的學生能從隔離、不公平的學校轉到黑白皆收的學校就讀，但機會依然受限、無法迎頭趕上的話，所有學生都會受害。

民權運動使中產階級的非裔美國人遷移到其他地方，都市的非裔美國人社區本身就失去經濟多樣性。社會學家威爾森（William Julius Wilson）在《真正的弱勢》（*The Truly Disadvantage*）這本具有影響力的著作中論道，既然民權運動已經成功，一般人卻很難理解，為何之後在一九七〇年代和八〇年代，都市黑人社區的狀況反而變得更糟，充斥青少年懷孕、單親家庭（戶長通常是女性）、藥物濫用、青少年犯罪、鋃鐺入獄等問題。威爾森認為，一九五〇年代即使黑人家庭和黑人社區還背負奴隸制和種族主義的沉重包袱，就生活的穩定和支持而言，並不會比同等地位的白人家庭和白人社區差。的確，儘管隔離對整體經濟有不良影響，但社區還是團結的，就像工業大革命時期的貴格會成員。

例如，教學能力強的黑人教師雖然在外地很難有好的工作機會，對當地經費不足的的黑人學校卻是件好事，學校因而得以留住好老師。威爾森認為，對黑人都市社區衰敗的問題，除了社會福利計畫或種族主義，還有更好的解釋。首先是一九七〇和八〇年代北方大城市薪水優渥的工廠工作漸漸消失，黑人社區因此失去很多穩定的好工作。其次是黑人中產階級離開都市貧民窟。

前者減少黑人都市青年的就業機會，要轉行從事專業服務工作並非易事。黑人家庭負責養家活口的人失業，家庭就會承受很大的經濟壓力。如果成年男性無法獲得穩定、薪水不錯的製造業工作，收入就會變得不穩定，在婚姻市場上也就不具有吸引力。對女性而言，結婚意味著要跟一個收入不穩定的男人一輩子綁在一起，那麼如果她們想要孩子，寧可未婚生子。因此男性工作機會減少會使未婚媽媽或單親家庭的比例增加。上述是威爾森為一九七〇年代黑人都市社區衰敗提出的解釋，有意思的是，近年的研究也發現有些位於半鄉村地區、居民以白人為主的大型社區也出現類似的社區衰敗，就像上一章的討論。[24]儘管已相隔二十五年，社會衰敗的原因似乎源於經濟，亦即因為貿易和自動化導致製造業工作消失。[25]如果家庭不穩定，社區力量就會大幅減弱。不管是威爾森分析的黑人社區，或是今天在半鄉村地區的社區，都可以看到很多男性失去家庭的支持，也沒有責任感，於是自暴自棄，開始吸毒或犯罪，活在絕望當中。社區衰敗很難逆轉，即使經濟動力已經恢復，居民依然很難找回幸福安樂的生活。

由於黑人中產階級有穩定的工作，應該可以支持當地的商店，也可以參與當地機構（如學校）的事務或提供志願服務，為年輕人立下榜樣。他們應該也可以為比較貧窮的年輕人建立就業網絡。然而，隨著種族主義和隔離的氣焰消退，他們發現自己能夠得到比較好的工作、搬遷到比較好的社區，讓自己的才能得以發展，也可以取得一定的社經地位，因此紛紛離開本來居住的社區。可想而知，他們的離開只會讓都市黑人社區更加貧困。

這些都是消弭種族主義意想不到的後果。與美國其他社區相比，黑人社區的機會依然很少。然而，黑人社區的病根也許源於經濟，而非社會，而且能夠補救，特別是愈來愈多社區都有同樣的病根。

移民（特別是沒有技能者）通常發現自己只能住在比較貧窮的工人階級社區。過去，美國曾因少數族裔進入社區所引發的焦慮進行辯論。令人驚訝是，這種辯論目前在歐洲（與美國）重演，激辯的焦點則是移民問題。不久我們會再回到這個問題。

地區失去控制權與學校品質下降

在美國，經濟階層造成的社區隔離已經影響地區對學校的控制與家長參與，最終也波及學校的品質。在富裕的郊區，中上階級的父母仍熱心參與學校事務，願意花時間和金錢來支持學校。這些地區的學校董事會比較有權力，學校也能反映地方需求。父母真的關心社區，只要社區居民和自己是同類的人。

有些社區的家長比較貧窮、教育程度不高，也比較沒有時間、精力或金錢參與學校事務。如果這些地區的公立學校因為能從州政府和聯邦政府獲得較多的經費，學校也就握有較大的權力，但能從當地社區獲得的支持較少。因此，如果政府提供的經費增加，社區支持的經費減少，經費總額依然沒有增加。儘管教育所需要的費用日益高漲，有些地區依然不願意提高財產稅。俄亥俄州公共廣播電台曾詢問農村選民，為何一九七〇年代到二〇一〇年代一直反對提高稅率，有些選民回答說，老師的薪資太高了，而且學校是由「精英官僚」把持，還有一些人則說，打從學區合併開始，家長與學校的信賴關係已蕩然無存。[26]

信賴關係被破壞的一項後果是，教學內容引發的政治惡鬥愈來愈激烈。家長和學校為了是否該在課堂上教導演化論、性教育、女性主義、杜斯妥也夫斯基（Dostoyevsky）的《罪與罰》（*Crime and Punishment*）和沙林傑（J. D. Salinger）的《麥田捕手》（*The Catcher in the Rye*）吵得不可開交。家長和老師憤恨不平，雙方之間硝煙不斷，孩子的整體教育自然會受到影響。

一九八〇年代初期，雷根政府曾委託全國卓越教育委員會（National Commission on Excellence in Education）評估學校品質。在委員會提出全國矚目的《危機中的國家》（*A Nation at Risk*）報告書中指出：「如果有一個不友善的外國強權想要強迫美國實施今天的平庸教育，我們必然會認為那個強權想要挑起戰爭。結果，沒有強權這麼做，是我們自己在實施平庸教育。」

委員會悲嘆，學校已被「平庸的浪潮席捲」，「愈來愈多年輕人在高中畢業後既無法上大學，也沒有出社會工作的能力。」[27]其實今天的情況依然不變。

由於社區的熱心參與，美國曾經擁有全世界最好的公立學校系統。然而，因為地區工作機會減少帶來的市場壓力和居住隔離，經濟整合的社區已經崩塌。現在，美國學校良莠不齊，很多學生無法享有公平的機會。美國資本主義穩定的關鍵因而遭受破壞。大抵而言，以前所有的年輕人都接受相同的教育。現在，美國教育不平等日益加深。也難怪家長會如此憤怒。

學校品質低落與文憑通貨膨脹

教育品質參差不齊，即使是在同個學區內的學校也有差異，這還有其他的影響。上一章提到，在美國薪資溢酬高的現象和學位有關。當然，由於科技變革，很多工作都需要更高階的技能。我們無法要求車床工人為機器人手臂寫程式來做車床工作。儘管如此，薪資溢酬高似乎還有其他因素。哈佛商學院曾在二〇一五年進行研究，發現在美國，如果有公司徵求生產部主管，六七%都要求必須具備大學學位，但在受雇的生產部主管當中，只有一六%有大學學位。[28]雖然公司希望聘用學歷條件更好的新人來彌補技能缺口，但徵求條件和受雇人員實際的學歷條件似乎差距太大，因此難以彌補技能缺口。

公司似乎認為工作職缺需要更高的文憑，只是因為現在學校沒把基礎技能教好，所以從大學畢業生中尋找比較可能找到會寫文書，而且擁有基本算術技能、能力不錯的應徵者。[29]國際評比似乎也證明美國的教育平均水準低。以最近一次國際學生評量計畫（The Programme for International Student Assessment，由經濟合作暨發展組織籌劃、對全世界十五歲學生學習水準的測試計畫），結果美國學生在三十五個富裕的OECD會員國當中，數學排第三十名，而科學則為第十九名。[30]

雇主重視大學學位是因為，擁有這樣的學位代表應徵者起碼具有高中技能，而非在大學求學期間獲得更多的技能。從大學學位也可以看出應徵者的決心和抱負。證明他們已經通過大學的考驗。根據諾貝爾經濟學獎得主史彭斯（Michael Spence）的理論，文憑不過是一種訊號。大學教的可能不是對工作有用的東西。對沒有基本技能的人來說，要取得大學學位的代價很大。但是已有紮實基本技能的人，則能透過文憑和沒有學位的人有所區別。公司的人力資源部門似乎也相信這點，乾脆要求應徵者必須擁有大學學位，即使他們要填補的職缺並不需要大學畢業。

於是，不需要大學學位的學生必須花費很多時間去取得文憑，而公司也得花更多錢去雇用大學畢業生，即使他們徵求的人不需要大學文憑。這樣盲目追求文憑會導致國家高教資源的浪費與虛耗。有些專業甚至提高最低資歷的要求。如果幼稚園老師擁有兒童發展或兒童教育的文憑自然是好事，但是很多擁有教學能力的老師不一定擁有這樣的學位，如果沒有學位就不予錄用，豈不是會失去很多人才？[31]有些人因為經濟窘迫、性向或沒興趣而沒上大學，即使具備基本技能，也很難找到好工作。結果，沒能上好學校又沒機會學習基本技能的人幾乎擠不進就業市場的窄門。

價值觀和政治的衝突

即使中上階級精英從經濟混合社區出走，住進隔離社區，他們的社會價值觀還是各陣營爭論的焦點。對很多精英人士來說，生育控制和女性主義都無法妥協，其中的自由主義者都把墮胎權和同志權益納入信念。但要圈子外面的人支持這種新的自由並不容易。

離婚可以使人脫離不幸福的婚姻，但社會評論家道沙特（Ross Douthat）和薩倫（Reihan Salam）指出，低收入家庭要為離婚付出更大的代價，因為不管是做父親還是做母親，養育孩子都沒有足夠的資源。[32]像青少年懷孕和家庭破碎這樣的社會病症日益增多，而且代價高昂，最近才變成弱勢的人自然會認為過去的日子比較美好，因為社區繁榮，家庭力量比較強大，而且團結。因此，他們牢牢抓住宗教和傳統，希望藉此扭轉不幸的現況。他們拒絕透過主流媒體傳播的中上階級精英價值觀，並非因為他們的社會生活堪稱楷模，而是因為他們相信宗教和傳統也許就是對抗社會崩壞最後的保護措施。對中上階級來說，這似乎很偽善，但對工人階級而言，這就是他們的生存之道。

這些分歧也轉化為政治對立。民主黨向來傾向國家和工人階級，而共和黨則傾向市場和商業。社會分裂使政黨多了其他的身分認同。民主黨支持女性有生殖的決定權，主張女性能選擇是否繼續懷孕，共和黨則支持胚胎或胎兒有生存權，應該被政府和法律保護，也和宗教保守派和傳統派緊密相連。自民權運動以來，民主黨的支持者向來是受到壓迫的一群（少數族裔、性少數族裔、移民和女性）。諷刺的是，共和黨雖然解放黑奴，卻得到大多數白人選民的擁護，因為這些選民對民主黨的新傾向失望。請思考下面的統計數字：一九七六年美國總統大選有五二%的白人選民投給共和黨總統候選人福特（Gerald Ford），四八%投給民主黨總統候選人卡特。到了二〇一六年，五七%的白人選民投給共和黨總統候選人川普，投給民主黨總統候選人希拉蕊（Hillary Clinton）的則有三七%，前者勝出二十個百分點。四年前，共和黨總統候選人羅姆尼（Mitt Romney）拿到的白人選票也比民主黨總統候選人歐巴馬多了二十個百分點。[33]

也許分歧最鮮明的例子是二〇一二年的一項研究，就分屬不同政黨的夫妻對家人態度進行分析。[34]在一九六〇年，如果兒子或女兒的結婚對象與自己的政治立場不同，五%的共和黨人及四%的民主黨人會覺得「不快」。但到了二〇一〇年，如果兒女和不同政黨的人結婚，四九%的共和黨人及三三％的民主黨人會覺得有點不快或非常不快。

由於歐洲人口族裔和種族的同質性較高，問題不像美國那麼多。儘管如此，歐陸也有一些暗流，特別是精英階層因為支持貿易與移民而與群眾漸行漸遠，以及經濟變化為國內社區帶來不同的衝擊。例如法國極右派「民族陣線」黨魁瑪琳．勒龐（Marine Le Pen）選區的關廠失業問題嚴重，選民認為巴黎主流政黨已經不管他們的死活。[35]二〇一八年，德國基民盟領袖梅克爾與其他主流政黨協商多月，終於提出大聯合政府協議，目的是更加關注過去不受重視的小城鎮和鄉村。很多這樣的地區甚至沒有像樣的寬頻網路可以使用。[36]雖然歐洲整合日深，年輕人的就業機會和收入差距依然南北有別，問題變得更加複雜。正如我們即將在後面看到的，移民的問題也是。

引發大眾怒火的原因已經持續一段時間，民粹主義也是。為何民粹主義在美國和歐洲的氣焰如此之大？二〇〇〇年，歐盟各國民粹主義陣營的得票率平均為八．五％，到了二〇一七年已經上升到二四．一％。[37]美國也在二〇一六年選出一個鼓吹民粹主義的總統。在已開發經濟體中，科技變革的效應愈來愈顯著，隨之而來的民怨也愈來愈深。二〇〇七至二〇〇八年爆發的全球金融危機與餘波也對一般大眾的感知產生巨大影響。

金融危機

民主不允許政治人物忽略問題太久。本世紀初，很明顯必須為落後的人做一點事。對大多數已開發世界來說，最簡單的答案似乎就是解決債務問題。金融危機發生前，美國政府試圖透過放寬住宅貸款的條件來營造房市榮景。不斷高漲的房價鼓勵建商推出新的建案、創造工作機會給被製造業裁員的低技術工人。一般民眾在資產價格大漲的財富效果與借貸利率偏低的矇蔽下，消費支出大幅增加。[38]儘管薪資停滯，他們並不擔心，認為自己的房子就像是存錢筒，可以支撐消費。債務助長房市熱絡，給經濟新的成長途徑，但這終究是飲鴆止渴，不是長久之計。

在歐洲，因為推行共同貨幣歐元，使得所有國家都能從歐元區的低利率受益。利率低是因為所有人都相信歐洲央行刻意把通膨率壓低。但在歐洲外圍的一些國家長久以來並沒有嚴格控制通膨，通膨依然很高。藉著膨脹的收入來償還便宜的歐元借款，進一步使這些國家有效降低借貸成本。為了加入歐元區，有的國家遵守規則，有的國家則做假帳，隱瞞財政赤字。許多國家發現借貸變得容易，利息又低。像希臘就肆無忌憚的大舉借貸、大肆揮霍，政府支出浮濫，公家機關冗員充斥。[39]並非所有陷入困境的歐洲國家都是政府舉債和過度支出所造成。像西班牙是因為信用寬鬆和地方政府撥款創造就業機會，促成建築業的繁榮。愛爾蘭則主要是銀行放款引發的投機性房市泡沫。不管如何，共同的原因都是借貸容易。

信用過度擴張加上房價上漲帶來巨大的風險，然而隨之而來的就業成長讓政治人物得以減輕壓力。銀行在巨額獎金的激勵下，無不追求短期利益，安於現狀，不知不覺已經承擔過多的風險。全世界的央行莫不為了能維持低利率與承擔適度風險沾沾自喜。怎料經濟泡沫一下子就破了，在大蕭條七十年後，這個世界看來又再進入新的蕭條。各國政府和央行積極出手，包括提供紓困資金給大銀行和金融公司，以免金融體系崩塌，然而他們並未向大眾解釋為什麼要這麼做，只是說如果不做，世界末日即將來臨。這是一個重大錯誤，在憤怒的大眾看來，這像是政府與金融機構的陰謀。

在美國和歐洲進行的司法調查顯示出銀行交易員公然操縱市場，從證券到外匯市場都有他們上下其手的痕跡。但銀行卻得到政府紓困，一般民眾不但失去工作、房子，繳交的稅金還得用來償還因為紓困累積起來的主權債務。接受紓困的銀行甚至一拿到錢就發放數百萬美元的紅利犒賞主管，司法系統還很難把這些資深銀行主管送入監獄。民眾怎能不生氣？也許為了避免銀行體系大崩壞，政府有必要出手救援，但是為何不起訴那些導致民眾財富縮水的無良銀行家？民眾得到的結論是：市場不再公平，擁有特權的銀行獲得特殊待遇，其他人只能被白白犧牲。

在歐洲，由於銀行紓困耗費龐大，加上大蕭條期間的支出增加，政府財政負擔沉重。希臘、愛爾蘭、葡萄牙和西班牙政府發現市場不願借錢給它們，因此瀕臨違約邊緣，需要借錢來度過難關。這些國家就像貪圖享樂的蚱蜢，歐洲北方的國家則如螞蟻一樣有紀律。例如德國在二〇〇〇年代初期透過縮減失業救濟和工作保護並抑制工資成長來改革勞動市場。在金融風暴之後，像德國這樣的國家突然發現，它們不得不支持歐盟紓困那些有破產危機的國家，以免整個歐元區被拖垮。沒有人告訴德國人（荷蘭人、芬蘭人……），這就是加入歐元區的後果。同樣的，也沒有人告訴那些接受紓困國家的人民，部分借款將立即流出，讓他們的銀行得以把錢還給德國（荷蘭、芬蘭……）的銀行。聯盟會員國之間的大量資金移轉需要信賴、團結與同理心。由於一開始就沒有人問這些國家的人民是否想加入這樣一個聯盟，因此從民眾那裡幾乎看不到信賴、團結與同理心。歐洲紓困方案不夠透明，每個國家都因為要為其他國家解決爛攤子而心生不滿，不管是提供紓困的國家，還是被紓困的國家，全都有怨言。

金融危機不只是直接導致成長放緩及政府債務增加，也破壞大眾的信念，不再相信已開發國家的市場基本上是公平、乾淨的。也許更有問題的是，大眾對執政精英與他們建立的制度喪失信心。為什麼他們看不到危機將至？為什麼花這麼長的時間才把經濟從衰退中拉出來？為什麼聲名狼藉的銀行高階主管沒有人坐牢？民眾漸漸形成這樣的共識：精英既無能又偏心，只會保護自己偏愛的人。若是如此，戰後的共識都讓人質疑。

例如，廉價進口貨充斥市場，好的工作愈來愈少，多數族裔男性工人的工作可能會被女性、移民及少數族裔搶走，這些問題是否都是政策偏差造成？有野心的政治領導人嗅到機會，於是大聲說出這樣的不滿，社群媒體也讓受委屈的群體容易組織起來，散播精英無視或曾在過去阻撓的訊息，也難怪很多人相信制度已經崩解。的確，金融危機觸發兩個重要因素：失業率升高顯現的經濟窘迫，以及民眾對政治機構的不信任。研究人員認為這兩個因素可以用來解釋已開發國家的民眾為何愈來愈多人支持民粹主義。[40]只要一點火花，就會引發熊熊大火。

引發美國民粹主義的火苗

在美國，「平價健保法案」（Affordable Care Act，也就是歐巴馬健保）就是茶黨（Tea Party）* 運動的催化劑。柏克萊社會學家霍克希爾德（Arlie Russell Hochschild）研究路易斯安那州的藍領工人，提供茶黨支持者的觀點給我們。她在採訪時看到，美國南方的白人男性相信自

* 茶黨始於一七七三年，當時波士頓市民為了反抗英國殖民當局的高稅收政策，於是把英國東印度公司的三百多箱茶葉倒入海中，自此茶黨成為革命的代名詞。現代茶黨重生於二〇〇九年，主要反對歐巴馬政府的房屋救濟貸款政策，並發動全國性的示威活動，反對高稅收、高支出和醫療保險改革。至二〇一〇年，茶黨在美國已有一千多個分支機構，成為一股不可忽視的政治力量。

己一直依循公平的規則，堅定的朝向美國夢前進。[41]現在，由於經濟機會減少，他們前進的速度要比父親那輩的人來得慢。工人感到失望，但沒生氣，因為他們認為制度仍是公平的。但是，當他們環顧四周，發現其他人一直插隊，抱怨過去遭受的犧牲和痛苦。起初是少數族裔，接著是婦女，現在移民也來插隊。這些人獲得上大學的機會，有更好的工作，賺更多的錢，這些機會都是他們未曾擁有的。工人心想，為何他們必須為父親贖罪？話說回來，他們的父親是否真的有罪？霍克希爾德寫道，美國選出史上第一位黑人總統之時，白人的焦慮也達到頂點：

還有歐巴馬總統：他是怎麼崛起的？他是混血兒，由低收入單親媽媽扶養長大。實在想不到這樣的人竟然能成為全世界第一強國的總統。他的崛起你覺得如何？你不是該享有更多的權利？歐巴馬能有那樣的地位是透過公平的手段嗎？哥倫比亞大學的學費貴死了，他是怎麼進去的？蜜雪兒．歐巴馬的爸爸是自來水廠的員工，家裡沒什麼錢，怎麼能上普林斯頓和哈佛法學院？從來就沒看過身邊有類似的例子。他們必然從政府那裡拿到不少錢……

毫不奇怪，接著歐巴馬政府努力使沒有醫療保險的民眾減少，此舉被認為是討好窮人、少數族裔、移民等民主黨支持者，而非讓美國和文明世界的其他國家一樣享有全民健保。讓茶黨運動人士特別惱怒的是，更多的窮人得到免費醫療服務，其他人卻都被強制納保。歐巴馬健保的支持者認為強制納保能減少逆向選擇的人（也就是低風險的人覺得繳保費不划算而傾向不投保），讓整體保費減少。但憤怒的茶黨人士認為自己必須繳交較多的保費來補貼不配獲得補貼的人。[42]

很多民主黨領導人認為茶黨人士是為了維護自己的利益才出來抗議。這些領導人不了解，多數白人憤怒的是民主黨支持者獲得福利，他們認為這是不公平的。同時，白人也為自己的社會地位漸漸下滑而備感焦慮。如果政府對所有人一視同仁似乎會比較好。因此，我們可以理解，為何茶黨支持者支持社會安全福利和聯邦醫療保險，因為他們當中有不少人就是領取福利的中老年人，因此擴張到少數族裔及移民的歐巴馬健保在他們看來無異是詛咒。

歐洲的民粹式民族主義

在歐洲，主權債務危機使人們對日益強大的泛歐機構感到不滿，特別是各國政策都受制於這個機構。憤怒的暗流已接近水面，並向各方流動。即使德國等強大富國也擔心永遠必須為其他揮霍無度的歐洲國家收拾爛攤子。梅克爾是第一位在第二次世界大戰後出生的德國總理。很多德國人都認為，他們已經公開或默默的為納粹時代的德國贖罪。而成長緩慢、經濟脆弱的國家一方面要求歐盟給予金援，另一方面又不願在經濟上受到制約。他們看到在經濟制約後面有一隻手若隱若現，那隻手就是德國，抱怨德國透過歐洲整合的理念獲得過去一直渴望的霸權地位。小國對歐洲大部分的政策都沒有否決權，政策都是強國說了算，因此感到無奈。

這些不滿隨著難民危機浮上檯面。二〇一五年和二〇一六年在歐洲申請庇護的難民各達到一百萬人以上。他們大都是穆斯林，通常來自敘利亞、伊拉克和阿富汗等飽受戰爭肆虐的國家。此外，撒哈拉沙漠以南的非洲地區乾旱也迫使很多非洲人出走，有些人來自索馬利亞、蘇丹、剛果，因為戰爭或國內衝突被迫離開家園，有些則是為了追求更好的工作或生活條件非法的經濟移民。很多人都想去對移民比較友好的國家，如德國、瑞典和英國。根據歐盟法規，想要尋求政治庇護的難民只能向第一個踏足的簽約國申請，使希臘、義大利和匈牙利等國首當其衝。那些位於歐洲門戶的國家根本無法吸收龐大的難民潮。大批難民在匈牙利和塞爾維亞的邊界結集，但匈牙利不歡迎難民，甚至在邊境修建圍籬，防止難民闖入。二〇一五年九月，奧地利和德國開放邊境讓難民進入。那年，德國接納的難民已經超過一百萬人。

如果一國社會福利好，移民政策寬鬆就會引發人民憂慮，認為會被移民占便宜，特別是移民經濟條件不佳，對當地的文化又非常陌生。對移民的誤解又會使情況惡化。根據哈佛研究人員進行的詳細調查，即使是合法移民，民眾也多有誤解。以義大利和美國為例，實際移民人口只占一〇%，但一般人仍認為移民的比例分別是二六%和三六%。[43]受訪者也高估穆斯林移民的比例與這些移民依賴社會福利的程度，同時低估移民的教育程度與就業情況。與移民有所接觸的低技術勞工、沒接受高等教育的女性和右翼人士對移民有更多的誤解。儘管真的認識移民的人對移民的誤解較少，但在美國移民較多的地區，當地民眾對移民的誤解也比較嚴重。最後，如果受訪者認為移民受過良好教育、工作勤奮，就傾向支持移民和重分配政策*。

儘管歐盟的潛在難民人數已急遽下降，難民危機依然棘手。捷克、匈牙利、波蘭等國出現大規模的反難民運動，並悍然拒絕歐盟的強制配額，不管需要收容的難民人數很少。在筆者撰寫本文時，歐盟正考慮對不願配合收容難民的國家減少資助。因此，在歐洲，關於難民問題，各國主要有兩大心結。一是擔心失去主權和控制權，另一個則是擔心本國被來自異文化和異教的外國人淹沒，特別是這些外國人不花分文就可享用歐洲慷慨的社會福利，美國的茶黨也有類似的憂慮。

在英國，二〇一六年鼓吹脫歐的人就強調這樣的憂慮。更廣泛的說，雖然一開始大家認為消除關稅障礙的歐洲共同市場能帶來經濟利益，但被推向完全整合之後不見得有好處。也許親歐的政治人物和官僚認為人民一旦成為大歐洲的一份子，就能建立起同理心。然而，在金融風暴之後又發生移民問題和難民危機，歐盟面臨多個難關的考驗，是否能安然度過仍是個問題，遑論建立

＊重分配政策是指政府對社會的某一群體課稅後，把稅收轉移給另一群體。

同理心。此外，疑歐的政治人物也有錯，他們把所有棘手的國家政策都推給歐盟機構，另一方面則把整合市場的利益視為自己的功勞。儘管大歐洲仍是一個重要、可能具有價值的想法，但是並沒有獲得廣大民眾的支持。

結論

在金融危機出現十年之後，世界經濟已經復甦，然而這種成長部分原因又是靠借貸堆出來的。即使金融變得脆弱，科技發展的腳步並未減緩，很多人都還沒準備好接受新經濟的考驗。社會需要重新平衡。人民要參與全球市場，必須依靠國家和社區這兩根支柱的支撐。只有這樣，他們才能抵擋個別國家採取特定保護措施的衝動。

不幸的是，現在有太多人不信任精英階級。第二次世界大戰之後的開放政策雖然對世界的發展有利，現在卻受到質疑。民粹主義者簡單而直接的質問，現在是否仍應採行開放政策，主流政治人物往往很難用大白話來解釋清楚。戰後的技術官僚向來都被人民信任，因此不必向廣大的民眾闡明他們的論點，人民相信他們會去做正確的事。問題是，現在人民不再相信他們。

有些評論家認為主流政黨之間存在嚴重的對立，將對方妖魔化，使得雙方無法合作，結果使信賴關係蕩然無存，迫使人民尋求激進的選擇。也許真是如此。然而，如果主流政黨你儂我儂也會讓人民失望，認為所有政黨都是一丘之貉。如果人民絕望，不再相信政黨，不管主流政黨的結構為何，此時就是激進主義者冒出的契機。[44]

這是危險時刻。如果人民對自己的市場競爭能力失去信心，如果他們居住的社區不斷衰退，如果他們覺得精英階級藉由獨占市場搶走所有的機會，也只有他們能獲得培養能力的管道，一般大眾的不滿就會轉為憤怒。民主要求每個人都有公平的機會，一旦機會不平等，民主就會有所反應。更多民粹激進主義者將在選舉中勝出。當然，如果激進的民粹運動推動的改革是包容性的，而不是排外的，而且可以針對裙帶關係和機會被精英剝奪的問題對症下藥，如二十世紀初美國的民粹主義運動和進步主義運動，對回復社會的平衡大有助益。

然而，我們現在看到的民粹式民族主義運動大抵是由具有領袖魅力的人所領導，他們的主張是排外，而非包容，因此可能會使社會更加傾斜，而非恢復平衡。民粹式民族主義者非但沒能提出一勞永逸的解決方案，反而是股破壞力量。透過制度化的牽制和平衡也許能暫時圍堵善於操縱民粹的人。但是光是靠制度來抵禦民眾的意願，沒有其他力量的支持，恐怕也無法長久。在民粹式民族主義者的計畫當中，最重要的一點就是破壞制度的支持力量。

奉行威權主義的裙帶資本主義國家不願看到國與國之間透過貿易及人員、資本的流動締結關係，也反對多邊協議和多邊管理，儘管如此，這些國家依然必須在這個星球與其他國家一起生存……在如此分裂的世界，強權衝突恐怕陰魂不散，儘管我們希望這種衝突對峙已在二十世紀成為遺跡。

第八章

另一半的世界

到目前為止，我們主要把焦點放在歐洲和美國。在討論解決方案之前，我們應該好好研究未來會成長的幾個國家，包括所謂的「新興市場」國家，例如巴西、中國、印度、墨西哥、沙烏地阿拉伯、南非、土耳其和越南，以及非洲和亞洲的開發中國家，如伊索比亞和緬甸。任何已開發國家的決策者都必須了解，儘管今天各國對貿易和移民的態度有兩極化的傾向，幾乎每個已開發國家很快都會面臨人口老化的問題。要解決這個問題，關鍵就在貿易和移民。已開發國家產品的未來市場、人民退休金的投資標的，以及支持高齡化社會的勞動力，全都在不斷成長且依然年輕的新興市場和開發中國家。

這就是為何已開發世界不能短視。在處理當前的政治問題時，不能用高牆把自己圍起來。此外，有些問題需要全球的努力才有可能解決，例如威脅到全人類生活品質的氣候變遷，以及全球熱錢亂竄不時引發的危機，這些問題都需要全球參與。

既有的全球治理結構已經過時。儘管已開發國家在全球經濟的重要性已經降低，依然能有效掌控全球治理機構。在下一個十年結束前，除非發生嚴重災難，中國的經濟規模將超過美國，而已超越法國的印度將成為世界第三大經濟體。過去大家認為，美國在第二次世界大戰後以法規為基礎建立的全球秩序要由已開發國家負責維護，因此其他國家無法要求用更公平的方式來分享權力。即使這個制度的設計讓美國可以擺脫法規的束縛，但美國依然表現出按法規行事的樣子。現在，美國人民既然選出不尊重規範的政府，這個世界能接受不遵守法規的國家嗎？

民粹式民族主義者既不尊重全球機構，也不願意讓出權力，因此形成僵局。其他國家要不是不尊重全球機構，乾脆自己建立一個；要不讓全球治理出現真空，直到有國家強大到可以直接接管全球機構為止。儘管目前權力分配仍偏向已開發國家，如果出現後面那種情況，將會由最大的新興市場來承接權力。如此一來，已開發國家就會後悔沒能及時改革，不得不屈從由新興市場建立的權力結構。

數十年來，基於法規的國際秩序使世界把焦點放在集體互利，而非自我利益上。然而，現在我們有可能放棄這樣的秩序。如果每個國家都想要使自己再度偉大，第二次世界大戰前的零和經濟陰謀就會重出江湖。要了解這些問題，讀者需要對新興市場和開發中世界的觀點有所認知。我們會把焦點放在目前最大的兩個新興市場國家：中國和印度。除了了解這些國家面臨的挑戰，包括該如何使支撐社會的三根支柱恢復平衡，也要了解讓這些國家成為負責任的國際社會成員有多麼重要。

中國和印度到底像不像？

二戰結束後，中國共產黨幾乎攻占中國全部國土。印度也差不多在同個時間脫離英國統治，宣布獨立。在印度，每任政府都必須經歷選戰的考驗，這意味政府的行動受到較大的限制，不僅受制於民主抗議和眾多民間社團的力量，也受到司法機關和反對派的牽制。如現代新加坡創建者李光耀等批評家論道，窮國沒本錢實行民主。的確，在中國與印度的經濟成長爭霸戰中，似乎是專制的中國擊敗民主的印度。透過簡單的推論即可得知印度根本無法和中國相提並論：依照市場匯率來計算，儘管中國和印度的人口數接近（約十四億），中國的經濟規模和平均國民所得幾乎是印度的五倍。

然而，這兩個國家的成長之路其實有很多相似之處。中國和印度改革初期都是由政府主導的體系，市場力量微弱。中國政府在共產黨的集權控制下執行力強，而印度的市場和私部門在一開始則要比中國強一點。毛澤東時代結束後，中國開啟市場導向的經濟自由化，印度則是在金融危機後實行經濟自由化的改革。儘管這兩個國家仍有政府過度干預、貪腐的問題，自由化還是帶來強勁的經濟成長。由於中國不受民主的挑戰與牽制，可以強力打壓市場，壓迫家庭，加快經濟成長的腳步，但這樣的成長是偏斜的：偏向國營事業，不利一般家庭；鼓勵儲蓄和投資，抑制消費；外國投資者反而要比本國國民受益更多。

中國已經出現各種失衡現象：投資過多導致各產業的產能過剩；企業與地方政府債務負擔過重；以及過度依賴投資和出口來成長。此外，在很多產業，中國即將趕上全球生產力先鋒。就一個如此複雜的現代經濟體，國家將很難繼續把持經濟決策，最後必須放手讓市場去做。因此，中國試著給市場更多自由來進行分配、獎勵或懲罰。如果中國要讓私部門有信心投資，就必須轉變為一個比較願意受憲法約束的國家。然而，中國共產黨希望繼續獨占政治權力，跡象顯示黨內民主（intraparty democracy）變得徒具形式。中國能克服這些問題嗎？

印度擁有較多元化、開放的政治體系，有利於社區把國家和市場隔開。印度最弱的支柱是國家。[1]為了趕上中國，印度必須大幅提升國家能力。如果印度真能提高政府效能，的確能教人刮目相看。其實，印度的法規多如牛毛，有很多繁文縟節，以龐大的人口量來看，官員少得不成比例，難怪要等許可證批准曠日費時。官員大都訓練不足，沒有工作動機，好官員則工作負擔過重。一個運作良好的國家該做的事，包括提供公共服務和基礎建設、執行法規、審理訴訟案件等，印度政府因為資源太少，而且在忙其他的事，所以很多該做的事都沒做好。

印度的私部門依然非常依賴國家，因此對國家幾乎沒有制衡的力量。所以印度的弔詭在於國家受到的限制不多，卻效能低下。未來幾年，印度面臨的挑戰就是強化國家能力和私部門的獨立性，而不是民主。印度社區非常多元，要讓這些社區團結在一起，或許民主是唯一的途徑。印度能否成功轉型為自由市場民主國家？我們會在後面繼續尋找答案。

中國：共產黨控制下的市場開放

毛澤東的思想和行為在生命的最後二十年愈來愈古怪，給中國十億人口帶來極大的災害和苦難。他為了超英趕美，在一九五〇年代推動大躍進，發動大量農村人口煉製鋼鐵，大大的損害農業生產，造成數千萬人餓死。此外，還發動無產階級文化大革命，以淨化共產黨組織、清除資本主義餘毒，無數的知識份子遭到迫害、逮捕和殺害，國家受到重創。繼任的領導人鄧小平開始進行政治改革，由一人獨裁統治變成集體領導。他曾兩度被撤銷所有職務。文革時期，兒子還被紅衛兵迫害而導致半身癱瘓，之後才在一九七八年成為最高領導人。

政治自由化的抉擇

早期的改革通常是隱晦的，例如，在共產政權下，民間商業活動嚴格來說是非法的，但當局睜一隻眼，閉一隻眼。農村地區出現經濟成長，一是因為中央官僚機構很遠，鞭長莫及，再者共產黨在農村地區並未完全扼殺私有財產的觀念。在家庭聯產承包責任制下，農民承包國家的土地和農具機械，將一定數量的農產品上繳給國家之後，餘糧便可自行在自由市場出售。這是提升農業生產力的一大步。

此外，也開始出現一些民間企業，也就是所謂的「鄉鎮企業」。[2]馬克思主義的思想家認為，企業員工超過七人會有剝削的嫌疑，因此這些企業必須少於七人，然而這條法規很少執行。鄉鎮企業的產品林林總總，從收音機到冰箱應有盡有，很多農民因而致富。改革甚至擴大到國有企業。績效優良的國有企業得以保留獲利，給員工更高的薪資。隨著共產黨自由派贏得信譽，經濟成長大幅提升也帶來若干政治自由化。村民可以選舉代表。鄉村日益繁榮，當地的政府也就能獲得資金，做一些有意義的活動。[3]農村社區成為經濟復興和新興民主精神的中心。媒體也得到更多採訪的管道。一九八七年黨代表大會閉幕時，甚至有外國記者受邀和政治局的委員密談。[4]中共總書記趙紫陽等改革者強調，共產黨必須與政府保持距離，因為這是邁向多黨制的必經之路。

然而烏雲密布。在社會主義經濟中，很多商品的價格是固定的，像穀物等民生必需品則是透過公共分配系統來分配。中國當局一方面想要控制市場，另一方面則允許某些商品的價格波動。投機者於是把商品轉移到價格最高的公開市場。結果，商品價格固定且比較低廉的公共分配系統就出現商品短缺的問題。民眾也預期價格會上漲，因而搶購囤積。於是，通貨膨脹率飆升。如果工廠生產績效差，工人就會有壓力，其他受薪階級也是，他們擔心再改革下去，工作就沒了。他們不滿黨內精英總有管道取得短缺的貨品。地方當局收受賄賂對新企業放水等政黨貪腐的證據不勝枚舉，則更讓他們惱火。

改革也提高人民的期望，但市場可以給你東西，也能把你手上的東西拿走。像北京大學一流學府的學生本來以為可以找到好工作，但冗員過多的國有企業開始注重收益、減少招聘，很多頂著最高學府光環的學生都面臨失業的打擊。此外，學生注意到在東歐對社會主義政府的抗議活動愈來愈多，蘇維埃帝國已經開始崩解。因此他們有點樂觀，認為中國改革者似乎對經濟變革採取比較開放的態度，也許會支持比較廣泛的政治自由化。因為過於提倡自由化而被迫辭職的改革派領導人因病猝逝時，引發一九八九年春天在天安門廣場的抗議活動，不滿的工人也加入學生的抗議行列。

抗議者一度有機會迫使共產黨讓步。中央美術學院等校的學生在廣場豎立自由女神雕像，與門洞上方的毛澤東肖像對望。此時，鄧小平來到雙叉路口，一條是政治自由化，另一條則是繼續進行共產黨高壓統治路線。曾兩度被撤銷所有職務的他還是選擇共產黨。一九八九年六月四日凌晨，軍隊血洗天安門，很多學生、工人和支持者死在廣場四周。自由女神像被拉倒、被坦克輾碎。重要領導人被逮捕，工人領袖被審判、處決，學生領袖也遭到監禁。黨內的自由派如總書記趙紫陽等人被革職，強硬派占上風。共產黨非但沒有和政府保持距離，實際上還是執政者。

儘管鄧小平做了冷血的決定，但當時的他的確很難做出抉擇。過去，中國因為中心力量薄弱，飽受內亂之苦。蘇聯的動盪不安是前車之鑑：戈巴契夫（Mikhail Gorbachev）的改革重建（Perestroika）不但沒能刺激經濟成長，反而造成分裂。鄧小平拒絕激進的政治自由化，希望能循序漸進的進行經濟改革。政府會在中國創造市場，而不是讓市場突然從社會主義經濟的餘燼冒出來。或許對中國的經濟成長來說，鄧小平的選擇是正確的，但這卻把中國的政治自由推到遙遠的未來。三大支柱既然已經嚴重失衡，就算鄧小平希望中國能夠擺脫獨裁統治，這個目標也難以實現。這或許是近代世界史影響最為深遠的一個決定。

有一段時間，進一步的經濟改革被擱置了。然而一九九二年鄧小平南巡，以行動重申必須繼續推動自由化。據說，他提出的「致富光榮」深入人心，並批評北京的保守派，認為保守要比開放來得危險。改革再度起步，但正如麻省理工學院的經濟學家黃亞生所言，此次改革的本質已截然不同。在接下來的十年，中國在曾主政上海的江澤民主席領導下，把經濟活動和政府關注的重心都轉移到沿海大城鎮、國有企業，並鼓勵外國直接投資。[5]

同時在一九八〇年代，儘管一些小型的村莊社區出現一絲政治自由化和民主的氣息，但到了一九九〇年代，他們的權力（包括制定預算權）都被鄉鎮黨委領導奪走。[6]鄉鎮黨委領導都是由上級指派，不是選舉產生，可見權力仍集中在中央，沒下放到難以控制且眾多的村莊社區。

國有企業改革

在農村、內陸區域等貧窮地區的農民自發性發展出鄉鎮企業後，中國開始在比較富有的城鎮、都市和沿海地區全力發展國有企業。顯然國有企業較易操控，特別是大型國有企業，但國有企業冗員充斥、效能低下。在一九九〇年代的十年中，中國採取三個重要步驟來改革國有企業。

第一步是實行「抓大放小」政策，也就是賣出或關閉小型國有企業，其中有很多都沒有獲利。有些國有企業坐擁寶貴資產，如房地產。市府官員或各省市區黨委就會用超低價賣給自己人，再轉售圖利。[7]

砍掉不賺錢和很多小型國有企業之後，政府就可以把焦點放在重要的的大型國有企業上。一九九〇年，國務院提出「雙保」政策，企業保證向國家繳交一定數額的獲利和稅收，政府就保證會給這些企業需要的原料和資金。企業還可以獲得廉價的能源和土地。為了掩飾效能低下的問題，有些冗員過多的企業設法引進更多的資金，還有一些公司則壓低投入的成本。很多公司還設法在國內外的股票市場掛牌上市，以取得權益資本，並吸引大戶投資。這樣的投資人會監督公司，並促使公司提高生產效能。

第二步是讓國有企業解雇冗員。國有企業的員工認為自己終身「捧著鐵飯碗」，享有終身職的保障，以及退休金和住房等福利。共產黨悄悄拋棄這些承諾。在鄧小平南巡之後的十年，國有企業解雇近五千萬名員工，引發極大的震撼，造成的創傷不亞於任何資本主義體系。由於裁員通知來得突然，顯得格外殘酷。

第三，多家國有企業聯合重組，合併到同一家控股公司下，以強化營運和議價能力。例如，寶武鋼鐵集團控制六家大型鋼鐵廠，其中有三家本來就完全屬於寶鋼集團，另外三家則是公開收購而來。[8] 如此一來，集團就可提高獲利能力和每個工人的產出量。能有這樣的成效通常來自廉價資金的過度投資。其實，國企運用廉價資金的效率並不高。[9]

國有企業大裁員造成剩餘勞動力，此外農村地區因為農業機械化也使很多農夫失去工作，共產黨不能永久無視這些失業人口的問題。這反映出極權政體的一個矛盾。因為並沒有得到人民的授權，因此必須用政策來確立政權的合法性，也就是必須為人民謀求更大的福祉，否則在違反民意下，要維持政體的代價將會倍增。民主政體的領導人大可坦承錯誤說：「對不起，我們搞砸了。」然後繼續前進。他們甚至常常會把過錯推給前一任政府。極權政體則不能這麼做，因為他們的合法性建構在健全的政策上。他們根本沒有指責前一任領導人的餘地，即使是其他領導人所做的決定，現任領導人只能為之辯護，否則就表示這個政體是有問題的，人民應該推翻這樣的政權。我們很快會再回來探討極權主義尋求合法性的矛盾。

另一個解決辦法就是引進外國直接投資。由於外資會帶來技能知識，而且幾乎沒有政治威脅，因此對中國當局特別有吸引力。如果有外國公司膽敢踩政治紅線，必然會被立即驅逐出境。從另一方面來看，中國有廉價又訓練有素的勞工，因此吸引外國公司在中國製造，然後銷往世界市場。再者，它們能在沿岸地區設廠，很快將商品運到港口。對這些外資來說，最難的地方在於沒有人脈，也不知道怎麼應付社會主義經濟體設下的無數規定。正如經濟學家謝昌泰所言，即使是在今天，在世界銀行公布的經商便利度（Ease of Doing Business）排名，中國只排七十二名。中國的經商便利度是否能改善，那就要看市長和各省市區黨委了。

有一個印度商人告訴我，他在二〇〇〇年代初期很想在中國某個二線城市投資，因此他去那個城市參訪。下飛機那天是禮拜天，副市長親自來接機，當天就帶他去看可以設立公司的地點，接著帶他到市長辦公室。他發現所有文件都準備好了。市長表示，任何困難都可以解決，只要他在文件上簽名，匯錢進來就算完成手續。如果是共產黨喜歡的外國公司，這個黨就願意服務到家。

對外國公司來說，在中國投資還有兩個重要動機。首先，所得稅稅率比本國企業來得低。其次，自一九九〇年代開始，儘管中國出口量和貿易順差增加，中國仍一直阻止人民幣升值。被壓低的匯率其實是給出口商的補貼，因為美元收入換成人民幣時的價值更高。很多外國公司在中國設廠，利用受過教育的充沛勞工、不斷改善的基礎建設，而且供應商願意配合不合理的要求，全力趕工，準時交貨。當然，匯率的甜頭也是誘因。

適用於外國直接投資的案子應該也適用於本地的私人投資，特別是建築和房地產業。這些行業雇用很多粗工，也能為本地創造基礎建設。關鍵就是低利貸款、土地和許可證。這些對市長來說都不是問題。土地，特別是農田，只要從目前占用的人那裡徵收，而且不用付出太多補償金，特別是土地權本來就屬於國家。土地徵收之後就可以交給建商去蓋房子，再從建商那裡取得一大筆錢，為市府增加收入。自一九九〇年初期開始，由於大部分的稅收都上繳中央政府，省市政府得設法籌錢，因此非常需要生財之道。同樣的，從法律灰色地帶取得的資金有一部分也會落入黨委的口袋。[10]

貪汙並不是促使他們招商的唯一動機。很多黨委對這種投資興趣濃厚，因為如果負責地區的經濟成長，就有機會在黨內晉升，平步青雲。此外，地方政府也可能從新創企業獲得股份，只要企業成長，就能分紅。無論如何，一般人要做生意，繁瑣的法規及模糊的財產權都是很大的阻礙，但是如果能和共產黨高幹打好關係，就沒有問題了。民營企業仍受共產黨的控制，誰能做生意或擴張，都得看共產黨的臉色。

如果一般市民無視這些遊戲規則，堅持要開店、做生意，就得承擔風險。例如，北京的秀水市場本是熱鬧的戶外市集，主要經營仿冒品，因為物美價廉，讓外國觀光客趨之若鶩。[11]不過北京市政府以秀水市場可能發生火災及販賣假貨為由拆遷，要所有商家搬到附近由民營營造公司興建的的秀水街大廈。由於大廈是新式商業大樓，攤位價格極高，一個攤位甚至要價四十八萬美元。儘管賣的是仿冒品，很多商家早已在秀水市場建立名號和商譽，只有三分之一的人負擔得起新市場的攤位價格，其他的人只能放棄。也許有人會說這是惡有惡報，但儘管新的秀水街購物中心是揚名國際的觀光地標，很多店家依然明目張膽的賣假貨！

受壓迫的家庭

政府要補助企業，錢從哪裡來？答案就是一般家庭。中國人民的工資比很多開發程度較高的經濟體要來得低（就像很多開發中國家，由於農業機械化造成大量剩餘勞動力），人民繳交的稅金不但被用來補貼國有企業，還必須付出不合理的高價給一些獨占企業。而錢存放在銀行，利率也很低（政府刻意把存款利率壓低，讓銀行放款給企業和開發商）。

因此，一戶人家從存款獲得的利息非常有限，不過政府並不承諾給人民穩定的工作和退休金。中國的工會從來不曾真正為勞工爭取工資或權利，只是聽命於政府。它們是控制並紓解勞工不滿的管道。此外，中國在一九七九年實行一胎化政策，規定一對夫妻只能生育一個孩子。如此一來，如果成人沒有存款，就會出現六名成人（四名祖父母和兩名父母）在老年時皆由一名獨生子女扶養的結果。

家庭還有更多的挑戰。正如前述，家庭最重要的財產（房屋和坐落的土地）都不穩固。此外，由於工業成長，官方對違規行為視而不見，導致空氣汙染、飲用水汙染，食物也不安全。中國已經漸漸成為世界工廠，而很多工廠和發電廠都造成環境汙染，人民生活品質惡化。

中國因此走上一條獨特的成長道路。如果是在比較民主的環境下，一般家庭必然無法接受這樣的負擔。但有個重要的補償，因為這個體系可以快速生成非常現代化的基礎建設，吸引投資，經濟飛快成長，於是創造出很多新工作，既有工作生產力迅速提升。因此平均工資成長很快，然而仍低於每個工人創造的附加價值。由於中國正在迅速成長，因此很容易忽略那些扭曲的現象。

但這個國家產生的收入大都成為儲蓄，而非用於家庭消費，部分原因是這些收入被鎖定為國有企業的獲利，然後再投資；部分原因是家庭擔心社會安全網被撤除及私有財產不保，因此不得不積極儲蓄。一九九〇年，中國的民間消費支出約占GDP五〇%，但到了二〇〇〇年已降為四七%。在接下來十年，雖然中國成長飛快，二〇一〇年民間消費支出甚至只占GDP三五．五%。中國經濟成長驚人，創造很多工作，中國家庭付出很大的代價。然而自從改革開始，好幾億的中國人得以擺脫貧窮，過著比較舒適的中產階級生活。

共產黨的控制與裙帶競爭

因此，共產黨促進經濟成長的手段不是向所有人開放，而是官方為特定企業開闢一條平順的路。中國在二〇〇五年提出的《中國的民主政治建設》白皮書指出：「中國的民主是中國共產黨領導的人民民主。」[12]這不僅意味著一黨專政，這個黨的觸角更直接伸入商業領域。

每個大型國有企業都有黨組織，黨委書記的權力要比企業執行長大。[13]企業的整體策略和高階管理階層的任命都是由黨決定，因此共產黨能牢牢掌握國有企業及其巨額資金。當然，這種體系也讓黨員得以私相授受，為彼此的子女安插職位。

在中國，黨員身分漸漸成為通往成功的捷徑。民營企業很快就體察黨意，也在企業裡創造黨組織。如國際知名的消費電子和家用電器製造商海爾，公司執行長也是黨委書記。[14]共產黨明白表示，黨不但必須掌握訊息，還要有干預每個組織的能力，以免其政治獨占受到任何威脅。於是私部門皆服從。[15]

商業受到政治的強力控制，又沒有任何大眾社群擁有發言權，得以區隔國家與商業，正如前面所述，效率低下的裙帶資本主義和極權主義令人憂心。中國是否能免除這些弊病？

如政治學家貝爾（Daniel Bell）所言，從很多方面來看，中國共產黨屬於精英制，在執政的實踐中訓練、考驗自己的黨員。[16]中國共產黨中央政治局常務委員會共有九名成員，這九名常委就是黨內最有權勢的人，他們在地區或市政府任職期間的政績都很優秀，因此能步步高升。而政績考核最重要的一點就是對當地經濟成長有多少貢獻。各地的黨委領導積極吸引投資人，幫助投資人在當地設立公司，使之生意興隆，也保護他們免受政府機關的干擾，包括中央政府。謝昌泰指出，在中國很多大城市的計程車只有一種廠牌，都是由市政府合資的汽車公司生產。市政府強迫當地的計程車公司使用這個品牌，藉此支持在地冠軍企業。

因此，地方裙帶關係盤根錯節。再者，地方政府會給予在地企業補貼，即使企業破壞經濟價值，也會設法讓這些企業存活下去。以全國性的大企業來說，有些特別受到黨的青睞，包括一些獨占全國市場的大型國有企業。儘管各地的企業之間仍有激烈的商業競爭，依然很難把中國稱為完全競爭的市場。就中國的情況而言，比較適切的說法也許是競爭性的裙帶關係。到目前為止，這種做法似乎還可行。然而，中國如果要繼續成長，還能靠這樣的體系嗎？為了回答這個問題，我們必須先了解金融危機後中國經濟成長模式的轉變。

改變勢在必行

過去幾十年來，中國的表現在人類歷史上可說是空前未有。沒有一個國家可以在這麼短的時間讓這麼多人脫離貧窮。此外，中國擁有全世界技術能力頂尖的公司、最具競爭力的大學、最快的運輸和物流網絡，以及最有活力的城市。中國的發展就像奇蹟，從一九八〇年到二〇一五年，每年皆以八．七%的速度在成長。但中國再也無法像過去那樣強勁成長。

中國在一九九〇年代及二〇〇〇年代初期依循的成長模式有局限，這套模式一方面降低企業投入成本，另一方面讓一般家庭承受代價。首先，製造商品的需求有一大部分依賴出口及投資的成長，相形之下國內的消費量則比較低。金融危機嚴格限制已開發國家的支出，進口商品特別受到影響，而很多進口商品來自中國。此外，在已開發國家，由於鼓吹民粹主義的政黨力量增加，顯然有些政府將轉向保護主義。筆者撰寫本文時，美國已經發動關稅戰對付中國。最後，本來在中國投資、打算出口商品到全世界的外國公司發現，中國國內市場也很有吸引力。這些外國公司過去會捍衛中國出口到自己國家的商品（這些商品常常是在他們的中國工廠製造）。現在他們支持政府的保護政策，希望迫使中國政府降低關稅等貿易障礙，開放中國市場。從中國的角度來看，已開發國家的政治環境對依賴出口商品的中國頗為危險。這意味中國必須擴大內需。

透過融資借貸來增加投資是中國擴大內需的一種方式，但收益卻一直減少。中國的債務日益沉重，在金融危機之後更是暴增。此外，持續對基礎建設和住房進行的投資變得愈來愈不合理。中國基礎建設投資的理由是「只要蓋好了，人就會來」，也就是一旦興建完成，使用率很快就會上升。早年因為潛在需求很大，的確有這樣的效益。那時幾乎沒有必要追蹤中國是否需要這樣的投資，因為通常確實有需求。現在幾乎每個中等規模的城市都有豪華的機場和嶄新的地鐵。這些基礎建設投資案及巨額補貼都沒有經過市場檢驗，甚至不知道是否有充足的理由，因此很容易流於過度投資。由於本地利用率不高，新的基礎建設營運成本就會占去地方政府的預算。近年來，地方政府已經能夠在公開市場借款，但因為債務龐大，公共投資虧損金額愈來愈大，財務狀況看來岌岌可危。國有企業的投資也有類似的隱憂，有些國有企業應該結束營業，反而透過政府補助擴大規模。

剩下的選擇就是增加消費。如果不再壓低存款利率，去除這種金融扭曲，家庭就能有更多的收入用於消費。此外，家庭也漸漸不願分擔經濟成長的成本。在二十一世紀前十年，因為不公平的土地徵收而抗爭的事件已經有數千起。

中國也有不平等的問題。由於就業成長的分布不均，農村社區裡有很多家庭沒有從發展中受益。最好的工作在城市，工作機會也在那裡，特別是沿海地區的城市。中國必須在農村地區及內陸省份創造良好的就業機會，才能解決日益嚴重的收入不平等問題。我們已經看到已開發國家也在努力解決這個問題。

最後，由於一胎化政策，加上接納的移民數量極少，因此中國是個迅速老化的新興市場。隨著勞動力的增加放緩，工資迅速上漲，有些產業不得不轉移到更便宜的國家。即使近幾年放寬一胎化政策，中國人漸漸對生養多個子女興趣缺缺。因此，中國恐怕在變富有之前就已經變老了，這就是為什麼中國必須未雨綢繆，為未來的社會做好規劃，畢竟這個國家能用來撫養老人的資源要比西方國家來得少。

總而言之，中國已經達到中等收入，很多產業都已經趕上先進經濟體，接下來必須成為一個比較正常的經濟體，少壓抑消費，別再大肆補貼投資，也必須更加保護家庭的財產權。中國一直製造過多的商品，仰賴世界其他地區的消費，必須擺脫這樣的依賴，增加國內消費。中國也必須從高汙染的製造業轉為比較潔淨的高科技製造業或服務業。最後，有鑑於中國經濟愈來愈複雜，必須讓市場力量發揮更大的作用。政府應該放手讓經濟自由發展，不要在背後操控每一步。這些都是中國政策重整的目標。

然而，前提是中國做生意的方式必須有很大的轉變。中國企業必須靠自己的動力提升效能，贏得市占率，不能一直依賴補貼或地方政府的保護。該由金融市場和競爭來決定誰能獲得資源，而非由政黨決定。這樣的中國與過去截然不同。中國能適應這樣的變化嗎？到目前為止，在中國，共產黨一直是最強大的力量，而中國最大的弱點正是共產黨想要永遠抓住掌控權。

改革的意義

共產黨執政的合法性來自優越的經濟管理，以及創造成長與工作的能力。不管在中央或是地方，某些高幹和黨員明目張膽的貪汙，已經喪失執政的合理性。習近平在二〇一三年當選國家主席，揭櫫施政目標為刺激民間消費、維持成長，同時也要強力打擊貪腐來改善黨的形象。讓我們來看看這意味著什麼。

反腐運動深獲歡迎，而且民眾也跟著加入。例如，中國網民曾在微博貼出一批官員的公開照，鑑定官員戴的手錶價格高達年薪幾倍。（當然，官員辯稱只是廉價的仿冒品）。然而，反腐運動擊中中國早期經濟成長的核心要素。官員人人自危，不敢為想設立公司的人打通環節，私下交易。解決方案顯然就是法規的透明化與健全，允許企業自由進入市場，地方黨委領導必須「開放門戶」。

如果讓有創新精神的新企業加入，並讓現有企業採用新科技和有效率的經營方式，中國就能在不增加一般家庭負擔下成長。有些中國公司，如百度、阿里巴巴、騰訊等正在積極開拓網路平台和支付系統。這些公司廣受年輕人的歡迎，畢竟年輕人比父母更願意消費和借款。由於中國能取得海量的資料數據，或許在人工智慧、機器學習等領域要比已開發國家來得先進。

然而大多數的就業人口並不在高科技領域，而是在比較老舊的傳統製造業，如汽車和鋼鐵業。中國需要在這些領域發展新技術，如電動車、無人駕駛車和電池儲存。如果外國公司想要打進中國市場，中國可以要求這些公司加入合資企業，從而獲得新技術。畢竟中國的經濟規模龐大，對外國公司很有吸引力。或者中國也可以買下國外的公司。然而，現在其他國家及公司對中國的野心愈來愈警戒，意識到今天若與中國分享技術，明天可能就會被超越。同樣的，由於已開發國家的公司發現中國的威脅愈來愈大，於是積極保護自己的技術，讓中國難以複製或侵占。

因此，中國必須利用自己的專業人才創新。有很多人在外國取得學位，中國可以用資金充足的實驗室和優厚的待遇把分散在世界各國的人才吸引回國。儘管中國的研究發展腳步迅速，如要做出一番成績，還需要時間。[17]同時，中國必須讓市場力量發揮更大的作用。如果失去各種補助，一些重要製造產業將會失去競爭力。在這種情況下，現代經濟就要靠金融部門找出陷入困境的公司，使這些公司倒閉，再把資源分配給發展比較健康的企業。因此，分配資源的是市場，不是國家，而分配原則是基於誰能在未來善用資源，而非誰有最好的人脈。

總之，中國必須開放新公司加入市場，取消對現有企業的補貼，允許自由競爭，讓市場淘汰績效不佳的企業。這些都必須在共產黨保有控制權下完成，這意味共產黨不會讓私部門太獨立。那麼這個黨要怎麼做？

改變做法與合理控制的挑戰

讓更多新公司自由加入市場，意味著地區黨委領導必須改變做法，不再只為特別挑選的新公司服務，而必須為所有想要進入市場的人敞開大門。這是很大的心態轉變，因為官員原本支持的公司會受競爭影響，官員恐怕拿不到那麼多的好處。如果地區黨委領導不願降低市場門檻，同時警覺到中央的肅貪措施，不能走回頭路，那麼新公司會很難進入市場，成長也會變緩。

假設一地的黨委領導服從中央的命令，讓新公司自由進入市場，在無政治篩選下，共產黨必須確認這些能夠成長的新公司能被信賴。關於這點，共產黨已有一套辦法，就是在每家大公司（不管國有或民營）設立黨組織，確保公司的政治方向正確無誤。共產黨必須在一家公司進入市場之初就在內部設立黨組織，以彌補最初審查的不足。

如果地方的經濟成長和就業情況不理想，由於黨的權力很大，黨代表可能會左右公司業務。

如此一來，即使是專注在績效和獲利能力的民間企業就會成為國家的關係企業。黨代表因為位高權重，需要具備極大的自制力才不會干預公司決策。

即使他們不干預，在人民的心目中，黨組織的存在將使公司與黨連結在一起。這會衍生出另一個問題。在一個不斷成長、變化的經濟體中，有些公司不免採用錯誤的商業模式。正確的決策是讓這樣的公司破產，甚至倒閉。然而，如果每家重要的公司都是在黨的指揮下經營，黨的名聲就會受到公司經營不善影響。如果偶爾出現失敗，政黨還可承受，如果很多公司都失敗，政黨名聲可能就要跟著陪葬。研究共產主義國家計畫經濟的科爾奈（János Kornai）指出，政黨干預企業將會出現軟性預算約束（soft-budget constraint）的問題。這就是國有企業的弊病，如果國有企業長期虧損，政府只好追加投資、增加貸款、提供補貼，使其免於破產。但如此一來只會造成資源浪費。[18]控制也要付出代價，人民會認為黨必須付起責任。

金融市場可以緩解這個問題嗎？或許不行。情況往往會變得更糟。如果很多家公司瀕臨破產，由政黨控制的國家必然會出手干預，因此造成一個經典的道德風險問題：多到不能倒。如果市場知道，只要數量夠多，國家必然不會見死不救，就會有動機去創造更多的數量，用不著擔心風險。因此，黨的控制欲可能會破壞市場對風險的評估。

儘管中國一般家庭必須為了退休儲蓄，但這些投資其實沒有幫助。由於海外投資有重重限制，一般家庭只好在國內尋找高報酬的投資機會。每次政府稍稍改變政策，讓人看到新的投資機會，或是示意會放寬信貸，民眾就會為了高報酬搶進，以免這扇投資之門一下子又關起來。金錢狂潮推升金融資產的價格，造成資產價格泡沫。政府擔心與這些投資人對立，畢竟他們把寶貴的儲蓄全都投進去了，因此在資產價格下跌時，傾向出手拉抬。如果政府真的採取干預措施，很多參與投資的家庭都會傾向依賴政府紓困，因而低估金融市場的風險。如果政府不干預，很多家庭都會不高興，政府的經濟管理聲譽因此受損，執政的合法性也會受到質疑。因此，政府總是選擇進行干預，中國金融市場也就無法可靠的分配資金。

總之，共產黨傾向不時用自己的智慧來代替市場的智慧。市場也就永遠無法成熟到得以指引資源分配和風險管理。只有中國金融市場脫離國家保護才會有真正的變化。中國需要投資者汲取教訓，理解金融市場不只會上漲，也會下跌。這是痛苦的教訓，但中國發現一般民眾仍執迷不悟，一旦金融泡沫破滅，人民會懷疑這個政黨的全知全能。對一個沒有選票為基礎的政黨來說，這個政黨幾乎完全無法怪罪先前的執政者。很多問題最好還是別問。

隨著中國邁向創新的最前線，有些企業必然會犯下更多錯誤。中國也必須關閉更多會造成汙染的產業。市場的力量在於因應錯誤和失敗。一個永遠想要掌控的政黨只會削弱這種力量。

中國的國家、市場與民主

正如我們看到印度的例子，有時民主會妨害國家的行動，但有時國家會傾向不作為。執政黨不必對一切負責，也不必假裝自己永遠不會犯錯，畢竟執政的合法性來自選舉，而非完美無缺。如此一來，政府比較能處理市場漲跌的問題。當然，民主政府也會干預市場，然而並非每次市場崩盤都代表政府將遭受全民否決。因此，雖然民主就像民粹主義和進步主義運動，能使國家與市場分離，但卻是用不同的方式造成。民主讓國家和市場不至於合為一體，也可以讓國家和市場各自更好的發揮作用，不會因為難分難解而減損功能。

看來中國將繼續實行開明的精英領導，以獲得廣大人民的支持。在沒有選舉的情況下，人民只能相信黨的內部程序能產生最好的人選。但是基於幾個重要理由，讓人擔心這種內部程序大有問題。[19]

反腐運動的附帶效應是權力集中，有能力指控貪腐的人也握有更大的權力。由於過去很多黨部領層和商人都向貪腐低頭，反腐運動因此可以用來選擇性的對付黨內反對派，壓制他們，私部門也風聲鶴唳。的確，我的中國友人用「原罪」來形容法律上的妥協。在中國，幾乎每家民營公司（及地區監理機構）都得妥協，無論規模大小，畢竟早先所有業務基本上都被禁止。貪腐的「原罪」讓反腐主管機關得以打壓每個人。除掉不願妥協的反對派後，黨就能由獨裁派一手把持。

此外，推舉新一屆中央領導階層的黨內程序已經被推翻。鄧小平擔心的一人統治重新出現。共產黨領導候選人晉升的條件取決於客觀的績效衡量及彼此之間的競爭，這種評估為黨注入一定的活力。鄧小平努力建立集體領導的傳統，以免再出現毛澤東這樣的獨裁者，其中一個規定就是國家主席每屆任期為五年，連續任職不得超過兩屆。另一個規定是，現任主席必須在任期接近一半時，在黨內元老的協助下提出繼任者，以利交接。這兩個傳統都被推翻了。這證明如果國家是一切的權力來源，就不大可能約束抓著權力不放的領導人。

共產黨似乎進一步朝向集權控制。二〇一三年中央辦公室發布九號文件，指出西方憲政民主、新聞自由等「普世價值」非常危險，會瓦解中國，因此必須好好警惕、根除。[20]同樣的，中國還建立「防火牆」，防止網路上的激進思想滲透到中國，而中國的大型網路平台都必須和政府共享數據。中國甚至從二〇一四年開始建構「社會信用系統」，利用人工智慧來評鑑人民，只要評鑑分數沒達標準，工作和生活都會受到限制。不論政治活動和社交活動都會被納入這樣的評鑑。由於臉部辨識軟體的問世及無所不在的攝影機，國家將控制人民的一切，人民恐怕沒有隱私權，也沒有自由。

有鑑於中國對經濟成長的承諾，或許中國不會變成一個沒能得到民眾支持的獨裁國家。長遠來看，中國唯有駕馭人民巨大的創新力量才能成長，這就是在尖端追求成長的本質。人民有信心可以提出質疑，自由進行根本性的改革，不怕遭到報復，才會投入創新。在中國，這種信心來自對領導階級持續的信任。雖然民主是一種驗證信任的方式，可以使國家與市場脫鉤，但或許中國會找到一條不同的道路。若真能如此，中國將是第一個這樣做的大國。

中國需要更適當的平衡。共產黨統治國家，市場受到壓制。舊的成長途徑不再可行，新的成長之路強調創新和有效的資源分配，而非金融抑制（financial repression）和貪腐。此外，權力必須下放，在區域層級的法規必須更加明確，而非行使自由裁量權。[21]這一切都要求共產黨放手，讓市場更自由、獨立。同時，也必須讓社區更自由，有更多的選擇，才能繼續創新，讓國家和市場維持分開。中國共產黨既然保持獨占地位，是否能做到這些？這就是中國能否走出困境的關鍵。

印度：如何駕馭活力充沛但混亂的民主制度？

過去的二十五年來，印度每年經濟成長率為七％，這個數字只略遜中國。印度獨立後的第一任總理尼赫魯（Jawaharlal Nehru）從蘇聯的成功獲得靈感，希望印度也能像蘇聯在短短一個世代從農民經濟變成工業巨人。尼赫魯謹記列寧所說的「經濟制高點」，也就是鋼鐵工業、重工業、銀行業和運輸業是國家的命脈。當時的發展經濟學家認為，窮國要成長，只能在重工業或基礎建設等重要產業大量投資。如此一來就能提高生產力，進而增加收入，不該生產奢侈品。家庭消費最好不要超過基本生活所需，儲蓄應該用於生產目的，才能累積更多利益。

印度特色的社會主義

尼赫魯執掌的印度沒有積極壓抑私部門。然而印度實行「許可證制度」，以極度繁瑣的執照申請手續來控制產業。表面上來看，這是為了謹慎使用國家的資金和資源。官僚如果認為某項產品是沒有必要的消費品（包括汽車），就不會授予許可證。反之，政府鼓勵投資重工業等有利國家未來成長的產業。

許可證制度實施的結果是保護現有的公司，通常是大家族擁有的民間企業。這些家族透過關係很早就取得許可證，因此免於競爭。政府還設立阻礙外國競爭的壁壘，讓印度的新生產業得以在沒有壓力的環境下好好發展，培養競爭力。然而，現有的公司因為可以在壁壘的保護下賺錢，就不希望拆除壁壘。結果，印度對新生產業的保護反而讓一些公司成為「彼得潘」般永遠長不大的公司。被譽為「印度馬路之王」大使牌車系（Ambassador car）在將近四十年的商業生產過程中只推出五種車款，而且除了大燈和水箱護罩的形狀不同之外，其他幾乎一成不變。在獨立後的工業時期之初，印度經濟突飛猛進，然而不久就陷入停滯，人均實質GDP成長只有一%，這被稱為「印度式的成長率」。私部門效率低下，靠政府保護才能生存。裙帶關係盛行，國家和市場密不可分。

民主沒能促成改變嗎？很遺憾，並沒有！印度每五年舉行一次大選，但這並不代表民主讓人民的聲音有份量。印度國民大會黨（簡稱國大黨）領導印度人民爭取獨立，因此人民信賴這個黨，這個黨也在大多數邦的選舉中勝選。然而缺乏競爭終究會出問題。贏得選戰的關鍵在於是否隸屬國大黨，而非地方政策，因此黨的決策變得更加集中。總理英迪拉．甘地（Indira Gandhi）讓印度人又愛又恨。她大舉任用親信，內閣官員對她的忠誠要比能力或正直來得重要。有政治實力、獨立的地方人士紛紛離開國大黨，國大黨充斥一堆只會拍馬屁的人。印度政府效能低下，公務員腐敗、無能又懶散，也就難怪恩庇政治盛行，大多數選民對公共政策漠不關心。

一九七〇年代初期，大多數的財富都歸國有部門擁有或由國家部分控制（在一九六九年，印度很多銀行已經國有化），或是由私部門的大亨持有，因此在國家之外幾乎沒有獨立的力量。國大黨本身沒有黨內民主。雖然有一些無黨派機構，但力量薄弱，只能讓總理為所欲為。一九七五年，印度最高法院發現英迪拉違反選舉法，裁定她必須退位。英迪拉要求總統宣布國家進入緊急狀態，逮捕政敵。翌年，印度通過憲法修正案，正式成為社會主義共和國，反映印度對市場的不信賴與渴望成為更強大的國家。這項修正案也削減司法機構的權力，印度非但沒走上經濟與政治開放的道路，反而倒退。

儘管印度的國家權力幾乎無限，但國家的表現和提供的公共服務一樣糟。一九五〇年，印度人民受教育的年限平均為〇．九二年，略高於中國的〇．六五年。[22]到了一九七〇年，實行民主二十多年後，人民平均受教育的年限只上升到一．二四年。相形之下，同時期的中國人民平均受教育的年限已達二．七七年，已是二十年前的三倍多。冷漠、沒有競爭性的民主對人民福祉沒有多大的助益！虛偽的社會主義只是政治領袖、官僚和商人的遮羞布，掩飾他們的裙帶關係。這也就是為何印度政府要用繁瑣的法規來限制私部門，如此一來才能選擇性的為某些企業開後門。

印度巨象甦醒

印度的確走向開放，只是比中國晚。英迪拉在一九七七年結束緊急狀態，恢復選舉。她領導的國大黨慘敗，表示印度人民會用選票表達憤怒。印度再度成為混亂的民主國家。到了一九八〇年反對黨連任失敗，英迪拉重新取得權力，印度也慢慢踏上開放之路。[23]

在接下來二十年，印度踏出重要步伐，邁向自由民主，廢止可實行緊急狀態的憲法修正案。其他發展也有助於限制國家的專斷權力。首先，國大黨不再是選民唯一的選擇。隨著政治競爭空間的開放，出現很多地區政黨，以及以種姓為基礎的政黨。這些政黨在各地掌權，印度的權力結構變得分散。較低種姓的民眾長久以來被精英階級忽略，代表他們的政黨認為必須培養支持者的能力。這些政黨在自己的邦內擴大公共服務，如健康照護和教育。治理良好的邦開始快速成長。[24]一九七〇年到一九九〇年，印度人民平均受教育年限從一．二四年增為二．九六年，增加至兩倍，從一九九〇年到二〇一〇年又加倍至五．三九年。

一九九〇年代初期，印度進一步實行地方分權，在縣和區（鄉）下，也在各村設立「潘查雅特」，也就是第三級的基層自治機構，每五年進行一次換屆選舉。[25]每個村子會選出一個村長（沙潘奇）和治理的委員會（潘查雅特）。儘管中央政府和地方政府仍會爭奪資源和權力，但印度已經實行地方分權。

即使印度已把權力下放，加強民主的社區根基，直到一九九一年爆發金融危機才真正結束偽社會主義。這場金融危機始於一九八〇年代中期，印度由於進口激增，出現國際收支問題，政府面臨巨額的財政赤字，甚至必須向國際貨幣基金緊急借款。這次危機明白顯示印度的金融體系不堪一擊，自一九八〇年開始實行的小規模改革還不夠。中國在過去十年的長足進步使印度沒有不開放的藉口，不能再推說開放只對小國有用，以及會助長掠奪性資本家的權力。看來其裙帶政治已經禁不起考驗。國大黨了解，印度已經到不得不改革的關頭。一九九一年三月，印度財政部長辛格（Manmohan Singh）進行前所未有的經濟改革，撤銷許可證制度。他說：「印度的聲音已響徹雲霄，全世界都聽得到。印度已經甦醒了。」這句話呼應一九四七年尼赫魯在國會宣布印度獨立時的演說：「在這午夜鐘聲敲響的時刻，全世界都睡了，但印度將在生命和自由中醒來……」辛格宣布印度自此經濟獨立，人民終於可以解開長久以來的經濟枷鎖。

印度的改革開放如火如荼的展開，雖然比中國晚了十二年，但不免遭到既得利益者的頑強抵抗。官僚一旦習慣幫商人應付自己設下的繁文縟節，並從中得到甜頭，就不容易要他們放手。有一位印度官員向我解釋，說這就像是「毒蠍的反擊」。由於已走向開放，官僚只好聽命行事，等到最後辯論完了，早先的法規都被掃到垃圾桶，官僚就會找些看似無害的藉口，重申官僚裁量權的必要性。這種抵抗意味著貪腐並沒有消失。然而，政府真的有心想要走向開放，一直穩定的推展，因此頗有成效。印度對市場的信心漸增，因此開始出現強勁的成長。

進口關稅大幅降低，印度企業因而面臨更大的競爭。就像任何開放改革，既有企業不免必須裁員來提高競爭力。研究顯示，在印度受到貿易影響的地區，貧窮率比較高，也比較容易出現暴力犯罪和侵占財產的事例。[26]有意思的是，這些關於貿易競爭的地區研究比第六章描述的美國研究還早。其實，貿易整體看來雖然是有利的，但是各地區受到的影響不一。新興市場老早就知道這點，基於整體利益依然決定擁抱開放。諷刺的是，雖然他們已經這麼做，也願意付出代價，但卻發現有些已開發國家卻走回頭路。畢竟國家一旦遭受到打擊，感受總是比較真實。

隨著業務擴展，印度不只是要修改以前的規定，還得設立新的監管結構與流程。在二十一世紀的前十年，印度對一些資源的需求孔急，如礦產、土地、無線電頻率等。擁有資源的政府繼續以各種非正式、不透明的方式將資源分配給企業，讓政治人物、官僚和商人中飽私囊。過去，由於一般民眾對政治淡漠，因而不以為意。但是二十一世紀的印度和英迪拉以緊急狀態為由控制的印度已大不相同。明目張膽的貪腐必然會引發社區反彈。

許多公家監督機構因而開始主張獨立性。這並非精英機構一致決定放棄裁量權並接受監管，其實源於因緣際會，某一個對的人在對的地方決定改革自己的監督機構，以確實履行功能。由於印度的權力比較分散，政治競爭也變得激烈，政治和經濟要比以前來得開放。因此，可能某個選舉委員會主席、首席大法官、主計長或審計長拒絕接受現況，要求自己的機構發揮功能，就能有所改變。由於印度的經濟與政治體系愈來愈多元化，因此允許這樣的人出來改革，即使他們離開也沒有影響。就算體系出現一點反彈，因為這個機構已經上軌道，以後的人也不敢打馬虎眼。

因此，貪腐一旦嚴重到某種程度，印度的審計長、主計長或最高法院法官就會進行調查，將案件公開，並起訴不法者。民眾也不再容忍。如二〇一三年成立的平民黨（Aam Aadmi Party）等民粹主義政黨就建構一個反貪腐平台，強調願意傾聽選民的聲音，以透明的方式行事。的確，二〇一四年大選有兩個核心問題，其中之一就是貪腐（另一個則是就業問題）。結果，人民黨領導的全國民主聯盟（National Democratic Alliance）大勝，擊潰國大黨的聯合進步聯盟（United Progressive Alliance）。

印度的國家、市場與民主

因此，印度和我們以前看過的已開發國家不同：印度的民主比工業化早；印度在成為強國前已有民主；印度也先有民主，之後才有獨立的私部門和健全的市場。人民雖然擁有民主，但一開始對政治非常淡漠，不過地方分權提高人民的政治參與度，也強化民主制度。除了民主制度，我們實在難以想像其他制度在印度行得通。印度是個語言、宗教、種姓、族裔多元化的國家，有二十二種表定官方語言，超過七百種方言，信仰印度教的人數最多，其次是伊斯蘭教，再其次為基督教、佛教等。穆斯林的人數只比印尼和巴基斯坦少。印度需要一個體系讓人民得以透過民主抗議和對話來表達不滿，而非要他們閉嘴，箝制言論，直到忍無可忍才瞬間爆發怒火。印度民主的眾聲喧嘩紓解壓力，政府也才能治理這個國家。

印度的問題來自其他兩根支柱。首先，印度不像美國，美國私部門是獨立的，可以批評政府政策，包括對與自己業務沒有直接關連的社會及政治議題發表意見。印度的私部門（也就是市場這根支柱）大抵而言只會為政府的政策鼓掌叫好。如果政府鐵了心，儘管公共服務效能不彰，沒能增進民眾福祉，依然可以恐嚇私部門和媒體，或是用資金或政府合約來賄賂。儘管改革開放已經在印度推行數十年，民眾依然認為商賈鉅子能有今天不是因為擁有突出的能力，而是他們懂得操縱制度。印度執政黨的領導人就像中國，對私部門的底細瞭如指掌，如果企業不合作，就會抖出他們不可告人的祕密。因此很少人敢出來批評政府，更別提採取行動對抗政府。這也意味執政黨如果需要選舉經費，只要開口，企業就會乖乖把錢交出來。

結果是反對黨的聲音很小，特別是在執政黨占大多數的情況下，因為選舉過後，私部門和媒體都不敢和執政黨作對。這代表政府的效能和是否有極權傾向主要的監督者是司法機構、選舉委員會等民主機構，以及反對黨主政的地方政府。

有件趣事讓我注意到印度政府眼中的私部門地位有多低。幾年前歐巴馬來到德里訪問。印度所有精英都受邀到總統官邸的接待會跟他見面。負責接待會的官員按照每個人在政治階級制度中的位置高低，請他們排成一隊，一一和歐巴馬總統握手。隊伍很長，首先是印度總理，然後是前總理、內閣閣員、反對黨領導人、軍事將領……執政黨退休政要、各邦部長……印度總統的孫子、現任官員……排第八十三個是印度最大民營集團的主席，該集團市值超過一千億美元，接著是其他鉅子和銀行家。的確，官員的地位應該比較高，畢竟他們致力於公共服務，不像企業家享有巨額的報酬，但是印度第一大富商排第八十三名是不是太後面了？其實權力不會只有一種流動方向，彼此的依存關係也會改變。諷刺的是，很多排在大亨前面的官員，退休之後往往轉到私部門為那些大亨服務。

這需要改變。光是選舉還不夠，民主的活力端賴選舉之間發生的事。如果印度要把極權主義和裙帶關係掃進歷史灰燼，如果印度要有資訊充分的民主，民主就能制衡國家，對抗貪腐，印度需要更有競爭力、獨立的私部門，並給這個部門更高的公共地位。印度需要讓更多中小企業成長、茁壯，綻放繁花爭豔的榮景，並和已有規模的大企業一起競爭。

這也讓我注意到國家效能低落的問題。儘管國家有時握有專斷行事的權力，卻有效能不足的問題。原因就是資源太少，卻想做太多的事。幸好印度這個國家正力圖改革，除了引進專業知識和技能，也運用資訊科技轉帳付款，或提供便利的公共服務。這些都是重要步驟，但印度還有一段路要走，特別是政府應該放手，不要過度干預商業。

也許可以用一個小故事來說明。我曾在印度財政部擔任首席經濟顧問。就任之初，辦公桌上的文件堆積如山，讓我嚇一大跳。讓我驚訝的第一點是，明明已經是二十一世紀，印度還在用紙本文件。第二點是需要我評論和簽名的文件第一頁都附了一張紙，要我參看先前文件。當然，一旦我寫好評論，簽好名，下一個收到這份文件的人也得看我寫的評論。

財政部一位資深官員聽了我抱怨之後，給我一個簡單的解決方案。這不但是他的經驗之談，邏輯也很完美。他說：「不要在最厚的文件上花太多時間。這些文件討論的問題因為無解，才會在每個人的桌上來來回回，每個人加上去的評論只是在浪費其他人的時間。這就是為何文件會這麼厚。在薄的文件上花多一點時間吧。這些文件都是新問題，只要你能提出一針見血的意見，也許真的能看到成效。」

他說的沒錯，但這蘊含一個更重要的訊息。印度需要放棄那些厚厚的文件，專注在薄文件上。國家少做一點，也許能做出更多成績。

為什麼印度的表現不如中國？

中國和印度都曾是沉睡的亞洲巨人，但中國先醒來了。這兩個國家本來一樣窮，但中國已經飛快往前衝。在開放的初期，中國最初的優勢是健康、教育程度較好的勞動力。至於缺乏競爭性市場、私人財產權沒能得到保護並不算缺點，畢竟這樣有助於國家推動某些產業。

在工業化初期，建築也許是最重要的產業。這個產業雇用低技術勞工，因此可以吸收很多從農業轉移過來的人。建築也可以促進其他產業的成長。有了良好的基礎建設，企業就會像雨後春筍般冒出來。例如，在印度可以看到這樣的村莊成長奇蹟。一條任何天氣都可通行的道路修建完成，讓村子得以連接城市。卡車可以快速把村子生產的貨物運到城市，農夫還可以從事酪農業、家禽養殖業、園藝等。村民變得富有後，村子就會出現販售包裝商品和服裝的商店。很快，報攤也開始販賣手機預付卡。不久，這個村子出現第一家銀行。因此，建築業可讓工作機會增加，促進發展。

也許從出發點來看，最明顯的差別在於中國能大肆擴展建設，印度則否。中國能不斷往前衝，因為能透過低利貸款取得建築工程所需的經費，土地的取得也不是問題，畢竟所有的土地都歸國家所有。反之，在印度，貸款利息必須依照市場利率來計算。更重要的是，很多新的建設土地取得曠日費時。如果土地權有爭議，就得花更多的時間。光是工程延遲就可能損害建案的經濟效益。雖然印度法律允許政府為了公共建設強行徵收土地，如修建道路、機場等，反對派的政治人物往往會趁機煽風點火，策動人民出來抗議。印度公民團體非常發達，各組織往往會為特殊理由而戰，他們也會加入土地徵收的抗議活動。因此，印度的土地徵收法就是兩股力量的平衡：一是地主的利益，另一個就是發展的迫切性。然而，由於政府效能低落，土地徵收和建設一直延宕。大抵而言，印度基礎建設的案子太少，也做得太遲。在經濟成長的早期階段，看來中國擁有很大的優勢。

印度需要加快土地徵收的腳步。儘管縮減對地主的保護會比較容易，卻是短視的做法。這只會讓政治人物激發群眾的負面情緒，讓人民認為政府任意行事。反之，印度應該使地主成為開發的合夥人，讓他們也能獲得土地開發的部分利益，有些邦就做得很成功。印度還可以把政府有限的能力用在確立土地財產權上，簡化土地擁有和出售的流程，其他力有未逮的工作，如經營航空公司或銀行，就該放手給民間企業去做。這樣的話，印度在很多方面都能急起直追，如道路、港口、鐵路、機場和房屋興建。此外，印度必須持續提升年輕人的教育水準：學習品質必須以未來著眼。印度勞動力成本低，加上良好的基礎建設，就能在製造業大顯身手，也能增加專業服務的能力。如果改革方向正確，印度仍有很長的時間可以強勁成長。有鑑於印度民主生猛有力，如果能邁向新疆界，也許就能比中國有更好的經濟成長表現。不過，印度得先進入這個領域。

民粹式民族主義的威脅

中國和印度都會因為持續成長而備感壓力，不得不進一步開放及朝市場導向。無可避免的，這兩個國家看起來將更像成長中的已開發經濟體，因此更容易參與全球事務，並進行全球對話。如果成長放慢很多，就可能會走向令人憂心的方向。

除了邁向開放的社會，領導人還有另一個選擇，就是利用潛藏於每個社會的民粹式民族主義熱情，特別是人民對經濟憂慮加深，對腐敗的傳統精英更加厭惡。中國和印度都有大量人口離開鄉村社區到都市找工作。這些年輕的遷徙人口深受城市生活震撼。這些人尚未融入當地社區，是民粹式民族主義者吸納打造團結民族社群的理想對象。在工作增加緩慢的時期，這些人特別容易受到影響。他們看到教育程度良好的上層精英獲得難以置信的好機會，自己卻四處碰壁。就連鄉村社區也無法避免現代化的感染。這些民眾在電視上看到城市有錢人奢華的生活方式難免既羨慕又反感。

在印度，印度教民族主義運動利用人民依附傳統的渴望，激發他們的悲憤，使他們成為堅定的追隨者。大多數印度教徒為了向少數族裔卑躬屈膝而覺得不滿，特別是對穆斯林。印度教民族主義運動就像所有的民粹式民族主義運動，描繪光榮、神話般的過去，彼時信奉印度教的印度就像燈塔，為世界照亮前路，至於穆斯林統治印度那幾百年則是反常的情況。印度教民族主義運動在城市吸收離鄉背井的年輕人，讓他們成為右翼印度教團體國民志願服務團（Rashtriya Swayamsevak Sangh）的成員。這是一個帶有軍事色彩的印度教派組織，訓練時每個人都身著制服，擁有相同的意識型態，也有使命感。印度教領導人從少年時期就加入國民志願服務團，刻苦耐勞，重視紀律，這樣的人當然厭惡貪腐，也就成為反貪腐的十字軍。然而，對開放、有包容性、創新的印度來說，他們可以說是重大威脅，特別是與其他團體相比，他們更加執著，因此會利用掌權時期滲透到印度各個機構。

如果全球市場封閉，印度將面臨嚴峻的挑戰。事實上，由於已開發國家也會去別的地方尋找廉價勞動力，印度製造業產品的出口變得愈來愈困難。有些已開發國家開始減少外包服務的需求，因此不免會使印度受到影響。由於關稅和非關稅壁壘增加，如果印度依然要走出口導向的成長之路將變得更困難。此外，印度教民族主義者也有保護主義傾向，畢竟他們必須為支持他們的商人著想（儘管他們表面看來道貌岸然，其實還是跟商業界掛鉤），因此必然會用其他地方施行保護主義為藉口，讓印度踏上保護主義的老路。如此一來，私部門只會更加依賴政府的恩庇。可見其他地方的民粹式民族主義行動會削弱印度的民主，甚至強化印度的民粹式民族主義。在未來的數十年，民主、開放、有包容性的印度對全球治理將有重大貢獻，但只有全球各地的民粹式民族主義漸漸消弭，才可能有這樣的前景。

鄧小平曾說，中國要發展、繁榮，就必須「韜光養晦」。但現在中國似乎認為韜光養晦的時代已經結束了。例如習近平在二〇一七年十月說道：「中華民族迎來了從站起來、富起來到強起來的偉大飛躍。」[27]美國人現在最擔心的正是中國鋒芒畢露，很快就能挑戰美國，不只是經濟方面，還包括軍事和政治方面。中國在二〇一五年提出「中國製造二〇二五計畫」，宣示十年內要在航空、晶片製造、機器人、人工智慧等十個尖端製造業締造傲人成績。儘管在一些尖端領域，美國仍然占有技術領先的地位，但有人擔心中國會強迫美國企業放棄技術或竊取任何所需的技術。同樣的，由於有些多邊金融機構是由中國主導籌建，如亞洲基礎設施投資銀行（Asian Infrastructure Investment Bank），美國因此擔心中國正在削弱美國主導的多邊機構。中國藉由在南海的人造島礁上不斷部署軍事設施來展現硬實力，另一方面則用「一帶一路」凸顯軟實力，透過陸路和海路建造各種基礎建設，讓華盛頓方面愈來愈坐立不安。

說實在的，中國崛起無法停止，其他國家也不該阻止。我們必須接納中國，特別是將它納入全球治理結構中。反之，中國也必須了解世界各國對其經濟成長方式的憂慮，尤其是對產業的補貼及對智慧財產權的侵害。中國既然已經成為重要的智慧財產權創造者，就該負起責任。它也必須緩解鄰國對領土爭端的擔憂，設法和平解決，並明白表示願意尊重基於法規的全球秩序。它應該透過對話來消除各方疑慮。然而，如果中國懷疑已開發世界會聯合起來壓抑它的發展，或是進一步走向高壓統治，這種對話將會更加困難。中國的民粹式民族主義是以中華民族為中心，強調中國歷來被已開發國家用不平等條約剝削來煽動人民情緒，西方民粹式民族主義的行動則會火上加油。中國的少數族裔已經經歷中國民族主義的壓迫，如藏人和維吾爾族。不管在內部還是外部，中國民粹式民族主義都變得更加惡毒，這種發展任何人都不樂見。

PART Ⅲ

讓三大支柱恢復平衡

你希望在世界看到什麼改變，
就得先成為那股改變的力量。

甘地（Mohandas Karamchand Gandhi）

我們再來看看今天不平衡的根源。開放與整合刺激經濟成長，加上科技變革和貿易成本的降低，市場因而蓬勃發展，每個地方的競爭潛力也都增加了。每個國家都出現贏家，當然也有輸家。在貿易的衝擊下，已開發國家的半鄉村地區如果只靠一、兩個大雇主提供工作，特別容易受到關廠的影響。同時，即使是都市社區也不免受到中上階級出走、居住隔離的影響。有些社區本來有不同的經濟階級，充滿活力，在中上階級離去之後，社會資本減少了，學校等社區機構每況愈下，社區財富也不足以讓成員提升能力。不同的弱勢群體發現自己的經濟和社會地位漸漸下滑，而且反目成仇。

已站穩腳步的現有公司則透過攻擊策略來因應日益激烈的市場競爭。例如它們會透過專利、智慧財產權和營業執照來阻止新公司進入市場。由於地區衰退、產業蕭條，教育程度不高的勞工工作機會愈來愈少。每個產業漸漸被少數的大企業掌控，愈來愈可能出現獨占。私部門難逃國家干預，獨立性岌岌可危。國家債務沉重，加上福利支票的兌現壓力，國家資金短絀。政黨對立，得不到人民信賴的主流政黨互相廝殺，加上各種激進份子的挑戰，很多國家因而內耗空轉。

同時，科技持續發展，很多工作因為自動化而消失，但產生的成長仍不足以解決社會難題。隨著社會變得多元化，社會價值觀傾向個人主義，同理心不足，人際關係淡漠，沒有人同情新移民。從另一方面來看，很多國家都有人口老化、勞動力減少的問題，因此不得不接納移民。各國為了國內問題焦頭爛額，不得不自掃門前雪，但氣候變遷等共同的問題依然需要全球通力合作才能解決。我們現在必須在國內及國際採取行動，但各國採取行動的意願不高，行動力也很弱。

嗅覺敏銳的民粹式民族主義政客從混亂中看到機會。他們強調排外的民族認同，以取代薄弱的社區認同。他們鼓動本地出生的人反對少數族裔、移民，也拒絕把權力讓給國際組織。他們提議用關稅來阻擋貿易，就像古代的重商主義，只是他們必須握有產業的生殺大權，決定保護哪些產業，放棄哪些產業。他們握有愈多這種專斷的權力，私部門就會被玩弄於指掌間，裙帶關係就會日益嚴重。

如果很多國家沉緬於懷舊的民族主義，嚮往過去的強大和輝煌，國際關係就會變成零和賽局，就不可能實現國際合作。若每個國家都主張強大的民族主義，國家之間就很容易發生衝突。因此，不能用國家權力的擴張來自然抵銷市場的擴張，必須透過地方分權來強化社區的力量。唯有凝聚社區的向心力，才能抵消全國市場的離心力。

本書將在最後五章提出可能的補救方案。具體計畫將依國家和地區而有不同，計畫的細節在實行上或許也會碰到特別的困難。有鑑於前面的分析，我將不著重細節，這裡主要解釋為什麼我提出的方案是朝正確的方向前進。

我會說明為何一個多元化的大國需要的答案或許就是包容性地方主義，以及應該要怎麼做。

國家有責任在國家的層級上創造一個包容性的架構，利用開放的市場包納多元的地方社區，並使之連結。我們會研究在一個多元化國家運作良好的國家憲法。我也會描述地方主義：亦即權力下放的過程，讓社區裡的人感覺被賦予更多權力。民族凝聚力和文化連續性可能透過社區來實現，而非透過國家實現。

隨著市場全球化，行動的力量和資源也漸漸從社區轉移到地區、國家，甚至由多國組成的超級國家（superstate）。現在，有些合法的國家權力受到國際協定的限制。但在國家之內，權力則過於集中。因此，地方主義意味著權力從國際領域轉移到國家，在國家之內，再由中央轉移到地區和社區。這意味嚴格遵循從屬原則：亦即權力下放到最接近居民的下層政治機構，這樣才能有效運用。人民被賦予權力，也被迫承擔責任，如此就不能對公共事務漠然以對，或只會指責他人。社區也就可能保持身分認同、文化連續性和凝聚力。

很多人擔心社區擁有權力之後，可能會變成種族主義者的庇護所，很容易被腐敗的親信劫持，傾向壓迫、蒙昧的傳統主義。即使是今天的社區也可能出現這些情況，但不給社區更多權力會變得更糟。不過，具有包容性的地方主義並不代表社區的權力不受約束，社區的力量將會與其他兩根支柱（也就是市場和國家）達成平衡，如此一來，社區就不得不更開放、包容。根據聯邦法律，儘管社區本身對當地的生產法規有充分的發言權，仍然必須對全國各地的商品和服務開放。此外，法律也保障人員自由進去。儘管社區可能秉持偏狹的意識型態，排外自封，但這麼做必須在經濟上付出代價，特別是損失貿易與人員跨境流動的效益，社區也就無法增進生產效能，或是去除壓迫性色彩。

經濟較弱的社區可以藉由社區領導力的驅動，也應該得到國家的支持。國家應該幫助社區興建基礎建設、提升學校和社區大學的品質，以社區為基礎、為有需要的人提供適切的補助。即使權力大抵已下放到社區，國家也可以利用科技稍稍監控。同樣的，科技也可以幫助社區成員監督地方政府。很多技術性的解決方案都可以從小規模開始做起，然後逐漸擴大，小規模的實驗成功之後，就可以依照各地需求修改，讓各個社區運用。

為了進一步實現包容性，國家需要打破多年來建立的機會和流動性障礙。例如，某些地區的建築障礙使房地產價格變得高不可攀，新移入者很難買進，這樣的障礙必須掃除。有些障礙會干預社區權力，特別是當包容性與地方主義有所抵觸的時候，不管如何都應該以包容性為重。這與本書的主題一致，也就是說，如果必須在競爭和保護財產權中擇一，應該選擇競爭。然而，更廣泛的說，市場應該更容易進入，市場參與者的行為也應該更為社區接受。前者需要國家的行動，後者則必須重新思索市場參與者（如企業）的價值。

民粹式民族主義者志在掌控國家，以自己的面目來重塑國家的形象，他們會放棄這樣的使命嗎？如果他們認為自己擁有整個國家，會接受國家內部出現「城中之城」嗎？即使對多元、富裕的大國進行最嚴謹的分析，會發現激進民粹式民族主義者必須認知一個事實：儘管嚴格限制移民，族群的多元性仍會繼續增加，只因在國內比較貧窮的少數族裔生育率較高。除非多數族裔群體動員武力來實行嚴格的種族隔離制度，否則國家特質還是會自然出現改變。如果少數族裔中有些人擔心自己的文化會被淹沒，包容性地方主義正可以讓人在單一文化社區維護自己的文化，即使國家其他地區皆發展多元文化。有些面臨人口老化問題的國家，少數族裔及移民人口卻快速成長，包容性地方主義也許是唯一文明的選擇。

我希望對外人的恐懼或憎恨不會變成我們社會的永久特徵。包容性地方主義不是要成為一種最終狀態，而是要幫忙減輕社會壓力，使社會上每個人有時間了解多元化的價值，並找出可行之道。我們必須為未來建立一個社會，到那時候人民將會比今天更加混雜。我們不願忘記自己的文化、傳統和身分認同，同時也不希望這些情況妨礙我們擁抱更開放的人性。包容性地方主義就是實現這兩者的墊腳石。

我們可別低估這些目標的困難度。無論是仁慈的建國者（如印度憲法之父阿姆倍伽爾〔Bhimrao Ramji Ambedkar〕和尼赫魯）或是殺人如麻的暴君（如史達林），都發現要瓦解社區認同、抵抗地方主義，要比讓地方主義蓬勃發展來得容易。然而，他們無法消除社區對人們的影響。也許現在該嘗試另一種做法，特別是科技已使地方分權和社區溝通變得容易。

同樣的，馬克思主義者論道，市場是建立在身分認同的破壞上，讓一切都變得商品化，變成可交易的物品，社區做的事情卻恰恰相反。他們認為市場和社區永遠水火不容。儘管本書可以多次看到市場與社區對立，但這兩者確實可以並存。例如，我們一方面在市場上匿名交易，另一方面參加社區活動，在學校校慶活動擔任志工。就像諾貝爾經濟學獎得主阿馬蒂亞·森（Amartya Sen）所言，我們有多重身分，可能白天在市場交易，晚上在教堂擔任執事。此外，科技不但讓我們得以在市場創造更多的身分，也能讓社區的人用新的方式團結起來。儘管無法讓任務變得容易，我們還是寄望能在一個和過去完全不同的世界上達成目標。

第九章
包容性地方主義

如我們所見，今天已開發國家面臨最有爭議的問題就是人口多元化。很多已開發國家的人口分屬不同族裔。由於少數族裔人口迅速成長，以及移民和難民的湧入，很多國家的人口會更加多元化。人口多元化有其代價，包括吸收貧窮移民之初會使貧窮社區增加較大的負擔，以及國家人口多元化之後，社區之間的同理心降低，使國家安全網獲得的支持減少。即使是族裔同質性高的國家也擔心會失去自己的文化遺產。然而很多國家已經無法回頭。即使嚴格限制移民，將大多數的移民拒於門外，人口多元化依然是無可阻擋的傾向，除非走向專制，並限制少數族裔和既有移民人口的自由，但如此一來會危害自由民主精神。不過正如我們會看到的，人口多元化也有極大的好處。國家一方面希望人口多元化，另一方面多數族裔害怕自己的文化被淹沒，擔心文化的連貫性和連續性遭到破壞，這樣的矛盾該如何解決？包容性地方主義就是一個解決辦法。

某些民粹式民族主義者認為移民是心頭大患，其他人擔心的則是國內的少數族裔，還有很多人則認為移民和少數族裔都是重要隱憂。現在，我們將把焦點放在移民問題上，其實我們討論的事情也和少數族裔有關，畢竟，今天的移民就是明天的少數族裔，因此這兩個名詞經常併用。

美國與剛果公民的人生機會大不相同。國界能為公民帶來好處，能使公民從國家的財富、機構及權力獲得經濟利益。其實，國家可以說是最後的行會。在國家的限制下，只有居住在領土上的公民才擁有決策權。國界讓人民對自己的生活有自決權和政治控制權，也有保護文化傳統的能力。國界使人擁有共同點，如相同的價值觀或族裔，讓民族團結起來一起努力，產生對彼此的同理心，讓國家能創建如公立學校、社會安全網和災難救助等支持結構。因此，儘管國界會造成生產效能的阻礙，對公民管理現代生活的架構而言也許有其必要。儘管邁向一個無疆界的世界可能是件好事，因為在這樣的世界裡，人人都是能將心比心的世界公民，同時保有各自的文化傳統。我之後提出的建議就是要往這個方向走，只是必須先小步走，還不能邁開大步。

投胎樂透（lottery of birth）是否公平，這個問題就留給全球倫理學家去辯論吧，我們也不會討論是否擔負公民義務的人（如納稅、為國作戰等）才能獲得公民權，或者是否只要在某個國家出生就能獲得公民權。如果公民希望控制合法公民資格的取得條件，應該考慮哪些因素？為了回答這個問題，首先來探討人口多元化的優點。

人口多樣化的好處

網羅全球人才

移民和少數族裔的多元化能厚實國家人才庫。每年我在芝加哥大學布斯商學院的ＭＢＡ學生約有兩百人。這些學生都非常優秀，大多數是美國人（約占三分之二），其他學生則來自全世界。在我的印象裡，最傑出的幾個學生是來中國和奈及利亞的女學生。人才不分國籍、性別和種族。

此外，商業界有贏家拿最多的特性，因此能吸引最多國內外人才的國家將最具優勢。例如，新加坡有一項獎學金計畫，選拔最優秀的中國初中畢業生前往新加坡留學。新加坡教育部長告訴我，新加坡的父母常向他抱怨：「那些孩子剛來新加坡時英文很差，第一年總是在班上吊車尾，過一、兩年，他們的英文就突飛猛進，可以超越很多當地的孩子，到畢業時，他們已經名列前茅。這樣公平嗎？」他答道：「你們看，這些孩子無疑很傑出，但他們現在也擁有我們的價值觀，變成新加坡人。十年後，你希望他們為我們工作，還是成為我們的對手？」聽他這麼一說，家長就不再抱怨……

除了擁有更廣大的人才庫，來自不同文化背景的人也帶來不同的觀點和能力，有助於團隊合作。也許有一種文化強調個人主義和個人動力，但另一種文化則傾向建立共識。只要團隊成員對彼此有基本了解，能溝通、合作，整體會大於部分的總和。現在很多公司都了解，員工的多元化有助於提升績效。

技術移民的另一個價值是，他們能讓自己的祖國與宗主國建立連結，增加雙方的經濟活動。很多美國經理人支持美國公司在新興市場的跨境投資。不少經理人是來自新興市場的移民，正努力弭平雙方在文化和信賴上的差距。近幾十年來，澳洲一直在吸引技術移民，因此改變族裔特徵，從白人為主到歐亞族裔為主。在外國出生的公民已占二八％的人口，而來自亞洲的人口已經超過一〇％。[1]看來，今天澳洲和亞洲的經濟關係緊密並非巧合。

用移民來解決人口老化

國家變得愈來愈富裕，婦女生育子女數愈來愈少，也愈來愈晚。因此，富裕國家的人口老化嚴重。隨著人口老化，勞動力減少，年輕人變少，但是要養的老人卻愈來愈多。目前已經有四十個國家面臨青壯工作人口日益減少的問題，包括中國、日本、俄羅斯等。[2]每個中年人莫不憂心忡忡退休金將從哪裡來，是否足以保障老後生活。

日本是全球老年人口占比最高的國家，工作人口每年以一％的速度不斷減少，每年消失的學校將近四百所。[3]到目前為止，日本有兩個因應方案。一是延長退休年齡，並鼓勵婦女外出工作。然而這些額外的勞動力來源很快就會到達極限。有鑑於此，日本計畫推動自動化，用機器人來解決人力不足的問題。例如，軟銀（Softbank）打造有一雙萌萌大眼的機器人Pepper，能在養老院帶領老人做運動，陪孤單的病人聊天，也能在深夜負責巡查。

但是還有另一種解決方案：接納更多移民。畢竟，就很多工作而言，人類還是要比機器人來得靈活。在人口老化的重擔不堪負荷之前，移民的孩子可以補充日益減少的勞動力。他們也會將薪資用於消費，機器人可不會這樣做。社會在人口老化、萎縮的情況下，必然會出現內需疲軟的問題，移民正可以幫上大忙，如房地產業或理髮業的需求。畢竟只有人類才能提供有人性的服務。儘管機器人因為程式設計擁有知覺和意識，我們若是被這些冷冰冰的機器人包圍會比較快樂嗎？或者我們願意與另一個種族的人相伴？他們會傾聽、說話、會哭、會笑，有時不理性、有時不按牌理出牌，卻是有血有肉的人類。

美國擁有很多移民，婦女生育率較高（這兩者並非毫無關連，貧窮移民生育率往往比較高），人口老化的問題也不像日本那麼嚴重。然而，日本依然抗拒移民，擔心移民會獲得政治權利，影響他們的文化。對日本這樣一個人口同質化極高的社會而言，這確實是一個重要而且困難的決定：社會是否應該維護文化的純粹性，不惜老化、衰退，或者對移民採取比較開放的態度，讓社會年輕化，但會改變。日本正在辯論是否應該更開放，現在也已經開始吸引外籍勞工來工作。[4]

高齡化國家必須決定是否用移民來抵擋人口老化。今天這些國家因為富有，還能選擇移民。如果決定採行移民政策，最好細水長流，讓移民得以融入自己的社會，移民生育的子女也可以稍稍緩解人口老化的問題。若是等到人口老化極度嚴重才開放移民，移民可能因為扶養老人的稅金負擔過重而怯步。如國家需要吸收大量移民，卻沒有讓移民融入的計畫，恐怕也很難吸納移民。

高齡化效應將會影響整個勞動力，不論技術高低都會受到衝擊。如果一個國家決定開放移民來抵擋老化（而非只是吸引最優秀的全球人才），需要能從事各種工作的移民，而非只是最有能力的人。的確，有些低技術工作，如照顧老人，因為低薪勞累，可能只有年輕、貧窮的移民願意從事這樣的工作。如果移民能在各行各業服務，本地人也就比較不擔心移民會搶走好工作。

增進人口多元化的代價

移民，或者說人口多元化，並不總是對宗主國有利。本國人民必須花時間和精力去適應這樣的多元化。同時，他們可能不願互相扶持。正如在第七章提到的哈佛移民研究，本國人民本來就對移民懷有疑慮，加上對移民的誤解，對其數量、技能，以及對社會福利系統的依賴抱有錯誤的認知。對宗主國來說，增進人口多元化可能會使社會安全網的功能減弱或分布不均，即使對在本地出生的人也是如此。

此外，如果一個國家能有選擇，收納自己所需的移民，移民就能發揮最好的效益。像加拿大這樣的國家，除了有海洋的保護，離貧窮國家較遠，因此能選擇移民，也歡迎移民。若是一個國家面臨大批非法移民或難民潮的湧入，就沒有選擇的餘地。近年來，撒哈拉沙漠以南的非洲地區乾旱迫使很多農場工人攜家帶眷坐上超載的船隻，企圖偷渡到歐洲國家。很多人死在半路上。這種移民不只引發經濟問題，也牽涉到法律、道德和人道問題。拒絕這些快餓死、恐懼、遭受迫害的可憐人入境實在太不人道。那些為了偷渡離鄉背井的年輕人本已一無所有，可能不惜鋌而走險去對抗這個無情的世界，對社會安全帶來更大的威脅。其實，世界動蕩不安，今日封閉的宗主國，明天也可能淪為難民國。近年委內瑞拉因為施政不當，難民紛紛湧到哥倫比亞尋求新生活，是否還記得先前委內瑞拉也曾接納數百萬流離失所的哥倫比亞人？

然而，非法移民和難民的湧入讓很多國家幾乎沒有選擇的餘地。移民的技能和資歷和宗主國的需求有落差。這意味著從中短期來看，這些移民等於沒有宗主國需要的技能。至於移民是否能取代低技術勞工，還是一場漫長沒有定論的辯論。雖然一般人認為他們能取代低技術勞工，其實他們只是和較早落腳的移民競爭本地人不願做的工作。比較沒有爭議的是，接納移民的負擔不均。由於移民一般而言比較貧窮，通常住在房價較低的貧窮地區，也就造成當地公共服務的負擔。對無法篩選移民的國家而言，工人階級往往充滿怨恨。移民讓中上精英階級得以用較低的薪水雇用保姆和傭人，工人階級的小孩卻必須忍受品質不佳的學習環境，因為學校有一大堆不會講當地語言的移民小孩，老師教得辛苦，本地孩子則學不到東西。看來政府必須分配更多資源給接納較多移民的地區，加強公共服務，但是很少國家做得到。

當然，對移民的觀點不該只根據接納國家的成本效益分析。移民自身獲益匪淺，但是成本效益分析通常忽略這點。同樣的，技術人才的出走對移民輸出國而言是一大損失，畢竟這些人才通常一去不返，這也是常被忽略的一點。通常，輸出國在這些人才身上投注巨大的資源，讓他們在最好的學校接受教育，為的就是解決人才不足的問題。例如，在西非的幾內亞，二〇一六年每一萬人才有一名醫師。如果一名醫師移民到每一萬人有二十八名醫師的英國，這位醫師和英國的國家健保局（National Health Service）都是受益者，對幾內亞而言則是損失。[5]

大多數已開發國家受益於有選擇性、穩定的移民計畫。事實上，有些國家並無法控制移民。如果一個國家的邊界容易到達，又有很多漏洞，大批移民或難民可能湧入，而這些人的技能並不符合該國的需求。經過一段時間之後，這些移民會學習、適應，就像歷史上所有的移民，但這個過程需要時間。理想上，國家應該好好控制邊界來管理移民數量，同時也要改善吸收移民的程序。為了解決難民潮的人道問題，這個世界應該創建一個更好的體系，讓比較安全的國家負起國際責任，接納一些移民。我們稍後會再回到這個問題。長遠來看，只有和平，以及讓更多地區繁榮發展，才能減少難民和非法移民。民粹式民族主義實在走錯方向！

公民的樣貌

民粹式民族主義希望阻止移民湧入（除非是和自己一樣的移民），以保持國家的純粹。再者，他們會要求移民和少數族裔符合一種多數族裔的典型，拋棄他們的特色與格格不入的地方。

對移民和少數族裔而言，種族和宗教難以拋棄，一旦符合某種典型，這些無法拋棄的差異將使他們淪為次等公民。比較極端的民粹式民族主義者會想辦法找麻煩，讓所有的異類（也就是移民）過不下去，只好「自我驅逐」，回到「自己的國家」。最極端的人會想發起驅逐或種族滅絕行動，好讓國家變得「純粹」。然而有些少數族裔已在當地落地生根，住了好幾十年，他們的子女在本地出生，和本國人無異，沒有可以返回的「祖國」了。但極端主義者不在乎。他們的確是公民，但是他們要趕走的少數族裔也是合法公民。說到底，每個人的祖先都是移民，我們的根都在非洲。

為什麼民粹式民族主義者無法達成夢想？

沒有人會滿意次等公民的身分，如果民粹式民族主義者強力施壓，少數族裔和移民必然不得不表態、反彈。在二十一世紀的今天，文明的準則是每個公民都有權利決定自己的命運，他們也和其他人一樣擁有平等的政治權利，人人都將捍衛這樣的準則。在一個少數族裔和移民人數不少的國家，多數族裔如果要施行專制暴政，必然會使衝突升級、極權主義加劇。

在少數族裔和移民數量不少的國家，有些民粹式民族主義者擔心自己的文化將被淹沒，希望透過國家授權來強化自己的文化。於是，在美國曾出現這種似乎沒多大意義的爭論：在耶誕節，是不是應該規定一律說「Merry Christmas」，而不該用西班牙語說「Feliz Navidad」，也不說「Happy Holidays」？還有一些人則在討論學校是否應該施行雙語教學。在人口多元化的國家，多數群體的身分認同在未來數十年內必然會有所改變，這種文化壓迫似乎極其短視。如果新的多數群體不利用相同的權力把自己的文化強加在別人身上呢？有鑑於多數族裔在不久的未來可能會變成少數族裔，如果在具有共同價值的國家整體架構下允許文化多樣性，保護少數族裔及其文化豈不是更好？

如果民粹式民族主義者專制的種族隔離制度方法不可行，那麼該怎麼做？如果一個國家終究還是需要吸引移民，也願意給少數族裔充分的機會，這個國家該如何平衡這種需求和多數族裔對文化淹沒的憂心？

邁向包容性的公民民族主義

今天，民粹式民族主義盛行的一個原因是，這已經成社會團結的替代來源。鄰里或社區的凝聚力似乎變薄弱，特別是對收入較低和地位下滑的人而言。例如，根據世界價值觀調查（World Values Survey），在美國低收入受訪者中，只有五七%相信鄰居，中上階級受訪者相信鄰居的比例則高達八五%。[6]同樣的，詢及他們是否視自己為社區的一份子，高低收入受訪者間的差距為一三%。面對他們是否視自己為國家的一份子，高低收入受訪者間的差距則更接近了，分別是九八%與九二%。總而言之，中上階級受訪者似乎對自己在社會結構中的身分與關係要比低收入者來得有信心，但兩者對國家的歸屬感幾乎一樣強。顯示當其他社會關係磨損時，民族主義依然強勢，甚至可能取代其他社會關係。

與其讓民粹式民族主義完全劫持國家，不如從兩個層面去除他們的疑慮。首先，關於移民或少數族裔，有些特質不可能改變，如他們的族裔。此外，還有一些特質則和他們的身分認同息息相關，因此極難割捨，如一個人的信仰及文化。因此，從國家的層面來看，我們需要一種基於共同價值觀、不排外的民族概念，使人不會因為族裔或宗教遭到排擠。

德國哲學家哈伯馬斯（Jurgen Habermas）主張，各國應該以憲政愛國主義（constitutional patriotism）為目標，亦即公民的忠誠在於效忠國家憲法的原則、理想與正義。[7] 大多數國家透過建國的故事，使價值觀有了色彩和意義，並激發國民之魂。這為共同的誓約提供背景。例如，印度在甘地和尼赫魯的領導下，得以脫離英國統治，獲得自由，這段歷史打動所有印度人，也讓印度憲法及公民權具有意義。[8] 澳洲、加拿大、法國、印度和美國都擁抱這種公民民族主義，任何一個地方的人只要合法居住滿一定期間、認同國家的價值觀，就可以成為公民。這種民族主義可使一個多元化的國家團結，同時讓這個國家得以成就更多偉大的事。

此外，移民還有很多方式可以融入，也該這麼做，包括學習當地語言、入境隨俗，以及與當地人分享自己的文化傳統。從國家的層級來看，目標應該是融合，而非使人屈服。

那麼，民粹式民族主義關心的種族與文化的連續性能在哪裡表現？答案就是在社區層級。如果國家願意把權力下放到社區層級（也就是包容性地方主義中的「地方主義」），社區就能好好形塑自己的未來，而且對未來握有更多的控制權。某個族裔的人口在一些社區會特別高，社區文化就會傾向該族裔的文化，例如在自序中描述的皮爾森社區就強調他們與墨西哥和拉美文化的連結。人們想要跟有相同文化或宗教的人共同居住在一個凝聚力強的社會結構中。強大的地方社區能滿足這樣的需求，讓人們得以保存自己的文化遺產，並傳承給下一代。在大多數的社區，居民大多屬於多數族裔，因此民粹式民族主義者會在這裡強調民族主義的族裔特質。但這並不意味著排外，擁有單一文化與擁有多元文化一樣重要，畢竟有人偏好單一文化，有人偏好多元文化。

然而，我們依然擔心種族隔離死灰復燃。在一個國家內，若干社區因為種族、血統和文化傳統被主流社會隔離，完全禁止外人進入。我們必須確定這不是預設的結果。我們不能強迫人們融合，而是要強調在一國之內，所有的社區應該對人員、貨物、服務、資金和理念抱持開放的態度，使之自由進出，必要時透過法律來達成。有些社區將會完全混合，特別是在大都會中，因為混合有無數的優勢。同時，即使在城市裡，很多社區會有較多信仰某種宗教的人或某種血統的人，但這是自然形成的，居民自由選擇遷入或移出，而非受到歧視才這麼做。

加拿大前自由黨黨魁、國際知名作家葉禮庭（Michael Ignatieff）觀察紐約皇后區傑克遜高地（Jackson Heights）的多族裔社區。他提到，如果有公平的制度架構和警察公正執法，不同族裔的人確實可以互信互惠。[9] 其實研究顯示，已開發國家有更好的能力來建立這樣的架構，利用多元性來促進成長。[10] 這樣的社區可以用族裔的凝聚力為基礎來發展，同時視自己為宗主國不可或缺的一部分。社區可能因為各種文化慶典而封街，包括宗主國的節慶，以及社區多數族裔的節日。

經過一段時間之後，社區居民就會融合，互相熟悉之後就能理解、包容對方，之後就能和平共處。

是否多數族裔願意為了社區放棄國家？從某種意義來看，有些多元化的國家已經透過非正式的方式出現這樣的轉變。在美國，以移民為主的庇護城市就曾拒絕接受聯邦政府的命令。民粹式民族主義猶如想要發起保衛戰，試圖扭轉已經改變的事實。這時政府需要妥協，給社區充分的自治權，但要求社區尊重國家法律。這就是包容性地方主義的涵義。在其他國家，民粹式民族主義者依然相信他們可以奪回國家，不惜動用有歧視心態的專制警力來達成目的。問題是，為了保持民族純粹，公民願意放棄多少？很遺憾，對有些國家而言，答案可能是：「很多！」

弱勢群體要如何翻身？

最後，我們再來看平權法案，這可以說是民粹式民族主義者的眼中釘。大多數人口多元化大國的少數族裔一直受到歧視，因此處於弱勢，在精英階級所占的比例少之又少。這樣的國家通常會優先錄取弱勢少數族裔的優秀子弟並提供獎學金，也會提供一定比例的公家機關工作機會和政府標案給他們。雖然這個制度並非完美，但在我擔任印度中央銀行總裁期間，我已經親眼看到平權法案可能帶來的好處。

我們銀行最底層的員工是行政庶務人員，負責接待訪客、幫經理把訊息和文件送到各個辦公室。這個工作只需要最基本的技能，但要很有交際手腕。我們銀行的行政庶務人員教育程度大多很低，來自印度社會弱勢階層（因此符合平權法案的標準）。即使是在公家機關最底層的工作，薪資、福利、工作穩定度都遠超過民間企業，因此平權法案可以說是印度弱勢階級的福音。我們銀行的庶務人員因此得以讓孩子上好學校、上大學。我定期會請員工到家裡聚會，所以有機會見到他們的家屬。這些庶務人員驕傲的向我介紹他們的子女，有的是銀行經理、有的是軟體工程師，每個人都有極佳的商用專業英文能力。這些孩子已經晉升舒適的中產階級。如果他們的父親沒能在公家機關任職，實在很難想像他們會有今天。由於平權法案，弱勢群體才能得到渴求的機會。

當然，問題是，誰該得到這樣的機會，以及能夠持續多久。從經濟學的角度來看，如果把平權法案視為補償弱勢族裔過去遭受的不幸，並沒有多大意義。反之，我們該把平權法案視為矯正時弊的做法，使弱勢群體得以提升能力。至於多數族裔中經濟困頓、與精英階級絕緣的人，平權法案也可以拉他們一把。例如，最近的暢銷書《絕望者之歌》（*Hillbilly Elegy*）描述的貧窮美國白人因此重獲人生希望。[11] 如果弱勢群體的成功之路不再那麼坎坷，例如有機會進入名校，他們的成功不只可以展現自己的能力，也能在自己的群體中贏得尊重和認可，成為年輕人的模範和導師，甚至提供年輕人幫助，也能在自己的群體中建立支持網絡。即使只是讓少數人得以翻身，就能為很多人指引成功之路。

因此，平權法案還需要建立支持網絡才能發揮更大的效應。來自弱勢群體的某個人手把手的指導年輕人在競爭激烈的精英世界出人頭地的方法，即使成長環境不佳。否則，平權法案只會加深刻板印象。同樣的，組織在決定人員晉升時，應該考慮各種相關技能和能力必須達到標準。否則被晉升的弱勢群體總是會被人誤解。他們是因為能力達到標準而晉升，還是因為弱勢？這種誤解將會傷害他們在組織中的人際關係，以及是否能獲選成為重要專案的領導人、爭取到難纏的客戶，或是吸引優秀部屬。然而，如果一個組織經過一段時間仍無法增進高層管理階層的人才多樣性，就得自問是不是制度和流程有盲點，使人才培育出現問題。當然，對單一文化組織來說，可能會用這樣的說法來搪塞：「他們根本資格不符。」

為了營造公平競爭的環境，有利於少數群體的平權法案最後應該功成身退。但該在何時取消？平權法案早期受益者得以擺脫不幸，讓子女上好學校、上大學，正如我們銀行的行政庶務人員。平權法案是否應該到第三代為止（也就是那些行政庶員的孫子女輩）？印度認為，終止與否視其孫子女是否還是弱勢、依然受到歧視，以及父母的收入是否足以讓他們脫離弱勢的陷阱。對未受到社會歧視的人來說，一旦父母收入達到中產階級的水準，就不能再利用平權法案。在印度社會，有些人直到今天依然面臨社會歧視，如最低種姓和一些部落，像是「穢不可觸」的賤民。即使家庭收入不錯，也該讓他們受到平權法案的提攜。印度如何衡量社會歧視何時終結還有待觀察，但就目前這個全世界最喧囂的民主政體而言，這似乎是可以接受的答案，也值得其他國家好好研究。

結論

今天很多國家似乎無法吸收移民，而且遭到民粹式民族主義的激烈反抗，主張移民的必要似乎太天真。但是，我們的辯論往往太聚焦在此時此刻，沒能用實際的眼光去看未來及國家的發展方向。我們很難想像已開發國家如何一方面維持自由民主的特質，另一方面逆轉人口多元化的趨勢。儘管有些種族同質化的國家仍可以選擇是否走向人口多元化，如日本，已擁有眾多移民和少數族裔人口的文明民主國家已經別無選擇。在一些國家，由於出生率的差異，多數族裔漸漸變成少數族裔，在這種情況下，民粹式民族主義雖然讓人心動，卻是錯誤的方向。包容性地方主義才是更好、可行的選擇。

很多國家已經利用本章提出的架構努力解決人口多元化、族群對立的問題，如基於國家價值觀認同的公民民族主義。國家的任務就是將權力下放到社區，同時鼓勵社區之間的貿易往來與人員流動，讓人透過互相接觸來了解彼此的差異，並互相包容。下一章會探討國家如何在社區之間搭起橋樑。在公民民族主義的大傘下，國家的建立是一項沒有盡頭的任務。

第十章

國家與社區重新平衡

上一章我提議讓自治程度高的社區成為人民自決、身分認同和凝聚力的所在，以減輕國家的壓力。如果社區強大，多元化的群體就比較容易表達自己的身分認同，甚至可以和平共處。如卡茨（Bruce Katz）與諾瓦克（Jeremy Nowak）在《新地方主義》（*The New Localism*）所言，國家可以透過地方主義繞過分裂性的政策僵局，這正是目前有些國家在聯邦層級碰到的難題。[1] 由於某些僵局是政治認同造成的，地方主義可以緩解這種情況。

津加萊斯等人做過一項有趣的歷史研究，凸顯出地方主義的長期效益。[2] 他們發現，在中世紀就開始實行自治的義大利城市在今天擁有較多的社會資本：人均非營利機構數量較多、有器官銀行（代表市民願意捐贈器官）的城市，居民在全國考試被逮到的作弊者也比較少。他們的結論是，自治有助於建立一種文化，讓市民對自己的能力有信心，能履行要務，達成目標。因此，把權力下放到社區也許可以減少冷漠，強迫成員為自己的命運負起責任，而非只是指責遙遠的精英政府。

反之，孤立無援的社區就像中世紀的莊園，脆弱、生產力低下，有時還會受到壓迫，與前述研究中生氣蓬勃的義大利北部城市大相逕庭。因此，到了現代，國家與市場既已成形，我們需要連結緊密、有包容性的社區。然而，社區、國家和市場該如何合作？

全國市場為社區的生產者提供競爭，也為社區的消費者和工人提供其他選擇，使社區避免陷入裙帶關係和效能低下。社區決定施行的任何規則和法規都必須符合市場檢驗標準：這麼做會不會對生產者或消費者帶來過度負擔？如果會，社區就必須重新考慮，否則生產者或消費者將會轉往其他較友好的社區。如果獨占利益不大、效能有點不盡理想，為了社區團結，社區成員尚可忍受，如果獨占利益大、效能嚴重低下，就會忍受不了。

國家可以在社區之間架起橋樑來建立國內市場。從字面上來看，就是在社區之間建立實體連結和通訊的基礎建設，同時也代表透過國家法律使社區開放，讓貿易和人員自由流動。如此一來，人員的流動就能比較順暢，避免任何社區變得過於壓迫。國家還可以利用社會或軍事服務、世俗節日和國家體育代表隊使社區連結在一起。國家可以鼓勵全國上下為了共同的目標一起努力，如舉辦奧運或完成重要的環境計畫或發展方案。

國家會注意社區治理的情況，調查起訴嚴重貪瀆者，保護公民權。社區藉由新的通訊科技幫助，也可以團結起來，透過民主程序影響國家與政策。最後，國家將成為支持社區的主要力量，不只是在經濟困頓、社區資源不堪負荷之時，也要避免社區嚴重落後。

最後一點需要詳細說明。國家依然有使全國團結的責任，因此得確保社區的經濟差異不會過大。經濟多樣性會造成經濟機會不均，也會影響社區看待政策和彼此的方法。從最粗略的角度來看，如果某個社區有很多學生從高中輟學，而另一個社區的學生通常能順利上大學，這兩個社區對聯邦補助公立大學、鼓勵創業方案，以及從稅收移轉支付的社會福利等會有完全不同的看法。在一個國家內必然會有某種程度的經濟多樣性，但是如果經濟多樣性超過某個程度，政策的差異性就會增加，因此很難找到讓大多數人都滿意的政策。儘管權力下放有助於社區積極採取政治行動，國家依然不能放棄聯邦政策。

在人口多元化的國家，關於聯邦政策有個關鍵問題是，有錢人不願支持稅收移轉給窮人和其他族裔的社會福利。[3]如果族裔多元的社區被賦予較大的權力，有錢人是否更不情願？或許！然而，很多人不願支持這種福利制度，因為他們認為這是幫助好吃懶做、「不值得救濟」的窮人。如果稅收移轉到社區經濟發展，如建設公共基礎建設，以增加社區機會，就能促進其他人的成長。如果政策沒有歧視性，多數族裔比例高的貧窮社區也能獲得稅金移轉的挹注。如能透過精心設計，加上適當的聯邦和社區監督，確認社區是否妥善運用經費，就會得到更廣泛的支持，特別是在早期就能看到成果。

這一切都需要國家與地方政府保持權力平衡：權力不會過度偏向國家，使社區無法人民自決，權力也不會太傾向地方政府，使得國家變得無能，無法整頓貪腐的地方政府。中央與地方的權力平衡也有助於減少社區間的經濟機會不平等，能創造公共資產，讓國家更強大。有關國家與社區的權力分配，我們將檢視三個重要領域：公共財的供給、能力的培養及健全社會安全網的維護。每個領域的關鍵是盡可能利用新科技，使國家的資源、影響力得以和地方訊息及社區參與結合。

權力下放到地方

即使共同的國家法規縮減社區自治，為了維護貿易與自由遷徙的利益，有些規定仍屬必要。

避免社區之間的反競爭壁壘

不同的社區對其商業型態會有不同的意見。例如，有些社區偏好某些型態的商家，有些希望社區內有像家樂福（Carrefour）或沃爾瑪（Walmart）這樣的大賣場，有些則偏好小雜貨店或小店，即使商品價格貴一點也沒關係。社區只要不直接妨礙商品或服務在國內的交易，應該能決定當地生產的性質（如透過大賣場的零售或家庭自營的小零售店）。

至於社區內的商業型態，本地公司會以自己的利益為前提，設法影響決策。然而他們的影響力會受到兩種力量的抑制。首先，只要當地居民能向社區之外、全國任何一個地方的商家選購商品和服務，本地公司的獲利程度就取決於當地居民是否偏好便利與及時性。第二，社區的民主決策可能促進當地企業的發展、保留地方風格和工作機會，即使必須為商品和服務付出更高的價格。如果價格過高，社區總是可以允許更多的競爭。因此，只要社區周圍沒有像關稅壁壘等明確障礙，社區應該能夠自行決定其商業分區的規則。

除了分區規則，地方政府還可以制定各種法規。這些法規可能具有極度保護主義的色彩，阻礙商品或服務從外地流入。若秉持美國憲法商業條款精神的一般原則，社區在國家法律允許下，對其商品生產及服務的法規擁有充分的發言權，但不該藉由關稅或非關稅壁壘阻礙全國貿易。例如社區也許能要求當地企業支付員工的薪資不得少於最低工資（生產法規），即使這不是國家的規定，但是不該規定本地只能販售無麩質或有機食品（這就是非關稅貿易壁壘）。換言之，社區也許可以無視國家法規，想要利用自己的民主影響力禁止某些產品或對其他產品設立最低標準，但任何社區都不該這麼做，否則全國市場將分裂到傷害到每個人。也就是說，猶太社區的商店可能只進經過猶太潔食認證的食物，但這是店家的選擇，而非貿易壁壘所造成。

貧富差距造成的居住隔離問題

現在，我們將從生產轉向住宅問題，尤其是先前提過的貧富差距造成的居住隔離。雖然國家能控制人口流入，但社區沒有這樣的權力，否則可能在國內造成不平等和種族隔離。然而，很富有的社區表面上是開放的，但是藉由分區管制條例讓經濟條件不佳者知難而退。例如，有些社區禁止興建小於一定面積的公寓、租房或單戶住宅，但是大面積的住宅房價或租金很高，不是窮人能夠負擔。這就是成功阻止對低收入者遷入的非關稅障礙。

經濟隔離使較富有的人可以獨占自己創造的機構、社會及智慧資本，不必與收入較低者分享，例如較好的學校。我們可以理解每個人想要與同階級的人住在一起的願望，但這會加劇機會的不平等，增加潛在的社會衝突。事實上，分區條例創造護城河與城垛來保護上層階級，如此一來，上層階級就更不在乎其他人的遭遇。如果國家希望創造更多機會平等的社區，就該努力去除居住隔離的誘因，讓窮人可以跟隨有錢人到任何地方居住。

增加經濟多樣性的一個方法是減少最不合理的建築限制，特別是在房價高的地方。例如，加州有位參議員提出一項法案，主張在加州火車站八百公尺內或公車站四百公尺內建造的房屋免於各項限制，如房屋高度、公寓戶數、停車位或特定的設計標準。[4] 儘管這對經濟包容性有莫大的好處，但當地房地產業主都反對這項法案，因為放寬建築限制會增加住屋供給量，使房價下跌。

像這樣的解決方案，由於會干擾社區選擇，每個都有不利之處。但我必須再次強調，在包容性與地方主義之間的權衡，應該更重視包容性。至於其他可能性，也許國家可以強制要求每個社區有若干比例的住宅，如一五%，房價或租金必須是低收入者可以負擔。如果社區希望保持其美觀、氣派的外表，只允許大面積的單戶住宅，則必須將其中一些出租或出售給低收入家庭，並由社區其他住戶共同承擔這麼做的代價。這種解決方案最適合新市鎮開發案，可以保留一些住宅給低收入家庭。芝加哥市政府已在這樣的開發案中設立這樣的保留戶，但在美國仍有某些州禁止這種做法，或許這是因為開發商不想要負擔這麼做的成本。此外，老舊社區由於可供開發的空地很少，要實行這種保留戶比較困難。

要鼓勵不同階級的人住在同個社區或避免居住隔離的現象，另一個方法就是透過稅法。例如，高所得家庭子女在低收入地區的公立學校就讀，基於這些孩子可能為班級帶來正面溢出效應，因此給予退稅。私人獎勵可能也有幫助。例如，頂尖大學可以分配若干名額給低收入地區公立學校的學生。如此一來，不但可以鼓勵來自貧窮家庭的學生申請精英大學，甚至富裕家庭也可能為了錄取優待，讓子女在低收入地區的公立學校就讀。低收入地區的公立學校如果能有更多來自富裕家庭的優秀學生，以及接受高等教育、關心教學的家長，也是件好事。因此，美國有些州立大學已特別預留一些名額給每所公立學校的優秀學生。

居住隔離的現象大抵源於學生來自不同教育背景和經濟階級的家庭，這些學生為踏入社會所做的準備也就大不相同。利用各種方式讓不同背景的學生在同個學校上學，顯然會引起各方的憤怒和不滿。例如，讓貧窮社區的小孩坐巴士到富裕社區的學校上學。坐巴士上學的貧窮學生覺得自己的程度落後，而富裕社區的學生則認為進度被拖慢。問題在於雙方程度的落差，在開始混合上課之前就得先解決這個問題。讓程度齊一的幼兒教育計畫或許可帶來很大的好處，特別是之後的公立學校混合上課也能設法弭平學生程度落差，那就更好了。加速補救教學計畫也有幫助，但這個計畫愈早實施愈好，愈晚則成效愈差。新的科技也讓老師知道要怎麼指導不同程度的學生（見下文），也有助於把程度不好的學生拉上來。

居住隔離問題嚴重的國家也許可以利用稅法作為誘因，讓家長接受階層混合學校。例如，富裕家庭如堅持和其他富裕家庭住在同個社區，就得付更多的稅，若是願意搬到低收入社區，則可以付較少的稅。要解決居住隔離的問題，其實有很多方案，但有些方案比較棘手。如果我們想要避免世襲精英制度，就得對實驗抱持開放的心態。

確保社區連結

社區必須與經濟的活動中心連結，才有經濟活力。社區連結包括實體的建設，如公路、鐵路與機場，也包括廉價的電力，以及快速與數據高速公路連結。

社區對外連結順暢，就能進行各種經濟活動。例如，有了寬頻網路及物流公司的支援，就能快速運送商品，在偏遠農村地區小工藝品製造者就能透過電子商務平台宣傳自己的產品，甚至打入全球市場。社區裡的退休教師不用出門就能指導孩子，音樂老師能教全世界的學生，而天使投資人也能從別的地區指導地方創業者。網路可以消弭距離，讓偏遠社區有更多的可能。與全國市場的連結也能確保社區得以互相連結。

並非所有已開發國家的網路都一樣發達。根據知名民調機構皮尤研究中心（Pew）的一項調查，二〇一八年，超過八九％的美國成年人使用網路，當中超過六十五歲者占六六％。[5]但只有六五％的家庭有寬頻網路，因此，能使用網路的家庭占七三％。比較無法使用網路的大抵是少數族裔、老人和農村社區，這也就不足為奇。例如，只有五八％鄉村社區有寬頻網路，但比較富裕的郊區社區則七〇％有寬頻網路可用。相形之下，二〇一六年，在歐盟九七％的家庭皆可透過寬頻網路上網。[6]歐洲人口要比美國來得稠密，因此較容易提供網路服務，但在資訊時代，沒有寬頻的社區會面臨嚴重的發展障礙，提供寬頻網路是國家的重要責任。

儘管美國聯邦通訊委員會（US Federal Communications Commission）為了寬頻網路服務的普及，一直在補貼私部門，但美國有些地區依然因為網路服務供應商的獨占而難以上網，多個城市的市政府已不願繼續等待，決定在自己的社區自行架設網路。[7]寬頻網路供應商和電話公司擔心失去業務，於是遊說州政府立法機關禁止或限制市辦寬頻。美國應該致力讓所有的公民利用資訊高速公路，因為很多社區復興方案都必須以網路為基礎。其實，讓社區自行負責當地的網路基礎建設，而非由大型民間企業提供，可以解決兩個問題：一是避免社區網路被私人供應商獨占，另一個是讓社區負起責任，而且能為社區帶來更多經濟活動。類似的方法也可以用在其他基礎建設，如使分散式的太陽能發電或風力發電價格下降，更多偏遠社區就能利用這種能源模式，只需要利用電網來平衡供需。

促進社區對地方政府的控制

人民可以藉由資訊高速公路與地方政府接觸。如此一來，權力可以下放到社區，政府稅收也可以流到社區。長久以來，這麼做的隱憂是地方政府官員能力不足（畢竟聯邦政府的人才是從全國拔擢而來），以及地方官員容易受到貪汙和當地不良作風的影響。儘管地方官員沒那麼有能力，但他們比較了解當地情況，也比較能針對當地居民所需來制定政策。此外，他們也可以向地方人士尋求建議，當地的人也可以監控他們的表現。

成功的權力下放還有兩個關鍵。首先，社區應該能充分掌握地方官員握有的資源和資金，才能評估這些資金是否完全用於公共服務，避免官員中飽私囊。社區民眾要能夠監督官員，就必須對官員有完全的民主控制權，能淘汰或罷免表現不佳者。聯邦政府或州政府必須將訊息公布在網路上，讓人民得以透過網路取得訊息，社區也必須使成員監督地方政府的作為，並透過網路提供自己的經驗，因此今日分權的效能要比過去來得好。

例如，有個手機應用程式叫作 SeeClickFix，能讓社區居民用 GPS 定位隨時舉報哪個地方有問題，如馬路坑洞、路燈故障、廢棄車輛、違反建築法規等市政問題。[8] 這些問題也將同時出現在社區網站上讓所有的人知道，並指出地方政府確實處理問題的時間。這款應用程式會公布發現最多問題的人，甚至由社區致贈獎品，以表揚他們的熱心公益。這種應用程式可以讓地方政府更快知道問題，鼓勵社區參與，並使地方政府的施政績效更加透明。在撰寫本文時，芝加哥市的 SeeClickFix 網站已解決三個投訴事件。市府官員終於找到某部被投訴的廢棄車輛（或許並不意外，因為官員抵達現場時已是投訴一個月後的事），以及把兩個塗鴉清除乾淨（在投訴一、兩天內）。

透過社區行動也比較容易發現地方政府的不法行為和貪汙情事。當然，人民的監控不該演變成法外制裁。例如，警察使用的穿戴式攝影機有助於評估各種緊急情況的執法情況，保護採取合理行動的好警察，揪出對人民施暴的不良警察。手機的攝影鏡頭可以記錄、檢舉不當行為，如辱罵或暴力行為，並公布在網路上廣泛傳播，這將有助於民眾和公職人員之間的權力平衡。

在印度，I Paid A Bribe 網站（http://ipaidabribe.com）鼓勵人民匿名分享行賄的親身經驗、拒絕行賄的情況，也表揚拒絕接受賄賂的誠實官員（在印度某些政府機構，表明不願接受賄賂的官員可說非常希罕，因而值得讚揚）。[9]這個由社區運動者拉曼納山（Swati Ramanathan）創立的網站也報導貪腐問題最嚴重的地區和社區，並邀請退休資深政府官員加入網絡，幫忙宣傳反賄賂行動，解決網站分析出要糾正的問題。

從更廣的角度來看，資通訊科技革命可以使社區更能掌握訊息、參與地方治理，國家效能因而得以有效下放。聯邦機構還應該監督地方資金的運用，以及地方政府出現嚴重瀆職時有能力進行干預。然而，這樣的監督不宜嚴格，以免導致權力重新集中。為了強化包容性，國家可以使用聯邦優先法，避免某些社區從事不利於國家的行動。[10]在公民民族主義的框架內，有效分權就是社區賦權的關鍵。

增進工人的能力

資通訊科技革命改變人們必備的能力。同樣重要的是，這也用不同的方式來滿足這些需求。我們要讓學生有所準備，知道如何面臨科技變革的挑戰，就必須擁抱科技。這裡我會避開一些教育要如何改革等沒有定論的老問題，像是學校經費、教師評鑑及薪資、教師任期、教師工會、特許學校等，而我所謂的學生是指所有的在學學生。

我將把重點放在社區與國家之間的關係該如何改變，以促進能力的培養。資通訊科技革命並不要求每個人都必須取得博士學位，但要求所有人都必須有紮實的基礎教育，才能為終身學習做好準備。新科技讓人得以利用不同的教學模式，使教師得以依據每個學生的需求給予指導。如此一來，即使一個班級的學生來自不同背景、程度參差不齊，教師也知道如何讓每個學生學到必須學習的知識，獲得基礎教育。科技也可使聯邦政府、州政府和地區教育主管單位遠距監控班級表現，有信心妥善運用經費。教育主管機關可以指派辦學績效優良的學校老師負責課程內容，並促進家長與老師的互動。這將使學校成為社區參與的焦點。國家則可以發揮支持作用，改善教師資格認證過程，並提供教育和工作機會相關訊息，並幫助學生申請獎學生和就學貸款。

從基礎開始

面對科技變革的前景，很容易覺得無所適從。很多工作會變得自動化，然而到底是哪些工作會這樣？專家認為，人類的同理心、靈活性和創造力依然能繼續發揮作用，而人與機器的結合也許能勝過單獨一方。[11]因此，一般人必須具備與機器互補的技能。電腦可以朗讀、聽寫、拼字檢查，也能執行任何數學計算，然而要和電腦溝通，讓電腦把單字串成句子、把句子組合成段落，再把段落結合成有內容或有說服力的訊息，還是少不了人類。同樣的，人類也需要把問題拆解成可以讓電腦執行的步驟。這些都需要人類具備像閱讀、寫作與算術的基本技能。然而，即使在已開發國家，也不是所有的學生都能學好這些基本技能，因此有很多人仍無法彌補機器的不足。

資通訊科技革命確實需要學習更多的東西，才有更多的技能去提出具有開創性的新理念、過程和計畫，讓其他人得以利用。有鑑於高等教育的薪資溢酬現象，人人都想取得大學或更高學位，學歷貶值應運而生。其實，在目前的環境下，學校應該讓學生擁有紮實的基本技能，即使機器與環境出現變化，他們也能在產業與工作間靈活因應。

因材施教

在傳統的教學模式中，老師站在教室前方講課，學生坐在下面聽課，有的全神貫注，有的則心不在焉。由於學生程度不一，老師面臨一個難題：應該注重最聰明的孩子、落後的孩子，還是程度中等的孩子？不管如何選擇，總是有一些孩子會被犧牲，不是覺得無聊、沒學到東西，就是聽不懂，於是每個學生的學習經驗都差強人意。正如我們所見，這正是居住隔離的原因之一。

如數位學習平台之類的新工具（基本上是放在網路上的一整套預先錄製的課程、閱讀材料、影片、題庫、作業、學習進度評量測量）讓教師得以翻轉教室，加強所有學生的學習。傳統課堂的關鍵資源是老師，主要的約束是上課時間和注意力。然而，如果利用數位學習平台，學習模式不再是學生被動坐在教室裡聽老師講課，學生可以在家學習，透過網路聽名師授課（如果家中環境太吵鬧，則可以利用在學校的自習時間）。如果碰到困難的單元，可以針對自己不懂的地方反覆觀看，臉孔追蹤科技也可以讓老師知道學生是否利用學習平台。每個學生都按照自己的步調來學習。學習平台也可以定期評估學習情況，提供補充教材，讓學生接受更難的挑戰，或是加強不足之處。有了精心設計的平台，學生就可利用個別化、適合自己程度的學習方式，老師也就可以免除傳統教學顧此失彼的困擾。

如此一來，老師就可以利用課堂時間激勵學生，讓他們進行有趣的計畫，幫助個別或一群學生解決作業問題，或是為學生講解他們覺得特別困難的地方。學生不但可以向老師學習，也可以互相學習，並在這個過程中拉近程度的差距。由於老師和學生密切合作，即使老師不知道自動評量的結果，也知道哪些學生落後。

老師的角色從授課者變成教練和設計師。這種人、機器與過程的結合為學生創造更好的學習經驗。如果老師能力不足，學校系統可以提供現成的課程計畫和相關資源，如名師教學課程影片，課程設計就可以更容易。老師有了信心、經驗和知識之後，也能成為名師。相形之下，已有能力的老師可以自行從學校系統選取資料，把自己的授課影片和問題上傳，為學生提供更直接、相關的學習內容，並適時利用學校系統內的內容。老師在設計課程時也可讓家長參與。

明智的分權

我們可以很容易看出國家和地區的教育當局該如何把權力下放給學校和教師。教育主管機關可以與各個社區一起合作，為每個學科、每個年級訂定最基本的學習目標，至於如何達成目標的細節則留給學校去決定。教育主管機關還可以提供教學工具給學校和教師，包括學習平台。教師和學校可以根據自己的能力，明智的選擇課程。如果認為自己能力不足，則可採用教育主管機關提供的課程。分權使教師和學校找出最適合自己學生和社區的教學方式，同時鼓勵家長參與。最後，學校也可以定期把學生自動評量的結果提交給教育主管機關，證明教育經費有效運用。

這些都不是「科技噱頭」。世界上已經有些極貧窮的地區採用這種學習模式，如印度的非營利教育機構第一協會（Pratham）就讓貧民窟的兒童用這種方式學習。這種模式的一個重要優點是具有很大的擴展性（除非特別為某個地區設計），因此大多數的成本可以集中。

當然，不管是哪個地方的學校系統，新科技並無法掩蓋一些真正的問題，如學生受到的栽培與學習動機。正如前述，幼兒時期的教養對孩子將來的健康和發展具有非常重要的作用。很多國家認為幼兒時期的教養與發展是父母的事，大抵放手不管。很多貧窮或破裂的家庭無法提供幼兒所需的成長環境，但社區能找出需要幫助的孩子，在這些孩子幼小時提供協助，及早伸出援手總是比日後補救要來得有效。此外，舉凡學生的學習動機、紀律、偏差行為的矯正和安全等，都有賴社區努力。

了解就業市場

學生有紮實的基本技能，而且學習平台能提供可靠的評量結果，學生就用不著追求過多無用的文憑或資歷。如果雇主知道來應徵的高中畢業生的確知道自己該學會哪些東西，取得的證書也證實他們的能力，這就夠了，不需要其他證書。國家則可以利用學習平台建立評量的一致性，有一定的標準可以參考。

有些學生想要繼續進修。至於該攻讀什麼與如何申請學校，貧窮社區的學生也許不知道該問誰才好。有太多學生選錯科系，甚至背負大筆學貸。地方政府、工會、非政府組織和企業之間的合作可以資助學生上大學和就業輔導。科技也能降低輔導成本：就業平台可以提供一般就業諮詢，而專業的就業輔導人員就可以處理困難的個案。國家也可以規定每所學校必須公布畢業率和就業率，幫助學生及就業輔導人員了解學校優劣，淘汰品質不良的學店。

誰來為教育買單？

就人民的技能學習和教育，國家該補貼多少？有人認為公共教育應該免費提供給國民，包括高等教育，如法國和印度實行的全民免費教育。美國公立學校一至十二年級皆免費，由州政府負擔，大學需付學費。如果大多數人民都能獲得免費教育似乎很合理，就像今天美國一些州的社區大學。為免費教育設立較高的門檻可能會使文憑通膨的問題更加嚴重，讓大學人滿為患，無益於學生的學習或就業。

想要學更多東西的學生或工人應該透過資料蒐集和輔導來了解自己的需求。國家或學校應該提供獎學金或助學貸款。有些國家已經有創新的學貸方案，讓學生在畢業、就業之後，以一小部分的所得償還學貸，金額則由稅務機關認定（高薪者還款金額較多，低薪者則較少）。如果背負學貸的人在社區或公家機關工作，薪水較低，則可以享有若干年的寬限期。有些方案甚至允許貸款者在工作期間再度借款，以學習更多的技能。有些公司會讓員工帶薪休假或去外面上課。有些政府也這麼做，例如新加坡政府就開辦未來技能計畫（SkillsFuture），一年提供五百元新幣給每位年滿二十五歲的新加坡公民，在官方認可的機構進修或學習新技能，目的就是讓人民養成終身學習的習慣。

我們必須在這類計畫上發揮創意，讓每個人能夠基於就業市場的需要，或著眼於個人的興趣及發展來學習，而不是強迫每個人接受無用的高等教育。我們不該高估文憑，也不應認為勞心就比勞力來得偉大。畢竟，誰知道科技進步會把我們帶到哪裡？

把社區拉進社會安全網

最後回到社會安全網。為了讓人民免除一直擔心陷入貧困的困擾，聯邦政府該為失業者或老人無條件提供基本經濟支援，如英國經濟學家貝佛里奇的報告建議，是要管理一種「斯巴達式」的生活（見第五章）。除了來自政府最基本的協助，個人也要付費加入社會保險計畫（如美國的社會安全保險）或是加入私人年金保險計畫（多半是由雇主提供的退休計畫）。

任何一個文明、民主社會的居民如果無法負擔醫療費用、在生病時不能得到醫治，就無法參與民主生活，因此全民應該都能夠享用以國家稅金為財源的健康照護服務（即使提供醫療服務者是私部門）。民主意味著每個人都不能少，若是病倒了，就不能行使民主權利。醫療保險的保費與收入連動，同時還有自付額，藉此避免醫療資源遭到濫用。此外，昂貴的實驗療法補助金額也有限制。儘管如此，幾乎每個人都能獲得醫療照護，才能在民主社會發揮功能。

在本章結束前，我們還必須討論三個問題。首先，對那些沒有存款或沒有錢購買保險的人，除了使他們維持最基本的生活，社區該給予何種程度的支援？第二，我們是否該未雨綢繆，以全民基本收入等計畫來因應科技革命造成的失業問題？第三，政府既然已經債台高築，就各項已開辦的福利計畫及準備實行的新計畫，要如何開闢財源？

社區提供的額外支援

基本經濟支援是指無條件支援失業、失能、年老的人。已繳納保費的社會或民間保險也應如此。然而，有些人只獲得最基本的支持，遠不及社區的生活水準，國家也許想增加一些支援。

社區能否積極參與社會救助，決定該給居民哪些協助？如身體健全的失業者可以協助社區事務，漸漸重回職場。貧窮老人則可以在社區圖書館裡工作或擔任本地導遊。隨著國家高齡化，老人需要更多的照顧。通常照顧者的愛與關懷和實際的照護一樣重要，特別是愈來愈多老人沒有子女或老伴已經過世。或許社區可以在這裡發揮作用，例如是否讓活動力尚可的老人指定照護者，幫忙一點跑腿、打雜的工作，定期拜訪老人，注意他們的情況，再由社區支付些許照護費用？報酬不多沒關係，畢竟這麼做並無法取代專業看護，另一方面老人也不希望一堆人跑來說要幫忙，反而造成干擾。報酬也不應該太少，使有能力幫忙的人興趣缺缺。關懷不是金錢可以買到的，也不該如此，但是適當的報酬可以獎勵熱心社區事務、散播愛心的人。這樣的人之前可能失業，或是有就業困難。

對於單親家庭或是有子女的貧困家庭，社區支援也不該要求任何條件，而要以家庭利益為前提。的確，一旦社區裡的人知道哪些家庭負擔過重，也許會主動幫忙照顧孩子。

有些人也許會認為社區額外的支援是父權主義作風，讓人覺得丟臉、被干預。當然，也有濫用的可能，但對個人而言，最羞恥的莫過於無助的依賴。如果由沒有個人色彩的中央官僚機構來執行援助，又少了人情味，社區援助則不會如此。也許有些接受援助者偏好匿名支援，但這種做法也可能讓人覺得冷漠。社區意識可以帶來以行善為出發點的社區參與，如第四章描述的德國愛伯福制，並設法為接受援助者解決問題，使他們得以自立，不必依賴社會救助。社區訂立的救助條件必須合乎聯邦法規，如果違背法規，也可向法院提出訴訟，如此一來就可以避免侵害接受援助者的自立和隱私權。不管如何，社區額外支援的設計架構看來很合理，也能使社區團結，同時讓接受救助者日後也能對社區有所貢獻。

公共援助計畫

今天，即使是像美國這樣富有的大國，除了提供給有子女的家庭及失能者短暫援助，聯邦層級的基本公共援助付之闕如。至於其他陷入困境的人有各種救濟方案，如慈善廚房和遊民收容所，這些都是由州政府、地方政府、私部門和慈善基金共同促成，用來彌補基本公共援助的不足。當然，現在很少人餓死或凍死，即使有這樣的人也是因為他們不願請求別人幫助，或是無法開口請人幫忙，而非沒有人願意伸出援手。儘管如此，仍有很多人三餐不濟，居無定所。

如以正式的貝佛里奇等級的援助計畫取代非正式的救助系統，花費不會太多，因為貝佛里奇計畫只提供最基本的生活援助。因此，這樣的計畫不會引發大眾疑慮，認為錢都花在「不值得救助的人身上」。儘管如此，政府還是可以利用貝佛里奇計畫為基礎，建構可靠的社會安全網。這是每個文明社會為了防範未然必須做的事，特別是並非社會裡每個人都具備謀生的基礎技能。任何一個富裕國家都不該讓人民為了未來惶恐、不安，不知道自己是否能夠活下去。

如果要贏得大眾支持，或許應該透過社區來實施，也就是已經在社區住一段時間的人（為了不妨礙社區之間的流動性，如果有人遷出，社區則必須負責讓遷出者依然可以在新的地方獲得援助）。鄰近社區的支援條件必須平等，以免受益者一窩蜂的擠到條件最好的社區。社區也必須承擔一部分的援助成本，共同承擔風險。然而，不足的部分該由誰來支付？在理想的情況下，應該是由地方政府或州政府負責，這些政府與社區關係密切，能夠監督社區實施的成效。有些國家的地方政府或州政府會歧視某些社區，這時就得靠聯邦政府的監控或接管。

最後，社區利益是否會成為地方貪腐的源頭？地方政府會不會濫用公共援助系統，特別偏袒某一些人？的確，任何政府計畫都可能有這樣的問題。地方政府擁有愈多自由裁量權，就可以依據當地情況制定愈多必要的計畫，當然也更有可能出現濫用的情事。因此，聯邦政府有必要制定一些規則來限制濫用，但更重要的是社區的參與，以及對情況的掌握。今天，有很多國家的人民都對地方政府的所作所為漠不關心。然而，如果地方政府能獲得更多的權力和經費，社區成員也就比較能積極參與、密切監督。社區援助不但牽涉到社區意識，由於援助經費有一部分來自繳交的稅金，因此居民不得不關心。正如前述，拜資通訊科技革命之賜，更多的訊息得以流向國家，讓國家得以成為防範地方貪汙的第二道防線。

全民基本收入可行嗎？

有些人在設想長久之計。為了因應科技變革造成的失業潮，有個方案獲得愈來愈多人的支持，那就是全民基本收入，讓所有公民無條件獲得一定數額的金錢，以滿足基本生活條件。全民基本收入與上面討論的基本生活援助不同點在於，全民基本收入設定更高的生活水準，付錢讓人民過著無後顧之憂的生活。一直有人在辯論，擔心科技變革會造成失業問題的人是否過於悲觀，不知市場能力與人類的創造力其實能夠讓失業者擁有生產力。歷史告訴我們，到目前為止，樂觀主義者是正確的，但目前的情況恐怕不一樣了。

全民基本收入的原則非常簡單，每個成年人每個月都能領取一張支票，供自己及家屬生活所需。例如，在美國要享有還算可以的生活，每年約需兩萬美元（扣稅之後），由於美國約有三・二八億人口，如果要發放基本收入給全國的人民，總計約需六・五兆美元。假設這筆錢來自一・四億納稅人繳交的稅金（粗估），也就是有一・八八億人沒繳稅也能獲得基本收入。因此，為了因應全民基本收入的支出，稅金收入必須增加三・七六兆美元，這差不多是今日聯邦政府收入的總額。即使全民基本收入可以取代其他稅收移轉支付的社會福利，如食物券、失能與失業給付等，今日政府主要的支出，如利息、國防支出、健康照護、社會安全經費，並不會因此減少。

假設孩童從移轉支付獲得的福利和成人相同，有人或許認為每人兩萬美元的全民基本收入太高了，如果降低全民基本收入，就不需要那麼多的稅金，然而要實行任何可行的全民基本收入方案依然必須提高既有稅率。的確，如果不能滿足合理的生活條件，儘管實行全民基本收入，我們不難想像記者會去採訪那些蝸居在破棚陋屋的人，鼓動民眾支持提高全民基本收入的金額。

除了大幅增稅會引發政治阻力，全民基本收入還有其他問題。由於全民基本收入是一種全有或全無的方案，傳統上這類計畫會碰到困難。全民基本收入本質上假設大多數的人沒有工作，由於沒有新工作的機會，找工作或是重新培訓都失去意義。實行全民基本收入之後，由於每個人都能不勞而獲，即使有新工作，薪資和責任都不再吸引人，不管是想找工作的人或是創造工作的人都會感到絕望。對任何工作而言，不必工作就有錢可拿將是難以跨越的障礙。換句話說，如果在未來幾年，卡車很可能變成自動駕駛。如果屆時實行全民基本收入，卡車司機恐怕不想要重新接受訓練成為醫務助理（問診和紀錄症狀）或是稅務助理等。儘管這些工作的薪水不高，還是需要由人來執行，並利用電腦演算法。如果要使人重新回到職場，除非給人很高的薪水（是的，這份新工作的收入是補充性的，而且必須課稅，但以前當卡車司機的人現在不用工作，也能過著舒服的日子），但雇主付不起，也就沒有這樣的工作和相關服務。社會將因此變得更貧窮。

或者，我們應該等到完全沒有任何新工作那天再來實行全民基本收入。但我們無法確定是否有這麼一天，因為未來的新科技也許需要一般人的參與。也許，我們必須等很久。但是一直等待下去，像前述的卡車司機如果完全無法適應，他們的未來將會如何？

以社區為基礎、有條件的援助是比較靈活的可行方案，也能達成全民基本收入的一些目標。

低薪者或失業的人可以藉由社區服務在基本收入之外賺點外快。當然，如果有機會，他們也能換工作，獲得薪水更高的職位。關於當地的工作機會，社區會比聯邦政府來得清楚，因此能鼓勵領取社會福利者到私部門工作。不管面臨全面的經濟不景氣，或是很多工作因為自動化消失了，社區都將受到重創。在這種情況下，國家就得拿出創新的解決方案，但就一些偶然發生的不幸，以社區為基礎的援助計畫應該能有成效。

錢從哪裡來？

一九七〇年代，已開發國家的政府債務節節上升。由於人口老化，政府的退休金支出與健康照護費用也日益增加。美國國會預算局預估，到二〇二八年，美國債務總額將達GDP的一〇〇％，今日債務則已達GDP八〇％左右。聯邦醫療保險信託基金將在二〇二九年用罄，社會安全信託基金則將在二〇三五年斷炊，意味著過了這些「大限之期」，所有的支出將只能用每年民眾繳交的保費及政府預算支應。由於人口老化，退休者愈來愈多，工作人口則持續減少，未來的工人不只要支付自己的退休金計畫，還要彌補目前退休金的不足。其實，美國還不在已開發國家的負債排行榜前十名。

試想，我們要留下什麼給子孫？即使是在平常時期，我們的支出已遠超過能力所及，甚至不借用舉債與刺激經濟成長。我們連自己的退休金都岌岌可危，更別提子孫的退休金了。面對政治癱瘓、氣候變遷等問題，我們付出的努力微乎其微，自然就無法逆轉情勢。自動化與機器人即將搶走人類的工作，讓人對未來恐懼不已，很多人即將被內心的野獸吞噬……

我們希望科技進步的優點能讓我們克服這些難關，在不減少工作機會下，提升生產力和整體成長，讓我們得以償還債務，支持社會福利系統，同時使我們獲得新的工具，以對抗貧窮、疾病，逆轉氣候變遷。但是，我們不能把所有的雞蛋都放在科技的籃子裡。

首先，我們不能放任債務繼續累積，推說讓時間來解決問題。我們必須三思是否還要舉債刺激成長，特別是成長疲軟是需求低迷以外的原因造成的。政府必須仔細研究自己開出的社福支票是否能兌現，並及時修正。如果我們這一代只會狂開支票，要下一代買單是不公平的。我們必須早一點面對這些問題，重新調整，一起承擔苦果，如延長退休年限、增加社會安全保險保費、減少生活費用，才有可能度過難關。這是敏感、爭議性極高的「第三軌」問題，沒有政治人物願意碰觸，但若是我們一再拖延下去，子孫的負擔只會愈來愈重。他們已自身難保，如何養得起我們這一代的人？

本章和上一章提出的改革方案旨在讓目前的系統得以繼續運作，透過包容性的國家架構促進貿易與創新，落實合理的移民政策，同時提升勞動者的技能及創建更好的社會安全網。要做到這點，必須以開放為原則，讓人得以進入市場、職場、獲取能力，以及獲得社會安全網的保護，也得把權力下放到社區，賦權予民。基於這些原因，這個方案最適切的描述就是包容性地方主義。有些提議可以省錢，有些則需要支出。無庸置疑，由於整體資源稀少，我們必須謹慎選擇。但是，我們必須記住，比起亂開支票、不負責任，更糟的是留給子孫一個已然崩壞的系統。

結論

在本章，我主張聯邦政府應該讓權力下放到地方政府，然後轉移到社區。這將是重新平衡的重要步驟。如果很多中小型企業握有經濟實力，就能阻止大企業邪惡聯盟的形成。此外，透過賦權，很多小社區也能防範政治力的集中，成為能與邪惡聯盟抗衡的獨立力量。在今天這個世界，全球市場正在侵蝕社會關係與人際連結，政府也是。只有充滿活力的社區能創造認同感和使命感。社區還有助於消解多數族裔的排他性，減少國家之間的磨擦。不幸的是，在世界各地，問題社區比比皆是，主要是因為過去的經濟基礎已經消失。下一章我們會探討如何修復問題社區。

第十一章

讓第三支柱重新屹立

上一章討論包容性地方主義的重要性：一個充滿包容性的國家應該將權力下放給地方上的各個社區。既然大多數的人認同各種社群，甚至是許多虛擬社群的一份子，為什麼我們要關心居住的社區？

充滿活力的社區有很多好處：如果族裔認同表現在社區上，而非在國家的層面，人口多元化的國家就比較不會走上分裂之路；社區居民會比較踴躍參與社區機構；由於權力下放到社區，一般公民感覺自己擁有更多的自決權；地區連結強化，左鄰右舍能彌補正式社會安全網的漏洞；有更大的空間來進行政治和經濟實驗，並發揮政治影響力，並創建有意義、不求市場報酬的地區計畫等。且讓我仔細說明其中幾點。

在一個人口多元化的國家，社區能使人保留身分認同和依附關係。雖然很多社區混合形形色色、各種族裔的人，有些人依然選擇與自己認同的人一起居住，以維護宗教和文化。人口多元化國家的美好未來取決於各種不同的社區，有些是混合族裔，有些則大都隸屬同個族裔，不管如何，大家都和平共處，遵守當地的法規，在全國市場買賣，共同參與全國盛事，也一起慶祝全國性的節日和慶典。無庸置疑，與單一主流文化相比，社區提供比較沒有壓迫性和分裂性的選擇。畢竟，主流文化可能淹沒一切，強加在其他文化之上，產生永久性的分裂和衝突。

社區成員如果聚在一起，為社區努力，就能建立更強大的社區。如果社區居民團結起來，為了地區計畫相互合作，就能累積社會資本，這是指在日常互動中體現出互相了解、同情與善意。社會資本對社區機構的建立非常有用，能克服族群分裂，彌補正式結構中的漏洞，如市場契約或社會安全網。以經濟必要性為基礎的舊連結已經變弱，未來社區的黏著劑就是情誼。

在國內進行經濟和政治治理實驗，最好的場所莫過於許許多多不同的社區，即使是同個問題，可以在一千個社區嘗試一千種不同的解決方案。實驗能帶來學習的機會。我們會發現有些解決方案要比其他的方案來得有效，而且不同社區能自行選擇把不同的方案組合起來，畢竟社區比較了解自身的問題。只要商品和服務有單一的市場，國家就能從共同市場獲得利益，同時也有選擇不同策略的彈性。一種共同的經濟策略不適用於整個國家，若是只有一種策略，國家就會出現弱點，容易受到傷害。

社區也可以提供辯論政治立場的場所，如果有足夠的共識，就可以提供有政治影響力的數據。因此，社區是民主參與的現成機制。在許多國家，地方政治就是國家政治的學習基礎和墊腳石。

最後，隨著商品生產和某些服務的自動化，未來工作的社會組成要素將會大增，有些甚至是非市場性的。長遠來看，任何有利可圖的商品或服務都將由機器來完成，人類只需要創新與填補一些漏洞。很多人都將依靠政府重新分配的收入過活。與其讓很多人成為政府雇員，並可能導致極權統治，不如把政府權力和所得分配給社區中的地方政府。如此一來不只能與中央政府制衡，也能找出非市場性的地方工作，這些工作的薪資將由地方政府負責，讓人保有自我價值。

社區有什麼缺點呢？每個社區的人都會為了社會聲望互相競爭。這種競爭不一定是壞事，可能會激勵無法得到市場回報的活動，如敦親睦鄰，但也有可能激發想要高人一等的虛榮心。最近一項研究顯示，如果有個家庭中了樂透，申請破產的鄰居就會變多，大概是因為鄰居為了比排場，也跟著闊氣。[1]此外，社區也會產生嫉妒，甚至仇恨，社區也會助長保守主義。儘管我們不能假定每個社區都是優點大於缺點，現代社區如果給人壓迫感，成員就會選擇出走。一般而言，社區必須給每個人足夠的利益，才會讓人想留下來。因此，這可以限制社區往不良的方向發展。

本章會探討為何虛擬社群、專業協會、宗教團體等組織也具有某些實體社區的功能，但並非全部。我們需要生氣蓬勃的實體社區，對社區生存而言，最重要的莫過於可行的經濟活動。最容易侵蝕自我價值的就是讓人覺得自己沒用，沒有任何貢獻。在絕望下，加上酗酒、吸毒或暴力等問題就會讓社會結構嚴重受損。即使有些人依然懷抱希望，但是其他人可能一走了之，以脫離憂鬱的社區氛圍。本章大抵探討已開發國家的弱勢社區如何走出經濟困頓。從很多層面來看，這種挑戰和貧窮國家面臨的挑戰類似，雖然兩者具有重大差異。

社區的多樣性

本書大多把焦點放在實體社區，但我們認同的來源不只是我們居住的社區，也包括很多社群團體。我是芝加哥庫克郡海德公園（Hyde Park）一帶的居民。我也是印度公民、芝加哥大學教授。我是信奉印度教的泰米爾人。我說英語、印地語、法語和泰米爾語，有些很流利，有些則只是尚可。我也隸屬幾個組織，包括美國財務協會（American Finance Association）等專業團體，以及非營利性的國際經濟政策諮詢團體三十人小組（Group of Thirty）。我也是多個聊天室的成員，包括家人親友和校友團體。我們表現出來的身分認同會因為時機而有所不同，對我們所認同的團體，我們的參與和支持程度也有差異。

儘管如此，在我們認同的眾多團體當中，我們參與和支持程度最高的莫過於我們所居住的社區，因為這裡有我們的家人、親朋好友、鄰居、同事、教友等，其他團體很少能相提並論。但是很多人並不是在一個理想的地方社區生活、工作，這也就是為什麼我們會認同其他社群，如宗教團體、民族主義團體，甚至幫派或極端主義組織。與當地社區缺乏緊密連結的人可能加入想像、虛擬或犯罪的社群，並認同這些團體。

通訊科技對社區是助力還是阻力？

儘管虛擬社群無法取代我們居住的實體社區，訊息與通訊科技對社區來說是助力，或是阻力？一般而言，從目前的證據來看，通訊科技對社區應有強化的作用。

例如很多人生氣或憤恨時，會利用網路和社群媒體迅速動員大規模的示威行動。二〇一〇年底的阿拉伯之春是中東各國一系列的抗議行動，就是靠網路和社群媒體動員。之後還有很多行動也是。在筆者撰寫本文之時，巴西卡車司機因為政府和石油公司不斷調漲油價，以致於難以謀生，於是透過通訊軟體 WhatsApp，一傳十、十傳百，臨時發動全國罷工行動。科技能促進短暫、自發性的群眾參與，讓人很快的團結起來，一起行動。然而，這樣的行動若是失敗，無法促成持續的政治改革，就得靠政黨或社區等組織來號召人民參與，推動真正的變革。

科技加上群眾投入，成效甚至可能更好。通訊科技可以讓發願投入的核心團體克服距離的問題，繼續和其他連結比較鬆散的成員保持聯繫。科技能讓外圍的人有更大的參與感，讓他們提出創新的點子和新方向。如果熱心投入者有效號召眾多的人，就能創造強大的社會或政治運動，如最近從美國好萊塢引爆、擴散到全球各地的「#Me Too」反性騷擾運動。[2]

然而，關於新通訊科技的濫觴，很多人認為這樣的科技會使人喜歡宅在家裡，比較不想出去參加社交或公共活動，於是創造出一個全新的遠端虛擬社群，不願與左鄰右舍的人互動。[3] 為了驗證這樣的論述是否正確，研究人員韓普敦（Keith Hampton）和魏爾曼（Andrew Wellman）在一九九〇年代晚期針對多倫多市郊一個新建案進行研究。該地區姑且以「網村」（Netville）為名[4]，大約六成家裡有高速網路、視訊電話、網路音樂播放平台、線上健康照護服務、社區論壇等娛樂和教育應用程式。其他四〇%則因為電纜鋪設出現狀況，沒有高速網路可以使用。對研究人員而言，這些不能上網的家庭就是最好的對照組，可以進行實驗，衡量網路連結效應。

他們發現，與無法上網的居民相比，能上網的人認識的鄰居人數是前者的三倍，與鄰居交談的頻率是前者的兩倍，跟鄰居通電話的數量是前者的四倍，也會用電子郵件與鄰居做進一步溝通。正如有個成員說：「我們社區居民的關係特別親密，這是在很多社區看不到的。」當地的網路讓居民很快就能互相認識，要辦烤肉大會等社區活動也是一下子就組織起來，也能很快因應緊急事件，像是有人的愛貓或愛狗走失。比起登門拜訪，上網要來得更加便利，省時又省錢。

能上網的居民因也組織起來對當地的建商提出訴訟，請建商改善建案缺失。在訴訟結束時，居民依然繼續使用高速網路。建商只改善一些地方，對當地居民的要求並沒有照單全收。因此，不滿的居民向市鎮陳情，阻止這個建商在當地推出第二個案子。研究人員在結論中說：「建商表示，永遠不會再蓋第二個網路社區。」從這個案例來看，網路似乎會增加當地居民的力量，讓建商得到教訓！

可見，新的通訊科技可以強化真實世界的連結。與我這一輩的人相比，我的孩子跟同學和友人的聯繫更加緊密。科技當然能夠增強實體社區的力量。

科技會使社區兩極化嗎？

有人擔心新的通訊科技會分化社區。既然通訊科技讓人很容易獲得各種不同的意見，人們應該會喜歡與自己的看法比較一致的觀點或網站，並藉由其中的評論強化自己的意見。例如，保守派比較會看福斯新聞網，關注特別檢察官穆勒（Robert Mueller）調查川普的通俄案花了多少納稅人的錢；自由派則喜歡看 MSNBC 新聞網，關注穆勒擴大追查至川普女婿的友人。如果網路觀點趨向兩極化，應該比較少人看比較中立的 CNN 新聞。

經濟學家詹斯考（Matt Gentzkow）和夏皮羅（Jesse Shapiro）研究人們上網的同溫層現象。5 他們計算隔離指數（isolation index），亦即保守派人士在傾向保守派的新聞網站訪客中的平均比例，與在傾向自由派網站的訪客平均比例的差異。簡單的說，如果保守派只看福斯新聞，而自由派只看MSNBC，隔離指數則是一〇〇%；如果兩派都只看CNN，隔離指數則為〇%。他們發現一個有趣的現象，保守派人士接觸保守派新聞內容的平均比例為六〇・六%，跟只看usatoday.com（今日美國新聞網）的人差不多，而自由派人士接觸保守派新聞內容的平均比例為五三・一%，跟只看cnn.com（CNN新聞網）的人差不多。也就是說，兩者的隔離指數只有七・五%。很多人都認為保守派人士只看保守派新聞，其實不然。

為什麼？原因很有趣。大多數的網路新聞都是由相對中立的新聞網提供。再者，就政治立場極端的網站而言，常上這種網站的人也會上其他網站，甚至會到立場完全相反的網站瞧瞧（看看另一派爛到什麼程度）。其實，人們對網站的選擇不像選擇居住地區或交友那麼嚴謹。根據詹斯考與夏皮羅的研究，居住地區的隔離指數為一八・七%，而交友的隔離指數則為三〇・三%。我們偏好和自己相像的人住在一起，而且喜歡與跟我們相像的人結交，分享自己的看法。其實，對大多數的人而言，新的通訊科技能擴展新聞和觀點的來源，而非縮小。

詹斯考和夏皮羅在茶黨崛起前進行這項研究，也就是在二〇一六年美國大選兩極化之前，因此民眾的行為可能已經改變。此外，網路用戶也更年輕化、更有彈性。老年人也許比較喜歡看電視，也比較少轉行。但詹斯考和夏皮羅的研究顯示科技效應也許不是像我們假定的那麼直接。再者，就像面對任何新媒體，主政者已經更了解這樣的效應，並設法篩除最壞的社會影響。

兩項警語

如果我們認為科技可以讓實體社區更強大、更能掌握訊息，至少還得加註兩項警語。首先，科技正在進步，而且容易使人沉迷，吸引脆弱的人遠離現實世界。我的同事赫斯特（Erik Hurst）與其他研究人員指出，二〇〇〇年至二〇一五年，美國二十一歲到三十歲的年輕人工作時數每年大約減少兩百零三小時。[6]在二〇一五年，一五%的年輕人完全不工作，相形之下，在二〇〇〇年不工作的年輕人只占八%。工作時數的減少在金融海嘯時達到高峰，之後慢慢下降。年輕人工作時數減少的情況甚至要比三十一歲到五十五歲的人來得嚴重。赫斯特認為，其中一個原因或許是年輕人待在家裡玩線上遊戲或利用電腦消遣的時間變多，每年約增加九十九個小時。

但我們很難從這項研究下結論說線上遊戲對社會有害。雖然年輕人工作時間減少，上網時間增加，但他們似乎很滿意這樣的選擇，待在家裡的時間變長（只是父母可能會比較擔心）。他們並沒減少社交時間。總之，雖然年輕人工作減少，還是有些好處，至少他們遠離街頭，不會在外面為非作歹。

總而言之，科技之害可能被誇大。儘管科技帶來更多娛樂選擇，並不表示會消滅社區參與。例如，帕特南在《一個人打保齡球》（*Bowling Alone*）這本具有影響力的著作指出，一九七〇年代以來，美國民眾對公共事務愈來愈不關心，公益性的社會組織日益萎縮，其中一個重要原因就是新娛樂的出現，也就是看電視。另一個原因就是目前社會中堅份子和年輕人大都是在第二次世界大戰之後成年，公民意識比較薄弱。帕特南論道，保齡球隊等社會組織減少是社會參與減少的指標。然而，普林斯頓歷史學教授羅傑斯（Daniel Rodgers）則有不同的意見，他說：「……其他組織非但沒有萎縮，甚至蓬勃發展。青少年參與志工的比率增加，大型教會蓬勃發展，各種倡議團體的成立如雨後春筍……現在的社會組織和以前大不相同，並沒有變得更弱。」[7]總之，目前仍無有力證據顯示資通訊科技會阻礙社區參與。儘管如此，我們還是必須小心防範。

第二項警語是，儘管科技可能不會加劇兩極化的問題，的確允許極端份子比較容易找到志同道合之士，並組織起來。有些容易受影響的年輕人因為上網被伊斯蘭聖戰組織網羅，進而成為恐怖份子。同樣的，非志願禁慾與獨身已成為網路次文化，這是指找不到親密伴侶的男性。他們透過網路互相激勵，在北美犯下大規模殺人案，死者大都是女性。在多個新興市場國家，暴徒也可能受到網路訊息煽動而殺人。網路和社群媒體不一定對文明社區有利。不管如何，從各方面的證據來看，通訊科技甚至能加強實體社區的人際連結，而非減弱這種連結的力量。

社區的重生

同時，我們確實知道，在很多已開發國家，透過市場傳播的貿易與科技變革已經導致中等收入工作的消失，削弱社區經濟基礎。也許是因為這樣，加上有能力者紛紛離開，於是造成社區瓦解。

我們該如何復興我們居住的社區？創造工作機會沒有神奇的解決方案，但有人研究成功案例，找出幾個關鍵。我們將再次看到科技在解決方案中的重要性。且讓我們從兩個案例開始。第一個案例重振社區精神，使社區變得更有吸引力，更適合居住。這是發生在印度中部城市印多爾（Indore）的例子。

讓印多爾變乾淨

印度城市色彩繽紛、充滿活力、喧囂嘈鬧……但是髒亂不堪。中央邦商業中心印多爾也不例外。[8] 市區公共場所就像是巨大的垃圾場。民眾在著名的薩拉法夜市（Sarafa food market）向攤販買了小吃，把紙盤和殘渣直接丟到地上。家裡的垃圾一樣扔到大街上，堆積如山，很少清理乾淨。在街頭遊蕩的動物，例如狗、牛、山羊和豬，也會啃食垃圾，並留下排泄物。有些窮人家裡沒廁所，也會在空曠的地方或排水溝附近大小便。總之，這些大大小小的垃圾山就是蚊蠅和疾病滋生的溫床。

有兩個想法與眾不同的人準備向這個城市的髒亂之瘤開戰。一個是印多爾市長高德（Malini Gaud），另一個則是市政公司的首長辛恩（Manish Singh）。還有非營利機構貝西克斯（Basix）因為有卓越的垃圾管理經驗，也加入這個市容潔淨計畫。貝西克斯希望有更多廢棄物能讓拾荒者把金屬、紙張、塑膠和玻璃分離出來回收利用。高德市長等改革者了解解決方案的一部分是讓人能輕鬆的處理垃圾。這意味著市政府必須在城市有需要的地方設置垃圾桶，並加上地點標記，方便市民丟垃圾，並挨家挨戶的收垃圾，也在開放空間興建一萬間以上的公共廁所。

市府清潔隊員現在不得不去收垃圾了。印多爾有五千五百名清潔隊員，向來只會領薪水和混水摸魚，出席率只有三〇至四〇％。市政公司首長辛恩決定恩威並施。每個清潔隊員都必須穿著嵌有電腦晶片的智慧制服，使管理者得以掌握行動，載垃圾的三輪車也被裝上GPS的卡車取代。每輛卡車每天必須載運約一千個家庭的垃圾，運行路線和工作績效都在監控之中。其實，大多數的清潔隊員知道自己的形象很差，在民眾眼裡只是好吃懶做的米蟲。他們了解市長和市政公司首長有心改革，也力圖振作。當然，有些人不想改變，政府就必須施加鐵腕。由於智慧制服提供出席數據，市府與工會討論並發出正式通知，有六百名不願改善、績效低下的人被革職，還有三百名則被暫停職務。

家家戶戶都很高興清潔隊員能來住家門口收垃圾，很快就同意每月支付垃圾清潔費，抵消市府負擔的額外成本。商店和餐館都在店門口擺放垃圾桶，不放垃圾桶會被罰一大筆錢。有個棘手的問題是，明明已經設立公共廁所，有些人依然會隨地便溺。對此，市政府想出一個妙招：派志工巡邏，如果發現有人偷偷在街上大小便，立刻大聲擊鼓，昭告天下。從此，民眾就不敢這麼做，疾病似乎也大幅減少。

雖然清理城市只是社區復興計畫的一小部分，卻是改變的關鍵，特別是在現在這個世界，要吸引人才，必須改善居住環境才有競爭力。此外，這麼做能讓人看見社區居民的努力和參與。根據印度雜誌《今日商業》（*Business Today*）的報導，今天的薩拉法夜市看起來很不一樣：「看不到廚餘、骯髒的紙盤，也沒有垃圾。」印多爾在二〇一七年被評為印度最乾淨的城市（在二〇一四年仍名列第一百四十九名）。印多爾市民以這樣的排名自豪。貝西克斯董事長馬哈詹（Vijay Mahajan）說道，印多爾全體市民會努力保持市容整潔。

迷人的古城加利納

第二個社區復興的例子在已開發國家。伊利諾州的加利納（Galena）在十九世紀的人口和芝加哥不相上下。由於此地蘊含豐富的硫化鉛礦藏，美國最初的採礦熱就出現在這裡。然而，步入二十世紀之後，由於鉛的需求減少，加上加利納河遭到嚴重侵蝕，難以行船，這個城市就慢慢沒落了，人口自一九五〇年代開始逐漸減少。一九八〇年代艾恩斯懷勒（Frank Einsweiler）當上市長，決心讓加利納成為觀光勝地。大街上的木造老房子翻修之後，加上市中心改頭換面，加利納在一夜之間變成一個古色古香的景點，讓人得以走入十九世紀的歷史。不久，大街上開了各式餐館，也有很多手工藝品專賣店和古董店，讓觀光客流連忘返，也在當地創造很多工作機會。

這裡最有名的就是美國英雄格蘭特（Ulysses S. Grant）的家。他是南北戰爭聯邦軍總司令，也是第十八任美國總統。格蘭特的老家就在加利納，加入軍隊之前，一直在家裡開的製革廠和皮革製品店工作。一八六五年，凱旋歸鄉，市政府送他一棟磚瓦房子，這棟房子現在已經成為加利納最重要的歷史景點。

每年，在加利納舉辦的全郡手工藝品博覽會吸引成千上萬的遊客。二〇一〇年，當地推動「願景二〇二〇」（Vision 2020）運動，落實很多新的點子，讓這個城市的未來更有活力。很多芝加哥人都在加利納買了間度假小屋，二〇一一年旅遊評論網站貓途鷹（TripAdvisor）把加利納列為美國「十大迷人小城」。當地雖然不少老字號的藥房和雜貨店已經關閉，加利納的人口數量已經穩定下來，很多居民也在旅遊業找到工作。

加利納的例子值得我們注意，因為很多復興的案例都圍繞著新科技。加利納則是以歷史取勝。的確，在我去過的每個開發中國家，政府都積極推動人工智慧、機器人與加密貨幣、區塊鏈等金融科技，然而大都因為研究基礎或人力資本不足而難以成功。其實，與其一窩蜂的追逐新科技，不如找出自己的優勢和缺點，好好發揮優勢，補強不足。加利納就是最好的例子。

社區重生的共同主題

社區重生的例子很多，有些是在重要產業衰退（如匹茲堡的鋼鐵業）之後再站起來，還有一些則是受到大企業縮減規模、關廠的重創，如一九八〇年代中期考庫姆造船廠（Kockum）關閉後的瑞典隆德（Lund）和馬爾摩（Malmo）。[9]當然，失敗的例子也很多，只是我們不知道而已。從很多方面來看，衰敗社區的復興和國家的發展很像，可惜到目前為止經濟學家的了解還不多。但我們可以研究成功的案例，找出關鍵因素。儘管把這些因素加起來不一定能保證成功，至少我們還是該繼續嘗試。

我們發現社區重生似乎包含下列主題：一個不大但積極、熱情的領導團隊；集結社區各方面的人；辨識、運用與改善社區的重要資產，包括人力資本；透過補足弱點來改變社區形象，以及很重要的一點，也就是社區參與，讓社區居民看到成功的跡象，獲得成就感並引以為傲。

領導人

像印多爾市長高德或加利納市長艾恩斯懷勒這樣的優秀領導人來自何方？這或許是社會科學中最重要的難解之謎。我們根本不知道答案。從案例研究來看，成功的社區改革可能是由當地的政治人物或行政人員領導，也可能是由商人、慈善家、大學校長或學者發動。其實，只要有人願意面對問題，採取行動，都可能是領導人。[10]當然，如果這樣的人有資歷及權力會更有幫助，但這些並不必要，也不能保證成功。話說回來，要進行廣泛的改革，他們沒有人握有足夠的權力。

通常，任何可能的領導人都必須是召集社區中的關鍵人物，如官員、議員、商業領袖、工會領袖、教會領袖、德高望重之士、志工團體領導人等，讓他們團結起來，為了改革的願景一起努力。這種願景有些共通點，但實現之路很少是清晰或是靜態的。好的領導人會利用任何機會，不斷根據實際情況來調整策略。

願景需要大力推銷，很少不言而喻。如果重生之路顯而易見，社區豈不是早就踏上這條路？在一個衰敗的社區，新想法或變革的阻力可能比較小，主要參與者在意的是整個社區的存亡，而非自己的地盤。但這並非理所當然，任何社區重生計畫都少不了領導人的遠見、團結和互信。

尋找社區資產

社區重生的策略通常是辨認與發掘有價值的關鍵資產。加利納大街上的破舊老房子突然變成有歷史價值、古雅、有價值的觀光資產。已開發國家有很多城鎮都有迷人的街道，只要略加整修，就可以變成古色古香的城鎮，讓精品店和高級餐廳進駐，販賣集體經驗給觀光客。其他社區也許擁有「硬資產」，如提供廉價電力的發電廠、便宜土地或老舊廠房。像老舊廠房能改建成新創公司辦公室、拆掉重建成閣樓公寓，或是變成有益健康的自行車道或健行步道等。

有時候，重要資產是人。社區也許有想要回饋社區的企業家或慈善家。可能有未被利用的高教育、高技術人員，或者這些人在社區外，如果看見機會，或許會回到社區。如果以願景為著眼點，即使是年輕、低技術的人員在受訓之後願意從較低薪資開始做起，這些人也是資產。

通常資產還包括政府或國防機構、在本地設立總部的大公司、醫院、好學校、社區大學或大學。畢竟如莫尼漢所言：「如果想建造一個偉大的城市，那就設立一所好大學，接著等個兩百年吧。」[11]衰敗社區中的大機構通常會設法設立屏障，以免受到影響。致力於社區重生的團隊必須拆除這樣的屏障。

領導團隊確認資產之後，通常還需要進一步的投資，才能讓資產發揮作用。如前一章所述，社區需要寬頻網路、公路、鐵路、港口、機場和電廠等連結。傳統資產也可能阻礙新的行動。例如社區內的鐵路或公路可能將公園或濱水區一分為二，因此有改道的必要，而閒置倉庫需要改變用途或拆除。如果一個城鎮的經濟活動從商品生產轉為思想和服務的提供，主要的考量將不是物流成本，而是宜居性。城市若成立商業園區，使新的製造公司得以在此育成，如有尖端的生產設備，像3D列印，就會更有吸引力。新創公司可以在這裡用低廉的成本製造、測試原型產品。

重要的是，資產需要互相協調。社區大學如果擁有先進設備可以讓學生學習、受訓，就能增加很大的價值。[12]通常，領導團隊會請設立在本地的大公司提供設備，以利社區居民的培訓，而大公司則能從更大的人才庫找到需要的人才。芝加哥就為資通訊科技新創公司成立「一八七一育成中心」（一八七一年芝加哥發生大火，之後浴火重生，因以為名），引進很多創投業者、銀行家在芝加哥市中心附近的巨型地標建築商品市場（Merchandise Mart）的同個樓層設立辦公室。如此一來，新創業者也許在咖啡店排隊時就能與銀行家不期而遇！

所謂塞翁失馬焉知非福，因為經濟活動損失而陷入困境的社區反而得以取得一個重要優勢，也就是可以用較低的成本取得很多未充分利用的資產。此外，社區領導人能吸引更多公司前來，讓它們利用規模經濟降低集體成本，如果社區有足夠的業務量，物流公司就願意降低運輸費用。

當然，如果社區得以重生，欣欣向榮，公司雇員增加，房價上漲，就得為繁榮付出代價，居民必須忍受交通堵塞，漫長的通勤時間開始侵蝕生活品質。如前所述，威斯康辛州的簡斯維爾幾年前因通用汽車關閉而受到重創，但這個城鎮已經走出陰霾，人口回流，甚至即將發行停車票。大多數衰退的社區巴不得出現塞車、房價高等問題！

有些地方政府和區域政府會用免稅假期來吸引外國投資，特別是會給最早的關鍵投資人，因為他們第一個採取行動，必須承擔所有的風險。由於有人打前鋒，社區看起來比較吸引人，也有較多的經濟活動。然而，免稅假期常會使社區面臨資源短缺的窘況。上一章討論到的社區賦權也許可以讓社區領導人創建基礎建設和法規，以利商業在社區發展。社區必須競相提供更好的商業環境，企業往往會因為成本壓低而心動，而非犧牲未來的稅收。畢竟稅收可以用來資助學校、提供居民能負擔的住房和強化社會安全網。令人擔心的一點是，如果社區競相提供對企業友善的法規，可能會變成逐底競爭，不斷削減對企業實施的法令規定，使得勞動人權和生態環境受到巨大的傷害。因此，社區必須執行已頒布、實施的法規，社區居民也該監督法規是否過於寬鬆，使社區受到損害。在注重生態環境、產品和工安標準下，社區應該還有足夠的競爭空間。

人力資產

有些社區沒有任何有價值的硬資產，但是擁有人力。即使國內其他地方的公司無意搬遷，社區仍可利用地利（如位於大國或富國）來吸引外國公司前來投資。如果社區能使投資管道暢通，那就更有吸引力。社區領導人可以向中國地方政府的官員學習，為外國投資人打造優惠的投資方案，並提供「一站式」招商整合服務，以專人、專責、專案服務，協助企業解決各項投資和法規問題。

有些社區需要吸引足夠的技術人才。吸引有技術的外國人要比吸引其他地區的公民來得容易。如果外國人符合社區的居住期間要求，就能獲得永久居留權，那就更容易吸引高技術移民。如果社區經濟困頓，其他方面也乏善可陳，永久居留權將是一大誘因。國家在執行移民政策時也可以將部分移民分配到陷入困境的社區。社區也可告知需求（特別歡迎工程師、醫師、電腦技術人員、教師、教練等），想要移民的人也以可表明自己的意願。這種移民配對可效法網路上的就業平台，媒合社區與移民申請者，配對完成後，移民將獲得簽證。一年結束之後，如果移民決定留在社區工作，簽證可以再延長。像加拿大開辦的移民支持計畫，讓社區家庭協助移民家庭適應和融合。移民家庭在五年內住滿七百三十天（兩年）就能獲得永久居民的身分，能在加拿大的任何一個地方生活、工作。很多人選擇在社區落腳生根。不管如何，由於他們已經是社區的一份子，會為社區服務，也成為社區的人力資本。由於有些移民是技術人才，可以破除當地人民對移民的壞印象，增進互相了解。

另一種未能充分利用的人力資源就是老人。由於國家人口老化，老人將愈來愈多。剛退休、子女又已經獨立的專業人士通常會尋找各種不同的挑戰。有些人希望退休之後依然活得充實，於是投身社區服務，幫助社區復興。退休會計師可以指導給剛起步的小企業主，手把手的教導他們。如果他們不願搬遷，也可以進行遠距指導。今天，有很多國家的退休人士還很健康，希望退休之後能活得精采，而不是一天到晚旅行或玩賓果。國家可以與社區攜手合作，設計導師團計畫，媒合退休專業人士和剛起步的企業主。同樣的，網路平台能減少搜尋與配對的成本。

另一種可供利用的資源則是選擇離職、待在家裡照顧孩子的父親或母親。他們擁有專業技能，然而為了家庭，無法當個朝九晚五的上班族，但或許可以挪出幾個小時在社區當志工。同樣的，有人離開職業跑道是為了追求更有意義的人生，希望按照自己的步調過活。拜資通訊科技革命之賜，社區與志工可以透過網路互相連繫，讓志工在社區發揮所長。

為社區補破網

很多社區都有缺陷需要彌補，在問題徹底解決之前，必須先採取補救措施。這也就是為何各方人士的協調非常重要。比方說，如果社區要促進商業發展，當地卻沒有好學校，所有的努力就可能會功虧一簣。

有些缺陷是雞生蛋蛋生雞的問題。例如，社區若要吸引企業進駐，必得消除犯罪和毒品濫用問題，但社區要給居民好工作，居民才會遠離犯罪和毒品。同樣的，學校必須吸引優秀的學生，才會愈來愈好，但學校本身不好，優秀的學生根本就不會來。快速的解決方案需要大力推動與上天保佑。例如，一家大公司進駐某個城鎮（對社區而言，這就像奇蹟），雇用一些當地居民，帶動社區經濟活動，也讓其他人間接有了工作。社區日益繁榮，犯罪和毒品也就漸漸消失了。從外地搬來這裡的員工讓孩子在當地學校就讀，學校品質也就愈來愈好……

但是，如果沒有這樣的奇蹟，要解決這些問題需要時間，也得建立良性循環。社區居民必須同心協力打擊犯罪，降低犯罪率，才能吸引膽大的企業在此創造工作機會和收入，讓治安變得更好，房地產開發商也才願意前來整修房子，出租出去，進一步降低犯罪率……在這種情況下，社區重生是個漫長的過程，這也就是為什麼一定要有堅定、發願投入的領導人。

社區參與

很多經濟困頓的社區，居民冷漠、憤世嫉俗、陷入絕望。如果能讓居民走出這樣的情緒，相信社區的前景，社區就有希望起死回生。在印多爾，如果觀光客在夜市吃完東西，不假思索的把骯髒的紙盤丟在地上，就會被居民告誡。在加利納，居民則開始思考，如何讓觀光客帶來更多的利益。居民的改變就是社區重生的動力。

此外，公共場所的變化顯而易見，也最激勵人心，如公立圖書館或學校。哈佛大學語言學博士黛博拉・法洛斯（Deborah Fallows）和她的丈夫、《大西洋月刊》編輯詹姆斯・法洛斯（James Fallows）在《我們的城鎮：深入美國十萬哩》（*Our Towns: A 100,000-Mile Journey into the Heart of America*）中說道，他們往往在一個小鎮的圖書館「發現地方精神、了解居民的需求與渴望，也可以看出他們的活力和勇氣」。[13]然後，他們會問在當地最值得參觀的中小學，或是在當地讓社區運作的靈魂人物。他們說：「這兩個問題有異曲同工之妙，如果一下子得到四或五個答案，代表這個地方不錯。要是一個都答不出來，那就不妙了。」

因此，社區領導團隊的一項重要任務是促進社區參與，讓社區裡的每個人覺得自己是社區重生計畫的一份子。皮爾森居民防範犯罪、印多爾居民制止亂丟垃圾的人、加納利市民致力於提升觀光經驗，每個人都對社區的重生有貢獻，也引以為傲。科技有助於民眾參與，特別是領導團隊願意下放若干決策權，居民也願意承擔改革的責任，並朝向創新的方向努力。

國家的角色

世界各地的聯邦政府都有缺錢的問題，要支援某些特定社區，儘管政治上是可行的，但還是困難重重。上一章討論聯邦政府與地方政府間在責任、權力、經費上的劃分。我們要問的是：為了促進困頓地區的發展，聯邦政府還能透過稅收和支出政策來達到什麼成果？

鼓勵民營企業設立在比較偏遠或經濟困窘的地區，因此給予稅收優惠的做法由來已久。很多歐洲及新興市場國家都這麼做，美國各州則指定一些低收入地帶為「機會區域」（Opportunity Zone），借由稅收優惠政策來吸引長期投資，以振興當地的社區和城鎮。[14]要吸引企業進駐、降低商業成本，如果沒有社區集體努力，往往無法有效果，因為這樣的動機往往無法抵銷在遙遠或經濟困頓社區做生意的成本。因此，即使有些公司的確設立在經濟困頓的地區，只是為了稅收優惠做做樣子，業務重心仍在其他地方，透過巧妙的轉移定價，看起來似乎為經濟困頓社區增加不少商機。

因此，稅收激勵通常只有成為地方招商方案的一部分，由地方來執行，才會有用。事實上，聯邦政府很難了解哪些地方真的認真在執行社區復興計畫。如果每家設立在經濟困頓社區的公司都能獲得稅收優惠，聯邦政府會花費巨額的補助款，有些公司卻不是真正想在當地投資。很多研究發現，根據公司設立地點執行的稅收優惠往往讓納稅人付出很高的代價。[15]

另一種做法是透過低收入家庭福利優惠（Earned Income Tax Credit），結合租稅與勞動供給，將補貼與勞動所得掛鉤，讓低收入勞工及家庭在申報聯邦所得稅時得到更多的退稅，個人所得漸增之後，退稅金額就可慢慢減少。如此一來就可以鼓勵企業在經濟困頓社區創造就業機會。當然仍需要小心防範偽就業和欺詐情事。[16]這就是為什麼由社區來提供補貼或許會比較有用，如上一章的討論。或許，如果政府要支持社區，最有效的介入方式是提供工作培訓。儘管大多數國家都有很多工作培訓計畫，但是很多計畫都有過於廣泛的問題，導致資金分散，協調性差。有需求的民眾或社區都不大了解有哪些資源可以利用，以及如何運用經費。[17]可用經費必須聚集起來由社區及其領導團隊來統籌，因為他們才知道如何把錢花在刀口上。有些社區會雇用生涯規劃顧問幫助每個人擬定就業行動方案。社區也可以補助職業訓練課程的學費。還有些社區則利用經費成立夜間托兒所，幫助照顧孩子，讓父母可以專心做好就職準備。有些社區會購買機器或聘用專業人員在社區大學開課。重點是，大多數社區知道自己需要什麼，除了確保經費的運用透明而有成效，聯邦政府必須讓社區自由選擇，自行決定要怎麼做。

資助社區重生計畫

如果錢來得太容易，往往會被浪費。資助地方政府最大的一個障礙就是地方政府的收入、支出、資產和負債不夠透明。因此，社區重生計畫的第一步就是揭露社區的財務狀況，使預算和帳目完全透明。如能做到這點，領導團隊、社區成員及投資者就比較了解如何籌措資金。

社區重生計畫不是錢灑下去就好了，還必須好好監督。這並不是指所有的融資都必須按照市場條件。慈善家和基金會通常願意提供種子基金或長期低利貸款，如對環保、社會公義有效益的社會影響力基金（social-impact fund）。退休基金也願意為長期基礎建設提供資金。很多國家都有社區發展機構，提供社區支援，有些甚至要求大型金融機構在社區進行再投資，畢竟這些金融機構的存款來自社區。與社區企業關係密切的地方銀行和金融公司也是社區籌措資金的來源。

雖然大部分資金來自外部投資人，不過有些計畫會要求社區也得挹注資金。這時，社區就得利用慈善捐款或是先前儲存的資源。為了增加這方面的資源，有些社區資產可供商業利用來籌措資金，當然前提是不得影響民眾的使用。例如，公園在開放時間外可以出租給個人舉辦派對或聚會。有些社區資產，像停車場、空地或建築物也可以出租或出售，以挹注重生計畫。租金或出售所得的金額則可用來建造更重要的建築。

社區需要資金進行大筆投資時，可以著眼於未來的稅收。例如，社區在當地的公共資產（如學校、公園等）投資，社區因而繁榮起來，使得房地產價格上漲、稅收增加，而稅收增加的部分又可以變成可出售的證券化債券。

社區無藥可救該怎麼辦？

本章大抵討論社區如何在領導人的帶領下找到內在力量，重新站起來、好好運作。如果沒有好的領導人呢？如果當地真的沒有經濟價值呢？如果當地民眾依然淡漠、憤世嫉俗、自暴自棄呢？每個國家都有這種曾經正常但已陷入絕望、無可救藥的社區。重要的一點是不要輕易放棄。不管如何，有些社區也許沒有獨立生存的行政或經濟能力，甚至沒有生存意願。

有些社區則能藉由和更有活力的社區合併來找到未來。雖然會失去一些權力，由於依然可以在更大的社區發聲，所以能保有自決權。不幸的是，有的社區可能絕望到失去生存希望，其他社區也不願與之合併。隨著人口老化和抗拒移民等問題，有些社區或許會走上死絕之路，有些社區則因為太小或太偏遠，沒有工作機會，但社區裡也許還有年輕人。國家與其花大錢讓這種社區生存下去，不如讓年輕人遷移到比較有活力的社區。有很多人因為失業救濟金、醫療保險無法轉移到外地而走不了，或是單純為了支持社區而不願離開。社會安全網應該不受遷移的限制，失業率高的社區該提供補助給願意到外地找工作的人。如果社區已經走向衰亡，或許出走才有未來。

結論

弔詭的是，儘管科技讓我們得以擁抱全世界，但要解決目前的一些問題還是必須從最近的地方下手，也就是社區。在日益虛擬化的今天，我們的錨其實就是我們生活的所在。因此，社區復興有助於生存的延續。如果要使這個動蕩不安的世界變得更好，這就是指引我們的北極星。且讓我們從社區開始做起。

第十二章

負責任的國家

鴉片戰爭發生過兩次，第一次是在一八三九年到一八四二年間，第二次則是在一八五六年至一八六〇年。在漫長、痛苦的人類戰爭史上，最令人感到羞恥的莫過於這兩次鴉片戰爭。交戰的是英國人和中國人。十九世紀初，英國貿易商從中國進口大量的絲綢、瓷器和茶葉。中國似乎不需要從英國進口什麼商品，部分原因是廣州是唯一的通商口岸。英國為了購買中國商品，金銀大量流入中國，然而英國商品要打入中國市場卻難上加難。於是，英國靠鴉片來扭轉貿易劣勢。十九世紀初，英國已經占領世界最大的罌粟種植地：印度。鴉片會令人上癮，儘管清朝嚴格控制進口，但吸食者眾，需求急遽增加。中國皇帝擔心經濟和社會瓦解，於是禁止鴉片貿易，官員則沒收英國貿易商走私進中國的鴉片。表面上，英國是為了保護商品及貿易特權而派遣軍艦及士兵前往中國。第一次鴉片戰爭就此爆發。

英國真正的目的不是那麼正大光明。儘管下議院還在為是否發動鴉片戰爭展開激辯，英國艦隊早已前往中國。英國政府想要捍衛的是販賣毒品給中國民眾的自由。這次戰爭以中國慘敗收場，清朝被迫簽訂屈辱的「南京條約」。第二次鴉片戰爭則進一步擴大歐洲和美國的貿易權。從今天的眼光來看，顯然中國是受到冤屈的一方，英國為了鴉片貿易不惜踐踏中國主權，使中國無法保護人民。我們可以了解，今日中華民族已下定決心，不願再受到外國人的欺凌和擺布。

當然，中國有權這麼做，但中國限制歐洲人只能在廣州貿易，是否必須因此付出代價？這樣是不是反倒害了自己？儘管中國人發明火藥和羅盤，但到了鴉片戰爭爆發時，中國的科技和軍事力量已經遠遠落後西歐，也就難怪中國兵敗如山倒。如果中國能向歐洲國家購買更多現代歐洲步槍，與外面的世界有比較深入的接觸，而且了解歐洲的軍事策略，也許就不會敗得這麼慘。的確，中國今天願意從世界其他地方吸收好的想法，證明中國人已經從歷史汲取教訓，知道孤立的後果。無論如何，這些問題在今天變得更加重要。

互相連結的世界

今日世界已經成為一個連結緊密的地球村，這是老生長談。除了跨境貿易和資本流動，很多國家還必須好好思索如何處理經濟移民和難民問題。貿易、資金和人員的跨境流動由來已久，我們的祖先已有這方面的經驗，只是古時候的規模很小。此外，我們還有新的互相連結來源。資通訊科技革命帶來即時、巨量的訊息與假消息跨境流動。除了中國，沒有任何國家得以過濾或審查公民透過網路接收的訊息。大量數據源源不絕的跨境流動，透過強大的地圖應用程式，Google 對印度道路路況的掌握要比印度政府來得精確，而軍事人員使用的健身追蹤程式則可能讓全球祕密軍事基地曝光，畢竟除了軍事人員，誰會規律的在偏僻地帶慢跑？[1] 資通訊科技革命也讓網路犯罪興起，駭客可能在幾秒鐘內偷走幾億美元。網路讓不法份子有機可乘，利用資訊科技對沒有防備的一般網民下手。

另一種跨境流動的新形式是各種服務，如守護居家或機構安全的即時監控攝影機，線上真人即時互動課程也可以達到遠距學習的目的。跨境法律問題也愈來愈多，如智慧財產權或消費糾紛。環境的損害也會跨越國界，任何一個地方的碳排放都會使全球氣候變遷更加嚴重。

各國對跨境流動有多少控制權？我已經指出，如果政策是由比較小的政治實體（如社區）制定，這樣的實體與個人比較接近，個人因而擁有比較多的決定權。由於市場和科技變革反其道而行，不是個人能控制或決定，因此把權力由中央下放到地區格外重要，不只是國家或區域層級的權力必須下放，國際層級也應如此，特別是在國際的層次，個人幾乎無決定權可言。

同時，如果要使地方主義具有包容性，就必須開放進出。然而，一個國家在制定跨境流動的政策該擁有多少自由，又該如何受到國際協定和條約的約束？這兩方面該如何平衡？國家在制定政策時受到全球責任驅動的程度為何？這些都是本章要討論的問題。

跨境流動的控制權

如果一國邊境是由人民選舉出來的代表所掌控，能避免突然、巨量的流動，或適時調整其他有益的流動，就能讓人民感覺擁有較大的控制權。民粹式民族主義比較沒有煽動的藉口，社區也能控制得比較好。至於國家控制跨境流動的一般原則，我得加上兩項警語。

首先，儘管國家應該管理或控制特別有害的流動，但為了自身的利益著想，不該永遠孤立。沒有任何一個國家希望永遠成為孤島，與世界其他地區隔絕。十九世紀的中國就是前車之鑑。一個國家孤立愈久，就會愈落後，等到不得不重新連結時，面臨的痛苦也就愈大。

其次，如果多數國家對某些類別的流動採取開放的態度，樂觀其成，整個世界就會變得富裕。反之，有些國家由於自己有決定權，可能決定採取封閉的態度。在這種情況下，大多數的國家應該設法讓決定封閉的國家轉向開放。貨物和服務就是屬於這一類的流動。對已發展到某種程度的國家，貨物和服務的自由跨境流動顯然已經帶來很多的好處。然而，有些不受限制的國家傾向設立壁壘。在短期內，自由貿易的輸家可能強烈反對貿易壁壘的減少，因此各國必須尋找更好的補償辦法。如我們所見，遭受貿易打擊的社區如能重新站起來，從衰敗走向繁榮，就是減輕貿易影響的重要機制。我們不該為了少數的損失犧牲多數的利益。

自由貿易創造全球市場，帶我們走上追求效率的全球生產之路。我們因此節省全球資源，限制環境的掠奪。此外，自由貿易也對國內生產者產生約束，讓他們有競爭力。由於外國生產者不受政府控制，也很難形成同業聯盟，因此可以減少政府與私部門之間的裙帶關係。如我們所見，這些全都對私部門的獨立有其必要，而且可以進而限制政府的專斷權力、保護財產權，也能護衛民主。對外貿易也可以限制反競爭的國內利益，以強化其他國內市場。例如，我和津加萊斯發現，如果一個國家對貿易採取比較開放的態度，該國的金融市場往往發展得比較好。[2]

低關稅是實現自由貿易與建立全球市場的先決條件。低關稅能帶來很大的利益，讓所有國家願意削減自己的限制權，促進商品和服務的跨境流動。前提是各國相信其他國家也這麼做。無疑的，有些長期封閉貿易的國家如果能逐漸降低關稅，讓人民和企業得以調整，將能獲得利益，而一些突然失去競爭力的國家也許希望暫時提高關稅。每個國家總是可能著眼於企業利益及某些專業團體或勞工的利益，以調整成本當作藉口，抗拒日益自由的貿易。他們會說，儘管其他人能從自由貿易和競爭獲利，卻對我們不利。即使一個國家很想顧及民主，可能難以同意保持低關稅。這時就得藉由國際的力量讓各國降低關稅，如最先施行且成效頗佳的關稅暨貿易總協定，以及之後成立的世界貿易組織（World Trade Organization）。

這些組織透過漫長的國際談判說服各國達成共識，同意使關稅不高於某個限度。這樣的協議經過議會批准後還有其他好處。簽署加入共同關稅結構之後，強大的國內利益團體就無法為了自我保護透過遊說來調高關稅。同樣的，儘管新舊政府交替，國家依然會遵守國際協定，如要撤消承諾，國內產業必須付出很大的代價，如此一來，關稅不會突然調高，其他國家也就會有更強的投資動機。正如我們看到低關稅制度很有吸引力，因此很多新興市場國家大幅降低關稅，使其生產者成為全球供應鏈的一部分。這些意味著我們應該抵制民粹式民族主義要求採取保護主義，應該為了降低全球關稅加倍努力。

除了商品和服務，其他跨境流動則不一定有益。正如一系列的金融危機顯示，巨額資金注入某一個國家不一定是件好事，特別是資金只是短期流入，而且該國金融市場和金融機構並不健全。即使是像愛爾蘭和西班牙這樣的富裕國家，在全球金融危機爆發之前就發現這種資金流動非常棘手。同樣的，跨境的資訊和數據流動可能是良性的，但也可能被用來操縱或勒索一國的居民。例如，美國情報單位證實俄國網軍透過社群網站介入、操控二〇一六年美國總統大選，畢竟網路訊息常常是匿名的，每個位元或位元組上面並沒有國籍標記。

資金或資訊的流動和貿易不同，不必然有益，因此不該強迫所有的國家接受。這些流動的管理必須更加謹慎、妥善，讓人民有更大的控制權。用國際合約牢牢綁住一個國家似乎太過分。當然，我們也不該因噎廢食，停止這些跨境流動。每個國家應該擁有自主權，自行審議、決定其流動政策，而非認為所有的國家都應該採納由國際決定的最佳做法。換言之，關於這些問題的決議應該是由下而上，而非由上而下產生。

非關稅壁壘與法規調和

即使是貿易，也有需要進一步考量的地方。一國政府不只對進口商品徵收關稅，也能改變國內稅法、法規、安全標準、財產權等，其中一些可能成為非關稅貿易壁壘。例如，一九八〇年代，日本官員為了阻止美國牛肉進口，辯說日本人的消化系統和美國人不同，還以美國生產的藥品未在日本受試者身上進行人體試驗為由抵制美國藥品，甚至聲稱日本的雪與其他國家不同，美國製造的滑雪板在日本不適用。[3]這些藉口具有十足的保護主義色彩，甚至到強詞奪理、令人發噱的地步。儘管如此，有些國家的市場不同的確有道理。

美國大多數雞農在狹小、骯髒、陰暗、通風不良的養雞場高密度的飼養肉雞，因此難逃疾病和汙染的問題，這也就是為何美國雞農在宰殺雞隻前必須用氯水清洗、消毒。有些不肖業者甚至也用高濃度的氯水來漂洗不新鮮的雞肉。

歐盟規定養雞場的雞隻活動空間和通風設備都必須合乎人道飼養的標準，才能減少疾病、傳染的風險，而且只用清水清洗，也能達到當地健康標準。即使沒有明確證據顯示這些雞隻有害人體健康。[4]這項禁令有兩個目的。首先，歐洲人反對不人道的養殖方式所創造出用氯水清洗的必要性。其次，用氯清洗的雞隻或用氯水處理過的雞肉才不會進入歐洲的食物鏈。顯然，禁止氯水雞似乎是針對美國雞肉的保護措施。其實這反映歐洲人真正的偏好，或是歐洲食品安全機關的疑慮。

為了避免這種情況及其他可能的非關稅貿易壁壘，有些國家努力推動法規的調和。如此一來，各國企業就比較容易跨越國界，在任何地方做生意。不管在哪一個國家，人民的感覺和行為也就比較沒有差異。然而，這種「調和」有時會出現令人匪夷所思的例子。例如，根據歐盟執行委員會第二二五七／九四條規定，歐盟境內任何商店或超市販賣的香蕉不得出現「異常的彎曲」，長度至少要有十四公分，而小黃瓜則以「筆直」者為佳，不得彎曲超過六度。[5]我們可以想像葡萄牙雜貨店老闆娘一邊拿著尺和量角器量每項蔬果，一邊咒罵歐盟的白癡規定。儘管不少這樣的規定已經廢止，但就法規的調和而言，誠如《金融時報》（*Financial Times*）首席經濟評論員馬丁沃夫（Martin Wolf）所言，主事者當然是認真的，只是常常走火入魔。[6]

此外，法規的調和常常無視小國人民的偏好。各國代表聚在一起決定採取何種法規時，往往只聽到大國或強國的聲音，而非小國的聲音。此外，強國的談判代表常常會傾向本國大企業的利益，而不是以全體國民的利益作為著眼點，更別提考量全世界的人。這是因為談判代表已經從本國大企業那裡獲得好處，胳膊自然向內彎。大公司有厲害的分析師，了解新的規則和法規可能會帶來什麼結果，找出有利於公司的做法，再透過說客影響政府的談判代表。由於這些談判代表掌握的數據或分析很少，也就難怪他們會採用大企業給他們的資料。

推動關稅降低其實並不複雜，關稅愈低，對需要商品和服務的每個人愈有利。反之，各國商業環境調和的方向則不是那麼明確。例如，以雞肉市場而言，應該像美國用氯清洗雞隻或是採取歐盟的人道飼養方式？美國的談判代表反映的是一般民眾或養雞業者的偏好？貧窮國家的代表是否有發言權或是否同樣了解協商內容？一般而言，不管在國內或在國際社會中，法規調和談判的結果都是極不民主的。

再者，即使在法規不調和的情況下，只要降低關稅就能從全球共同市場獲得大部分的好處。如果某個共同標準可以吸引生意，不必脅迫，各國必定會欣然採納。如果有國家公然透過差別化的規則、標準或法規實行保護主義，引發國際爭議，就可能由世界貿易組織的法庭進行仲裁。然而，如果法庭裁定被控違反規定的國家並非基於保護主義才這麼做，就會允許該國的行為。如此一來，就能讓一個國家保有民主空間的差異。

的確，各國的環境差異意味著出口商必須努力因應市場的需求，而不是被拒於門外。想要出口到歐洲的美國雞肉生產商就必須改善飼養環境，給予雞隻更多的空間和光線。由於這麼做可以讓歐洲消費者滿意，因此不算是不好的結果。確實，跨國公司不會假定每個國家的消費者偏好都一樣，會根據每個市場來改變產品、行銷策略及融資方式，甚至利用全球規模經濟，在每個市場推出較便宜的價格。為什麼他們無法適應稅法或法規的差異？換句話說，世界需要的是用可預測、成本較低的方式打入不同國家的市場。至於稅法、法規或安全標準的統一則不是那麼重要……為什麼不讓人們對這些問題有更多的控制權？或許他們會因此更願意接受自由貿易。

多元化是有好處的。通常，我們不知道哪一種生產環境或標準對未來最好。如果我們堅持所有的國家一律統一，就會排除實驗的可能性，無法獲得比目前共識更好的方案。此外，各國協調出來的規則最後可能變成災難。即使在協調時著眼於世界的最大利益，把決定權交給各國可能也是合理的做法，如此一來就能出現不同的環境，讓這些環境相互競爭，使全球體系更有彈性，甚至發展出更好的做法。

當然，在某些領域，共同的全球標準能帶來更多重要價值。例如通訊網絡的通用協定能確保系統的互通性。即使在這種情況下，競爭也有好處。如果透過談判產生出一套標準，則應該由每個國家自行決定是否採用，若是有國家不願採用，也不該被其他國家排拒。如此一來，國家就能實驗替代方案，看看是否能找到更好的標準。硬要強迫統一會造成很多弊病。

最後，細心的讀者也許會發現我的建議似乎有些矛盾。先前我曾指出，社區不該用自己的法規排拒其他地區的商品和服務。我在本章則提議每個國家只要不是基於保護主義，應該對法規有決定權，能決定是否禁止氯水雞等產品。差別在於，民主國家中的社區能影響商品與服務相關的國家法規。然而，一旦國家法規已經確立，社區就應該遵守，使國家市場沒有隔閡，對每個人都有利。反之，如同前述，國際協定（如各國法規的調和）往往不是透過民主程序制定。這就是為什麼我認為一國法規該由下而上來審議，亦即人民應該有能力決定大多數的協定。

逐底競爭……

各國擔心的另一個問題就是逐底競爭。如果沒有統一的法規，只採取最低標準的國家是否對本國的公司有利，能為這些公司帶來競爭優勢？有些國家則擔心他們偏好的立場會對本國的公司要求太多，最好每個人都被繁瑣的法規綁住，而非只有本國的公司。基於這種心態，強大的國家偏好設立不良的法規，並輸往各國，讓每個人都得採用不必要且不適當的法規。

以銀行資本的監管為例。銀行確實用很少的資本就可以獲得很大的利益，特別是市場大好、融資容易的時候。例如，在金融危機爆發前，有些銀行的負債權益比高達五十以上。金融危機證實，這樣幾乎沒有出錯的餘地。此外，槓桿操作可能對各家銀行的獲利有利，對整個金融體系不利。因此，監理機構有必要強制執行最低資本要求。

問題是，每個國家對銀行的最低資本要求可能依發展階段及銀行業務的差異而有所不同。如果一個國家的銀行已有高度發展，能承受較大的風險，而且因為國家大，銀行也大，如瑞士和英國的銀行。這些國家自然對銀行有較高的資本要求，畢竟如果這些大型銀行倒閉，將會為國家帶來災難。反之，如果是小小的開發中國家，銀行仍在起步階段，就沒必要用同樣的標準來要求這些銀行。不管如何，巴塞爾協定（Basel Accords）試圖調合各國的資本適足率。這些協定要求大型銀行要有更高的資本適足率，儘管如此，我們仍不清楚這個協定是否允許各國間有適當的差異。

再者，有些國家可能利用法規調和的名義，把特別的規定強加在其他國家上。像最近的歐洲危機，歐洲監理機構擔心希臘和義大利等南歐國家的政府會向本國銀行施壓，要這些銀行購買公債，讓政府容易獲得新的融資。由於這些國家的財政體質並不健康，政府可能因為財務困窘出現債務違約風險。購買公債愈多的銀行因此岌岌可危，最後得仰賴全歐洲來紓困，把代價轉嫁給歐洲其他國家。

為了預防這類問題，歐洲監理機構對任何購買本國公債的銀行設立較高的資本要求。如果購買公債的希臘銀行必須籌措更多的權益資本，很快就不會再繼續購買公債。歐洲監理機構非但沒有試圖解決歐洲的問題，甚至在全世界施行這樣的法規。即使新興市場政府發行的債券評級不高，要購買公債的銀行依然必須提高資本，這種做法對新興市場來說特別不利。新興市場面對的問題和歐洲截然不同，沒有國家需要紓困，也不會把代價轉移給其他國家。如果新興市場採納歐洲的協議，就必須為不存在的問題提高資本，結果付出高昂的代價，甚至無法顧及其他更重要的融資需求。

也許歐洲相信透過國際協定可以免除歐洲內部的棘手談判。再者，如果每個國家都必須受制於法規，相形之下，要南歐國家同意，就不必付出太大的代價。然而，南歐國家的支持者也可能顛覆整個行動，使問題升高到國際層次。不管如何，這種做法將凸顯法規調和的問題。監理機構不顧個別國家的需求，強行在國際施行不必要且不適當的法規，使各國相互競爭，並設法隱藏施行法規的代價。

最後，如果只有最低標準是否會引發逐底競爭？各國金融監理機構同意「巴塞爾協定」的銀行最低資本要求，因為他們擔心若是有了彈性，有些國家的監理機構會把資本要求降到極低的地步。然而這樣的疑慮其實可能站不住腳。如果銀行資本提高就能降低風險，每個國家的金融監理機構何不將國內銀行的資本要求設定在夠高的程度？此外，如果監理機構擔心資本不足的外國銀行會在它們的市場與本國銀行競爭，總是可以要求那些外國銀行符合該國的資本要求。

國際資本標準統一還有另一個合理的理由。有人或許會擔心有些國家的國內銀行遊說的力量過於強大，使得金融監理機構無法在該國設定足夠高的資本標準，透過巴塞爾會議，就可以免於受到國內遊說和民主壓力的影響，監理機構可以將資本要求設定在能夠接受的範圍內。如此一來，監理機構可以表明這是國際協商的結果，無法自行調整。因此，監理機構必須要求人民相信他們做的是對的。但這種協議並非沒有不良影響，而且讓人更加覺得很多決策都是在遠方關起門來決定。促進關稅降低的國際協議和壓力則比較沒有問題，因為目標是透明的，而且通常最後對每個人都有利。其他國際協議則很少符合這樣的標準。有鑑於這種協議愈來愈為民主所不容，因此必須審慎為之。國內的民主監督雖有缺陷，還是要比其他方案來得好。

工人權益……

關於法規調和，另一個討論的重點就是工人權益。有些國家，特別是開發中國家，沒有強大的工會，工人的保護不足。令人憂心的是，如果一個國家允許企業用低薪雇用員工，對工作環境的投資不夠，這樣的企業是不是反倒具有競爭優勢？提倡法規調和者主張應該抵制這個國家的出口商品，直到該國改善工人待遇。

問題是，開發中國家的低薪也許反映的是生產率低，而非企業老闆的剝削。如果要求這些公司支付更高的薪資，公司可能被迫解雇員工，宣告倒閉。同樣的，已開發國家的工安條例當然比較完善。雖然開發中國家應該繼續努力提升工安，如果突然要求企業採行與歐美先進國家等級的安全措施，企業或許又會覺得維護工安成本太高，營運困難。有鑑於各國的情況不同，在貧窮國家，對工人的健康和福祉而言，一份穩定的工作加上固定收入可能要比工作場所的安全措施來得重要。當然，能擁有工作和安全的工作環境再好不過，對一些國家來說，卻會面臨魚與熊掌難以兼得的難題。然而，最有資格做這個決定的不正是國家？再者，堅持工資統一或工人權益是否會演變成保護主義？

有些人認為，與其把焦點放在對工人友善的措施，不如從工人組織（如工會）著手，尊重工會、不要打壓工會，讓工會來決定怎麼做對自己的成員最好。這種制度的調和既不切實際，還會造成干擾。說不切實際是因為已開發國家對待工會和保障工會權利的方式大不相同，北歐國家給工會的待遇和保障要比美國來得好。即使在美國，東部各州對待工會也比南部各州來得友善。究竟該採用誰的標準？而且在實施標準時難道不會造成干擾？再者，開發中國家能決定創造什麼樣的環境嗎？

當然，每個國家都應該尊重人權，避免雇用奴工和童工。已開發國家的消費者願意付較多的錢購買公平貿易咖啡，以減少咖啡小農被中間商剝削，或者拒絕購買血汗工廠製造的成衣。跨國公司在營運上不只是符合當地要求，也應該為自己設立更高的標準。強大的國家是否該透過國際決議的法規把自己的偏好強加在其他國家上？或許不該這麼做。

智慧財產權

另一個法規調和的爭議領域是在智慧財產權。從歷史來看，各國在發展出可觀的創造力之前，一直疏於保護智慧財產權。[7]幾乎每個已開發國家在發展早期都挪用其他地方的智慧財產權。與徵稅的權力一樣，對智慧財產權的定義也是主權國家的權力。智慧財產權應該由每個國家決定，包括何謂可保護的智慧財產權，以及保護期的長短。

雖然每個國家都應該為所使用的智慧財產付費，比較有爭議的是智慧財產權保護的期限和範圍。產生智慧財產的國家，如美國，顯然希望國內的智慧財產權保護期間愈長愈好、範圍愈大愈好，理由是這樣的保護可以讓創新者得到更多的利益，給他們更大的誘因去創新。然而，正如前面有關專利的辯論，早先的專利可能阻礙產業創新。

這類問題在開發中國家更加明顯。開發中國家的公司要急起直追，主要是靠吸收智慧財產，他們的創新能力也是來自更多可以取得的智慧財產。哈佛大學商學院教授勒納（Josh Lerner）研究一百五十年來、六十個國家的專利政策，在一國加強專利保護的影響下，外國公司的專利申請量增加，該國國內的專利申請量反而減少。[8]在開發中國家，強化專利保護與該國國內專利申請量顯然沒有正面的關連，顯示這些國家非但沒能從專利保護法獲得什麼好處，反而阻礙國內創新。

一九九四年，美國等已開發國家為了強化智慧財產權的保護，在世界貿易組織體系底下施行與貿易有關的智慧財產權協定（Trade Related Intellectual Property Rights Agreement）的多邊條約，規定著作權的保護期必須延長到作者去世五十年後，即使是在智慧財產權保護出現爭議的地區也是如此。在已開發國家，財力雄厚的大藥廠為了取得更大的利益，以創新為由向政府遊說，讓他們得以在最貧窮的國家享有智慧財產權。開發中國家怕被排除在貿易組織之外，只能摸摸鼻子接受。這種協定逼迫窮國接受比自己國家更加嚴格的智慧財產權制度，並擔心國內創新和成長放緩。

智慧財產權協定在全世界建立統一的制度，限制不同管轄區之間的競爭。一旦國家發展達到一定的程度，智慧財產權可能需要長期保護，但在那之前，那種長期保護沒有意義。為了讓富裕國家得以保護既有的智慧財產權，很多國家的創新都受到阻礙。由於法規的統一，我們已經不可能進行監管法規的實驗，很多國家的選擇權也受到踐踏。

總而言之，某些跨境流動能帶來巨大的利益，特別是貿易。毫無疑問，我們應該支持因為貿易而受到重創的輸家，然而大多數的國家都無法做到。眾多國際協定讓人不滿的一個重要原因是這樣的協定往往包山包海，而且缺乏民主監督。小而貧窮的國家最吃虧，但就連已開發國家的廣大人民也未必獲得好處。為了讓全球化一直持續下去，我們必須藉由降低關稅來促進全球跨境貿易，而且盡量別干預各個國家的市場型態。即使我們還不知道如何管理數據和資訊等新的流動，仍應該以減少國際協定為目標，讓跨境流動政策更民主化。

國際責任

到目前為止，我們把焦點放在國家該如何處理各種流動。現在，我們來探討國家政策。從國家政策來看，國際社會如何擁有合法利益？國際社會如何影響國家政策？

哈佛大學國際政治經濟教授羅德里克（Dani Rodrik）論道，從跨界流動的角度來看經濟政策可以分為四大類。[9]有些政策完全著眼於國內效應，可能為國家帶來助益或傷害，但大抵而言不會造成向外流動。例如，提高富人的所得稅以減輕中產階級的所得稅負擔，在國內將會造成很大的影響，只有極少數的億萬富翁決定出走，成為避稅天堂摩納哥的公民。國家主權的維護可以使這類政策不受到國際影響，除非政策糟到讓一個國家及其人民成為國際負擔。即使是在最嚴峻的情況下，也應透過公正、透明和公平治理的國際多邊機構來傳遞國際建議。我們很快會回來談這點。

第二類政策則不但可能對世界其他地區帶來負面影響，施行這種政策的國家或許也會受到重創，提高進口關稅就是最好的例子。例如鋼鐵製品關稅提高或許可以保住鋼鐵工人的工作，但製造業的工作將蒙受風險，最後流失的工作機會反而可能高於增加的就業人口。[10]羅德里克說，這種「自食惡果」政策獨厚國內某些利益團體或選民，卻會損害國家利益。我們在先前已經討論過，國家及國際社會都會受到低關稅協定的吸引，也希望建立一個國際裁決組織，來判定有保護意圖的非關稅壁壘是非法的，要使「自食惡果」的政策沒有施展的餘地。

第三種政策就是所謂的「以鄰為壑」政策。例如一個國家直接干預匯率市場、用非傳統的貨幣政策壓低本國貨幣匯價，或是補貼某種出口商品，使該出口商品具有很強的競爭力，對手國家的獲利下降，造成工廠關閉，失業率飆高。一個國家會採取「以鄰為壑」的政策有兩個理由，一是其他國家不敵競爭，工廠倒閉，自己就能屹立不搖發大財，另一個原因則是擔心國內成長遲緩、失業率高，只好祭出這帖猛藥。不管如何，這種成長是以犧牲其他所有的人為代價。的確，如果其他國家也像大蕭條時期那樣進行報復，大家只好同歸於盡。

第四種是透過改變共同擁有的資源、集體資源或環境來增進所有國家的福祉。例如在公海過度捕撈將會影響每個地方的漁獲量。又如一個國家如果不願為國內所有兒童接種小兒麻痺疫苗，就可能讓這種可怕的疾病死灰復燃，使全世界兒童的健康再度受到威脅。難民可能演變成全球公域的問題。就像碳排放，影響全球公域的政策可說不勝枚舉。

儘管理想主義在羅德里克的政策分類占的比重不大，但我們仍不時發現其中具有理想主義色彩。如同前述，美國在第二次世界大戰結束後透過馬歇爾計畫對飽受戰爭蹂躪的西歐各國提供經濟援助並協助重建。其他如重建捐款或好撒瑪利亞人法（Good Samaritan law）*等人道救援措施，都能使接受援助者獲益良多，但這些法令是國內民主協商的結果。這個世界能做的似乎只是

* 好撒瑪利亞人法是給自願救助傷病者免除法律責任，使人在做好事時沒有後顧之憂，不用擔心因過失造成傷亡而遭到追究，從而鼓勵旁觀者對傷病者伸出援手。

宣揚這種政策的優點，以及協調有意願的國家一起合作。

反之，這個世界可以在影響國內政策上發揮重要作用，進而影響全球公域。這和法規調和的做法不同。法規調和有很多沒有必要。這個世界為了後代子孫著想，應該致力於減少碳排放及禁止公海過度捕撈。世界還負有接納難民的人道任務。國際協定的約束極度重要，但要達成這樣的協定不免受到一些因素的影響，如國家權力、專業知識和訊息的不平衡，以及缺乏國內的民主參與。如果協議本身很複雜，而且履行代價並不明確，或許該從「盡最大努力」的承諾開始，經過一段時間，來自國內的承諾加強，就能達到目標。因此，為了遏阻全球暖化趨勢，一九九七年的京都議定書（Kyoto Protocol）似乎不及二〇一五年通過的巴黎協議（Paris Agreement），因為前者僅對已開發國家訂立排放目標，後者則納入各國對碳排放的承諾。如果由世界各國人民自行辯論其責任，使民主共識得以納入國際承諾，巴黎協議就有成功的希望。但願美國不是永久退出巴黎協議，只是反映國內共識的不足，一旦有了更大的共識，就會重新加入。

最難纏的則是「以鄰為壑」的政策，這種政策對自己國家有利，但對國際有害。例如，大多數中央銀行的重要任務是維持國內物價穩定，因此必須使通貨膨脹率保持在二%左右。在正常情況下，中央銀行透過傳統貨幣政策來達成這個目標（亦即調升或調降利率），這麼做不至於對其他國家帶來什麼負面影響。但在艱困時期，經濟出現通貨緊縮的夢魘，中央銀行也許會採取非傳統貨幣政策等手段，讓該國貨幣貶值，增加外國對本國產品的需求，以利本國出口商品。如今，只要一國中央銀行打算這麼做，沒有任何組織和任何人阻擋得了，如此一來就可能造成國與國之間的誤解與摩擦。例如，走筆至此，華盛頓方面就對日圓跌跌不休大為光火。美國認為這是不公平的遊戲，日本的成長是犧牲其他國家換來的。美國因為不滿日本操縱匯率，所以拒絕給日本鋼鋁關稅豁免。

現實情況是，由於世界各國的關係愈來愈密不可分，愈來愈多國內政策帶來國際效應。儘管沒有一個國家有義務採取對全世界比對本國有利的政策，仍有責任避免本國政策讓其他國家受損。沒有一個國家會同意自己的中央銀行必須接受國際監督。我們也難以想像各國中央銀行會為了減少緊張、對立而互相協調。美國聯邦準備理事會根據美國的情況來制定美國貨幣政策，日本銀行也是盡力為日本服務。協調只會干擾各國中央銀行的行事。

儘管如此，現狀仍有改善的空間。有句話說，好籬笆築得牢，鄰居處得好，如果各國同意施行一套法規，使中央銀行受到限制，以免制定對其他國家帶來嚴重傷害或負面影響的政策。[11]如果是對外國沒有影響或是有正面影響的政策就可過關，例如傳統的貨幣政策。若是會對外國造成不良影響，這樣的政策則在禁止之列，如刻意且持續的貶低本國貨幣。最後，還有些政策則落在灰色地帶，亦即對本國有利，但對外國有一點負面影響。這類政策暫時可以施行，但施行細則必須花費很多心力去研究、協調。這類談判涉及各國中央銀行和財政主管機關，談判者的能力都很強，因此能有好的結果。其他全球協議則不然，由於談判者能力不對等，很難有公平、公正的結果。

協議還有一個重要關鍵，也就是需要公正的仲裁者來處理棘手的案例。這樣的仲裁者應該能夠執行決議。是否任何多邊機構都能扮演好這個角色？這就是我們接下來要探討的問題。

多邊機構與全球治理

如同前述，以美國為首的二次大戰戰勝國設計戰後體系結構，以支配國際經濟和政治關係。這些國家自然而然會給自己更多的權力，如擔任聯合國安理會常任理事國、對安理會的提案擁有否決權，或是在國際貨幣基金擁有更多的投票權。即使是在戰勝國當中，美國的地位也遠高於其他國家，例如在國際貨幣基金對重大議案擁有否決權。

只要美國對自己的經濟與軍事力量有信心，願意造福天下，不會只顧追求自己的利益，這個國際體系就可以好好運作。一九九一年蘇聯解體，美國成為全世界唯一的經濟和軍事霸主。有一段時間，戰後機構的結構和實際權力結構互為鏡像。儘管像聯合國大會或國際貨幣基金這樣的多邊機構偶爾會為了聲明自己的獨立性批評美國，就重大議案而言，顯然美國仍是最後的裁決者。

在這樣的環境下，所有國家都受到任何現行法規的約束，但美國除外。美國的觀點具有決定性，因為美國就是七大工業國組織的老大，這個集團的其他成員國，包括加拿大、英國、法國、德國、義大利和日本，唯美國馬首是瞻，因此這個集團有足夠的票數可以推動任何議案，而且透過資金控制大多數多邊組織的財務。讓美國當老大並非完全不好，因為美國有明確的全球目標、國內利益與全球利益吻合，致力於建立更開放的全球體系，也能扛起實現目標的責任，包括設法平復不時動搖市場的小危機。

然而，美國將無法繼續當良善的老大哥。至今，美國的相對經濟優勢已大幅減弱，而且可能捲入貨幣政策、貿易或投資等爭端，不再能擔任無私的仲裁者。再者，美國的政治分歧使美國傾向本土利益，不再能承擔解決國際問題的責任，也不再願意慷慨解囊。美國一向自栩為世界警察，積極干預國際事務，但也為此付出代價，現在美國不想再扮演這個角色，想要頂替的國家則必須支付巨額的軍事開支。問題是，它們願意付出這樣的代價嗎？自二次大戰以來，美國不斷努力釋出的善意與建立的信賴關係，現在美國的民粹式民族主義者似乎不惜前功盡棄，打算利用美國強大的經濟和軍事力量，藉著與盟國的關係榨取所有的好處。如此一來，美國和其他國家並沒有什麼兩樣。其他國家因此會問：為什麼該讓美國在全球機構享有特權地位，特別是現今的美國政府似乎執意和國際機構唱反調？

或許最重要的是，隨著中國的發展突飛猛進，顯然美國不久將不再是全世界最大的經濟體。[12]中國希望在多邊機構獲得更多的認同和發言權。的確，中國想要取代美國，以囊獲一籮筐的特權。例如，國際貨幣基金的組織章程第八條第一款提到，組織總部應設於最大經濟體的成員國內，也就是經濟實力最強者。因此，國際貨幣基金很快就會從華盛頓遷至北京。對全球經濟的看法，北京的觀點和華盛頓的觀點截然不同。

然而特權也伴隨著責任與代價。我們很難想像中國可以順利取代美國，成為良善的老大哥，除了因為在戰後中國的立場和美國大不相同，也因為這個世界已經完全不一樣。不管怎麼說，這個世界已經變成多極化。從經濟方面來看，至少有三個大區塊，即美國、中國和歐盟。就軍事而言，還應該加上俄羅斯。我們的全球治理機構是為了單極化的世界建構出來的，如果不進行改革，恐怕遲早會癱瘓，無法因應這個多極化的世界。

隨著全球權力的位移，也出現一個機會之窗。全球機構可以利用這個機會重建，為這個多極化的世界提供更好的服務。這些機構必須更加獨立，不是任何一個國家或地區所能操控，因此必須重新檢視出資比例、投票權與否決權。機構的人員招募和資金來源必須更加多元化，不再依賴良善的霸權來解決爭端，而且能在關鍵領域自行制定國際行為規範或遊戲規則，以避免政策外溢到國際造成磨擦。最後，國際機構必須建立可以仲裁意見分歧的公正結構。換言之，國際組織必須變得更透明和民主。

這一切都需要各國改變行為。國際體系的運作不再由美國負責。新興市場國家的權力愈來愈大，也必須承擔更多責任。有些責任包含在不斷演化的規則中，而規定則無法涵蓋所有的突發事件。有些責任則是不明確、模糊的，例如在全球災難之中挺身而出，與其他國家合作。在國際機構當中，即使一些國家不能擁有不容質疑的發言權，也必須坦然接受，其他國家也得妥協，以找出合理的解決方案。全球公民權包含主權與國際責任。

已開發國家因為目前的經濟實力，仍可以在多邊組織呼風喚雨。但這個世界正在不斷轉變，已開發國家的相對經濟實力無可避免會減弱，因此別浪費時間緊抓著權力不放。如果偉大意味著擁有相對優勢，這些國家不可能再度變得偉大，但可以一起努力使這個世界變得更大、更好。已開發國家應該好好利用這段時間來改變國際組織的治理結構，使之更有代表性、更民主、更有包容性，到了權力確實出現轉移的時候，才不會變成幾乎沒有發言權的少數。民主化才符合這些國家的利益。

歐洲該繼續前進、原地踏步，或是後退？

任何有關一體化的討論都會涉及歐洲的問題。顯然，歐洲整合的腳步太快，跑得太遠，人民還無所適從，特別是在全球金融危機之後，大家已經看清楚經濟整合的代價。

也許歐洲錯在好高騖遠，在還沒團結之前，就要建造出遠超過商品和服務共同市場的聯盟。樂觀者希望繼續前進，進行更多的整合，使退出歐盟或歐元區的代價更高，希望歐洲能在下一次危機來臨之前能團結起來。悲觀者則希望時光倒流，整合的程度不必那麼深，配合現況即可。樂觀者擔心一旦失去動力，歐洲統一將永遠是個夢想。悲觀者則不想失去好不容易才得到的一切，希望更多國家退出。

雖然悲觀者比較實際，但大歐洲甚至世界公民的概念不只是理想主義，也有其現實性。畢竟只有人們互相了解，才會有同理心。經常在歐洲各國工作、旅行的歐洲官員和學生比較認同大歐洲的概念，很少旅行的人則否。這種理想主義必須推廣出去，爭取更多人的認同。只有小步小步的向前走，不要操之過急，歐洲共和國的理念才不會被扼殺。等到歐洲人民真能團結起來，親如兄弟，才能邁開大步前進。或許更明智的做法是先詢問他們的意見！

結論

哈佛大學經濟學家羅德里克提出世界政經運作的三元悖論，也就是全球化、民主與國家主權，只能擁有其中兩個，無法三者同時得兼。正如所有三元悖論的困境，要協調多個目標實在是不可能的任務，大多數的政策意味著需要權衡取捨，各國只能披荊斬棘，自行摸索出一條路。

我們可以從兩個層面來看何以全球化已經過頭。我們一直鼓勵跨境流動，但不是所有的流動都能促進世界各國繁榮，如資金流動。放任資金流動可能會使某些國家受到傷害。允許或禁止跨境流動的決定大抵該交由各國去決定，除了商品和服務貿易。因為商品和服務的跨境流動除了幾個小地方需要注意，長遠來看確實能為所有人帶來利益。在此，多邊組織可以發揮作用，督促各國繼續走上降低商品和服務關稅之路，盡量壓低關稅。全球競爭市場的好處不只是提高效能，而且可以使每個國家的私部門更強大、獨立，國家也就可望成為更強大的民主政體。

同時，除非絕對必要，我們別急著調和法規。國際法規的制定過程往往不夠透明，也不民主。此外，調和會減少各管轄區的多樣性和競爭。具有約束力的國際協議會讓人民覺得自決權變少，因此必須審慎為之：以降低關稅為主，盡可能別強迫各國進行法規的調和。如此一來，才能在尊重民主與國家主權下獲得全球化的利益。

至於國內政策，應該讓各國自由決定，除了以下兩點：第一點，我們應該發展出集體協議或規章，來處理會對其他國家持續造成負面影響的政策。我們應該把這樣的政策標記出來，要求該國中止。國際組織也得傾全力對該國施壓。第二，如碳排放或過度捕撈等會影響全球公域的行為應受到全球協定的約束，並透過公民參與，使做出承諾的國家達成目標。

全球化必須做好管理。各國必須重新獲得管理全球化的工具，這意味著國際協定篡奪的權力必須慢慢交還給各國。即使主權權力增強，國家也必須負起國際責任。國家如果愈能掌控全球化，就不會被自利的民族主義牽著鼻子走，畢竟，地球是人類唯一賴以生存的家園。

第十三章
市場改革

如果市場服務的對象不再是廣大的人民，市場就危險了，因為人民可能起來壓制市場。今天，有些人覺得大公司讓小公司和個人的機會愈來愈少，因而對市場失望。有些人則很憤怒，因為他們的財富和收入大幅縮水，卻得不到來自社區或國家的支持。還有些人擔心工作會被科技或外國的競爭者取代。市場讓太多人沮喪。我們必須採取行動，讓大眾重拾信心，相信市場能增進大眾福祉。

把經濟大餅做大也有幫助，但這需要創新和競爭。為了做到這點，必須去除對現有大公司的保護，讓人人得以進入市場。每個人的構想和產品要能夠參與市場競爭，帶來成長。如果市場大門為每個人開啟，市場就比較不會被認為是使有錢人變得更有錢的工具。在市場內，強大的參與者必須受人信賴，讓人相信他們會做出對社會有利的事。正確、明確的目標及金錢獎勵會有幫助，但社區提供的社會報酬也能促進好的行為。我會在本章剖析如何透過三個步驟讓人恢復對市場的信心，而且讓市場成為可靠的工具，藉此推動可持續的包容性成長。

首先，我們必須再次相信，公司能為了社會福祉採取正確的行動。因為很多企業奉股東價值最大化為圭臬，政府也就相信民營公司與政府部門涇渭分明，民營公司並非政府部門的延伸。因此有人擔心公司高階管理階層會為了股東利益剝削所有人，特別是勞工和一般大眾。我們需要更好的目標，不只是追求效率，更要建立信任。

其次，由少數人掌控的市場不大可能為多數人創造機會。產業內的競爭是確保社會獲益的最佳方式，不只今天如此，未來也是。我們必須把競爭障礙找出來、盡可能減少這樣的障礙，包括在近年來出現的新形式財產權。

最後，政策有助於快速啟動調整，但市場和社區需要時間調整，該給予足夠的空間和時間。

從獲利最大化轉為價值最大化

我們已經看到，隨著追求更高的生產效率，股東價值最大化也助長異常行為，如破壞與員工的隱性合約。公司難道不能做得更好嗎？如果私部門要能受到社區信賴，甚至成為制衡國家的力量，不僅要表現良好，還必須讓表現有目共睹，然而私部門不能放棄對生產效率的堅持，畢竟這是市場對社會的重要貢獻。那麼，該如何兼顧這些目標？

使公司價值最大化

股東只是眾多公司權益持有人之一，因此一種可能的替代方案是要求最高管理階層使公司所有利害關係人的價值最大化，如歐洲有不少公司就採行這種做法。但這帖處方至少應該更明確。誰是利害關係人？如果消費者也是利害關係人，使其價值最大化的一個方法不是讓他們免費獲得想要的每種東西嗎？若是如此，公司要如何生存？

這裡有更好的替代做法。[1]這看來似乎只是小小的調整，但在某些情況下，卻能大大改變公司的行為，不僅能增加公司價值，還能促進大眾對公司的了解與支持。具體而言，就是將公司的管理目標設定為使公司價值最大化，同時擴展公司價值的定義，不只是指金融投資的價值，也包括與公司有長期關係者在公司投資的心血。例如，飯店員工學習待客之道就是這樣的投資。這種投資很特別，因為換一家飯店會有不同的文化，做法也就大不相同。深諳一家飯店文化的資深員工能使顧客獲得良好的體驗，也就能使飯店獲得源源不斷的利益。其他類似的投資者包括與飯店建立良好關係並提供飯店人員和設備需求的供應商。反之，只做一次交易的供應商與飯店只有合約關係，沒在飯店做特定投資。對價格敏感的顧客也是，只要別家飯店比較便宜，就會換飯店住。

如果管理階層的目標是金融性投資和特定投資價值的最大化，就能激發重要成員對公司的信賴，在社會大眾的心目中，企業形象比較良好，也能使公司的經濟價值最大化。

為什麼？我們可以這麼想：管理階層如果以公司經濟價值最大化為著眼點，把人員和股東等公司組成要素集結起來，就不必區分哪些人受到合約保護，哪些人和公司只是一時的關係。在傳利曼的框架當中，除了股東，其他人都受到合約保護，因此管理階層應該透過股東價值最大化使經濟價值最大化。如果唯一不受保護的是股東，我們建議與這種做法一致。事實上，在公司面臨財務違約時，唯一不受保護的是債權人。更糟的是，即使是在經濟大好之時，在公司進行特定投資者也很少受到合約保護。

很多情況下，我們的公司價值最大化目標是要誘使管理階層做出股東價值最大化時的行為。考量幾種能產生最好效果的情況。如果一家飯店的財務槓桿很高，就可能投資在高風險、高報酬的計畫，可能會破壞飯店的淨資產價值。這樣的計畫如果成功，股東就能獲得巨大的利益，萬一失敗，飯店破產，高槓桿股權幾乎沒有損失，必須擔負損失的是債權人和長期員工。如果這家飯店接受我們的建議，考慮到債權人和員工的損失，在投資時就會比較謹慎。

例如，有一項長期員工的訓練計畫能增進飯店業務與文化，使飯店的營收增加。假設受訓員工能爭取到更高的薪資（因為訓練讓他們的能力增加），但增加的營收少於訓練成本和增加的薪資。如果飯店奉行的是股東價值最大化，就不會進行這樣的訓練計畫，因為會對獲利有負面影響。但是致力於公司價值最大化的飯店則會這麼做，因為飯店認為提高長期員工薪資不是成本增加，而是將錢從公司投資人（股東）轉移給其他人（長期員工）。儘管必須付出訓練成本，但營收成長，因此整體而言，對公司是有利的。

轉向公司價值最大化不只是對社會有益（因為重點在於增加價值的投資，而非利益分配），也對員工有利（因為薪資調升），甚至股東也能獲得好處。這似乎有點奇怪，因為訓練員工，成本增加，股東不是蒙受損失嗎？關鍵在於「特定投資」和「長期」。如果員工在一家飯店的文化進行長期的特定投資，等於是被這家飯店綁住了，不會輕易離職，以免損失專業化帶來的薪資。反之，飯店管理階層也知道，這些人是公司投資、培養的長期員工。

如果管理階層承諾會公平對待所有的投資者，包括員工，員工會在薪資協商的時候期待這樣的待遇。員工一開始的確是有選擇的。如果一家公司只重視股東價值，員工知道如果公司被迫在員工和股東價值之間選擇，必然會選擇後者。如果員工能用理性來考量，知道公司因為股東利益的緣故，不進行訓練計畫，不會調高薪資，然而他們可以向公司要求津貼或福利等補償，不然他們寧可到會進行訓練計畫的公司。因此，實行股東價值最大化的公司雖然不進行訓練計畫，少了訓練成本，也不必調高員工薪資，長期下來不會因此節省人事成本。再者，這樣的公司因為沒在員工訓練上投資，也就無法增加營收。換言之，如果奉行公司價值最大化，股價和長期員工都能推升公司價值，因為這樣的策略對雙方都有利，而非使股東和員工對立。

有些國家已經訂立法律要求管理階層力行公司價值最大化。例如，根據英國的公司法，如果一家公司最終目的是「促使公司成功」，就得把股東以外的利益納入考量，包括員工、顧客和供應商。[2]然而，由於狀況不一，我們仍不知道管理階層究竟會怎麼做。儘管一家公司已設立明確的目標，依然以最大獲利作為主要考量。如果董事會能下令執行公司揭櫫的目標，並將之納入管理階層的薪酬結構，股市投資人就能預測管理階層的行動，看好該公司的股價。同樣的，這種承諾也會讓大眾認同公司所做的事。

奉行公司價值最大化的管理階層會持續做出艱難的決定，使公司保有競爭力、得以存活下去。例如，員工薪水過高，管理階層就有誘因去協調。只要這麼做是有道理的，經過仔細解釋，就不會打擊員工士氣。這麼做不只是對股東有好處，也對其他利害關係人有利，包括員工，畢竟公司能存活、繁榮，員工才有未來。公司沒有必要壓低商品價格來幫助政府，這是傅利曼擔憂的一種情況。公司價值最大化能確保私部門和政府涇渭分明。公司做出艱難的決定將能繼續提高生產效能，這就是民營企業的重要貢獻。

公司會停止政治遊說嗎？有時透過遊說可以矯正走偏的法規，或是確保立法者在制定政策能了解問題的全貌。儘管如此，遊說也可能用來滿足私利，有利於公司，卻讓社會付出代價，但禁止遊說幾乎不可能執行。更好的做法則是像麥迪遜總統提出的政治解方，讓眾多利益團體互相競爭，不讓特定利益團體主導。至於我們不該讓少數幾家大公司控制產業或國家的另一個原因，後面會談到這個問題。

最後，企業要擔負什麼樣的社會責任？平時，公司應該專注於事業上，以遵守法律為前提，使公司價值最大化。公司的社會責任主要就是繳稅，以及透過自己創造的商品為社會增進價值，更廣泛的社會責任應該留給國家和社區，除非國家和社區已經到完全失靈的地步。當然，公司仍可以鼓勵員工努力提升公司形象。例如有些公司允許員工利用時間做義工。這麼做有助於公司吸引想要招募的人、使員工有更大的使命感，或是讓社區對公司有更好的觀感，如此的確能增加公司價值。然而，如果要求公司進一步具有「社會良知」，公司對生產效能的專注就可能受到影響，削減公司的經濟貢獻。畢竟，公司要生產有用且物美價廉的商品，為消費者帶來利益及創造工作機會。要企業扛起過重的負擔，完成社區與國家應做的事，結果可能連原本的工作都做不好。

即使社會還能正常運作，在非常時刻，公司仍應採取行動。在法治、基本權利和民主等社會的基本原則受到威脅時，公司仍應挺身而出，不能只做生意或是搭政治活動的便車。如果每家公司只管自己的生意，就會失去力量，社會的基礎也可能瓦解。在這種情況下，公司就像自廢武功，有如社會在因應大地震的天災，公司卻把挖土機等機具鎖在倉庫。碰到非常情況，公司董事會和管理階層必須當機立斷採取行動，即使不能直接增加公司價值也該這麼做，才不會辜負社會的信賴。如此一來，公司能使社會價值最大化，而非只是做有經濟價值的事。

強化競爭，建立對市場的信任

市場第二個需要關注的地方就是競爭的程度，以及大公司在各部門的主導地位日益顯著。讓我們先探討競爭的問題。

產業優勢與市場力量

奧地利經濟學家熊彼得認為，產業由少數大公司掌控是件好事。他說，競爭並非來自市場上的競爭對手，而是擁有破壞性技術的創新者，「這種競爭要打擊的不是現有企業的獲利和產量，而是那些企業的基礎和生存。」[3]他認為，由於獨占企業憂心獨占利益可能不保，這就是激發創新的動力，給顧客更好的產品或服務，滿足他們的需求。持續獨占就是大企業獲得的回饋。

然而，正如前述，股市會以高股價和籌措資金的能力來獎勵現存的獨占者，把想要加入市場的人打得鼻青臉腫，或是買下創新者的公司。或許，其他已在市場站穩腳步的公司也會利用類似的資源證明自己的價格和創新皆有利於競爭，避免任何公司在股市一枝獨秀。換句話說，雖然保有獨占地位是創新的動力，被迫從相同的起跑點出發則是額外的動力。熊彼得的產業結構無關論不是那麼有說服力，畢竟今日的競爭可能是明日的競爭所需。

對抗商業巨獸

還有什麼理論可以指引我們？由少數幾家大公司掌控產業還有什麼危險？貫穿本書的一個主題就是，在一個經濟體中，公司愈大且愈少時，就愈容易跟國家達成交易，使自己的地位獲得保護。[4]從另一方面來看，試圖將權力集中在自己手中的國家，只要軟硬兼施，威逼利誘，就能使少數的大公司乖乖就範。外部干預創造自由民主最成功的例子或許是戰後德國與日本的轉型。最關鍵的一步莫過於占領國美國堅持將獨占利益集團拆解。事實上，美國國會在一九五〇年通過的「塞勒－凱福維爾法案」（Celler-Kefauver Act）就是禁止同產業裡企業間的兼併，以避免任何產業為少數幾家大公司把持，因為「民主制度要求私人與政治權力的分散，企業控制權的集中可能會破壞這樣的民主制度。」[5]

社會不能自滿，民主需要時時刻刻提高警覺，而企業必須獨立於國家的控制之外，這意味著我們不樂見企業變得龐大。從這個角度來看，現代中小企業的老闆或富裕的專業人士就像十七世紀的英國鄉紳階級。他們的規模雖然沒有大到可與國家談條件或獨占產業，但是夠富有，因此不必依賴政府支持，甚至可為自己支持的社會運動提供資金。這些獨立的小企業團體需要開放的管道和公平競爭的環境，以爭取更多的經濟和政治機會。因此，要評判任何經濟制度，必須看這樣的制度是否為新公司和快速發展的中小企業保留空間。正如前述，在美國，新公司創立的步調變得緩慢，獨立新創公司的數量也逐漸減少。

最後，鼓勵新公司進入市場、增進創新動力還有另一個理由。中小企業往往會在某個社區生根，與社區關係密切，就能為社區做更多的事。[6] 如我和其他學者完成的研究，我們發現大銀行比較願意借錢給大公司，因為大公司擁有良好的財務紀錄，而小銀行傾向與銀行附近的小公司往來。[7] 在小銀行做決定的往往是經理，他們會和申請貸款者直接接觸，來評量貸款者是否可靠，也會在當地打聽貸款人的事，而大銀行授信人員在審核貸款申請案時，通常要求貸款人提供明確的記錄，以供審核團隊查核，總行才可能核准。[8] 因此，小銀行在地區性、非正式的貸款業務表現較佳。的確，從這些研究來看，我們也就能了解，在皮爾森社區的重生計畫中，社區銀行有多麼重要（參見序言的討論）。

所以，對反托拉斯政策而言，這一切意味什麼？反托拉斯主管機關在審查併購案時，應注意的不只是顧客能否獲得更好的服務，還有公司是否有獨占的可能，以及競爭是否會出現無可逆轉的改變。例如，若是收購的主要目的在於消滅創新的競爭者，或是把可能造成威脅的敵人收納進來，這樣的收購應在禁止之列。保持今日的競爭絕對必要，如此股市就不會讓現有企業拿走資源，扼止明日的競爭。實際的解決辦法是採取明確、站得住腳的經驗法則。反托拉斯主管機關必須提防一家公司越過紅線，不要給個別公司主導市場的機會，不管該公司如何信誓旦旦的表示這是為了更大的效能和消費者的利益。反托拉斯主管機關必須以更開放的心態來看待市場與競爭的組成，了解科技能把產品與各地域的市場連結起來。然而，創新及更多對手的出現是否將使市場更有競爭力則是未知數。畢竟今天占有主導地位的公司可能改變條件，讓競爭對手在將來難以跨入市場。

隨著通訊科技的發展，合約與監控成本下降，執行反托拉斯經驗法則的經濟成本也許不會太大。與其讓一家公司擁有整個供應鏈，不如讓多家互相簽約的公司組成更靈活、更有競爭力的供應鏈；與其讓一家公司併購所有競爭對手以獲得規模經濟，不如讓眾多競爭者透過結盟互相合作。換言之，有效執行反托拉斯法，公司將能夠適應，而且有鑑於合約與通訊的改善，或許競爭與生產效率可以得兼。

把智慧財產當作市場力量的來源

在資通訊科技革命創造的新經濟裡，訊息、知識、創作與構想（廣泛的說，也就是智慧財產）都是關鍵資產。這種無形的資產具有共享性，一個人的使用不會減低其他人享受的利益。例如，我唱一首歌或聽一首歌曲，對你唱或聽同一首歌曲完全沒有影響。然而，如果一首歌人人都能唱，作曲者就不能從創作中獲得金錢收益。在沒有法律的保護下，智慧財產就沒有價值，特別是必須在公共場合使用的智慧財產。

除了共享性，智慧財產通常不可或缺，而且是獨特。這兩個特點使受保護的智慧財產成為遠大於實體財產（如房地產）的強大獨占力量，而且實體財產通常具有替代性，智慧財產則沒有。此外，智慧財產是從過去的創新與政府保護獲得價值，不一定是持續創新或效率帶來的價值，因此智慧財產使私部門更加依賴政府保護（實體財產則否）。換言之，智慧財產將使商業巨獸與國家更加接近。

這種保護的一個例子是專利。專利的目的在鼓勵創新。然而，我們還不清楚獲得專利是否會使人有更強的誘因去進一步創新。經濟學家寶德林（Michele Boldrin）與列文（David Levine）嚴詞批評專利制度，認為幾乎沒有證據顯示專利制度可以促進創新，創新的爆發其實源於產業中的競爭。[9]專利通常是在很久之後才提出申請。專利申請書通常會刻意模糊重要步驟，以防競爭對手竊取點子，但這麼做其實有違專利的目的：申請專利者必須充分揭露該專利的技術資訊讓大眾知道，以獲得政府保護，享有一段時間的獨占權。然而，等到專利批准時，將該產業推向顛峰的創新浪潮已經消退。因此，寶德林和列文認為，專利通常只是保護現有廠商免受新進業者或競爭對手的威脅，而非激發創新的動力。

專利的授予必須解決自由企業系統中兩個基本層面的衝突：除了必須保護財產權以回報企業投注的心血，也需要維持競爭，才能刺激創新。財產權保護過度會壓制競爭，保護太少則會影響研發、創新的意願。我們仍不清楚目前美國的專利保護是否能兼顧財產保護和競爭，但目前的專利制度顯然對小公司不利。即使小公司獲得某一項專利，由於是單一專利，對大公司而言，較容易迴避，甚至可以挑戰專利。*再者，小公司因為無法負擔龐大的律師費，想要用勝訴酬金制來延請優秀律師為其單一專利辯護（律師只有在勝訴時得到部分賠償金當作做律師費），但幾乎沒

* 各國專利法都有允許大眾挑戰申請中和已授權的專利，並闡述這個專利不符合專利保護的理由。

有律師願意承接這樣的案件。

比較有效的策略是開發專利套組，以擴大專利範圍，為自己的專利佈下天羅地網，無論侵權者如何解釋都無法逃脫。通常只有大公司有足夠的資源來開發這樣的專利套組。的確，大公司似乎通常不是利用專利來保護自己的創新，而是被競爭對手以專利侵權提出告訴時用自己的專利來反制。有鑑於近年來授予的專利多不勝數，同產業的公司很容易侵犯彼此的專利。在這種情況下，專利就像核子武器，專利的價值在於用來威脅對方，否則你告我、我告你，雙方同歸於盡，除了律師，沒有人能獲得好處。因此，如果沒有專利制度是否會更好？總而言之，在目前的環境下，公司掌控產業、財富集中現象日益顯著等問題令人憂心，或許減少專利對市場的影響力會比較好。當然，我們依然必須密切注意這種變化對創新的影響。

應該考慮的改革包括專利申請標的物應該更仔細評量。例如蘋果公司取得 iPad 形狀的專利、有些生技公司和藥廠甚至取得基因的專利權。[10] iPad 形狀的專利毫無意義，而基因專利則讓生技公司取得自然產物的專利權，這類專利最後被美國最高法院推翻。[11] 總的來說，專利局應堅持專利應該授予給非顯而易見、有突破性的想法，而不是在既有想法有一點小小的延伸。此外，專利的有效期限是為了讓發明者獲得合理的利益，不應過長。今天根據專利法規定，發明專利法的法定有效期間為二十年。這樣的期間部分是藥廠爭取來的，因為藥物的試驗與申請核准上市需要頗長的時間。另一種選擇是將專利期間訂為自申請日開始二十年，或是已獲得專利的產品上市若干年（如八年），看何者比較早到期。如此一來，就可以限制軟體生產業者獲得過多的利益，畢竟軟體很快就可以上市，不必花時間進行試驗和申請核准。

最後，由於專利審核過程對創新有重大影響，政府專利局必須雇用訓練有素的人才。值得一提的是，在伯恩的瑞士專利局，自一九〇二年到一九〇九年就有個審查員專門負責電磁發明專利申請的技術鑑定工作，那個人就是愛因斯坦。[12]

資訊就是市場力量

今天，資訊就是力量。像亞馬遜或阿里巴巴這樣的電子商務平台會收集平台賣家銷售和收據資料（也許賣家也會在這個平台採購），因此了解每個商家的現金流及信用等級。因此，這些電商得以推動線上貸款計畫，提供貸款給賣家，也會定期監控賣家還款狀況。經過一段時間，電商就願意提供更多貸款，讓賣家擴展生意。由於電商得以完全掌控平台交易資料，就能從放款獲得豐厚的利息。換言之，如果電商擁有賣家的資料，可以拒絕與其他人分享（賣家自己的記錄不見得可靠或維護良好）。這樣的資料既重要又獨特，讓電商擁有巨大的經濟力量。

如果讓賣家擁有自己的交易資料呢？如果電商在賣家的要求下，必須把賣家的銷售、收據、貸款、還款等資料以標準數位形式傳送給第三方呢？如此一來，電商就會失去賣家資料的獨占權，然而還是會繼續蒐集資料，希望賣家來取用，但是就資料分析的服務或能力，電商將必須與其他金融服務業者競爭，不會因為握有這些祕密資料而比較有利。財產權的變化，如賣家資料本來都在電商那裡，現在賣家才是真正的資料擁有者，這種變化會影響電商與賣家之間的權力和利益分配。的確，根據二〇一八年一月開始實行的「歐盟支付指令」（European Payment Services Directive），銀行必須在存戶的同意和指定下，將帳戶交易資料交給第三方服務商，使存戶獲得資料的可攜權和自主權。

因此，在這個資訊時代，個人或小型企業如果要獲得經濟自由，就必須擁有自己的資料。[13]如果一家公司投入大量資金蒐集、處理資料，把資料轉化為可利用的形式，關於資料利用產生的獲利該如何分配則是該好好研議的問題。

有鑑於資料處理的進步，顧客擁有自己的資料並非不可能的理想。如果顧客與應用程式之間的介面、應用程式本身及顧客資料都是分開的，顧客資料就可用標準化但分散的方式來維護。任何指定的接受者都能利用個人資料（如社交關係網絡及個人好惡）來創造新的結構。[14]儘管大多數的人無法管理自己的資料，但只要有需求，市場都會有反應。我們可以想像將來會出現可信賴的資料處理公司，而不必擔心個資會被出賣。個人可以授權給這樣的公司，放心的把資料交給他們管理。資料管理公司可以依據不同的目的或用途將資料分門別類，讓個人自行授予或撤銷使用權限（如貸款授信人員不需要知道申請者的約會對象偏好，儘管這方面的資訊對貸款審核可能有一點的參考價值）。

一旦個人可以控制自己的資料，就可選擇出售部分資料給資料分析公司，或是提供資料給某些公司利用，交換長期服務。有些隱性資料將來將會變得明確，差別就在資料是由使用者控制。的確，像區塊鏈這樣的新科技將有助於散播。如果企業需要大量數據資料來強化人工智慧應用程式，即可透過議價機器人來收購資料。[15]

電子平台或社群媒體的另一種重要力量來源就是擁有網絡。如果一個人刪除自己在某個社群媒體的帳號，就不能再登入，也會失去在這個媒體上累積的所有人脈連結。因此社群媒體的黏著性很高，儘管用戶不滿意這個網絡的服務也無法離開。換句話說，社群媒體的規模愈大，用戶的依附程度也就愈強（畢竟他們的人脈都在上面），這個網絡也就能榨取更多價值。

為了解決這個問題，有些國家把網絡的所有權置於公共領域。例如，印度政府在二〇一六年推出「統一支付介面」的電子支付平台。這個支付系統是印度所有金融業者共同成立的一家公司研發出來的，只要有銀行帳號或是擁有Google、WhatsApp、支付寶等帳號，就可完成銀行轉帳。這個支付網絡屬於公共領域，不為任何人或公司，但所有的人都能受益。

只要國家規定網絡必須互通，也就是不同的網絡具有共享訊息的能力，其實不需要由大眾持有。如果有一個人想離開A社群網絡，改加入B社群網絡，其人脈連結應可轉移到B社群網絡。這些網絡的功能和特色也許並不完全相同，然而應可以相連、轉移，就像不同的行動通信公司。當然，社群網絡可能就資料轉移向用戶收取手續費。

這一切的目的不是要消除創新的獲利能力，而是減少企業和平台透過智慧財產權、資料和網路外部性*獲得的經濟實力，讓使用者不會被綁死。透過智慧財產與資料所有權的重新定義，讓使用者擁有更多的資料所有權，而且要求網絡要有互通性，如此一來權力才能平衡。隨著取得獨占的誘因減少，企業和平台就得在產品和服務上展開更激烈的競爭。市場，就應該如此。

減少限制競爭的法規

法規不一定不好。例如，食品藥物管理局的設立，以及用來審查新食品製造商的知識，讓消

* 簡單的說，就是使用者愈多、價值愈大。例如幾家科技公司掌握用戶規模和服務的入口，除了愈多人使用會讓服務本身有價值、形成正向循環，也代表只要服務有一點點改善，就可以產生巨大的商業價值。

費者對食品安全更有信心，也能促進新廠商的加入。然而，老牌大公司因應法規的能力較強，監理機關為了證明自己的存在價值，制定的法規愈來愈多。根據《紐約時報》的估算，在美國，蘋果園的限制和法規多達五千條，光是梯子該如何擺放就有很多規定。[16]法規應該更為寬鬆，而且更有意義，才不會為中小企業帶來負擔，也才不至於讓新進者怯步。因此法規是改革重點。

競業條款是為了避免員工離職後到競爭對手那裡工作，但是會限制員工的選擇，阻止知識的傳播，整個產業的生產率和競爭力因此會受到影響。最具創新精神的加州就沒有競業條款，為什麼其他州不能見賢思齊？

公司會透過購併來逃避競爭、保護自己，專業人士也有一套避免競爭、自保的辦法，也就是透過執業執照來限制入行的人數。由於每個地方管轄區都有頒發執業執照的機構，關於執業執照的規定很多。這些機構聲稱各地區專業人士皆有不同的需求，因此執業規定應該依地區而有所不同。此外，頒發執業執照的機構通常是專業人士組成的團體，讓他們訂立執業規定就像讓狐狸來守護雞舍。上述兩點都需要改變。

對大多數的專業人士而言，除非地區的需求的確有所不同，不然執業執照的規定應該全國統一。然而為了顧及社區決策，可以讓社區自行訂立執業規範，但這些規範不得比國家標準嚴格。例如，一個地區若是想增加地方就業機會，有關美甲師的執業要求可以比全國標準來得寬鬆，以吸引更多美甲師來工作。如前所述，這麼做是為了內部邊界開放，讓商品和服務自由流動。最後，如果真的有重大的地區差異，需要地區自行頒發執業證照，應該透過補充條例來進行，只檢測當地所需的特別能力。此外，最好由非專業人士組成的小組來設立全國執業規範，並請該領域的專家擔任顧問，就像任何法律的制定，如此一來就能對執業執照的頒發進行公共監督。由專業人士組成的團體來制定執業法規，無異於球員兼裁判。

讓市場和社區有調整的空間

並非所有的異常或偏差都需要利用政策來矯正。有時，市場本身會出現糾正的誘因。正如前述，專業人士與擁有普通技能的人兩者薪資差距已不再擴大。醫師的高薪吸引更多年輕人走上行醫之路（特別是有些人本來就對醫學有興趣）。科技公司也在金錢誘因下研發人工智慧醫學診斷工具，於是有些原本醫師才能做的事就可被專科護理師取代。競爭性市場針對的就是從中受益最大者，只要顛覆這些人的利益，市場就會出現很大的改變。因此，儘管醫療的品質與服務總量大幅提升，儘管很多國家已經邁向高齡化社會，對醫師的需求還是會變少，醫師的薪酬也會下降，因而縮減收入的不平等。

同樣的，雖然大量產品由機器製造或由外國進口，造成本地工資下降，也可能促使消費者品味改變，偏好比較有人文特質和當地特色的產品。例如，精準且價格便宜的石英錶或電子錶現在已經不流行，工藝細膩的頂級機械錶反而教人愛不釋手。顧客比較喜歡小農產品，因此不想在超市購買，使當地農民市場如雨後春筍般在富裕的郊區或城市出現。消費者的品味可能改變。需要手工、勞力型工作或本地工作的需求可能變大，進而降低教育溢酬。

調整原則

也就是說，有些調整來自社區。社區可以調整市場範圍，並限制市場的走向。讓我們來思考哈佛大學的哲學家桑德爾（Michael Sandel）描述的情況：美國有些公司會為了國會聽證會的門票雇用失業者去排隊。[17] 然後賣票給沒時間排隊、但在這場聽證會上有商業利益的說客和企業律師。聽證會是參與民主的重要要素，每個公民都應該有公平議政的機會。因此桑德爾批評說，賣門票似破壞民主原則。

如果從本書觀點來看這樣的例子，首先我們要明白利害關係在哪裡。根本問題是席次不夠。聽證會的場地有限，無法容納所有對討論議題有興趣的人，因此聽證會只能提供一定數量的席次。解決方案有二：一是讓想去的人花時間排隊，不然就是拍賣席次，讓想去的人花錢購買。前者似乎比較公平，因為每個人一天都只有二十四小時。問題是，如果你是要養三個小孩、工作壓力大的單親媽媽，怎麼可能像放暑假的學生有時間去排隊？如果這個單親媽媽是大公司的首席法律顧問，要她花時間親自去排隊，這個社會是否會更好？

用時間或金錢換來聽證會席次的做法哪個好？那就要看我們希望達成什麼樣的目標。如果我們希望提高社會生產效能（這屬於市場領域），有人願意花錢買門票，代表這樣的人能透過聽證會獲得好處。因此，拍賣席次是有道理的，畢竟律師花時間為訴訟案件做準備對社會的貢獻要比排隊來得大。從另一方面來看，讓年輕人了解民主是如何運作的也很重要。若企業高階主管能和沒有工作的青少年一起排隊，也是建立社會團結之道。總之，如果我們要培養社區意識，也許我們應該使聽證會門票無法轉讓，讓每個人都花時間排隊取得門票。花愈多時間排隊的，愈容易拿到門票。如果我們認為這兩個目標都很重要，就可以不管專業排隊公司，畢竟他們雇人排隊拿到的票無法轉讓。

適合的答案取決於社會條件。在目前的環境下，我們擔心收入與能力之間的關連過度緊密，而且獲得能力的管道不公平，因此強調社區也許才是明智的。無疑也許在其他時間點和地方，重視市場才是對的，但桑德爾並未強調這點。

由於少數人才能爬上通往精英階層的階梯，對社區而言，解決辦法之一就是設置其他階梯，讓更多人可以往上爬。減少錢可以買到的東西就可以增加非市場活動的空間。參加教會活動、參與社區領導及服務、投身於政府或軍事服務、加入慈善團體、多和家人和親友相聚，都是一般人可利用的階梯。透過對市場的限制，讓人了解錢不能買到公職、事業成就、軍事榮耀、無條件的愛……甚至包括國會聽證會的席次，如此一來，社區可以讓人明白自我實現的階梯很多，市場不是唯一的路徑。社區不再彰顯財富的成就，大家就不會那麼羨慕富人、模仿富人，儘管財富不平等的現象依然存在，社區仍有凝聚力。[18]桑德爾說的對，經濟學家別急著用金錢的角度來看事情！

社區價值如何改變大眾對市場的容忍度？

正如我們在歷史中看到的，社區價值不是一成不變，經過一段時間會做出因應，利用市場創造出來的機會，或者解決市場創造出來的問題。這就是必要改革的一部分。以印度為例，近半個世紀以來，印度從奉行社會主義、對市場不信任，變得不得不歌頌市場利益。在我童年看過的印度電影中，大壞人通常是商人。這些大亨在賽馬場邊捧著一杯威士忌、拿著一根雪茄，身邊黏著一個妖嬈的女人。可憐的男主角與母親則被大亨的手下趕出簡陋的住所。今天電影裡的男主角很可能是個成功的電腦軟體企業家，乘著私人飛機在世界各地穿梭、追逐愛情。自一九九〇年代初期以來，印度已擺脫虛假的社會主義，以市場成功為追求目標。

相形之下，好萊塢通常對商業抱持有點懷疑的態度，不像美國主流社會那樣擁抱資本主義。值得注意的是，由於市場的過度擴張，好萊塢對商業又多出幾分鄙夷。就連《樂高玩電影》（*The LEGO Movie*）這樣以促銷樂高玩具為目的的動畫電影，其中的大反派就是「黑心商人」。[19] 然而，當小說家蘭德（Ayn Rand）筆下那些信奉個人主義的企業家英雄變成黑心商人，社會並沒有得到教訓。企業家英雄也好，黑心商人也好，都是用誇張手法呈現出來的角色，目標都是容易受到影響的年輕人。儘管如此，這樣的角色的確反映想要改變社會對市場的態度，有助於恢復平衡。對社會而言，這並非是不健康的。

同樣的，我們已經看到大眾對已開發國家大型科技公司的態度出現轉變。這些公司規模龐大、獲利能力高強，推薦內容和廣告都是針對個人量身定做，讓消費者上鉤，甚至在政治議題上帶風向直接影響廣大的民眾。不管如何，他們逃過審查和監管。社會大眾以為他們提供的服務是免費的，並沉迷於其中，羨慕那些年輕企業家的巨大財富，相信他們述說的理想和願景，認為他們的確天真，不知道現實世界有多麼黑暗。其實，他們都是追求利益最大化的公司，對侵犯用戶隱私毫不在意，也讓個資和使用者對他們的信賴被第三方濫用。這樣的失誤叫大眾震驚、痛心疾首。這促使怠忽職守的主管機關振作起來整頓亂象。現在，大眾不再輕易相信這些公司，認為他們可能像傳統產業的大公司一樣利慾薰心。在社會漸漸恢復平衡之際，對這些公司該有幾分信賴、幾分懷疑，我們得好好拿捏。

結論

如果柱子有高有低不平衡，最簡單的做法是砍平，讓所有的柱子一樣高。通常這樣可以恢復平衡，但是對社會而言，等於整個水準都降低了。只有在萬不得已的情況下才能這麼做。最好能把所有的柱子都拉到一樣高，只有這樣，社會才能進步。因此，今天的誘惑是抑制競爭性的市場，讓社區復甦。然而，如此一來可能引發其他力量，如裙帶關係等，那就難以收拾。反之，更好的做法是增進市場的功能，同時重新調整國家的角色，並強化社區的力量。

結語

支撐社會的三根支柱，包括國家、市場和社區，都是在不斷變動的環境中經常受到經濟與科技的衝擊。社會一直透過讓這三根支柱的重新平衡來達成新的均衡。資通訊科技革命加上二〇〇七年至二〇〇八年爆發的全球金融危機，再次凸顯重新平衡的必要性。但從近年來已開發國家的選舉來看，人民對現況深感不滿。

資通訊科技革命創造一種精英體制，在某些已開發國家已接近世襲。此外，為了因應全球市場引發的競爭，大公司和專業人士為自己創造有隔離牆的領地，以獲得更多的利益。其他的人在城牆和領地之外，飽受來自全球各地的激烈競爭，與他們競爭的不只是人，還有機器。這些沒能得到保護的人很難獲得新的機會，機會是給有證照保護的精英階層。其中一個原因是教育階梯太短，而且搖搖欲墜。再者，最棒的機會都在全球性的大都會裡，由於空間有限，加上分區條例限制，大多數的人都無法負擔房價。隨著經濟活動由郊區和半郊區社區移出，失望與社會分裂的問題開始滋生。民眾不信賴政府，渴望新的答案。左翼和右翼的煽動者則投其所好，喊出人民想聽的話，而不是應該聽到的話。常常他們只是怪東怪西，沒提出變革方案。民眾從這樣的話語得到安慰，卻有被誤導的危險。事實上，我們都是問題的一部分，但我們也是解決方案的一部分。

在最後五章，我提出一個達成新平衡的可能路徑，讓社區得以扭轉劣勢，不再繼續弱化，同時保留市場的開放管道，讓人人可以進入。目的就是把社會支柱升高，而非全部砍平，降低標準。這種新平衡的本質就是包容性地方主義。我們可以透過資通訊科技革命給我們的工具賦予社區更大的權力，讓民眾感覺對自己的未來有控制權，同時進行經濟與政治力量的創造和分配。我也主張建立一個具有包容性的國家框架，使所有的族裔都被視為國家的一部分，每個人都有相同的經濟機會，不會因為族裔或階級而有差異。包容性地方主義可以打破特權保護的高牆，同時允許建立保留社區特色的矮牆。

開放門戶與來自全球市場的競爭促進全球繁榮。我們必須繼續維持這樣的體系，同時也得處理科技變革帶來的不平等和恐懼。具體而言，包容性地方主義可以使人們在社區的層次滿足其自然本能，也就是和自己相像的人居住在同個地方。如此一來，就可防止民粹式民族主義激發多元化國家的部落本能，煽動分裂與對立。此外，透過地方基礎建設的加強、培養人民能力的措施及社區社會安全網的建立，包容性地方主義可以擴大機會、促進平等，讓每個社區成員都能加入全球市場，並從中獲益。

我提議的路徑是架構在現有的基礎上。我不主張放棄任何一根支柱：市場和私有財產應該保留，國家治理也是。國家是必要的，但是必須把權力讓給社區，這樣能夠提高效能。社區是我們生存的所在，必須在市場和國家的擠壓下爭取空間，才得以繁榮。這條改革之路看起來似乎不起眼，其實作用很大，能避開簡單但往往錯誤的解決方案。

我們還必須看清現實。在內心深處，我們都有人溺己溺的同理心，然而我們經常與別人保持距離，有你我之別。了解及包容其他文化不是弱點，不是愛國心不足，也並不代表我們都是無根、不屬於任何地方的公民。其實，了解其他文化是為了明天的世界做準備。未來，即使我們努力研究、珍視、保存自己的文化遺產，族裔還是會更多元化。儘管明天的世界尚未到來，我們需要小步、小步的前進，讓每個人都有生存空間，設法更了解彼此。我們居住的社區不只允許觀點的多元化，讓最原始和最國際化的觀點並存，社區也是社會直接互動的地方。儘管自動化剝奪製造業和服務業的工作，很多社會互動的工作並非機器可以代勞。

或許，我們即將受到的衝擊前所未見。或許，大多數的人都將在十年內失業，被機器人和超級人工智慧淘汰。不過，我很懷疑這種情況會發生。一九五〇年代以來專家一直在預測，只要再過一、二十年，人工智慧（也就是演算法）將能完全取代人類。只要人類社會能保持平衡，我就不擔心會有這樣的結果。我們會失業是因為機器代勞，讓生產成本大幅降低、產品和服務品質提升但價格下降，也反映機器具有更大的生產力。如凱因斯在將近一百年前所言，有一天我們將解脫工作的束縛，思索人生有哪些東西更美好，創造、珍惜偉大的藝術和美感，重視良善，而非商業成功。[1]

很多人擔心，沒有收入，哪有這麼美好的人生，畢竟機器是由少數企業家擁有，所有的金錢都流向他們。然而，我們從歷史的考察得知，社會價值會改變。我們曾歌頌偉大的戰士，也曾讚美商人和銀行家，今天我們崇拜成功的企業家，也許明日最值得尊崇的是在社區工作的人。如果財富分配偏向極少數，這些人可能認為這樣不合理，想要把財富還給社會。社會也不再為只會累積財富的企業家鼓掌，尋求明智分配財富的方法。其實，已有一些超級富豪這麼做。二〇一〇年，微軟創辦人比爾蓋茲和股神巴菲特發起「捐款承諾」（Giving Pledge）的活動，呼籲全世界的億萬富翁在有生之年或在遺囑中承諾為慈善事業捐出一半以上的財富。

即使價值觀沒有改變，如果我們保有民主，就不會讓絕大多數的人陷入貧窮，卻使少數人占盡利益，也不會使企業怪獸和國家變成一丘之貉。財產權是社會建構出來的，也只有在人民能夠接受的情況下才得以施行。如果收入和財富確實偏向少數人，民主將會顛覆這種現象，不再保護少數人的財產，轉向為大多數的人保留機會。除非企業怪獸和國家聯手出擊，壓制民主，保護少數人的財產權，讓大多數人陷入貧窮。未來，我們無法排除這種可能。我們必須努力保護民主，讓民主的力量增強，並提高警覺，讓市場和國家分開，才不會落到這步田地。我提議的路徑有助於做到這點。

目前很多國家面臨更為急切的問題是人口老化。在不久的將來，有些國家人力不足，需要大量的工作空缺需要填補，而非工作機會太少。他們擁有過多的有形資產，包括基礎建設、工廠、機械、建築物和房屋。如果人口凋零，這些資產就會遭到廢棄。像日本這樣人口同質化高的國家，最簡單的辦法就是使用更多的機器，這樣就可以逃避接納移民帶來的問題。但這種國家必須面臨這樣的選擇：讓更多老人孤單到死，或者接受移民帶來的文化衝擊，然後慢慢調適。對族裔多元化程度高的國家而言，關於人口老化問題負責任的做法是穩定控制移民數量，並以移民融合為目標，讓移民能成為正式、活躍的公民。我建議的路徑提供吸引、融合移民的方法，同時支持本土人民。

至此，關於最迫切的一個問題我仍然著墨不多，也就是氣候變遷和水資源短缺等自然永續的問題。科技進步可能讓我們得以在未來解決這些難纏的問題。例如利用廉價的可再生能源，像太陽能或風能，用大電池把能源儲存起來，為汽車、卡車、工廠提供動力，如此就可以大幅減少碳排放。我們也可以利用電池提供逆滲透技術工廠動力，把海水變成淡水，再輸送到乾旱的內陸，如此就可以解決水資源短缺的問題，把沙漠變成綠意盎然的農田。然而，我們也必須有心理準備，因為技術發展可能緩不濟急，不得不共體時艱，努力節約能源。如果這個地球出現生存危機，如何能負擔自私自利、在零和遊戲下注的民族主義？反之，我們需要負責任的國際主義。我們必須揚棄只會喊口號的民族主義，用包容性地方主義承擔國家的責任。

最後，讀者可以從本書的歷史之旅看到希望。人類價值觀並非一成不變。正如金恩博士所言：「道德宇宙的弧線雖長，終究會彎向正義。」如果只看一小段時期，似乎歷史總是不斷重演，種族主義和好戰的民族主義不時爆發，散播仇恨和衝突的種子。但人類社會在經歷無數的風雨動盪之後，總是會變得比較寬容、尊重和公正。趨勢來看，的確會上下波動。或許我們今天是在走下坡，還有一段長遠的路要走，然而回頭看我們走過的路，我們應該心生希望。不要讓未來成為意外。反之，我們該塑造未來。我們能做的事很多。如果我們想要和平共處，就該明智的做出選擇。我相信我們做得到。

致謝

本書是集體努力的成果，即使掛名的作者只有一個。我的妻子拉德希卡一步一步的伴我走完這趟寫作之旅，與我辯論、提出修正、給我批評意見，自始至終不遺餘力的鼓勵我。如果沒有她，本書恐怕無法面世，因此這本書不只是我的著作，也是她的心血結晶。我的孩子也經常挑戰我的思維，讓我的理念變得更清晰、犀利。因為他們，我才了解今天年輕人的想法和社群媒體。在我寫這本書的時候，我的岳母突然過世。她總是熱情的與我交換意見，教我很多東西，也給我滿溢的愛。我們很思念她。我的父母和過去一樣總是無條件的支持我。我每天都感謝他們讓我擁有寶貴的童年。唉，在這個世界上，像我這樣幸運的孩子應該不多。

本書有很多想法萌生於我在芝加哥布斯商學院任教期間。感謝上天給我這麼好的學術環境，不時讓我得到激勵與啟發。在布斯商學院的歲月可以說是我學術人生的黃金時期。本書有幾個重點呼應我和津加萊斯合著的《從資本家手中拯救資本主義》。我和藍姆夏蘭的共同研究也與本書主題息息相關。這兩位研究同仁都讀了本書初稿，也慷慨惠賜很多寶貴意見。我也感謝下列學者與我討論，他們的想法讓我獲益良多：博純德（Marianne Bertrand）、戴維斯（Steve Davis）、戴蒙德（Douglas Diamond）、法瑪（Eugene Fama）、葛特納（Rob Gertner）、謝昌泰、赫斯特、卡普蘭（Steven Kaplan）、卡夏雅普（Anil Kashyap）、馬月蘭（Yueran Ma）、梅塔（Bhanu Pratap Mehta）、帕斯特（Lubos Pastor）、裴茲曼、普拉薩德（Eswar Prasad）、施瓦庫瑪（Ram Shivakumar）、蘇非（Amir Sufi）、席佛森（Chad Syverson）、塞勒（Richard Thaler）、韋思寧（Rob Vishny）和齊維克（Eric Zwick）。多謝蘭巴（Rohit Lamba）和拉傑（Prateek Raj）費心閱讀前幾章，給我非常詳細而且有用的意見。卡梅帕利（Krishna Kamepalli）和庫馬爾（Adarsh Kumar）這兩位研究助理也給我很多協助。

在我寫這本書的過程中，下列學者也與我討論，幫了很大的忙：貝爾德（Douglas Baird）、布頓（Marshall Bouton）、卡尼（Mark Carney）、查克拉巴第（Dipesh Chakrabarty）、申堤、柯克倫（John Cochrane）、科赫哈爾（Rakesh Kochhar）、米許拉（Prachi Mishra）、尼倫伯格（David Nirenberg）、約書亞·勞（Josh Rauh）和羅賓森（James Robinson）。

打從一開始，我的經紀人布洛克曼（Max Brockman）就大力支持這個寫作計畫，幫我把書稿交給編輯莫耶思（Scott Moyers）。莫耶思是有理想性的編輯，除了鼓勵我，也讓本書變得更好。我也感謝企鵝蘭登書屋的出版團隊，包括卡魯奇歐（Christina Caruccio，感謝她在潤稿、校閱所下的功夫）、康瑟爾（Mia Council）、赫德森（Sarah Hutson）與理查茲（Christopher Richards）。

最後，我還要感謝芝加哥大學布斯商學院這幾個單位的經費贊助：證券價格研究中心（Center for Research on Securities Prices）、史蒂格勒中心（Stigler Center）與全球市場計畫（Initiative on Global Markets）。

各章注釋

自序

1 Anne Case and Angus Deaton, "Rising morbidity and mortality in midlife among white non-Hispanic Americans in the 21st century," *Proceedings of the National Academy of Sciences* 112, no. 49 (November 02, 2015), doi:10.1073/pnas.1518393112.

2 這個定義來自dictionary.com.http://www.dictionary.com/browse/community?s=t。根據 Merriam-Webster線上字典的定義，社區「是一群有共同利益、居住在同個地區的人」。參見：https://www.merriam-webster.com/dictionary/community。

3 Raj Chetty and Nathaniel Hendren, "The Impacts of Neighborhoods on Intergenerational Mobility I: Childhood Exposure Effects," rev. ed. NBER Working Paper No. 23001, May 2017.

4 參見Hannah Arendt, *The Origins of Totalitarianism*, (Orlando: Harvest, 1994).

5 「想像的共同體」這個詞可以參見Benedict Anderson, *Imagined Communities: Reflections on the Origin and Spread of Nationalism* (London: Verso, 1983).

6 University of Illinois, Chicago Great Cities Institute, *Pilsen: October 2017 Quality of Life Plan,* October 2016, https://greatcities.uic.edu/wp-content/uploads/2015/10/FINAL-Pilsen-QoL-Plan-Full.pdf.

7 Robert Sapolsky, *Behave: The Biology of Humans at Our Best and Worst* (New York: Penguin Press, 2017), 311.

8 "My Neighborhood Pilsen—Safety," WTTW (website), accessed August 07, 2018, https://inter active.wttw.com/my-neighborhood/pilsen/safety.

9 舉例來說，請參見Allen Berger, Nathan Miller, Mitchell Petersen, Raghuram Rajan, and Jeremy Stein, "Does Function Follow Organizational Form? Evidence from the Lending Practices of Large and Small Banks," *Journal of Financial Economics* 76, no. 2 (2005): 237–269.

10 Raghuram G. Rajan, *Fault Lines: How Hidden Fractures Still Threaten the World Economy*(Princeton, NJ: Princeton University Press, 2010), 45.

11 Daniel Burnham (1907) quoted in Charles Moore, *Daniel H. Burnham, Architect, Planner of Cities.* Volume 2. (Boston: Houghton Mifflin, 1921), 147.

前言　第三支柱

1 參見Amartya Sen, *Identity and Violence: The Illusion of Destiny* (New York: Norton, 2006).

2 Ferdinand Tönnies, *Community and Society—Gemeinschaft und Gesellschaft,* trans. Charles P. Loomis (Mineola, NY: Dover Publications, 2002), 65.

3 參見Stephen Marglin, *The Dismal Science: How Thinking like an Economist Undermines Community* (Cambridge, MA: *Harvard Business Review*, 2010)。這本絕佳的好書還指出，社區會在市場與政府的進逼下變得脆弱。作者也懷疑市場能扮演更多的角色。

4 舉例來說，參見Robert Sapolsky, *Behave: The Biology of Humans at Our Best and Worst* (New York: Penguin Press, 2017).

5 參見Sebastian Jung, *Tribe: On Homecoming and Belonging* (New York: Twelve, 2016), 37; Desmond Morris and Peter March, *Tribes* (London: Pyramid Books, 1988), 34–35.

6 Elenore Smith Bowen [Laura Bohannan, pseud.], *Return to Laughter* (New York: Anchor Books, 1964), 47, 131.

7 Kaivan Munshi and Mark Rosenzweig, "Networks and Misallocation: Insurance, Migration, and the Rural-Urban Wage Gap," *American Economic Review* 106, no. 1 (January 2016): 56, http://dx.doi.org/10.1257/aer.20131365.

8 Avner Greif, "Reputation and Coalitions in Medieval Trade: Evidence on the Maghribi Traders," *Journal of Economic History* 49, no. 4 (December 1989): 857–82.

9 Douglas Oliver, *A Solomon Island Society* (Cambridge, MA: Harvard University Press, 1955), 454–55, cited in Marshall Sahlins, *Stone Age Economics* (Chicago: Adline-Atherton, 1972), 197.

10 Robert C. Ellickson, *Order without Law* (Cambridge, MA: Harvard University Press, 1991), 61–62.

11 Ellickson, *Order without Law*, 60.

12 Edward C. Banfield, *The Moral Basis of a Backward Society* (Glencoe, IL: The Free Press, 1958), 10.

13 Banfield, *Moral Basis,* 22.

14 Banfield, *Moral Basis,* 92.

15 Banfield, *Moral Basis,* 17.

16 Banfield, *Moral Basis,* 17.

17 Banfield, *Moral Basis,* 19.

18 Banfield, *Moral Basis,* 18.

19 Mitchell A. Petersen and Raghuram G. Rajan, "The Effect of Credit Market Competition on Lending Relationships," *Quarterly Journal of Economics* 110, no. 2 (May 1995): 407–43.

20 Peter Mathias, *The First Industrial Nation: An Economic History of Britain 1700–1914* (New York: Charles Scribner, 1969), 158–160.

21 很多文獻都指出，改變可能對社區造成破壞，包括市場力量的出現。很多思想家如柏克（Edmund Burke）、莫瑟（Justus Moser）、博蘭尼（Karl Polanyi）、盧梭（Jean Jacques Rousseau），當然還有馬克思（Karl Marx）和恩格爾（Frederick Engels）都曾評論社區及其文化遭到破壞。參見Jerry Muller, *The Mind and Market: Capitalism in Western Thought* (New York: Alfred Knopf, 2002)。

22 這段描述引用自Mathias, *First Industrial Nation.*

23 Duncan Bythell, "The Hand-Loom Weavers in the English Cotton Industry during the Industrial Revolution: Some Problems," *The Economic History Review* 17, no. 2 (1964): 339–53.

24 Ellen Barry, "In India, a Small Band of Women Risk It All for a Chance to Work," *The New York Times*, January 30, 2016, https://www.nytimes.com/2016/01/31/world/asia/indian-women-labor-work-force.html; Ellen Barry, " 'We Will Not Apologize': Chronicling the Defiant Women of India," *The New York Times*, January 30, 2016, https://www.nytimes.com/2016/01/31/in sider/we-will-not-apologize-encountering-the-defiant-women-of-india.html.

25 參見Avinash Dixit, "Governance Institutions and Economic Activity," *American Economic Review* 99, no. 1 (March 2009): 5–24。例如，社區規模變大，難以分享訊息，對社區則是個缺點。

26 David de la Croix, Matthias Doepke, and Joel Mokyr, "More than family matters: Apprenticeship and the rise of Europe," *Vox, CEPR Policy Portal,* March 2, 2017, https://voxeu.org/article/apprenticeship-and-rise-europe.

27 Joel Mokyr, *A Culture of Growth: The Origins of the Modern Economy* (Princeton, NJ: Princeton University Press, 2017).

第一章 債務的發展軌跡

1 Kautilya, *The Arthashastra,* ed. L. N. Rangarajan (New Delhi: Penguin Books, 1992), 426.

2 Edward L. Glaeser and José Scheinkman, "Neither a Borrower Nor a Lender Be: An Economic Analysis of Interest Restrictions and Usury Laws," *Journal of Law and Economics* 41, no. 1 (April 1998): 1–36.

3 Clyde G. Reed and Cliff T. Bekar, "Religious Prohibitions against Usury," *Explorations in Economic History* 40, no. 4 (October

2003): 350.

4 R. H. Tawney, *Religion and the Rise of Capitalism* (New York: Mentor Books, 1963), 39.

5 參見Henri Pirenne, *Economic and Social History of Medieval Europe,* trans. I. E. Clegg (New York: Harvest, 1937), 7–8.

6 Ibid., 9.

7 R. H. Tawney, *The Agrarian Problem of the Sixteenth Century* (London: Longmans, Green and Co., 1912), 264.

8 Alan Macfarlane, *The Origins of English Individualism* (New York: Cambridge University Press 1979), 18.

9 參見ibid., 124–26, and H. J. Habakkuk, "English Landownership 1680–1740," *Economic History Review* 10, no. 1 (February 1940): 2–17提到法院對限定繼承敵意的評論。

10 Douglass C. North, John Joseph Wallis, and Barry R. Weingast, *Violence and Social Orders: A Conceptual Framework for Interpreting Recorded Human History* (Cambridge, UK: Cambridge University Press, 2009), 84.

11 這段話大多引自Jack Goody, *The Development of the Family and Marriage in Europe* (Cambridge, UK: Cambridge University Press, 1983), 118, 132.

12 Reed and Bekar, "Religious Prohibitions," 352.

13 D. N. McCloskey, "English Open Fields as Behavior Towards Risk," ed. P. Unselding, *Research in Economic History* 1, cited in Reed and Bekar, "Religious Prohibitions."

14 參見Reed and Bekar, "Religious Prohibitions."

15 參見Harold J. Berman, *Law and Revolution, The Formation of the Western Legal Tradition* (Cambridge, MA: Harvard University Press, 1983).

16 Goody, *Development of the Family.*

17 Aristotle, *Politics,* trans. Benjamin Jowett (Kitchener, Canada: Batoche Books, 1999), 17.

18 Albert O. Hirschman, *The Passions and the Interests: Political Arguments for Capitalism before Its Triumph* (Princeton, NJ:

Princeton University Press, 1977).

19 Tawney, *Religion and the Rise of Capitalism,* 36.

20 C. Dyer, "Standards of Living in the Later Middle Ages" (Cambridge, UK: Cambridge University Press, 1989), 141–42, cited in Reed and Bekar, "Religious Prohibitions," 363.

21 Barrington Moore Jr., *Social Origins of Dictatorship and Democracy: Lord and Peasant in the Making of the Modern World* (1966; repr., Harmondsworth, UK: Penguin University Press, 1974), 460–64.

22 E. L. Jones, *The European Miracle*, 3rd ed. (1981; repr., Cambridge, UK: Cambridge University Press, 2003), 57–58.

23 Pirenne, *Economic and Social History,* 53.

24 Jones, *European Miracle,* 130.

25 Jones, *European Miracle,* 130.

26 Geoffrey Parker, *The Military Revolution,* 2nd ed. (1988; repr., Cambridge, UK: Cambridge University Press, 1996), 18–19.

27 Immanuel Wallerstein, *The Modern World-System I: Capitalist Agriculture and the Origins of the European World-Economy in the Sixteenth Century* (New York: Academic Press, 1974).

28 Parker, *Military Revolution,* 1.

29 Jones, *European Miracle,* 130.

30 Pirenne, *Economic and Social History,* 83.

31 Pirenne, *Economic and Social History,* 118–19.

32 Jared Rubin, "Bills of Exchange, Interest Bans, and Impersonal Exchange in Islam and Christianity," *Explorations in Economic History* 47, no. 2 (April 2010): 213–27.

33 Goody, *Development of Family*, 165.

34 Nicholas Carr, "Is Google Making Us Stupid?," *The Atlantic,* July/August 2008, https://www.theatlantic.com/magazine/

archive/2008/07/is-google-making-us-stupid/306868/.

35 Timothy Egan, "The Phone is Smart, but Where's the Big Idea?," *The New York Times,* July 7, 2017, https://www.nytimes.com/2017/07/07/opinion/iphone-apple-printing-press.html?smprod=nytcore-ipad&smid=nytcore-ipad-share&_r=0.

36 Lester K. Little, *Religious Poverty* (Ithaca, NY: Cornell University Press, 1978), 57.

37 Tawney, *Religion and the Rise of Capitalism.*

38 Max Weber, *The Protestant Ethic and the Spirit of Capitalism,* trans. Talcott Parsons (London: Routledge, 1992), 32.

39 引自Benjamin Nelson, *The Idea of Usury: From Tribal Brotherhood to Universal Otherhood* (Chicago: The University of Chicago Press, 1969), 75.

40 Nelson, *Idea of Usury*, 75.

41 James Ackerman, "Interest Rates and the Law: A History of Usury," *Arizona State Law Journal* 27, no. 61 (1981): 78.

42 Tawney, *Religion and the Rise of Capitalism.*

43 關於這個理論的發展，參見Reed and Bekar, "Religious Prohibitions,".

44 舉例來說，參見Michael Duffy, *The Military Revolution and the State 1500–1800* (Exeter, UK: University of Exeter, 1986); Jones, *European Miracle*; and Charles Tilly, *Coercion, Capital, and European States AD 990–1992* (Oxford, UK: Blackwell, 1992).

第二章　憲政國家的崛起

1 這個段落出自Raghuram G. Rajan and Luigi Zingales, *Saving Capitalism from the Capitalists: Unleashing the Power of Financial Markets to Create Wealth and Spread Opportunity* (Princeton, NJ: Princeton University Press, 2003)第六章。

2 Lawrence Stone, *The Crisis of the Aristocracy, 1558–1641* (Oxford, UK: Clarendon Press, 1965).

3 Stone, *Crisis of the Aristocracy.*

4 S. E. Finer, *The History of Government,* vol. 3 (Oxford, UK: Oxford University Press, 1999).

5 Frederick C. Dietz*, An Economic History of England* (New York: H. Holt, 1942).

6 Ibid.

7 Stone, *Crisis of the Aristocracy*; 也可參見R. H. Tawney, "The Rise of the Gentry, 1558–1640," *The Economic History Review* 11, no. 1 (1941): 1–38.

8 參見Tawney, "The Rise of the Gentry," and Stone, *Crisis of the Aristocracy*.

9 C. V. Wedgwood, *The Great Rebellion: The King's Peace, 1637–1641* (London: Collins, 1956), 367.

10 然而如果人人都害怕土地被徵用，那就沒有人願意購買土地，寧可用租的，每年從土地收入撥出一部分當做租金。被沒收的修道院財產中有一大部分的確變成長租而非出售。如現有的租戶土地經營效益佳，就沒有理由把他們趕走，尋找新的租戶。

11 舉例來說，參見Douglass C. North, John Joseph Wallis, and Barry R. Weingast, *Violence and Social Orders: A Conceptual Framework for Interpreting Recorded Human History* (Cambridge, UK: Cambridge University Press, 2009).

12 Stone, *Crisis of the Aristocracy*.

13 舉例來說，參見Raghuram G. Rajan and Luigi Zingales, *Saving Capitalism from the Capitalists: Unleashing the Power of Financial Markets to Create Wealth and Spread Opportunity* (Princeton, NJ: Princeton University Press, 2003)

14 Robert C. Allen, *Enclosure and the Yeoman* (Oxford: Clarendon Press, 1992).

15 S. E. Finer, *History of Government: Empires, Monarchies, and the Modern State,* vol. 3 (New York: Oxford University Press, 1997).

16 參見Linklater, *Owning the Earth*.

17 J. R. Green, *A Short History of the English People* (London: Macmillan, 1888).

18 Peter Mathias, *The First Industrial Nation*: *An Economic History of Britain 1700–1914* (New York: Charles Scribner 1969), 41.

19 引自Sheilagh Ogilvie, *Institutions and European Trade: Merchant Guilds, 1000–1800* (New York: Cambridge University Press, 2011), 8.

20 參見Dietz, *Economic History of England,* 264.

21 舉例來說，參見Ogilvie, *Institutions and European Trade,* 163.

22 基本上這就是休謨的「物價－現金流動機制」（price–specie flow mechanism），詳見休謨在一七五二年出版的《論貿易平衡》（*On the Balance of Trade*）。另請參見：Robert W. McGee, "The Economic Thought of David Hume," Hume Studies 15, no. 1 (1989), 184–204. http://www.hume society.org/hs/issues/v15n1/mcgee/mcgee-v15n1.pdf。

23 這段引言來自Dietz, *Economic History of England,* 270.

24 這段話來自E. L. Jones, *The European Miracle*, 3rd ed. (1981; repr., Cambridge, UK: Cambridge University Press, 2003), 98–102.

25 Jones, *The European Miracle,* 98.

26 Adam Smith, *An Inquiry into the Nature and Causes of the Wealth of Nations* (Chicago: University of Chicago Press, 1976).

27 參見Jones, *European Miracle*, 114; Eric Evans, *The Forging of the Modern State: Early Industrial Britain 1783–1870* (London: Longman, 2001), 32。即使十八世紀晚期的英國政府已比早期來得強，據估算，所有進口貨物當中足足有五分之一是走私貨。

28 參見Ogilvie, *Institutions and European Trade,* 18.

29 參見Bruce G. Carruthers, *City of Capital—Politics and Markets in the English Financial Revolution* (Princeton, NJ: Princeton University Press, 1996), 37.

30 Finer, *History of Government,* vol. 3, 1341–43.

31 這段話來自Douglass C. North and Barry R. Weingast, "Constitutions and Commitment: The Evolution of Institutions Governing Public Choice in Seventeenth-Century England," *Journal of Economic History* 49, no. 4 (December 1989), 816–17.

32 John Brewer, *The Sinews of Power* (London: Unwin Hyman, 1989), 66.

33 參見North, Wallis, and Weingast, *Violence and Social Orders*.

34 參見Carruthers, *City of Capital,* 75.

35 參見Brewer, *Sinews of Power,* 125.

36 North and Weingast, “Constitution and Commitment.”

37 參見Rajan and Zingales, *Saving Capitalism*.

38 參見Dani Rodrik, Arvind Subramanian, and Franceso Tebbi, “Institutions Rule: The Primacy of Institutions Over Geography and Integration in Economic Development,” *Journal of Economic Growth* 9, no. 2 (June 2004): 131–65.

39 參見Rajan and Zingales, *Saving Capitalism*.

40 關於貪腐的描述，參見Linklater, *Owning the Earth,* 225–26.

41 Rodney Ramcharan, “Inequality and Redistribution: Evidence from U.S. Counties and States, 1890–1930,” *Review of Economics and Statistics* 92, no. 4 (November 2010): 729–44.

42 Raghuram Rajan and Rodney Ramcharan, “Land and Credit: A Study of the Political Economy of Banking in the United States in the Early 20th Century,” *Journal of Finance* 66, no. 6 (December 2011): 1895–1931.

43 Stanley L. Engerman and Kenneth L. Sokoloff, “Factor Endowments, Inequality, and Paths of Development Among New World Economics,” NBER Working Paper No. 9259, October 2002.

44 Barrington Moore Jr., *Social Origins of Dictatorship and Democracy: Lord and Peasant in the Making of the Modern World* (1966; repr., Harmondsworth, UK: Penguin Press, 1974), 462–63.

45 Linklater, *Owning the Earth,* 117.

46 參見Moore, *Social Origins*.

第三章　市場起飛

1 引自Edward Cheyney, *An Introduction to the Industrial and Social History of England* (New York: Macmillan, 1916), chapter 8.

2 Adam Smith, *An Inquiry into the Nature and Causes of the Wealth of Nations* (Chicago: University of Chicago Press, 1976), 90. 頁數來自Kindle版。

3 Smith, *Wealth of Nations,* 176.

4 舉例來說，參見Smith, *Wealth of Nations,* 493.

5 Smith, *Wealth of Nations,* 314.

6 Smith, *Wealth of Nations,* 482.

7 這段引言來自彌爾的著作John Stuart Mill, *On Liberty* (London: Walter Scott Publishing; The Project Gutenberg ebook, released in 2011), https://www.gutenberg.org/files/34901/34901-h/34901-h.htm.

8 Jerry Z. Muller, *The Mind and the Market: Capitalism in Modern European Thought* (New York: Anchor, 2002).

9 Karl Polanyi, *The Great Transformation: The Political and Economic Origins of Our Time,* 2nd ed. (Boston: Beacon Press, 2001).

10 H. W. Brands, *American Colossus: The Triumph of Capitalism, 1865–1900* (New York: Anchor Books, 2011).

11 Brands, *American Colossus*.

12 Ron Chernow, *Titan: The Life of John D. Rockefeller, Sr.,* 2nd ed. (New York: Vintage Books, 2004); Brands, *American Colossus*.

13 Chernow, *Titan*.

14 Ida Tarbell, *The History of the Standard Oil Company,* vol. 1 (Glouchester, MA: Peter Smith, 1904), 65, cited in ibid., chapter 8.

15 Chernow, *Titan*.

16 Chernow, *Titan*.

17 Karl Marx, *The Poverty of Philosophy,* rev. ed. (1847, 1982), 109, 引用自John E. Roemer, *Free to Lose: An Introduction to Marxist Economic Philosophy* (Cambridge, MA: Harvard University Press, 1988), 112.

18 舉例來說，參見Michael Kumhof, Romain Rancière, and Pablo Winant, "Inequality, Leverage, and Crises," *American Economic Review* 105, no. 3 (March, 2005): 1217–45.

19 Leon Trotsky, "The world economic crisis and the new tasks of the Communist International," in *The First Five Years of the Communist International,* vol. I (London: New Park, 1973), 252, 引自Stuart Easterling, "Marx's Theory of Economic Crisis," *International Socialist Review* 32 (November/December 2003), https://isreview.org/issues/32/crisis_theory.shtml.

20 Frederick Engels, "Outline of a Critique of Political Economy," paragraph 48, 引自Easterling, "Marx's Theory of Economic Crisis."

21 這段話來自Stanley Engerman and Kenneth Sokoloff, "The Evolution of Suffrage Institutions in the New World," *Journal of Economic History* 65, no. 4 (December 2005): 891–921.

22 舉例來說，參見Paul Foot, *The Vote: How It Was Won and How It Was Undermined* (New York: Viking, 2005).

23 Engerman and Sokoloff, "Evolution of Suffrage."

24 舉例來說，參見Alessandro Lizzeri and Nicola Persico, "Why Did the Elites Extend the Suffrage? Democracy and the Scope of Government, with an Application to Britain's 'Age of Reform,' " *Quarterly Journal of Economics* 119, no. 2 (May 2004); 707–65.

25 舉例來說，參見Engerman and Sokoloff, "Evolution of Suffrage"; Daron Acemoglu and James A Robinson, "Why Did the West Extend the Franchise? Democracy, Inequality, and Growth in Historical Perspective," *Quarterly Journal of Economics* 115, no. 4 (November 2000): 1167–99, https://doi.org/10.1162/003355300555042; and Lizzeri and Persico, "Why Did the Elites Extend the Suffrage?"

26 Engerman and Sokoloff, "Evolution of Suffrage."

27 Acemoglu and Robinson, "Why Did the West Extend the Franchise?"

28 Edmund Burke, "The importance of property," in *Reflections on the Revolution in France* (1790), part 1.

29 參見Eric J. Evans, *The Forging of the Modern State: Early Industrial Britain, 1783–1870,* 3rd ed. (New York: Routledge, 2001); Foot, *The Vote*.

30 Foot, The Vote.

31 參見Lizzeri and Persico, "Why Did the Elites Extend the Suffrage?"

32 Engerman and Sokoloff, "Evolution of Suffrage."

33 Oded Galor, Omer Moav, and Dietrich Vollrath, "Inequality in Land Ownership, the Emergence of Human Capital Promoting Institutions, and the Great Divergence," *Review of Economic Studies* 76, no. 1 (January 2009): 143–79.

34 舉例來說，參見Alexander Hamilton, James Madison, and John Jay, *The Federalist papers* (1788), available at https://www.congress.gov/resources/display/content/The+Federalist+Papers, especially Federalist 10, "The Same Subject Continued: The Union as a Safeguard Against Domestic Faction and Insurrection."

35 Douglass C. North, John Joseph Wallis, and Barry R. Weingast, *Violence and Social Orders: A Conceptual Framework for Interpreting Recorded Human History* (Cambridge, UK: Cambridge University Press, 2009).

36 Edward Glaeser and Claudia Goldin, "Corruption and Reform: An Introduction," in *Corruption and Reform: Lessons from America's History,* ed. Edward Glaeser and Claudia Goldin (Chicago: The University of Chicago Press, 2006), 14.

37 舉例來說，參見John Joseph Wallis, "The Concept of Systematic Corruption in American History," in *Corruption and Reform,* ed. Edward Glaeser and Claudia Goldin (Chicago: The University of Chicago Press, 2006).

38 Hicks, *Populist Revolt: A History of the Farmers' Alliance and the People's Party* (Minneapolis: University of Minnesota Press, 1931).

39 參見Barry Eichengreen, *The Populist Temptation: Economic Grievance and Political Reaction in the Modern Era* (New York:

Oxford University Press, 2018).

40 Hicks, *Populist Revolt,* 25–26.

41 Hicks, *Populist Revolt,* 32.

42 Richard Hofstadter, *The Age of Reform* (New York: Vintage Books, 1960).

43 舉例來說，參見George Stigler, "The Economic Effects of Antitrust Laws," *Journal of Law and Economics* 9 (October 1996).

44 Chernow, *Titan,* chapter 22.

45 Chernow, *Titan,* chapter. 27.

46 Michael McGerr, *A Fierce Discontent: The Rise and Fall of the Progressive Movement in America* (New York: Free Press, 2003).

47 事實上，一項有說服力的研究指出，麥金利中彈後，雖然沒有當場死亡，情況時好時差，受反托拉斯法案影響的股票也隨之上上下下，顯示領導階層的變化對歷史進程來說既意外又重要。參見Richard B. Baker, Carola Frydman, and Eric Hilt, "From Plutocracy to Progressivism? The Assassination of President McKinley as a Turning Point in American History," September 2014, https://economics.yale.edu/sites/default/files/hilt.pdf

第四章　社區作為平衡力量

1 Marshall Goldman, *Petrostate: Putin, Power, and the New Russia* (New York: Oxford University Press, 2008).

2 Goldman, *Petrostate.*

3 參見Andro Linklater, *Owning the Earth: The Transforming History of Land Ownership* (New York: Bloomsbury, 2013).

4 Franz Neumann, *Behemoth: The Structure and Practice of National Socialism, 1933–1944* (New York: Octagon Books, 1963).

5 參見Enrico C. Perotti and Ernst Ludwig von Thadden, "The Political Economy of Corporate Control and Labor Rents," *Journal of Political Economy* 114, no. 1 (February 2006): 145–75.

6 Shanker Satyanath, Nico Voigtländer, and Hans-Joachim Voth, "Bowling for Fascism: Social Capital and the Rise of the Nazi

Party," *Journal of Political Economy* 125, no. 2 (April 2017): 478–526, https://doi.org/10.1086/690949.

7 Fareed Zakaria, "The Rise of Illiberal Democracy," *Foreign Affairs*, November/December 1997, https://www.foreignaffairs.com/articles/1997-11-01/rise-illiberal-democracy.

8 這一節源於筆者與印度國會議員友人的深入討論。這裡不提供這些議員友人的真實姓名。

9 舉例來說，參見霍夫士達特 (Richard Hofstadter) 描述民主機器政治的經典著作，*The Age of Reform* (New York: Vintage Books, 1960).

10 參見Robert Nozick, *Anarchy, State, and Utopia* (New York: Basic Books, 1974).

11 參見John E. Roemer, *Free to Lose: An Introduction to Marxist Economic Philosophy* (Cambridge, MA: Harvard University Press, 1988).

12 參見John Rawls, *A Theory of Justice* (Cambridge, MA: Belknap Press, 1971).

13 參見Robert J. Gordon, *The Rise and Decline of American Growth: The U.S. Standard of Living Since the Civil War* (Princeton, NJ: Princeton University Press, 2016).

14 Klaus Schwab, "The Fourth Industrial Revolution: what it means, how to respond," *World Economic Forum* (January 14, 2016), https://www.weforum.org/agenda/2016/01/the-fourth-industrial-revolution-what-it-means-and-how-to-respond/.

15 Gordon, *Rise and Decline of American Growth.*

16 Carlotta Perez, *Technological Revolutions and Financial Capital: The Dynamics of Bubbles and Golden Ages* (Cletenham, UK: Edward Elgar, 2002).

17 Michael Signer, *Demagogue: The Fight to Save Democracy from Its Worst Enemies* (New York: Macmillan, 2009), 38–40.

18 參見John Rury, *Education and Social Change: Contours in the History of American Schooling,* 5th ed. (New York: Routledge, 2016), 44.

19 Claudia Goldin and Lawrence F. Katz, *The Race between Technology and Education* (Cambridge, MA: Belknap Press, 2009),

139.

20 參見Nancy Beadie, *Education and the Creation of Capital in the Early American Republic* (Cambridge, UK: Cambridge University Press, 2010)了解早期學校的詳細情況。

21 Rury, *Education,* 61.

22 參見Campbell F. Scribner, *The Fight for Local Control: Schools, Suburbs, and American Democracy* (Ithaca, NY: Cornell University Press, 2016), 28.

23 Goldin and Katz, *Technology and Education,* 163.

24 Tom Dietz, "From High School to the High Court," *Michigan Bar Journal* (July 2016): 18–19, http://www.michbar.org/file/barjournal/article/documents/pdf4article2909.pdf.

25 引自Goldin and Katz, *Technology and Education*, 193.

26 Goldin and Katz, *Technology and Education*, 180.

27 Goldin and Katz, *Technology and Education*, 164.

28 舉例來說，參見Scribner, *Fight for Local Control,* 40.

29 Scribner, *Fight for Local Control,* 35–37.

30 Michael McGerr, *A Fierce Discontent: The Rise and Fall of the Progressive Movement in America* (New York: Free Press, 2003).

31 C. S. Benson, *The Cheerful Prospect: A Statement on the Future of Public Education* (Boston: Houghton-Mifflin, 1965), 51, cited in Scribner, *Fight for Local Control,* 99.

32 Klaus Desmet, Ignacio Ortuño-Ortín, and Romain Wacziarg, "The Political Economy of Linguistic Cleavages," *Journal of Development Economics* 97, no. 2 (2012): 322–38.

33 Michael B. Katz, *In the Shadow of the Poorhouse: A Social History of Welfare In America,* 2nd ed. (New York: BasicBooks, 1996), 57.

34 愛伯福制的描述引自Larry Frohman, *Poor Relief and Welfare in Germany: From the Reformation to World War I* (New York: Cambridge University Press, 2008), 89–95.

35 E. P. Hennock, *The Origin of the Welfare State in England and Germany, 1850–1914: Social Policies Compared* (Cambridge, UK: Cambridge University Press), 2007), 53.

36 Frohman, *Poor Relief,* 96.

37 Ibid., 97.

38 參見Daniel Rodgers, *Atlantic Crossings*: Social Politics in a Progressive Age (Cambridge, MA: Belknap Press, 1998), 223–26.

39 Rodgers, Atlantic Crossings, 223.

40 Katz, *Shadow of the Poorhouse,* 147.

41 Katz, *Shadow of the Poorhouse,* 240.

42 參見Rodgers, *Atlantic Crossings,* 260–64.

43 Katz, *Shadow of the Poorhouse,* 150–51.

44 參見Franklin D. Roosevelt, "1932 Democratic National Convention acceptance" (speech), July 2, 1932, Democratic National Convention, Chicago, transcript, http://www.danaroc.com/guests_fdr_021609.html.

45 Franklin D. Roosevelt, "Message to Congress on the Objectives and Accomplishments of the Administration," June 8, 1934, transcript, http://www.presidency.ucsb.edu/ws/index.php?pid=14690; also see David M. Kennedy, *Freedom from Fear: The American People in Depression and War, 1929–1945* (New York: Oxford University Press, 2005), 245.

46 Kennedy, *Freedom from Fear,* 267.

47 John B. Judis, *The Populist Explosion: How the Great Recession Transformed American and European Politics* (New York: Columbia Global Reports, 2016).

48 Katz, *Shadow of the Poorhouse,* 240; Rodgers, *Atlantic Crossings,* 443.

49 Katz, *Shadow of the Poorhouse*, 240.

50 Alberto Alesina and Edward Glaeser, *Fighting Poverty in the US and Europe: A World of Difference (The Rodolfo De Benedetti Lecture Series)* (Oxford, UK: Oxford University Press, 2004), 148.

51 Milton Friedman and Rose Friedman, *Free to Choose: A Personal Statement* (New York: Penguin, 1980), 135.

52 James Poterba, “Demographic Structure and the Political Economy of Public Education,” *Journal of Policy Analysis and Management* 16, no. 1 (1997): 48–66.

第五章　承諾的壓力

1 Tony Judt, *Postwar: A History of Europe Science 1945* (New York: Penguin Books, 2005), 236.

2 Robert J. Gordon, *The Rise and Decline of American Growth: The U.S. Standard of Living Since the Civil War* (Princeton, NJ: Princeton University Press, 2016), 120.

3 參見Tyler Cowen, *The Great Stagnation: How America Ate All the Low-hanging Fruit of Modern History, Got Sick, and Will (Eventually) Feel Better* (New York: Dutton, 2011).

4 參見Harold James, *Europe Reborn, A History 1914–2000* (New York: Routledge, 2015), 231–33.

5 Markus K. Brunnermeier, Harold James, and Jean-Pierre Landau, *The Euro and the Battle of Ideas* (Princeton, NJ: Princeton University Press, 2018).

6 Judt, *Postwar,* 338.

7 計算結果來自Ibid., 340.

8 “Transport > Road > Motor Vehicles per 1000 People: Countries Compared,” NationMaster (website), accessed August 06, 2018, http://www.nationmaster.com/country-info/stats/Trans port/Road/Motor-vehicles-per-1000-people.

9 David Banister, *European Transport Policy and Sustainable Mobility* (London: Routledge, 2000), 42.

10 Judt, *Postwar,* 330.

11 以下的段落引用自Daniel Rodgers, *Atlantic Crossings: Social Politics in a Progressive Age* (Cambridge, MA: Belknap Press, 1998). Bernard Harris, *The Origins of the British Welfare State: Social Welfare in England and Wales, 1800–1945* (Houndmills, Basingstoke: Palgrave Macmillan, 2004).

12 Harris, *British Welfare State,* 290.

13 Ibid., 291.

14 參見Kenneth Scheve and David Stasavage, *Taxing the Rich: A History of Fiscal Fairness in the United States and Europe* (Princeton, NJ: Princeton University Press, 2016); "Historical Highest Marginal Income Tax Rates," Tax Policy Center (website), March 22, 2017, http://www.taxpoli cycenter.org/statistics/historical-highest-marginal-income-tax-rates.

15 Judith Rollins, *All Is Never Said: The Narrative of Odette Harper Hines* (Philadelphia: Temple University Press, 1995), 119; "African Americans in World War II: Fighting for a Double Victory," National World War II Museum: New Orleans (website), accessed August 7, 2018, https://www.nationalww2museum.org/sites/default/files/2017-07/african-americans.pdf.

16 Martin Luther King, "I Have A Dream . . ." (speech), "March on Washington," Washington, D.C., August 28, 1963, transcript, https://www.archives.gov/files/press/exhibits/dream-speech.pdf.

17 參見Sidney M. Milkis and Jerome M. Mileur, "Lyndon Johnson, The Great Society, and the 'Twilight' of the Modern Presidency," and Frances Fox Piven and Richard A. Cloward, "The Politics of the Great Society," in *The Great Society and the High Tide of Liberalism,* ed. Sidney M. Milkis and Jerome M. Mileur (Amherst: University of Massachusetts Press, 2005); 以及出色的自傳Robert Caro, *The Path to Power* (New York: Vintage, 1982) and Doris Kearns Goodwin, *Lyndon Johnson and the American Dream* (New York: St. Martin's Griffin, 1982).

18 Daniel P. Moynihan, *Maximal Feasible Misunderstanding: Community Action in the War on Poverty* (New York: Free Press), 168.

19 Milkis and Mileur, *Great Society*.

20 Judt, *Postwar,* 334.

21 Enoch Powell, "Rivers of Blood" (speech), Conservative Association meeting, Birmingham, UK, April 20, 1968, transcript, http://www.telegraph.co.uk/comment/3643823/Enoch-Powells-Rivers-of-Blood-speech.html.

22 Gordon, *Rise and Decline of American Growth*; Cowen, *Great Stagnation*.

23 Gordon, *Rise and Decline of American Growth*, 13.

24 Paul A. David, "The Dynamo and the Computer: An Historical Perspective on the Modern Productivity Paradox," *The American Economic Review* 80, no. 2, (May, 1990): 355–61.

25 James, *Europe Reborn,* 390–91.

26 參見Chad Syverson, "Challenges to Mismeasurement Explanations for the U.S. Productivity Slowdown," *Journal of Economic Perspectives* 31 (Spring 2016): 165–86.

27 Judt, *Postwar,* 541.

28 James, *Europe Reborn,* 362.

29 Brunnermeier et al, *The Euro*.

30 James, *Europe Reborn,* 368.

31 James, *Europe Reborn,* 400.

第六章　資通訊科技革命

1 舉例來說，參見David H. Autor, Frank Levy, and Richard J. Murnane, "The Skill Content of Recent Technological Change: An Empirical Exploration," *The Quarterly Journal of Economics* 118, no. 4 (2003): 1279–1333.

2 "Amazon Go," Amazon, accessed August 08, 2018, https://www.amazon.com/b?node=16008589011.

3 Liz Alderman, "In Sweden, a Cash-Free Future Nears," *The New York Times*, December 26, 2015, https://www.nytimes.com/2015/12/27/business/international/in-sweden-a-cash-free-future-nears.html.

4 James Bessen, "Toil and Technology," *Finance & Development* 52, no. 1 (March 2015).

5 Luis Garicano, "Hierarchies and the Organization of Knowledge in Production," *Journal of Political Economy* 108, no. 5 (2000): 874–904.

6 David H. Autor and David Dorn, "The Growth of Low Skill Service Jobs and the Polarization of the U.S. Labor Market," rev. ed., NBER Working Paper No. 15150, May 2012.

7 Maarten Goos, Alan Manning, and Anna Salomons, "Job Polarization in Europe," *American Economic Review* 99, no. 2 (2009): 58–63.

8 Daniel M. Bernhofen, Zouheir El-Sahli, and Richard Kneller, "Estimating the Effects of the Container Revolution on World Trade," Journal of International Economics 98 (January 2016): 36–50.

9 Ibid.

10 E. H., *The Economist* Explains, "Why Have Containers Boosted Trade so Much?," *The Economist,* May 22, 2013, https://www.economist.com/blogs/economist-explains/2013/05/economist-explains-14.

11 Bernhofen et al., "Container Revolution."

12 Chance Miller, "iPhone X Said to Cost Apple $357 to Make, Gross Margin Higher than iPhone 8," 9to5Mac (website), November 6, 2017, https://9to5mac.com/2017/11/06/how-much-iphone-x-costs-apple-to-make/.

13 Richard Baldwin, *The Great Convergence* (Cambridge, MA: Harvard University Press, 2016).

14 Lisa Goldapple, "Cipla: India's Robin Hood of Drugs," *Project Breakthrough,* September 19, 2018, http://breakthrough.unglobalcompact.org/briefs/cipla-indias-robin-hood-of-drugs-yusuf-hamied/.

15 Elena Crivellaro, "The College Wage Premium over Time: Trends in Europe in the Last 15 Years," in *Inequality: Causes and*

Consequences, ed. Lorenzo Cappellari, Solomon W. Polachek, Konstantinos Tatsiramos (Bingley, UK: Emerald, 2016), 287–328; Robert Valletta, "Recent Flattening in the Higher Education Wage Premium: Polarization, Skill Downgrading, or Both?," NBER Working Paper No. 22935, December 2016.

16 Alan Blinder, "How Many US Jobs Might Be Offshorable?" *World Economics* 10, no. 2 (April 2007): 41–78.

17 Martin Neil Baily and Barry P. Bosworth, "US Manufacturing: Understanding Its Past and Its Potential Future," *Journal of Economic Perspectives* 28, no. 1 (2014): 3–26.

18 Daron Acemoglu, David H. Autor, David Dorn, Gordon H. Hanson, and Brendan Price, "Import Competition and the Great U.S. Employment Sag of the 2000s," *Journal of Labor Economics* 34, no. 1 (January 2016): 141–98.

19 Peter S. Goodman, "More Wealth, More Jobs, but Not for Everyone: What Fuels the Backlash on Trade," *The New York Times,* September 28, 2016, https://www.nytimes.com/2016/09/29/busi ness/economy/more-wealth-more-jobs-but-not-for-everyone-what-fuels-the-backlash-on-trade.html?_r=0.

20 David Autor, David Dorn, and Gordon Hanson, "Untangling Trade and Technology: Evidence from Local Labor Markets," NBER Working Paper No. 18938, April 2013.

21 David Autor, David Dorn, Gordon H. Hanson, and Jae Song, "Trade Adjustment: Worker Level Evidence," *Quarterly Journal of Economics* 129, no. 4 (November 2014): 1799–1860.

22 "Selected Data From Social Security's Disability Program," Social Security Administration (website), accessed August 7, 2018, https://www.ssa.gov/oact/STATS/dibStat.html.

23 參見Amy Goldstein, *Janesville: An American Story* (New York: Simon and Schuster, 2017).

24 "Median usual weekly real earnings: Wage and salary workers: 16 years and over," Federal Reserve Bank of St. Louis (website), accessed August 7, 2018, https://fred.stlouisfed.org/series/LEU0252881600A.

25 Congressional Budget Office, "The Distribution of Household Income, 2014" (March 19, 2018), retrieved from https://www.cbo.

gov/publication/53597#interactive-graphic2.

26 Paul Beaudry, David A. Green, and Benjamin M. Sand, "The Great Reversal in the Demand for Skill and Cognitive Tasks," *Journal of Labor Economics* 34, no. 1 (January 2016): 199–247.

27 OECD, *Education at a Glance 2017: OECD Indicators* (Paris: OECD Publishing, 2017), https://doi.org/10.1787/eag-2017-en.

28 OECD, *Education at a Glance 2017*, 107.

29 "Academic Ranking of World Universities, 2017," Shanghai Rankings (website), accessed August 7, 2018, http://www.shanghairanking.com/ARWU2017.html.

30 "Table 326.10," Digest of Education Statistics, National Center for Education Statistics, accessed August 7, 2018, https://nces.ed.gov/programs/digest/d16/tables/dt16_326.10.asp.

31 參見Thomas Piketty and Emmanuel Saez, "Income Inequality in the United States, 1913–1998," *Quarterly Journal of Economics* 118, no. 1 (2003): 1–41; Anthony Atkinson, Thomas Piketty, and Emmanuel Saez, "Top Incomes in the Long Run of History," *Journal of Economic Literature* 49, no. 1 (2011): 3–71; Thomas Piketty, *Capital in the Twenty-First Century* (Cambridge, MA: Belknap Press, 2014).

32 Piketty, *Capital*.

33 Tobias Buck, "German Inheritance Wave Stokes Fears over Inequality," *Financial Times,* May 2, 2018. https://www.ft.com/content/894689c2-4933-11e8-8ee8-cae73aab7ccb; "Taxing inheritances is falling out of favour," *The Economist,* November 23, 2017, https://www.economist.com/briefing/2017/11/23/taxing-inheritances-is-falling-out-of-favour?frsc=dg%7Ce.

34 Annette Alstadsæter, Niels Johannesen, and Gabriel Zucman, "Tax Evasion and Inequality," NBER Working Paper No. 23772, September 2017; and Annette Alstadsæter, Martin Jacob, Wojciech Kopczuk, and Kjetil Telle, "Accounting for Business Income in Measuring Top Income Shares: Integrated Accrual Approach Using Individual and Firm Data From Norway," NBER Working Paper No. 22888, December 2016.

35 Piketty and Saez, "Income Inequality."

36 Piketty, *Capital.*

37 Steven N. Kaplan and Joshua D. Rauh, "Family, Education, and Sources of Wealth among the Richest Americans, 1982–2012," *The American Economic Review* 103, no. 3 (May 2013): 158–62.

38 Sherwin Rosen, "The Economics of Superstars," *The American Economic Review* 71, no. 5 (December 1981): 845–58.

39 Raghuram Rajan and Julie Wulf, "The Flattening Firm: Evidence from Panel Data on the Changing Nature of Corporate Hierarchies," *The Review of Economics and Statistics* 88, no. 4 (November 2006) 759–73.

40 Milton Friedman, "The Social Responsibility of Business Is to Increase Its Profits," *The New York Times Magazine,* September 13, 1970.

41 Michael Jensen and Kevin J. Murphy, "Performance Pay and Top-Management Incentives," *Journal of Political Economy* 98, no. 2 (April 1990): 225–64.

42 Andrei Shleifer and Lawrence H. Summers, "Breach of Trust in Hostile Takeovers," in *Corporate Takeovers: Causes and Consequences*, ed. Alan J. Auerbach (Chicago: University of Chicago Press, 1988), 33–68; Luigi Zingales, "In Search of New Foundations," *The Journal of Finance* 55, no. 4 (August 2000): 1623–53.

43 Marianne Bertrand and Sendhil Mullainathan, "Are CEOs Rewarded for Luck? The Ones without Principles Are," *The Quarterly Journal of Economics* 116, no. 3 (August 2001): 901–32.

44 舉例來說，參見William A. Galston and Clara Hendrickson, "A Policy at Peace with Itself: Antitrust Remedies for Our Concentrated, Uncompetitive Economy," Brookings, January 5, 2018, https://www.brookings.edu/research/a-policy-at-peace-with-itself-antitrust-remedies-for-our-concentrated-uncompetitive-economy/.

45 Xiaohui Gao, Jay R. Ritter, and Zhongyan Zhu, "Where Have All the IPOs Gone?" *The Journal of Financial and Quantitative Analysis* 48, no. 6 (December 2013): 1663–92, https://doi.org/10.1017/S0022109014000015.

46 參見Galston and Hendrickson, "Policy at Peace with Itself."

47 Gustavo Grullon, Yelena Larkin, and Roni Michaely, "Are US Industries Becoming More Concentrated?" August 31, 2017, available at https://pdfs.semanticscholar.org/138f/249c43bfec315227a242b305b9764d57a0af.pdf. Of course, average size would also increase if small firms no longer enter.

48 參見Sam Peltzman, "Industrial Concentration under the Rule of Reason," *The Journal of Law and Economics* 57, no. S3 (August 2014): S101–20.

49 "Too Much of a Good Thing," *The Economist,* March 26, 2016, https://www.economist.com/briefing/2016/03/26/too-much-of-a-good-thing.

50 Sam Peltzman, "Industrial Concentration."

51 Robert Bork, *The Antitrust Paradox: A Policy at War With Itself* (New York: Basic Books, 1978).

52 "AT&T and Time Warner Are Cleared to Merge," *The Economist,* June 16, 2018, https://www.economist.com/news/leaders/21744068-more-consolidation-will-follow-consumers-ought-worry-att-and-time-warner-are-cleared?frsc=dge.

53 Grullon et al., "Are US Industries Becoming More Concentrated?"

54 參見John Van Reenen, "Increasing Differences Between Firms: Market Power and the Macro-Economy," paper presented at the Jackson Hole Economic Policy Symposium, August 2018, https://www.kansascityfed.org/~/media/files/publicat/sympos/2018/papersandhandouts/824180729van%20reenenpaper.pdf?la=en.

55 舉例來說，參見Nicolas Crouzet and Janice Eberly, "Understanding Weak Capital Investment: the Role of Market Concentration and Intangibles," paper presented at the Jackson Hole Economic Policy Symposium, August 2018, https://www.kansascityfed.org/~/media/files/publicat/sympos/2018/papersandhandouts/824180810eberlycrouzetpaper.pdf?la=en.

56 Jae Song, David J. Price, Fatih Guvenen, Nicholas Bloom, and Till Von Wachter, "Firming Up Inequality," rev. ed., NBER Working Paper No. 21199, June 2015.

57 這個評論是根據我與津加萊斯正在進行的研究。

58 Collen Cunningham, Florian Ederer, and Song Ma, "Killer Acquisitions," Working Paper, Yale School of Management, 2018.

59 Steve Schlackman, "How Mickey Mouse Keeps Changing Copyright Law," *Art Law Journal,* February 15, 2014, https://atp.orangenius.com/how-mickey-mouse-keeps-changing-copyright-law/.

60 參見Brink Lindsey and Steven Teles, *The Captured Economy: How the Powerful Enrich Themselves, Slow Down Growth, and Increase Inequality* (New York: Oxford University Press, 2017).

61 "U.S. Patent Statistics Chart Calendar Years 1963–2015," United States Patent and Trademark Office, accessed August 07, 2018, https://www.uspto.gov/web/offices/ac/ido/oeip/taf/us_stat.htm.

62 Alan Krueger, "Reflections on Dwindling Worker Bargaining Power and Monetary Policy," Luncheon Address at the Jackson Hole Symposium 2018, https://www.kansascityfed.org/~/media/files/publicat/sympos/2018/papersandhandouts/824180824kruegerremarks.pdf?la=en.

63 Jessica Jeffers, "The Impact of Restricting Labor Mobility on Corporate Investment and Entrepreneurship," Working Paper, University of Chicago—Booth School of Business, 2018.

64 Dan Andrews, Chiara Criscuolo, and Peter Gal, *Frontier Firms, Technology Diffusion and Public Policy: Micro Evidence from OECD Countries,* vol. 2 (Paris: OECD Publishing, 2015).

65 David Autor, David Dorn, Lawrence Katz, Christina Patterson, and John Van Reenen, "Fall of the Labor Share and the Rise of Superstar Firms," NBER Working Paper 23396.

66 參見Lindsey and Teles, *Captured Economy.*

67 Morris M. Kleiner and Alan B. Krueger, "Analyzing the Extent and Influence of Occupational Licensing on the Labor Market," *Journal of Labor Economics* 31, no. 2 (Part 2, April 2013): S173–S202.

68 "A Lapse in Concentration," *The Economist,* October 1, 2016, https://www.economist.com/node/21707838/print.

69 Kleiner and Krueger, "Occupational Licensing."

70 Morris Kleiner and Evgeny Vorotnikov, "Analyzing Occupational Licensing Among the States," *Journal of Regulatory Economics* 52, no. 2 (2017): 132–158.

71 "Occupational Licensing Blunts Competition and Boosts Inequality," *The Economist,* February 17, 2018, https://www.economist.com/news/united-states/21737053-how-high-earning-professions-lock-their-competitors-out-market-occupational?frsc=dge.

72 舉例來說，參見John Van Reenen, "Increasing Differences Between Firms: Market Power and the Macro-Economy," presented at the Jackson Hole Conference, 2018; and Germán Gutiérrez and Thomas Philippon, "Declining Competition and Investment in the US," NBER Working Paper no. 23583, July 2017.

73 Martin Hellwig, "A Critique of Corporate Governane Theory" (presentation), GCGC Conference, Stockholm, June 10–12, 2016. Powerpoint presentation can be accessed at http://gcgc.global/presentations/contracts-versus-institutions-a-critique-of-corporate-governance-theory-2/.

74 Nuno Fernandes, Miguel Ferreira, Pedro Matos, and Kevin J. Murphy, "Are U.S. CEOs Paid More? New International Evidence," Working Paper, University of Southern California, 2011.

75 "Employment and Unemployment (LFS)–Database," eurostat (website), European Commission, accessed August 07, 2018, http://ec.europa.eu/eurostat/web/lfs/data/database?p_p_id=NavTree portletprod_WAR_NavTreeportletprod_INSTANCE_IFjhoVbmPFHt&p_p_lifecycle=0&p_p_state=normal&p_p_mode=view&p_p_col_id=column-2&p_p_col_count=1.

第七章　民粹狂潮再起

1 Joan C. Williams, "What So Many People Don't Get About the U.S. Working Class," *Harvard Business Review,* November 10, 2016, https://hbr.org/2016/11/what-so-many-people-dont-get-about-the-u-s-working-class.

2 Craig J. Calhoun, *Nations Matter: Culture, History, and the Cosmopolitan Dream* (London: Routledge, 2011).

3 舉例來說，參見Ronald F. Inglehart and Pippa Norris, “Trump, Brexit, and the Rise of Populism: Economic Have-Nots and Cultural Backlash,” Harvard Kennedy School, Faculty Research Working Paper Series, August 2016.

4 Yann Algan, Sergei Guriev, Elias Papaioannou, and Evgenia Passari, “The European Trust Crisis and the Rise of Populism,” *Brookings* (September 2017), https://www.brookings.edu/wp-content/uploads/2017/09/4_alganetal.pdf.

5 Alexander Hamilton, James Madison, and John Jay, *The Federalist papers* (1788), available at https://www.congress.gov/resources/display/content/The+Federalist+Papers, especially Federalist 10, “The Same Subject Continued: The Union as a Safeguard Against Domestic Faction and Insurrection.”

6 作者根據世界價值調查的分析得出的證據。

7 David Brooks, “Bobos in Paradise,” in *The Inequality Reader: Contemporary and Foundational Readings in Race, Class, and Gender,* ed. David B. Grusky and Szonja Szelényi (Boulder, CO: Westview Press, 2007).

8 Mitchell Petersen and Raghuram Rajan, “Does Distance Still Matter? The Information Revolution in Small Business Lending,” *Journal of Finance* 57, no. 6 (December 2002): 2533–70.

9 Christopher R. Berry and Edward L. Glaeser, “The Divergence of Human Capital Levels Across Cities,” *Papers in Regional Science* 84, no. 3 (December 2005): 407–44.

10 Chang-Tai Hsieh and Enrico Moretti, “Housing Constraints and Spatial Misallocation,” rev. ed., NBER Working Paper No. 21154, May 2017.

11 Han Kim, Adair Morse, and Luigi Zingales, “Are Elite Universities Losing their Edge,” *Journal of Financial Economics* 93 (2009) 353–81.

12 Brooks, “Bobos in Paradise”; Charles Murray, *Coming Apart: The State of White America, 1960–2010* (New York: Random House Digital, 2013); Ross Douthat and Reihan Salam, *Grand New Party: How Republicans Can Win the Working Class and Save the American Dream* (New York: Doubleday, 2008).

13 參見 Betty Hart and Todd Risley, *Meaningful Differences in the Everyday Experience of Young American Children* (Baltimore: Brookes Publishing, 1995), cited in Richard Reeves, *Dream Hoarders: How the American Upper Middle Class Is Leaving Everyone Else in the Dust, Why That Is a Problem, and What to Do About It* (Washington, D.C.: Brookings Institution Press, 2017), 42.

14 Walter Mischel, Yuichi Shoda, and Monica I. Rodriguez, "Delay of Gratification in Children," *Science* 244, no. 4907 (1989): 933–38; Walter Mischel, Yuichi Shoda, and Philip K. Peake, "The Nature of Adolescent Competencies Predicted by Preschool Delay of Gratification," *Journal of Personality and Social Psychology* 54, no. 4 (1988): 687–96; Jacoba Urist, "What the Marshmallow Test Really Teaches About Self-Control," *The Atlantic,* September 24, 2014, https://www.theatlantic.com/health/archive/2014/09/what-the-marshmallow-test-really-teaches-about-self-control/380673/.

15 Celeste Kidd, Holly Palmeri, and Richard N. Aslin, "Rational Snacking: Young Children's Decision-making on the Marshmallow Task is Moderated by Beliefs About Environmental Reliability," *Cognition* 126, no. 1 (2013): 109–14.

16 Reeves, *Dream Hoarders*.

17 Elizabeth Dickinson, "Coleman Report Set the Standard for the Study of Public Education," *Johns Hopkins Magazine* 68, no. 4 (Winter 2016).

18 Heather Schwartz, "Housing Policy in School: Economically Integrative Housing Promotes Academic Success in Montgomery County, MD," *The Education Digest* 76, no. 6 (February 2011): 42.

19 Sean Reardon and Kendra Bischoff, "The Continuing Increase in Income Segregation, 2007–2012," Stanford Center for Education Policy Analysis, 2016, http://cepa.stanford.edu/content/continuing-increase-income-segregation-2007-2012.

20 Ann Owens, "Inequality in Children's Contexts: Income Segregation of Households with and without Children," *American Sociological Review* 81, no. 3 (June 2016): 549–74.

21 Brooks, *Bobos in Paradise*; Christopher Lasch, *The Revolt of the Elites and the Betrayal of Democracy* (New York: W.W. Norton

& Company, 1996); Edward Luce, *The Retreat of Western Liberalism* (New York: Atlantic Monthly Press, 2017); Murray, *Coming Apart*; Robert Putnam, *Our Kids: The American Dream in Crisis* (New York: Simon & Schuster, 2015).

22 "Grammatical Error," *The Economist,* August 13, 2016, http://www.economist.com/news/britain/21704837-lifting-ban-new-selective-schools-would-damage-social-mobility-grammatical-error?frsc=dg%7Ca.

23 Fred Harris and Alan Curtis, "The Unmet Promise of Equality," *The New York Times,* March 1, 2018, https://www.nytimes.com/interactive/2018/02/28/opinion/the-unmet-promise-of-equality.html?rref=collection/sectioncollection/opinion&action=click&contentCollection=opinion®ion=stream&module=stream_unit&version=latest&contentPlacement=18&pgtype=sectionfront.

24 David Autor, David Dorn, and Gordon Hanson, "When Work Disappears: Manufacturing Decline and the Falling Marriage-Market Value of Young Men," NBER Working Paper No. 23173, January 2018.

25 參見Autor et al., "When Work Disappears."

26 Campbell F. Scribner, *The Fight for Local Control: Schools, Suburbs, and American Democracy* (Ithaca, NY: Cornell University Press, 2016), 55.

27 National Commission on Excellence in Education, "A Nation at Risk: The Imperative for Educational Reform," *The Elementary School Journal* 84, no. 2 (1983): 113–30. 亦可見Scribner, *Fight for Local Control,* 175–76.

28 Joseph Fuller, Manjari Raman et al., "Dismissed by Degrees: How Degree Inflation is Undermining US Competitiveness and Hurting America's Middle Class," published by Accenture, Grads of Life, Harvard Business School, October 2017, https://www.hbs.edu/managing-the-future-of-work/Documents/dismissed-by-degrees.pdf.

29 Zoe Baird and Rework America, *America's Moment: Creating Opportunity in the Connected Age* (New York: Norton, 2015), 192.

30 "PISA 2015, Results in Focus." OECD Programme for International Student Assessment, https://www.oecd.org/pisa/pisa-2015-results-in-focus.pdf

31 Claire Cain Miller, "Do Preschool Teachers Really Need to Be College Graduates?" *The New York Times,* April 7, 2017, https://

www.nytimes.com/2017/04/07/upshot/do-preschool-teachers-really-need-to-be-college-graduates.html.

32 Douthat and Salam, *Grand New Party.*

33 "How Groups Voted," Roper Center, Cornell University, https://ropercenter.cornell.edu/polls/us-elections/how-groups-voted/.

34 Shanto Iyengar, Gaurav Sood, and Yphtach Lelkes, "Affect, Not Ideology: A Social Identity Perspective on Polarization," *Public Opinion Quarterly* 76, no. 3 (January 2012): 405–31.

35 John B. Judis, *The Populist Explosion: How the Great Recession Transformed American and European Politics* (New York: Columbia Global Reports, 2016).

36 Guy Chazan, "Germany's Economic Engine Fails to Power Struggling Rural Regions," *Financial Times,* February 27, 2018, https://www.ft.com/content/c6edf308-1875-11e8-9376-4a6390addb44.

37 "European Populism: Trends, Threats and Future Prospects," Institute for Global Change (website), accessed August 6, 2018, https://institute.global/insight/renewing-centre/european-populism-trends-threats-and-future-prospects.

38 Kerwin Kofi Charles, Erik Hurst, and Matthew J. Notowidigdo, "The Masking of the Decline in Manufacturing Employment by the Housing Bubble," *The Journal of Economic Perspectives* 30, no. 2 (Spring 2016): 179–200.

39 Raghuram G. Rajan, *Fault Lines: How Hidden Fractures Still Threaten the World Economy* (Princeton, NJ: Princeton University Press, 2010).

40 Tito Boeri, Prachi Mishra, Chris Papageorgiou, and Antonio Spilimbergo, "A Dialogue between a Populist and an Economist," CEPR Discussion Paper No. DP12763, Feburary 2018.

41 Arlie Hochschild, *Strangers in Their Own Land: Anger and Mourning on the American Right* (New York: The New Press, 2016).

42 Williams, "What So Many People Don't Get."

43 Alberto Alesina, Armando Miano, and Stefanie Stantcheva, "Immigration and Redistribution," NBER Working Paper No. 24733, June 2018.

44 David Autor, David Dorn, Gordon Hanson, and Kaveh Majlesi, "Importing Political Polarization? The Electoral Consequences of Rising Trade Exposure," rev. ed., MIT Working Paper, December 2017, available at https://economics.mit.edu/files/11499.

第八章　另一半的世界

1 參見福山 (Francis Fukuyama) 兩本說明中國與印度差異的深刻著作：*The Origins of Political Order: From Prehuman Times to the French Revolution* (New York: Farrar, Straus, and Giroux, 2011) and *Political Order and Political Decay* (New York: Farrar, Straus, and Giroux, 2014).

2 Yasheng Huang, *Capitalism with Chinese Characteristics: Entrepreneurship and the State* (Cambridge, UK: Cambridge University Press, 2008).

3 Huang, *Capitalism,* 162–63.

4 參見Richard McGregor, *The Party: The Secret World of China's Communist Rulers* (New York: Harper, 2010).

5 Huang, *Capitalism.*

6 Ibid., 162–63.

7 Minxin Pei, *China's Crony Capitalism: The Dynamics of Regime Decay* (Cambridge, MA: Harvard University Press, 2016).

8 Chang-Tai Hsieh and Zheng (Michael) Song, "Grasp the Large, Let Go of the Small: The Transformation of the State Sector in China," *Brookings Papers on Economic Activity,* March 2015, https://www.brookings.edu/wp-content/uploads/2016/07/2015a_hsieh.pdf.

9 Hsieh and Song, "Grasp the Large."

10 參見Yuen Yuen Ang, "Autocracy with Chinese Characteristics: Beijing's Behind-the-Scenes Reforms," *Foreign Affairs* 97, no. 3 (May/June 2018), https://www.foreignaffairs.com/articles/asia/2018-04-16/autocracy-chinese-characteristics.

11 Huang, *Capitalism,* 234–35.

12 McGregor, *The Party,* chapter 1.

13 McGregor, *The Party*; Pei, *China's Crony Capitalism*.

14 McGregor, *The Party*.

15 Ibid.

16 Daniel A. Bell, *The China Model: Political Meritocracy and the Limits of Democracy* (Princeton, NJ: Princeton University Press, 2015).

17 Shang-Jin Wei, Zhuan Xie, and Xiaobo Zhang, "From 'Made in China' to 'Innovated in China': Necessity, Prospect, and Challenges," NBER Working Paper No. 22854, http://www.nber.org/papers/w22854.

18 János Kornai, "The Soft Budget Constraint," *Kyklos* 39, no. 1 (February 1986): 3–30, https://doi.org/10.1111/j.1467–6435.1986.tb01252.x.

19 參見Ang, "Autocracy with Chinese Characteristics," and Elizabeth C. Economy, "China's New Revolution: The Reign of Xi Jinping," *Foreign Affairs* 97, no. 3 (May/June 2018), https://www.foreignaffairs.com/articles/china/2018-04-17/chinas-new-revolution.

20 參見Eswar Prasad, *The Dollar Trap: How the U.S. Dollar Tightened Its Grip on Global Finance* (Princeton, NJ: Princeton University Press, 2014), and Kurt M. Campbell and Ely Ratner, "The China Reckoning: How Beijing Defied American Expectations," *Foreign Affairs* 97, no. 60 (March/April 2018), https://www.foreignaffairs.com/articles/united-states/2018-02-13/china-reckoning.

21 舉例來說，參見Eswar Prasad, *Gaining Currency: The Rise of the Renminbi* (New York: Oxford University Press, 2016) 的討論。

22 Robert Barro and Jong-Wha Lee, "A New Data Set of Educational Attainment in the World, 1950–2010," *Journal of Development Economics* 104 (2013): 184–98, data available at http://www.barrolee.com/data/dataexp.htm.

23 參見Dani Rodrik, Arvind Subramanian, and Francesco Trebbi, "Institutions Rule: The Primacy of Institutions over Geography and Integration in Economic Development," *Journal of Economic Growth* 9, no. 2 (June 2004): 131–65.

24 參見Kalpana Kochhar, Utsav Kumar, Raghuram Rajan, Arvind Subramanian, and Ioannis Tokatlidis, "India's Pattern of Development: What Happened, What Follows?" *Journal of Monetary Economics* 53, no. 5 (July 2006): 981–1019.

25 Shubham Chaudhuri, "What Differences Does a Constitutional Amendment Make? The 1994 Panchayati Raj Act and the Attempt to Revitalize Rural Local Government in India," in *Decentralization and Local Governance in Developing Countries: A Comparative Experience,* ed. Pranab Bardhan and Dilip Mookherjee (Cambridge, MA: MIT Press, 2006).

26 Petia Topalova, "Trade Liberalization, Poverty, and Inequality Evidence from Indian Districts," in *Globalization and Poverty,* ed. Ann Harrison (Chicago: University of Chicago Press, 2007), 291–336, available at http://www.nber.org/chapters/c0110.pdf; Lakshmi Iyer and Petia Topalova, "Poverty and Crime: Evidence from Rainfall and Trade Shocks in India," Harvard Business School Working Paper No. 14–067, September 2014.

27 Campbell and Ratner, "China Reckoning."

第九章　包容性地方主義

1 George Megalogenis, "Powering Australia's Economic Surge," *The New York Times,* November 1, 2016, https://www.nytimes.com/2016/11/02/opinion/powering-australias-economic-surge.html.

2 "Gone in Their Prime: Many Countries Suffer from Shrinking Working-age Populations," *The Economist,* May 5, 2018, https://www.economist.com/international/2018/05/05/many-countries-suffer-from-shrinking-working-age-populations?frsc=dg%7Ce.

3 "Concentrate!: A Small Japanese City Shrinks with Dignity," *The Economist,* January 11, 2018, https://www.economist.com/news/asia/21734405-authorities-are-focusing-keeping-centre-alive-small-japanese-city-shrinks-dignity?frsc=dg%7Ce.

4 "Japan's Foreign Minister Says Country to Open to Foreigners," *The New York Times*, September 13, 2018, https://www.nytimes.

com/aponline/2018/09/13/world/asia/ap-as-vietnam-japan-migration.html.

5 "Physicians (per 1,000 People)," World Bank (website), accessed August 7, 2018, https://data.worldbank.org/indicator/SH.MED.PHYS.ZS.

6 羅德里克提供世界價值調查的相關計算，參見 *Straight Talk on Trade: Ideas for a Sane World Economy* (Princeton, NJ: Princeton University Press, 2018)。

7 Craig Calhoun, *Nations Matter: Culture, History, and the Cosmopolitan Dream* (New York: Routledge, 2007), 139.

8 Sunil Khilnani, *The Idea of India* (New York: Farrar, Straus and Giroux, 1998).

9 Michael Ignatieff, *The Ordinary Virtues: Moral Order in a Divided World* (Cambridge, MA: Harvard University Press, 2017).

10 Alberto Alesina and Eliana La Ferrara, "Ethnic Diversity and Economic Performance," *Journal of Economic Literature* 43, no. 3 (September 2005): 762–800.

11 J. D. Vance, Hillbilly Elegy: *A Memoir of a Family and Culture in Crisis* (New York: Harper, 2016).

第十章　國家與社區重新平衡

1 Bruce Katz and Jeremy Novak, *The New Localism: How Cities Can Thrive in the Age of Populism* (Washington, D.C.: Brookings Institution Press, 2017).

2 Luigi Guiso, Paola Sapienza, and Luigi Zingales, "Long Term Persistence," *Journal of the European Economic Association* 14, no. 6 (December 1, 2016): 1401–36.

3 Alberto Alesina and Eliana La Ferrara, "Ethnic Diversity and Economic Performance," *Journal of Economic Literature* 43, no. 3 (September 2005): 762–800.

4 Henry Grabar, "California Bill Would Allow Unrestricted Housing by Transit, Solve State Housing Crisis," *Slate,* January 05, 2018, https://slate.com/business/2018/01/california-bill-sb827-residential-zoning-transit-awesome.html.

5 "Internet/Broadband Fact Sheet," Pew Research Center (website), accessed August 07, 2018, http://www.pewinternet.org/fact-sheet/internet-broadband.

6 "Archive: Internet Access and Use Statistics—Households and Individuals," eurostat (website), https://ec.europa.eu/eurostat/statistics-explained/index.php?title=Archive:Internet_access_and_use_statistics_-_households_and_individuals. Accessed April 2, 2018.

7 Rework America, *America's Moment: Creating Opportunity in the Connected Age* (New York: W. W. Norton, 2015), 186.

8 "Chicago, IL—Issues," SeeClickFix (website), accessed on August 07, 2018, https://en.seeclickfix.com/chicago.

9 "Across India," I Paid a Bribe (website), accessed on August 08, 2018, http://ipaidabribe.com/#gsc.tab=0.

10 Emily Badger, "Blue Cities want to make their own rules. Red states won't let them," *The New York Times,* July 6, 2017, https://www.nytimes.com/2017/07/06/upshot/blue-cities-want-to-make-their-own-rules-red-states-wont-let-them.html.

11 Garry Kasparov, "The Chess Master and the Computer," *The New York Review of Books,* February 11, 2010, http://www.nybooks.com/articles/2010/02/11/the-chess-master-and-the-computer/; Carl Benedikt Frey and Michael A. Osborne, "The Future of Employment: How Susceptible are Jobs to Computerization?," Oxford Martin School (September 2013), https://www.oxfordmartin.ox.ac.uk/downloads/academic/The_Future_of_Employment.pdf.

第十一章　讓第三支柱重新屹立

1 Peter Coy, "Keeping Up With the Joneses: Neighbors of Lottery Winners Are More Likely to Go Bankrupt," *Bloomberg Businessweek,* May 29, 2018, https://www.bloomberg.com/news/articles/2018-05-29/keeping-up-with-the-joneses-neighbors-of-lottery-winners-are-more-likely-to-go-bankrupt.

2 舉例來說，參見Jeremy Heimans and Henry Timms, *New Power: How Power Works in Our Hyperconnected World—and How to Make It Work for You* (New York: Doubleday, 2018) 的描述。

3 首先，參見Robert D. Putnam, *Bowling Alone* (New York: Simon & Schuster, 2000); Kraut et al., "Internet Paradox: A Social Technology That Reduces Social Involvement and Psychological Well-Being?," *American Psychologist* 53, no. 9 (1998): 1017–31.

4 Keith Hampton, "Netville: Community On and Offline in a Wired Suburb," in *The Cybercities Reader*, ed. Stephen Graham (London: Routledge, 2004), 256–62.

5 Matthew Gentzkow and Jesse M. Shapiro, "Ideological Segregation Online and Offline," NBER Working Paper No. 15916, April 2010.

6 Mark Aguiar, Mark Bils, Kerwin Kofi Charles, and Erik Hurst, "Leisure Luxuries and the Labor Supply of Young Men," NBER Working Paper No. 23552, June 2017.

7 Daniel T. Rodgers, "Prologue," in *Age of Fracture* (Cambridge, MA: Belknap Press, 2012).

8 這段話引自Rashmi Bansal, "The Curious Case of a Clean Clean Indore," *Business Today,* July 2, 2017, https://www.businesstoday.in/magazine/columns/the-curious-case-of-a-clean-clean-indore/story/254144.html.

9 Bruce Katz and Jeremy Novak, *The New Localism: How Cities Can Thrive in the Age of Populism* (Washington, D.C.: Brookings Institution Press, 2017).

10 參見Antoine Van Agtmael and Fred Bakker, *The Smartest Places on Earth: Why Rustbelts Are the Emerging Hotspots of Global Innovation* (New York: Hachette, 2016); James Fallows and Deborah Fallows, *Our Towns: A 100,000-Mile Journey into the Heart of America* (New York: Pantheon Books, 2018).

11 參見Katz and Nowak, *New Localism.*

12 參見Katz and Nowak, *New Localism.*

13 參見Fallows and Fallows, *Our Towns.*

14 參見Benjamin A. Austin, Edward L. Glaeser, and Lawrence H. Summers, "Jobs for the Heartland: Place-Based Policies in

21st Century America," NBER Working Paper No. 24548, April 2018; Gilles Duranton and Anthony J. Venables, "Place-Based Policies for Development," NBER Working Paper No. 24562, April 2018.

15 參見Austin, Glaeser, and Summers, "Jobs for the Heartland."

16 Ibid.

17 舉例來說，參見Amy Goldstein, *Janesville: An American Story* (New York: Simon and Schuster, 2017).

第十二章　負責任的國家

1 Alex Hern, "Fitness Tracking App Strava Gives Away Location of Secret US Army Bases," *The Guardian,* January 28, 2018, https://www.theguardian.com/world/2018/jan/28/fitness-tracking-app-gives-away-location-of-secret-us-army-bases.

2 Raghuram G. Rajan and Luigi Zingales, "The Great Reversals: The Politics of Financial Development in the Twentieth Century," *Journal of Financial Economics* 69 (2003): 5–50, available at http://faculty.chicagobooth.edu/luigi.zingales/papers/research/jfereversal.pdf.

3 Clyde Haberman, "Japanese Are Special Types, They Explain," *The New York Times,* March 3, 1988, accessible at https://www.nytimes.com/1988/03/06/weekinreview/the-world-japanese-are-special-types-they-explain.html.

4 Simon Dawson, "Chlorine-washed Chicken Q&A: Food Safety Expert Explains Why US Poultry Is Banned in the EU," *The Conversation,* August 2, 2017, http://theconversation.com/chlorine-washed-chicken-qanda-food-safety-expert-explains-why-us-poultry-is-banned-in-the-eu-81921.

5 Jon Swaine, "Bent Banana and Curved Cucumber Rules Dropped," *The Telegraph*, July 24, 2008, https://www.telegraph.co.uk/news/worldnews/europe/2453204/Bent-banana-and-curved-cucumber-rules-dropped-by-EU.html.

6 Martin Wolf, "Globalization and Global Economic Governance," *Oxford Review of Economic Policy* 20, no. 1, 2004.

7 舉例來說，參見Ha-Joon Chang, *Bad Samaritans: The Myth of Free Trade and the Secret History of Capitalism* (New York:

Bloomsbury Press, 2008).

8 Josh Lerner, "The Empirical Impact of Intellectual Property Rights on Innovation: Puzzles and Clues," *American Economic Review: Papers & Proceedings* 99: 2, 343–48, 2009.

9 參見Dani Rodrik, *Straight Talk on Trade: Ideas for a Sane World Economy* (Princeton, NJ: Princeton University Press, 2018).

10 參見Douglas A. Irwin, "The False Promise of Protectionism: Why Trump's Trade Policy Could Backfire," *Foreign Affairs* 96 (May/June 2017): 45–56.

11 參見Raghuram Rajan and Prachi Mishra, "Rules of the Monetary Game," University of Chicago Working Paper, April 2018, http://faculty.chicagobooth.edu/raghuram.rajan/research/papers/Rules-of-game-mar-21-2016-3.pdf; and John B. Taylor, "Ideas and Institutions in Monetary Policy Making" (presentation), the Karl Brunner Distinguished Lecture, Swiss National Bank, Zurich, September 21, 2017.

12 參見Arvind Subramanian, *Eclipse: Living in the Shadow of China's Economic Dominance* (Washington, D.C.: Peterson Institute for International Economics, 2011).

第十三章　市場改革

1 下列出自我與津加萊斯的共同研究。

2 Patricia Dermansky, "Should Australia Replace Section 181 of the Corporations Act 2001 (Cth) With Wording Similar to Section 172 of the Companies Act 2006 (UK)?," 4, available at https://law.unimelb.edu.au/__data/assets/pdf_file/0003/1709832/60-Should_Austalia_replace_s181_of_the_Corporations_Act3.pdf.

3 Joseph A. Schumpeter, *Capitalism, Socialism, and Democracy* (New York: Harper, 1950), 84, 85.

4 Luigi Zingales, *A Capitalism for the People* (New York: Basic Books, 2010), and Luigi Zingales, "Towards a Political Theory of the Firm," *Journal of Economic Perspectives* 31, no. 3 (Summer 2017): 113–30, https://doi.org/10.1257/jep.31.3.113.

5 Willard F. Mueller, "The Celler-Kefauver Act: The First 27 Years (A Study Prepared for the Subcommittee on Monopolies and Commercial Law of the Committee on the Judiciary, House of Representatives, 95th Congress, 2nd Session)," (Washington, D.C.: U.S. Government Printing Office, 1978), 17.

6 塞勒－凱福維爾法案的支持者關心的問題是「私部門日益集中會對地方社區造成不良影響。因為這些社區中的企業多半是分公司，由大公司所控制，而公司總部總是設在遙遠的金融中心」。

7 Allen N. Berger, Nathan H. Miller, Mitchell A. Petersen, Raghuram G. Rajan, and Jeremy C. Stein, "Does Function Follow Organizational Form? Evidence From the Lending Practices of Large and Small Banks," *Journal of Financial Economics* 76, no. 2 (2005): 237–69.

8 參見 Jeremy C. Stein, "Information Production and Capital Allocation: Decentralized vs. Hierarchical Firms," *Journal of Finance* 57, no. 5 (2002): 1891–1921.

9 Michele Boldrin and David Levine, "The Case Against Patents," Federal Reserve Bank of St. Louis Working Paper Series 2012–035A, https://s3.amazonaws.com/real.stlouisfed.org/wp/2012/2012-035.pdf; Michele Boldrin and David Levine, *Against Intellectual Monopoly* (Cambridge, UK: Cambridge University Press, 2008).

10 Steve Jobs et al., Portable display device, USD670286S1, priority date June 01, 2010, and granted June 11, 2012.

11 "Can Genes Be Patented?," Genetics Home Reference, U.S. National Library of Medicine (website), accessed August 07, 2018, https://ghr.nlm.nih.gov/primer/testing/genepatents.

12 "Seven Years a 'Cobbler,' " Swiss Federal Institute of Intellectual Property (website), accessed August 07, 2018, https://www.ige.ch/en/about-us/the-history-of-the-ipi/einstein/einstein-at-the-patent-office.html.

13 參見 for instance, Jaron Lanier, *Who Owns the Future?* (New York: Simon and Schuster, 2013), and Eric A. Posner and E. Glen Weyl, *Radical Markets: Uprooting Capitalism and Democracy for a Just Society* (Princeton, NJ: Princeton University Press, 2018).

14 舉例來說，參見Luigi Zingales and Guy Rolnick, “A Way to Own Your Social-Media Data,” *The New York Times,* June 30, 2017, https://www.nytimes.com/2017/06/30/opinion/social-data-google-facebook-europe.html.

15 參見Posner and Weyl, *Radical Markets,* or Lanier, *Who Owns the Future?*, 詳細說明資料所有權的論點。

16 Steve Eder, “When Picking Apples on a Farm With 5,000 Rules, Watch Out for the Ladders,” *The New York Times,* December 27, 2017, https://www.nytimes.com/2017/12/27/business/picking-apples-on-a-farm-with-5000-rules-watch-out-for-the-ladders.html?smprod=nytcore-ipad&smid=%E2%80%A6.

17 Michael J. Sandel, *What Money Can't Buy: The Moral Limits of Markets* (New York: Farrar, Straus and Giroux, 2013).

18 See Michael Walzer, Spheres of Justice: A Defense of Pluralism and Equality (New York: Basic Books, 1983).

19 “Money in Film: Businessmen Are Always the Villains,” *The Economist,* October 16, 2015, https://www.economist.com/blogs/prospero/2015/10/money-film.

結語

1 John Maynard Keynes, “Economic Prospects for our Grandchildren” in *Essays in Persuasion*, (New York: W.W. Norton & Co., 1963): 358–73.

財經企管 BCB681

第三支柱

在國家與市場外，維持社會穩定的第三股力量

The Third Pillar: How Markets and the State Leave the Community Behind

作者 — 拉古拉姆・拉詹 Raghuram G. Rajan
譯者 — 廖月娟

總編輯 — 吳佩穎
書系主編暨責任編輯 — 蘇鵬元
封面設計 — Bianco

出版人 — 遠見天下文化出版股份有限公司
創辦人 — 高希均、王力行
遠見・天下文化・事業群　董事長 — 高希均
事業群發行人／CEO — 王力行
天下文化社長／總經理 — 林天來
國際事務開發部兼版權中心總監 — 潘欣
法律顧問 — 理律法律事務所陳長文律師
著作權顧問 — 魏啟翔律師
社址 — 臺北市 104 松江路 93 巷 1 號
讀者服務專線 — 02-2662-0012 ｜ 傳真 — 02-2662-0007；02-2662-0009
電子郵件信箱 — cwpc@cwgv.com.tw
直接郵撥帳號 — 1326703-6 號　遠見天下文化出版股份有限公司

電腦排版 — 中原造像股份有限公司
製版廠 — 中原造像股份有限公司
印刷廠 — 中原造像股份有限公司
裝訂廠 — 中原造像股份有限公司
登記證 — 局版台業字第 2517 號
總經銷 — 大和書報圖書股份有限公司　｜電話 — 02-8990-2588
出版日期 — 2020 年 01 月 21 日 第一版第一次印行

定價 — NT650 元
ISBN — 978-986-479-911-4
書號 — BCB681
天下文化官網 — bookzone.cwgv.com.tw

國家圖書館出版品預行編目(CIP)資料

第三支柱：在國家與市場外，維持社會穩定的第三股力量 / 拉古拉姆．拉詹(Raghuram G. Rajan)著；廖月娟譯. -- 第一版. -- 臺北市：遠見天下文化, 2020.01
面；14.8×21公分. -- (財經企管；BCB681)
譯自：The third pillar : how markets and the state leave the community behind
ISBN 978-986-479-911-4（軟精裝）

1.經濟社會學 2.資本主義 3.社區

550.1654　108021965

天下文化

BELIEVE IN READING